RED OCEAN

무역창업론

이 주 섭 저

Global Entrepreneurship In Action

에이드북

Global Entrepreneurship In Action

6, Sadang-ro 9 ga-gil, Dongjak-gu,
Seoul, KOREA

You will, You make

Preface

글로벌시대에 새로운 도전을 위하여 창업을 준비하는 무역인을 위한 실무기초 참고도서로서 예비창업자들의 열정에 근간이 되어 성공창업의 열매를 맺는데 초석이 되었으면 하는 마음에서 집필하였다.

우리나라가 세계적인 무역국가로 발돋움하고 선진수출국으로 자리를 잡게 된 것은 끈질긴 노력의 결정체라고 할 수 있다. 이러한 영향으로 우리나라가 글로벌 시장에서 선진 수출국이요, 또한 강력한 IT, NT, BT 국가임을 자랑하지 아니할 수 없게 된 것이다.

또한, 타고난 국민들의 근면성과 인내심, 그리고 창의성에 세계인들도 놀라고 있지 않은가? 2013년 류현진의 MLB 도전 첫해 14승, 2016년 8월 10일 새벽 브라질 리우 올림픽에서의 낭보, 펜싱 종목의 박상영 선수는 10 : 14의 벼랑 끝 점수에서 각본에도 없는 15 : 14로 역전시켜 우리나라에 세 번째 금메달을 조국에 바쳤다. 이러한 쾌거는 도전하는 자들만이 가능한 것이며, 그들의 값진 승리의 열매라 생각된다.

따라서 무역에서도 새로운 상품과 창의적인 아이디어의 개발도 필요하지만, 그에 못지않게 기존의 제품들을 실용화하여 시장에 공급하여 잘 팔 수 있도록 하는 투철한 기업가정신으로 도전이 중요하다.

본서의 구성은 무역실무기초부터 창업경영 프로세스, 운송, 분쟁과 실무에 사용되는 각종 무역서식 및 무역영어 해설 등으로 구성되어 있다. 필자는 기업체의 실무경험과 경영자로서의 15년, 필드 경험과 노하우를 도표와 그림 중심으로 구성 · 설명함으로써 초심자들도 이해하기 쉽도록 집필하였다.

특히, 전자무역 부분을 실무형으로 재구성하여 실무적으로 적용되는 부분에 대한 학습을 통하여 향후 전자무역 실무능력을 배양할 수 있게 하였으므로, 무역초심자와 학생들, 그리고 무역창업으로 사업을 시작하여 무역을 하고자 하는 창업자들에게 기본지침서와 실무매뉴얼이 되었으면 하는 바람이다. 다만, 필자의 미흡한 안목으로 인해 미진한 부분과 오류에 대해서는 계속 보완해 가고자 하므로, 학계 여러분들의 지도편달과 제현님들의 질정이 있으시기를 부탁드리며, 이 책이 나오기 까지 작업에 동참해 준 이정현 학생에게 감사를 표하며, 편집과 출간을 위해 애써주신 에이드북 양춘석 대표님과 편집위원님들께 깊은 감사를 드립니다.

2017. 1.

이 주 섭

Contents

Part 1. 무역실무 기초개념

Part 2. 무역기업 창업경영

Part 3. 무역실무 프로세스

Part 4. 운 송

Part 5. 전자무역

Part 6. 무역클레임 및 분쟁

관세청

KOREA CUSTOMS SERVICE

1878

Part 1

무역실무 기초개념

Global Entrepreneurship In Action

Part 1

01 무역의 이해

Global Entrepreneurship In Action

1 무역이란?

무역은 그 주체와 대상에 따라 여러 가지 정의가 있으나 구체적으로 다음과 같이 정의하고 있다.

- 무역(international trade)은 '교환 또는 매매'를 의미한다. 서양어의 무역(trade)은 '걷다', '밟다'는 의미의 "Tread"와 발자취 또는 '항로'의 의미인 "Trace"에서 유래되었다. 한편, 동양에서의 '무역(貿易)'의 의미는 '무역'의 '무(貿)'와 '바꾸다'는 '역(易)'의 합성어로 교환이나 매매를 의미하고 있다. 결국, 무역은 '국가 간의 매매나 교환'을 의미한다고 할 수 있다.

- 무역의 대상은 재화(goods)와 용역(service)을 말하며, 재화란 상품 등의 유형재화(visible goods)와 자본과 같은 무형재화(invisible goods)를 의미한다. 그리고 용역이란 기술, 노동, 운임, 보험 등과 같은 무체물(invisible service)을 말한다.

  고대의 무역은 각 지역의 천연자원을 서로 교환하는 것에 국한되었지만, 그 후 산업화 단계에서는 공장에서 생산・가공된 공산품을 매매하거나 교환하는 형태로 확대되었다. 최근 들어 무역은 기술, 서비스, 자본, 토지 심지어 노동력 등에 걸쳐 그 대상의 폭을 넓혀 가고 있으며, 서비스와 기술 등 눈에 보이지 않는 무역(invisible trade)이 경제의 소프트화 추세에 따라 확대되고 있다.

- 무역은 그 대상인 재화와 용역이 이동하는 현상을 말한다. 이러한 이동현상은 동일 국가 내에서는 물론, 국경을 넘어 다른 국가로 이동할 수도 있다. 따라서 재화와 용역이 국내에서 이동하는 현상을 '국내무역(domestic trade)'이라고 하고, 국경을 넘어 이동하는 것을 '국제무역(international trade)'이라고 한다.

  오늘날의 글로벌 시대는 무한경쟁으로 시장의 구분이 없이 전 세계를 시장으로 이루어지고 있기 때문에 무역을 한다는 것은 곧 '국제무역'을 의미한다. 그러므로 가치생산을 목적으로 한 국제적인 물품의 교환이나 매매를 하는 수출입을 말한다. 더 넓은 의미로는 물품, 자본, 기술, 노동(서비스)등과 같은 경제적 가치를 지닌 모든 재화를 국제간에 교환・매매하여 그 효용가치나 경제적 효과를 증대시키는 국제적 상행위를 무역이라고 할 수 있다.[1)]

2 왜 무역을 하는가?

무역을 하는 이유는 값싸고 좋은 품질 좋은 제품을 해외에서 수입하여 사용하고자 하는 것과 자사의 차별화된 품질 좋은 제품을 해외 다른 나라에 수출하여 무역기업의 목적에 따른 각종 제품 및 재화를 얻고자 무역을 하는 것이다. 무역으로 얻을 수 있는 이점은 다음과 같다.

① 국내에서 생산되지 아니하는 제품으로 재화를 얻을 수 있다.
② 국내 생산 제품의 저품질 및 고비용의 생산원가로 인하여 무역을 통하여 저가격, 고품질의 제품 수입으로 재화를 얻을 수 있다.
③ 무역을 통하여 대량생산에 의한 규모의 경제효과에 따른 단위당 생산원가 절감 및 고용증대 효과 등을 얻을 수 있다.
④ 국제 분업에 의한 원재료와 상품의 대량이동이 증대된다.

1) 김희철·이신규, 「국제무역의 이해」, 두남, 2004, pp

표 1-1 › 무역의 정의 및 위험과 절차

순서	요약 내용
무역의 정의	• 수출(export)과 수입(import) • 대상 : 상품거래뿐만 아니라 용역(노동)거래, 자본거래, 기술거래 및 해외건설 등 경제적인 가치가 있는 모든 대상(plant 및 기술수출, 해외건설, 해외투자, design, software 등)의 국제간 거래
무역거래 위험	• 신용위험(credit risk) : 수출상이 수출대금을 확실하게 회수할 수 없는 위험 • 상업위험(mercantile risk) : 수입상의 계약 물품 인수여부에 대한 위험 • 환위험(exchange risk) : 시차동안에 발생하는 환율변동으로 인한 환위험 • 가격변동위험(market risk) : 시간적인 차이로 상품의 국제시세 급변위험
무역거래 절차	• 수출절차 : 무역업자유화(무역업 고유번호신청)→품목선정→시장조사→마케팅→거래선 발굴→청약 및 승낙→신용조사→거래조건협의→계약체결→수출신용장수취→수출승인(필요시)→수출상품 제조 및 확보→해상운송 및 보험→통관 및 선적→서류매입(대금회수)→관세 환급→사후관리
	• 수입절차 : 수입계약체결→수입승인(필요시)→수입신용장개설→운송서류내도→수입대금결제 및 서류인수→수입통관→물품반출→무역클레임과 중재

3 무역의 특징

무역이란 격자지간 거래라는 특징을 지니고 있으나 국민경제 · 세계경제와 밀접한 관계를 맺고 있는 상황에서 국내거래와는 여러 가지 다른 국가 간의 거래로서 다음과 같은 특징을 지니고 있다.

1. 해상의존성

무역은 대체로 해상을 주된 통상 경로(route)로 삼고 있기 때문에 해상운송 및 이를 기초로 한 모든 제도의 경제적 기능에 의하여 실현된다. 따라서 무역은 고도의 해상의존성을 지니고 있다고 할 수 있으며, 이러한 사실은 해양국가의 무역에만 국한되지 않고 프랑스나 독일과 같은 전형적인 대륙국가에도 해당된다.

따라서 세계의 무역은 해상중심으로 해운의 발달과 함께 발전하여 왔으며, 그 후 경제규모의 확대와 더불어 무역과 해운이 분화되고 또 다시 해운과 해상보험이 분리되어 각각 독립기업으로 성장하게 되었다. 운송도 해상운송·육상운송·항공운송 및 내수로(內水路) 운송 등으로 세분화되었기 때문에 오늘날에 있어서의 해상은 이들 일체의 운송을 통상 경로로 하고 해상항(海商港)을 중심으로 한 해운·해상보험, 그리고 상항(商港)에 있어서의 상품창고·보세창고·가공창고 등, 창고제도의 일체를 포함하는 통합체를 지칭하게 된다. 이와 같이 무역이 해운이라는 통상 경로를 통하여 발전되어 왔기 때문에 무역의 해상의존성은 절대적이라 할 수 있다.

2. 산업관련성

무역은 세계의 자원과 세계시장의 활용을 그 성립조건으로 하고 있기 때문에 산업과 상호 의존관계에 있다. 또한 무역은 국제 분업을 통한 국제적 공급 및 수요를 충족시킬 뿐만 아니라 당사국의 국내 산업을 육성·발전시켜 국민경제의 수준을 향상시켜준다. 무역의 산업관련성은 무역과 국제 분업, 무역과 국내 산업이라는 두 가지 측면에서 살펴볼 수 있다.

첫째, 무역은 국제 분업의 발달을 촉진시켜 값싸고 좋은 물품의 국제적 공급을 가능하게 할 뿐만 아니라 생산요소의 효율적인 이용과 산업의 특수화를 통하여 우량·저렴한 상품의 국제적 유통을 원활하게 한다. 따라서 국가의 자본과 노동 등의 생산요소를 비교적 그 국가에 적합한 생산에 집중시켜 생산력의 증가를 통한 값싸고 좋은 재화를 각국에 공급할 수 있다.

둘째, 무역은 국내 주요산업이 필요로 하는 원료를 자원이 풍부한 세계 각국으로부터 수입·공급하고, 국내에서 생산된 상품을 수출하여 대량생산과 고용수준 향상을 통한 국민경제 발전의 선도적 역할을 하게 된다.

3. 기업의 위험성

기업 위험(risk)은 무역에 있어서 제도·조직·관습 등이 전혀 다른 외국의 상대방과 거래를 하는 것이므로, 무역객체에 대한 계약·인도 및 결제 과정에 국내 거래에서 볼 수 없는 기업적 위험성이 존재하고 있다. 이러한 위험성은 세 가지로 나누어 볼 수 있는데, ① 상품과 관련된 위험, ② 물품대금의 결제 및 금융에 관한 위험, ③ 상품가격 및 환율의 변동에 관한 위험으로서 구체적으로 설명하면 다음과 같다.

(1) 상품관련 위험성

장기간의 운송 및 보관 중인 상품 그 자체에 발생하는 물리적 위험이 대표적인 경우로서 이러한 위험은 해상보험과 그에 따르는 각종의 손해 보험에 의하여 보험업자에게 전가되고 있다.

(2) 대금결제 및 금융 관련 위험성

물품 또는 상품 대금의 결제 및 금융상의 지불불능 및 지불거절과 관련된 위험으로서 무역에서 흔히 발생하는 경제적 위험의 한 종류이다. 이러한 위험은 신용장 제도나 혹은, 수출보험제도를 통하여 어느 정도까지는 보호될 수 있다.

(3) 상품가격 및 환율변동 관련 위험성

대량의 선물거래(先物去來)에서 파생될 수 있는 상품가격 변동에 따른 투기적 위험뿐만 아니라 외환시세의 변동에 따른 환위험 등으로서 국내의 상거래에서는 생각할 수 없는 일종의 기업 위험이다. 무역거래는 이행미필매매계약(履行未畢賣買契約)으로 이루어지기 때문에 계약시기와 상품의 인도 및 대금의 지불시와는 시간적 격차가 존재한다. 따라서 이 기간 중의 상품 가격 및 환율의 변동은 어느 한 당사자에게 손해를 끼칠 수 있다. 상품가격의 변동은 특정품의 인도불이행 또는 인수 거절 등의 투기적 위험이 따르는데 이런 경우, 헤징(hedging) 방식을 통하여 위험을 전가시킨다.

헤징이란 일명 연계매매라고도 불리며, 실물거래에서의 손실 또는 이익이 청산거래에 있어서 그에 상당하는 이익 또는 손실로 상계되도록 하기 위한 반대의 성질을 가진 상대적 거래이다. 즉, 상품의 선물(先物)을 대량으로 실물시장에서 매수한 경우, 미래 상품 수령시의 가격변동에 대비하여 같은 조건으로 거래소에 매도해 둔다.

따라서 같은 사람이 동시에 두 개의 시장에서 반대의 매매를 실행함으로써 파생되는 한 편의 손실(이익)은 다른 편의 이익(손실)으로 보상받을 수 있다. 끝으로 환율변동에 따르는 위험, 즉 환위험은 수출업자의 경우 한국수출보험공사의 환변동보험에 가입함으로써 위험을 줄일 수 있다.

4. 국제관습성

국제무역은 국제간의 사적 매매활동의 결과를 종합한 것에 불과하며 국내 상사매매(商社賣買)와 같이 매매쌍방에 법률상의 권리・의무를 발생시키는 법률 행위로서, 낙성(諾成)・쌍무(雙務)・유상(有償)의 상사계약이다. 그럼에도 불구하고 국가 간에 공통적으로 사용하는 국제매매에 대한 규칙 또는 협약은 현재까지 통일된 것이 없다.

따라서 국제매매에 관한 통일된 국제규칙 또는 협약이 없기 때문에 무역은 일반적으로 역사・문화・종교・습관 및 법률이 상이한 여러 국가 사이의 마찰과 시련을 통하여 정형화된 무역관습에 기초하여 계약을 체결・이행하고 있다. 무역관습은 국제상업회의소나 국제법협회와 같은 세계적으로 권위를 인정받고 있는 국제단체에 의하여 조사・연구・심의되어 국제규칙으로 발전하였고, 결국 국제관습법이 되었다.

따라서 국제매매에 관한 분쟁의 경우 무역관행규칙, 즉 국제관습법에 따라 거래되는 특수성을 갖는다.

4 무역의 종류별 분류

무역은 보는 관점에 따라 종류와 형태로 나눌 수 있으나 일반적으로 다음과 같이 구분할 수 있다.

1. 상품거래에 따른 분류

(1) 직접무역(Direct Trade)

직접무역(direct trade)은 수출자와 수입자 간에 직접 이루어지고 제3자를 개입시키지 아니한 직접수출(direct export) 및 직접수입(direct import)을 통한 국제매매계약에 의해서 이루어지는 무역이다.

(2) 간접무역(Indirect Trade)

간접무역(indirect trade)은 직접무역과는 달리 수출국과 수입국 간의 무역거래에 제3국의 상인을 통하여 무역거래가 이루어지는 경우이다. 간접무역의 종류는 중개무역(仲介貿易), 중계무역(中繼貿易), 통과무역(transt trade), 스위치무역 등이 있다.

2. 제3국 입장에서 보는 분류

(1) 중개무역(Merchandising Trade)

중개무역(merchandising trade)은 수출국과 수입국의 중간에서 제3국의 상인이 중개하는 거래를 말한다. 즉, 거래 당사국 간에 매매계약이 직접 체결되지 않고 제3국의 제3자(중개업자)가 개입하여 계약이 체결되는 거래형태로서 제3국의 입장에서 본 무역 형태이다. 중개업자에게 상품의 소유권이 이전되는 것이 아니라 중개업자는 다만 중개수수료(commission)를 목적으로 개입하기도 한다.

(2) 중계무역(Intermediary Trade)

중계무역(intermediary trade)은 일반적으로 수출할 것을 목적으로 물품을 외국에서 수입하여 원형 그대로 다시 제3국에 수출하는 것으로 상품의 소유권이 이전되는 것을 말한다. 중계무역은 중계무역항을 중심으로 이루어지는데 이러한 중계무역항은, ① 관세가 부과되지 않는 자유항, ② 물품의 집산지(集散地), ③ 자유로운 외환거래의 세 가지 특징을 지니고 있어야 한다.

(3) 통과무역(Transit Trade)

통과무역(transit trade)은 수출물품이 수입국에 직접 운송되지 아니하고, 제3국을 통과하여 수입국에 송부되는 경우에 제3국으로부터 본, 무역의 형태를 통과무역이라고 한다.

예를 들면, EU(유럽연합) 내에서 독일의 공산품이 프랑스의 고속도로를 통과하여 스페인으로 수출되는 경우, 프랑스 측에서 이것을 통과무역으로 간주하며, 프랑스에게는 보험료·고속도로 통행료·운임·주유소 및 식당이용 등의 제반 부수입이 발생한다. 통과세의 경우 현재 대부분의 국가들이 GATT협정(현재는 WTO) 제5조 제3항(통과화물에 대한 관세 및 통과세 면제규정)에 의하여 통과세를 부과하지 않고 있다.

(4) 스위치무역(Switch Trade)

스위치무역(switch trade)은 수출국과 수입국의 상인 사이에 매매계약이 체결되고, 물품도 양자 사이에 직송되지만, 대금의 결제는 제3국의 업자를 개입시켜 간접적으로 행하여지는 경우의 무역이다. 스위치무역은 관계되는 3개국 사이에 각각 편무역片貿易(one-sided or lopsided trade)이 존재할 때 행하여진다. 편무역이란 국가 간의 무역수지가 불균형 상태에 놓이게 된 것을 말한다.

(5) 우회무역(Round-About Trade)

우회무역(round-about trade)은 상대국과의 무역은 외환 거래상의 구속을 회피하기 위하여 통상의 직접수출 방법에 의하지 않고 제3국의 업자를 경유시키는 우회적 수출 방법을 말한다.

3. 상품 거래방향에 따른 분류

(1) 수출무역(Export Trade)

수출무역(export trade)은 국내에서 국외로 수출업자가 상품을 판매하기 위하여 반출하는 것을 말하며, 수출이라고도 한다.

(2) 수입무역(Import Trade)

수입무역(import trade)은 수입업자가 재화나 용역을 국내로 반입하는 것으로 수출무역과는 반대로 단순히 수입이라고 한다.

4. 거래 대상에 따른 분류

(1) 상품의 형태에 의한 분류

① 유형무역(Visible Trade)

유형무역(visible trade)은 우리의 눈으로 볼 수 있는 가시적 무역이라는 뜻으로서 협의의 무역인 상품거래만을 의미한다. 이러한 상품거래는 수출입의 통관절차가 취하여지고 또한 그 수지가 무역통계에 나타나게 된다.

그러나 세관통관을 거치더라도 견본이나 기증품, 그리고 이삿짐 등은 무환수출입으로서 무역수지에는 계상되지 않는다. 이러한 유형무역은 눈에 보이는 유형수출(visible export)과 유형수입(visible import)으로 나누어진다.

② 무형무역(Invisible Trade)

무형무역(invisible trade)은 유형의 상품거래와는 달리 눈으로 볼 수 없는 용역거래나 광의의 무역에 포함되는 생산요소, 즉 자본이나 노동 등의 무역외거래를 말한다. 일반적으로 화물의 운임·보험·기타 운수(여객의 운임, 선박 및 항공기의 수선비나 용선료 등) 그리고 여행이나 투자수익 및 기타 용역(각종 수수료, 광고・선전비, 저작권 및 특허권 사용료 등) 등이 모두 이에 포함된다.

이러한 무형무역은 수출입 통관절차를 고치지 않으며, 따라서 무역통계상에 기록되지 않으나 국제수지표 상에는 나타나게 되는데, 이를 무역 외 수지라고 한다. 무형무역은 무형수출(invisible export)과 무형수입(invisible import)으로 나누어진다.

(2) 상품의 생산단계에 의한 분류

① 수평무역(Horizontal Trade)

수평무역(horizontal trade)은 국가 간의 생산단계가 같거나 유사한 상품 간의 무역을 말한다. 예를 들어, 공산품 상호 간의 무역 또는 1차 상품 상호 간의 무역형태로서, 오늘날 수평무역이라 하면 주로 선진국 상호 간의 무역거래를 말하며, 이를 경쟁적 무역 또는 수평적 국제분업이라고도 한다.

② 수직무역(Vertical Trade)

수직무역(vertical trade)은 원래 생산단계가 서로 다른 상품, 즉 공산품과 1차 상품 간의 무역형태를 말하였으나, 오늘날은 공산품과 1차 상품 간에만 국한하지 않고 경제발전 단계상 산업구조 차이에서 발생한 국가 간의 무역거래형태는 모두 포괄적으로 수직무역이라고 한다. 따라서 이를 보완적 무역, 수직적 국제분업 또는 선・후진국 무역이라고도 한다.

(3) 특수형태에 의한 분류

통상적인 상품의 무역과는 다른 특수한 거래형태로서 기술수출, 해외건설수출, 플랜트수출, 턴키방식수출 등이 있다.

① 기술수출(Export of Techniques)

기술수출(export of techniques)은 무역거래의 대상이 상품이 아니고 기술의 국제적 이전을 수출이라는 관점에서 본 개념이다. 외국기업과 기술제휴계약을 체결하고 특허권(patent license), 상표권(brand license), 의장권(design license) 또는 실용신안권(utility model license)과 같은 공업소유권이나 노하우(knowhow)를 공급하고 로열티(royalty) 등의 기술료를 받는다. 이러한 기술수출은 최근 기술이나 노하우 등이 하나의 독립된 상품으로서의 독자적인 거래 대상이 됨에 따라 점차 중요한 의미를 가지게 되었다.

② 해외건설수출(Construction Exporting)

해외건설수출(construction exporting)은 고속도로 · 항만시설 · 댐 · 파이프라인 · 통신시스템 · 공업단지 · 대규모의 주거시설 등과 같은 사회간섭자본이나 경제 하부구조(infrastructure) 등의 사업에 대한 기업의 해외진출 형태로서 대부분이 토목공사 중심의 건설 사업이다.

③ 산업설비수출(Plant Exporting)

산업설비수출(plant exporting)은 각종 상품을 제조하기 위한 기계, 장치 등의 하드웨어와 그 설치에 필요한 엔지니어링, 노하우, 건설시공 등의 소프트웨어가 결합된 생산단위체의 종합수출을 말하며, 흔히 말하는 플랜트 수출이다.

산업설비의 범위는 직접적인 생산 활동을 영위하기 위한 화학 · 석유경제 · 제련 · 자동차 · 채광 · 섬유공장 등의 협의의 산업설비와 댐 · 교량 · 도로 · 항만시설 등 국토개발 플랜트 및 학교 · 병원 · 주택 · 도시건설 등 사회 플랜트까지 포함한 산업설비로 분류되고 있는데, 우리가 흔히 플랜트라고 할 경우에는 협의의 플랜트를 의미한다.

④ OEM(Original Equipment Manufacturing) 방식 수출

OEM(original equipment manufacturing) 방식 수출은 인건비 절감 등의 이유로 주로 대기업 등에서 사용하는 방식으로 주문자위탁생산이라고도 하며, 주문자의 상표를 부착하여 인도하는 방식을 말한다. 이 방식은 수출국의 입장에서는 수출확대가 되는 이점이 있으나 수출국 상품에 대한 이미지의 제고나 독자적인 수출시장의 개척이 어렵게 되는 불리한 점도 있다.

※ OEM(Original Equipment Manufacturing) 방식은 주문자가 만들어준 설계도에 따라 생산, 납품하는 단순 하도급 생산 방식이다.

⑤ 녹다운(Knock-Down) 방식 수출

녹다운(knock-down) 방식 수출은 완제품을 수출하는 것이 아니라 조립할 수 있는 설비와 능력을 가지고 있는 거래처에 대하여 상품을 부품이나 반제품으로 수출하고, 실수요지에서 제품으로 완성시키도록 하는 현지조립방식의 수출을 말한다. 이 방식은 선진국의 자동차 등 주로 기계류 수출에서 흔히 볼 수 있는데 이 방식에 의하면 완제품에 대한 수입제한이나 고율의 관세가 부과되는 것을 피해 상대 시장에 침투할 수 있는 유리한 이점이 있다.

⑥ ODM(Original Development Manufacturing 또는 Original Design Manufacturing) 방식 수출

ODM 방식 수출은 제조업자 개발생산(original development manufacturing) 방식으로 주문자 요구에 따라 제조업자가 주도적으로 제품을 개발・생산한다. ODM은 개발력을 갖춘 제조업자가 판매망을 갖춘 회사에 상품과 재화를 제공하는 방식으로 서비스를 실현한다.

⑦ 외국인도 방식 수출

외국인수 수입과 대응되는 거래형태로 수출대금은 국내에서 영수하지만, 국내에서 통관되지 아니한 수출물품을 외국으로 인도하는 방식의 수출을 말한다. 예컨대, 플랜트 수출국과 해외건설 등, 해외산업현장에서 필요한 기자재를 외국으로부터 수입하여 사용한 후, 이를 국내에 반입하지 않고 제3국에 다시 수출할 경우 등이 이에 해당한다.

⑧ 외국인수 방식 수입

외국인수 방식 수입이란 수입대금은 국내에서 지급되지만, 수입물품은 국내에 반입하지 않고 외국으로 인도하는 수입을 말한다. 예컨대, 위탁가공 무역에 의한 수출입 승인을 얻은 자가 가공할 원료의 일부를 제3국으로부터 구매하여 수출물품을 가공하는 국가에 송부할 경우의 원료라든가, 해외 건설공사에 필요한 기자재를 외국으로부터 수입하여 해외 건설현장으로 송부하는 경우가 이에 해당된다.

⑨ 보세창고입고조건의 무역

보세창고입고조건(Bonded Warehouse Transition : BWT)의 무역이란 수출입업자가 자기의 위험과 비용부담으로 상대국 정부로부터 허가받은 보세창고에 물품을 무환으로 반출 또는 반입하여 수출입상과 매매계약을 체결하여 무역거래를 하는 방식이다.

이러한 무역거래는 수출상과 수입상이 사전에 무역계약을 체결하지 않고 현지에서 매매계약이 성립된다는 점이다. 현재 우리나라는 파나마의 콜론과 네덜란드 BWT를 운영하고 있다.

5. 기타 물품 가공방식에 따른 분류

(1) 일반가공 및 수탁가공 무역

가공무역(processing trade, improvement trade)은 가득액을 얻기 위하여 원료의 일부 또는 전부를 수입하여 이를 가공한 후, 다시 외국에 수출하는 무역거래 형태를 말한다. 여기서 가공이란 수입 당시에 비하여 경제적 가치가 향상된 상태를 말한다. 그런데 가공무역은 거래 상대방의 위탁을 받고 이를 수입·가공하여 수출하는 수탁가공무역과 거래 상대방과 위탁관계가 없이 이루어지는 일반가공 무역이 있다.

첫째, 일반 가공무역에 의한 수출입이란 외화 획득을 위하여 수출할 것을 목적으로 원료의 전부 또는 일부를 수입하여 가공한 후, 수출하는 거래를 말한다. 이때 이러한 수출이 원료를 수입한 국가에 재수출되는 경우를 능동적 가공무역(active processing trade)이라고 하고, 가공제품을 원료 수입국이 아닌 제3국에 수출하는 것을 통과적 가공무역(transit processing)이라고 하며, 반대로 원료를 외국에 송부하여 가공시킨 후, 이를 다시 수입하는 가공수입을 수동적 가공무역(passive processing trade)이라고 한다.

둘째, 수탁가공무역이란 거래 상대방의 수탁을 받아 원료의 일부 또는 전부를 수입하여 이를 가공한 후 그 거래 당사자 또는 그가 지정하는 자에게 수출하고 계약조건에 따라 가공비·운임·보험료·창고료·이자 등의 가득액을 수취하는 거래이다. 이러한 수탁가공 무역은 다시 그 원료를 수입할 때 유상으로 들여와서 가공한 후, 대금을 수취하는 유환수탁가공무역과 수입시 대금의 지급 없이 원료를 들여와서 가공·수출하고 가득액에 해당되는 가공비만을 받는 무환수탁가공무역이 있다.

(2) 수위탁판매 무역

수위탁판매 무역은 물품을 무환으로 수출 또는 수입하여 당해 물품이 판매된 범위 내에서 수출대금을 회수 또는 수입대금을 지급하는 조건의 계약에 의한 수출입을 말하며, 이는 위탁판매무역과 수탁판매무역으로 구분된다.

첫째, 위탁판매무역(trade on consignment)은 일종의 위탁판매수출로서 국내의 생산자 또는 수출자가 외국상사에 대하여 외국시장에서의 판매를 위탁하고, 그 중개용역에 대한 일정 수수료를 지급할 것을 조건으로 한 위탁무역의 전형적인 무역형태이다. 이것은 신시장 개척 또는 신규상품의 수출 등 시장성이 확실하지 아니한 경우에 활용되는 거래방식이다. 이 무역의 특징은 수출시점에서는 물품대금의 회수 및 수입시점에서의 지급도 발생하지 않고 현지에서 판매한 후 회수한다는 점이다.

둘째, 수탁판매무역(trade on consignee)이란 해외의 거래상으로부터 위탁을 받아서 그 위탁자의 위험과 계산으로 외국물품을 무환으로 수입하여 자국 내에서 판매하고, 그 대금을 송금함으로써 수수료를 받는 일종의 위탁판매수입의 형태이다.[2)]

2) 박종수·채훈, 「무역실무론」, 삼영사, 2008

the point note

Global Entrepreneurship In Action

02 무역관련 국내외 규범

1 무역관리의 의의

무역관리란 국가의 제도, 기구, 법규에 의한 무역거래의 간섭, 통제 규제를 총칭한 것이다. 무역관리는 국제수지의 균형과 국민경제의 발전을 기하기 어려운 경우에 직·간접적으로 대외거래 상품의 품목과 수량을 제한하는 일종의 무역 통제 정책이다. 우리나라에서 수출입관리를 하는 목적은 국민경제의 발전에 기여하는데 있으며, 그 방법과 수단으로는 대외무역을 진흥하고 공정한 거래 질서를 확립하여 국제수지의 균형을 꾀하고 통상의 확대를 도모하는데 있다.

2 국내 무역관련 3대 법규

우리나라 국가에 의한 무역관리(trade control)는 거래 당사자가 국제규범에 따라 자유롭게 체결한 수출입계약을 이행할 때 국가에서 무역정책에 따라 사전·사후적으로 무역거래를 관리 또는 통제하는 것을 말한다.

국가마다 자국의 무역정책을 구체화하기 위하여 무역관련 국내법을 제정하여 시행하고 있는데, 현재 우리나라에서 제정되어 운영되고 있는 무역에 관련된 주요 법규는 대외무역법, 외국환관리법, 관세법이다. 수출입 기본질서에 대해서는 대외무역법으로 관리하고 있고, 물품의 이동과 관련해서는 관세법으로 관리하고 있으며 무역대금의 결제 방법에 대해서는 외국환 거래법으로 관리하고 있다. 우리나라의 무역 관리법규의 체계와 내용은 다음과 같다.

1. 대외무역법

'대외무역법'은 우리나라의 무역관리를 위한 기본법으로서 물품의 수출입을 총괄적으로 관리한다. 그리고 대외무역법에서는 국가 통제를 위한 관리제도 이외에도 수출을 진흥하기 위한 무역진흥제도로서 외화획득용 원료수입제도 그리고 산업피해 구제제도와 수출입질서 유지를 위한 제반사항을 규정하고 있다.

2. 외국환거래법

'외국환거래법'은 결제방법을 관리하기 위한 법규로서 주로 국민인 거주자와 외국인인 비거주자 간에 외국환을 영수하거나 지급하는 방법을 규정하고 있다. 우리나라의 제반 외국환관리제도는 외환보유고가 부족할 때 정착된 것이기 때문에 달러화 등 외국환의 영수는 비교적 자유로우나 외국환의 지급에 대해서는 엄격하게 제한하여 오다가 1996년 OECD 가입 이후에 외국환관리법을 외국환거래법으로 변경하여 그 제한을 크게 완화하였다.

3. 관세법

'관세법'은 수출입 물품의 통관절차와 수입물품에 대한 과세절차를 규정하고 있다. 관세법에 의한 통관절차 및 과세절차는 세관에서 처리한다. 세관은 우리나라 수출입의 관문으로서 물품이 국내외로 이동되는 것을 통제하는 최종적인 현장이다.

수출입 통관시 세관은 당해 물품의 수출입이 국내의 제반법규에 따라 허용되는지 여부에 대하여 최종적으로 확인하며, 수입물품에 대하여는 납세의무자가 적정한 과세가격에 대하여 타당한 세율만큼의 관세 등을 납부하도록 하고 있다.

우리나라는 모든 품목에 대하여 아무나 함부로 무역을 하지 못하도록 하다가 1996년 12월 OECD에 가입함에 따라 제반 무역관리제도를 대폭적으로 자유화하여 선진화를 추진하여 왔다.

종래 우리나라의 각종 무역관리제도는 못살던 시절, 즉 외환이 부족한 시절에 정착된 제도로서 주로 외국환의 대외지급을 억제하기 위한 정책적인 기초에 따라 도입·시행되어 왔다. 즉, 외환관리를 강조하여 원칙적으로 모든 수출입 거래에 대하여 국가 통제체제를 유지하면서 특히 외국환의 수요를 유발하는 수입에 대하여는 편중적으로 제한을 가하여 왔다.

그러나 1997년 우리나라 무역의 기본법인 대외무역법을 개정·시행하면서 물품의 수출입 및 수출입대금의 결제(특히, 지급)는 원칙적으로 자유로우며, 대외신용도 확보 등 자유무역(free trade) 질서를 유지하는 범위 안에서 자기 책임 하에 성실하게 무역거래를 이행하도록 하고 있다.

4. 기타 관련법규

무역진흥을 위한 무역 관련법규로 무역금융을 지원하기 위한 한국은행 총액한도 대출관련 무역금융취급세칙 및 절차, 수출물품에 대하여 부가가치세영세율 적용을 규정하고 있는 부가가치세법, 관세환급을 위한 수출용 원재료에 대한 관세 등, 환급에 관한 특례법(환급특례법)이 있다. 이와 함께 약사법, 식품위생법, 식물방역법, 환경보전법, 전기용품안전관리법 등 52개 무역관련 개별법이 있다.

우리나라뿐만 아니라 미국, EU 및 일본 등 선진국도 대외적으로는 자유무역을 표방하면서도 자국의 무역정책을 효과적으로 추진하기 위하여 각종 무역관련 국내법 체계를 유지하고 있다. 이에 따라 특히, 수출을 원활하게 수행하려면 미국이나 EU의 통상법, 일본의 개별법 등 수출국의 무역관련 제반 법규에 대하여도 깊은 관심을 갖고 그 내용을 파악하여야 할 것이다.[3]

3) 무역창업전략, 박종수 삼영사, 22p

(1) 무역객체에 대한 관리

표 1-2 ‣ 국내무역관리 3대 법규

대외무역법 (수출입총괄)	• 수출입 거래형태 : 특정거래형태의 수출입인정 • 수출입 품목 : 수출입승인(행정기관 등에서 승인)
외국환거래법 (수출입대금결제)	• 외국환은행의 확인 또는 신고사항 • 한국은행총재 또는 재정경제부장관의 허가사항
관세법 (물품의 이동)	• 수출입 통관절차 • 관세의 부과 및 징수

자료 : 무역창업전략, 삼영사 2012, p22

표 1-3 ‣ 단계별 무역거래 기본 당사자

거래내용	수 입 상		수 출 상	
매매관계	Buyer	매수인	Seller	매도인
무역관계	Importer	수입상	Exporter	수출상
신용장관계	Applicant Opener Customer	개설의뢰인	Beneficiary User Addressee	수익자 신용장 사용인 신용장 수령인
환어음관계	Drawee Payer	지급인	Drawer Payee	발행인 대금 수취인
운송관계	Consignee	수화인	Consignor	선적인
계정관계	Accountee	대금결제인	Accounter	대금수령인

3 무역관련 국제규범

무역은 서로 다른 국가에 속하는 당사자 간의 거래로 국가마다 국내법과 상관습이 다르기 때문에 수출입 이행시 거래당사자 간에 동일한 사안에 대하여 다르게 해석할 수 있다. 이에 따라 무역거래당사자 간에 계약을 체결하고 이를 이행하는데 있어서는 국제규범인 국제규칙과 국제거래법에 따른다.

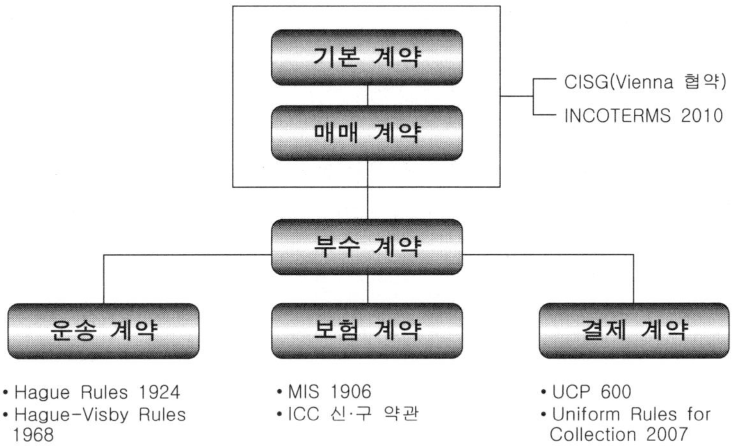

[그림 1-1] 무역관련 국제규범

무역거래 시에는 거래당사자 간에 동일한 사안에 대하여 동일하게 인지하고 해석할 수 있도록 하기 위하여 국제적으로 통일된 규범이 필요하다.

이와 같은 무역관련 국제규범은 오랜 시간의 국제거래 관행과 관습을 반영한 것으로서 대표적으로 다음과 같은 것들이 있다.

첫째, 무역계약 체결시에 활용하는 국제규칙과 국제상관습이 있다. 먼저 대표적인 국제규칙으로 "UN 국제물품매매에 관한 통일규칙(United Nations Convention on Contract for the International Sales of Goods : CISG 일명, Vienna 협약)"이 있다. 이는 통일된 국제민법으로 주로 당사자 간에 수출입 기본계약을 체결할 때 준거법으로 활용된다. 그리고 국제상관습으로는 "INCOTERMS(International Rules for the Interpretation of Trade Terms, 2010)"이 있다. 이는 EWX, FCA, CTP, CIP, DAT, DAP, DDP(전 운송수단), FAS, FOB, CFR, CIF(해상운송수단) 등, 당사자 간에 무역계약 체결시 계약내용을 보안하기 위하여 채택하는 11개의 정형거래조건(trade terms)을 해석하기 위한 국제 규칙이다.

둘째, 운송관련 국제규범으로 해상운송과 관련하여 "선하증권통일조약(hague rules, 1924)"과 "개선선하증권조약(hafue-visby rules, 1968)" 및 "Hamburg Rules(1978)"이 있다. 또 항공운송과 관련하여 "국제항공운송에 관한 통일규칙(warsaw convention, 1929)"이 있으며, 복합운송과 관련하여 "복합운송증권을 위한 통일규칙(uniform rules for a combined transport document, 1973)"이 있다.

셋째, 보험관련 국제규범이 있다. 해상보험과 관련하여 영국의 "해상보험법(Marine Insurance Act, 1906)"이 국제규칙으로 준용되고 있으며, 런던보험자 협회에서 만든 "Institute Cargo Clause(ICC) 신·구약관"이 있다.

넷째, 결제관련 국제규범이 있다. 여기에는 "신용장통일규칙(Uniform Customs and Practices for the Documetary Credits, UCP600)"과 "추심에 관한 통일규칙(Uniform Rules for Collection,1985)"이 있다.4)

4 수출입 절차

1. 수출절차

수출절차라 함은 일반적으로 수출계약이 체결되고 이에 따라 수출신용장의 내도된 이후에 수출추천, 수출승인, 수출품검사, 수출통관 및 선적, 그리고 수출대금의 회수에 이르기까지의 수출에 따른 일련의 절차를 말한다.

수출을 규제하는 법규로서는 수출입거래를 대상으로 한 '대외무역법', 수출품의 품질을 대상으로 한 '수출검사법', 수출물품의 통관을 규제하는 '관세법', 수출대금의 결제를 규제하는 '외국환관리법' 등이 있다. 또한, 이러한 모든 법규는 수출이 국제수지의 균형과 국민경제의 발전에 기여 하도록 한 입법목적에 따라 상호 보완적으로 운용되어 수출품의 대외거래를 관리하고 있다.

(1) 수출계약의 체결

수출을 하고자 하는 자는 취급하고자 하는 물품에 대하여 국내 무역관련법규에 의해 수출이 허용되는 물품인지 여부를 확인한 다음, 거래시장을 탐색하여 이를 결정하고 시장조사 단계를 거쳐 그 시장에서 가장 적절한 거래선을 물색한 후, 그와의 거래를 제의하여 거래선 동의를 얻게 되면 거래관계 개설을 위한 수출계약을 체결하게 된다. 수출계약을 거래상대방이 확정되면 신용조회를 거쳐 거래상대방에 거래 제의를 하고 이에 대한 상대방의 승낙이 있으면 계약이 성립된다. 일반적으로 무역거래는 수

4) 한국무역협회, 「무역실무」, 2006 pp. 7~9.

출자가 수입자에게 수출에 따른 무역거래 조건을 제시한 청약(offer)에 대하여 수입자가 이를 승낙(acceptance)하는 과정, 또는 수입자의 주문(order)을 수출자가 승낙(acknowledge)하는 과정에 의하여 계약이 체결된다.

(2) 신용장 내도

① 신용장의 의의

신용장(Letter of Credit : L/C) 이란 무역거래의 대금 지급 및 상품 수입을 원활히 하기 위하여 수입상을 신용장 개설의뢰인으로 하고 수출상을 수익자로 하여 수입상의 거래은행인 신용장 개설은행이 수입상의 요청과 지시에 따라 수출상 또는 그의 지시인으로 하여금 신용장에 명기된 조건과 일치하는 운송 서류 (transport document)를 제시하면 신용장 대금을 틀림없이 지급하겠다고 약속하는 증서이다.

◆신용장거래 방식에 의한 국제무역거래에 있어 수입자를 주체로 한 정상적인 경우의 과정과 확인사항은 다음과 같다.

✣ 신용장 거래과정 ✣

- 국내의 수입자가 외국의 수출자와 매매계약을 체결하고 물품매도확약서를 받는다.
- 수입자는 외국환은행에 수입승인을 신청하여 수입승인서(I/L)를 받는다.
- 수입자는 자기 거래은행에 수입신용장개설을 의뢰한다.
- L/C 개설을 의뢰받은 외국환은행은 L/C를 발행하여 수출자가 소재하고 있는 외국환 거래은행에 L/C를 송부한다.
- 수출자의 통지은행은 수출자에게 L/C 도착을 통지한다.
- L/C를 받은 수출자는 상품을 선적한 후 선화증권을 취득하고 보험증권, 상업송장 등 필요한 서류를 구비하여 매입은행에 화환어음 매입을 의뢰한다.
- 매입은행은 환어음과 운송서류를 교환하여 수출자에게 어음대금을 지급한다.
- 매입은행은 수출자에게 지급한 어음대금을 결제받기 위해 L/C 개설은행에 어음 및 운송서류를 송부한다.
- 매입은행은 어음대금을 개설은행에 상환 청구를 한다.
- 개설은행은 매입은행으로부터 운송서류가 도착하면 수입자에게 운송서류 도착을 통지한다.
- 개설은행은 수입자로부터 수입대금을 받고 운송서류를 인도한다.
- 선박회사는 화물이 도착하면 수입업자에게 통지한다.

❖ 신용장 접수 후 확인사항 ❖

■ 계약 내용과의 대조

수출신용장은 수출입 당사자 간의 계약서에서 합의한 조건에 따라 외국환은행을 통하여 개설되는 것이므로 계약조건, 특히 가격・단가・보험조건・포장방법・선적기일・분할선적・환적 조건 등에 상이한 점은 없는가를 검토하여야 하며, 상이한 점이 있는 경우에는 곧 당해 신용장 조건을 변경하도록 상대방 신용장 개설 의뢰인에게 요구하여야 한다.

■ 신용장 양식 확인

신용장은 그 용도에 따라 종류가 다양하다. 우리나라에서는 취소가능신용장이 허용되지 않으므로 신용장에 '취소가능(revocable)'이란 표시가 없는지, 또한 수출입업자로 등록되지 못한 자는 원칙적으로 자기 명의로 수출할 수 없으므로 이런 경우 '양도가능(transferable)'의 표시가 있는지, 혹은 신용장의 효력에 대한 특별한 유보조건(견본확인, 대리인의 검사 등) 이 있는 조건부 신용장(conditional L/C)은 아닌지 등을 확인하여야 한다.

■ 개설은행의 신용 확인

수출업자가 대금결제를 신용장으로 정하는 이유는 신용장개설 은행의 신용을 믿고 하는 것인데, 만일 신용장개설 은행이 신용 없는 은행이면 대금 지급에 문제가 생긴다. 그러므로 개설은행의 신용을 믿을 수 없는 경우에는 보다 공신력 있는 제3의 은행에서 확인(confirm)을 받도록 해야 한다. 또 결제은행(reimbursing bank)이 제3국에 있을 경우, 그 은행과의 Corres 관계도 확인해 보아야 하며, 신용장의 서명이 틀림없는가도 확인해 보아야 한다.

■ 신용장통일규칙의 적용 확인

외관상으로는 신용장 같이 보이나 신용장이 아닌 A/P(Authority to Pur-chase)같은 지급수단도 있으며, 또 신용장통일규칙에 준한다는 문언이 없는 유사 지급수단도 있으므로 반드시 신용장거래는 신용장통일규칙에 따른다.(Subject to the Uniform Customs and Practice for Documentary Credits, 1993 Revision I.C.C Publication No. 600)는 문언의 기재 여부를 확인하여야 한다.

(3) 수출승인

① 수출가능 여부 확인

물품의 수출이 가능하기 위해서는 대외무역법이나 개별법상 당해 물품에 대한 수출승인이나 허가를 받아야 하고, 당헤 수출거래 형태에 대하여 인정을 받아야 하며, 당해 수출대금결제 방법에 대하여 허가를 받아야 한다. 그러나 1997년 1월 1일 이후 수출입의 자유화 원칙에 따라 계약 이행의 사전 허가 절차인 승인제도가 폐지됨에 따라 대금결제 사항은 외국환에 일임하고 대외무역법상의 수출입 공고 등에 근거한 물품에 대한 관리만을 하는 것을 원칙으로 함에 따라 수출승인의 개념이 과거의 추천 등과 같은 성격으로 변경되었다.

따라서 과거에는 수출이 가능한 경우에 한하여 수출승인을 하였으므로 수출 이행 이전에 계약 수정이나 미비사항의 보완 등이 가능하였으나 수출승인이 폐지된 이후에는 적법하지 않은 수출이행에 따른 책임은 전적으로 수출자에게 귀속되므로 사전에 수출가능 여부를 확인하는 것이 매우 중요하다.

② 대외무역법상 수출승인

대외무역법상 물품의 수출입 제한은 수출입공고, 별도공고, 전략물자 수출입공고 등에 의하여 이루어지고 있는데, 크게 수출입 금지품목과 제한품목으로 나누어지며, 후자의 경우 관련부처나 단체에서 수출승인을 받거나 신고를 함으로써 수출이 가능하다.

③ 개별법상 수출허가

물품의 수출입에 대해 대외무역법상 수출입공고 등 이외에 다른 법령에 특별한 규정이 있는 경우, 당해 개별법에 따른 별도의 제한을 받는다. 이러한 개별법은 약 52개가 있으며, 개별법에 의한 각종 수출입 제한내용을 산업통상자원부 장관은 통합하여 공고하는데, 이를 "통합공고"라고 한다.

따라서 통합공고상의 수출제한품목을 수출하고자 하는 경우 주무부장관이나 주무부장관이 지정하는 기관의 사전 수출허가를 받아야 한다.

④ 수출거래 형태의 인정

대외무역법상 거래 형태는 L/C방식, 추심결제방식(D/A, D/P) 등, 물품의 이동과 대금의 결제가 반대방향으로 이루어지는 정형화된 수출거래 형태와 수출 제한을 회피하거나 국내 산업보호에 지장을 초래할 우려가 있는 경우, 그리고 외국에서 외국으로 물품의 이동이 있고, 그 대금지급이나 영수가 국내에서 이루어지는 거래로서 대금결제 상황의 확인이 곤란한 경우 및 대금결제가 수반되지 아니하고 물품의 이동만 이루어지는 특정거래 형태로 나누어진다.

정형화된 수출거래 형태와 특정거래 형태 중 산업통상자원부장관의 인정 범위에 속하지 않는 것은 현행 대외무역법상 특별한 규제를 하지 않고 있다. 즉, 특정거래 형태 중 산업통상자원부장관의 인정 대상을 제외하고는 자유로운 거래가 가능하다. 그러나 인정 대상이 아니라고 하여 외국환관리법까지 배제되지는 않으므로 대금결제에 대해서는 별도로 외국환관리법의 적용을 받게 된다.

(4) 수출품 확보

① 수출물품의 확보방법

수출물품을 확보하기 위해서는 수출업체가 직접 제조・생산하거나 완제품을 구매하는 방법이 있으며, 또한 동일한 물품의 제조・생산을 위해 소요되는 원재료의 확보는 국내에서 구매하거나 외국으로부터의 수입에 의한다.

② 완제품 및 원재료의 국내구매

■ 내국신용장에 의한 구매

내국신용장이란 수출업자가 수취한 수출신용장 등을 근거로 수출이행에 필요한 원자재 또는 완제품을 국내에서 원활히 조달하기 위하여 국내 공급업자(제조·생산자)를 수혜자로 하여 개설된 국내신용장을 말한다. 또한, 내국신용장의 수익자는 공급물품을 제조・가공하는데 필요한 원자재를 구매하기 위하여 원 내국신용장(1차 내국신용장)을 근거로 하여 2차 내국신용장을 개설할 수 있으며, 1차 내국신용장이 완제품 구매를 위한 내국신용장인 경우에는 원자재를 구매하기 위한 2차 내국신용장을 근거로 3차 내국신용장을 개설할 수 있다.

■ 구매승인서에 의한 구매

구매승인서는 무역금융 한도부족, 비금융 대상 수출신용장 등으로 인하여 내국신용장 개설이 어려운 상황에서 국내에서 외화획득용 원료 등의 구매를 원활하게 하고자 외국환은행장이 내국신용장 취급 규정에 준하여 발급하는 증서이다. 구매 승인서의 발급은 내국신용장 발급근거와는 상이하고 매 건별 발급근거를 전제로 발급되며, 실적기준으로는 발급되지 않는다. 이와 함께 구매승인서가 내국신용장과 구별되는 가장 큰 차이점은 은행이 계약 당사자 간의 거래 사실을 확인하는데 그치고, 대금지급에 대한 지급보증을 하지 않는다는 점이다.

③ 외화획득용 원료의 수입

외화획득용 원료에 대한 지원에 대해 우리나라는 수출물품 생산에 공여되는 원료 등에 대해서는 최대한 부담을 줄여줌으로써 우리 수출상품의 국제 경쟁력을 제고시키기 위한 정책수단으로서 외화획득용 원료 등의 조달에 대하여는 내수용과 비교하여 상역, 금융, 세제상의 지원정책을 견지해 오고 있다.

■ 수출입공고 등 적용배제

물품의 수출입은 수출입공고, 통합공고 등의 내용에 따라 수출입이 제한되고 있으나 외화획득용 원료 등에 대해서는 동 원료를 사용하여 제조·가공 되는 물품이 수출된다는 점에서 특별한 경우를 제외하고는 수출입공고 등에서 수입금지 또는 제한규정에도 불구하고 수입이 가능하다.

④ 무역금융의 지원

수출물품의 제조·가공에 소요되는 자금 부담을 완화시켜주기 위하여 수출용 원자재의 수입 및 국내 구매시 필요한 자금에 대하여는 무역금융의 수혜를 받을 수 있다.

⑤ 관세 환급

우리나라 관세법은 수입물품에 대하여 관세(관세, 특별소비세, 부가가치세)등을 징수한 후, 수입 면허하는 것을 원칙으로 하고 있으므로 외화획득용 원료의 경우도 일단 관세 등을 납부하고 통관하게 되나, 동 원료를 사용하여 제조·가공된 물품의 수출이 완료된 후에는 관세 등을 환급하여 주고 있다.

물론 이와 같은 외화획득용 원료 등에 대한 각종 지원제도는 대응수출 등 외화획득 행위를 전제로 하여 부여하고 있는 것이므로 대응수출 등 외화획득 행위가 이루어졌는지 여부에 대하여 사후 관리한다.

(5) 운송 및 보험계약의 체결

① 해상운송

해외에 거래선이 확보되고 관련 매매계약, 신용장 등이 개설되면 수출업자는 계약에 의거 상품을 확보, 기일 내에 선적을 하여야 한다.

선적을 하기 위해 선박회사와 접촉하기에 앞서 기본적으로 이해하고 있어야 할 사전지식은 다음과 같다.

■ 매매조건과 선적의무

통상 화물을 운송할 선박을 수배하는 자는 해당 선박회사에 운임을 지급하는 화주이다. 상품의 매매조건이 CIF(또는 CFR) 조건일 때는 Seller 가, FOB 조건일 때는 Buyer가 운송선박을 수배해야 한다. 예외적으로 Seller와 Buyer의 거래관계 및 상황에 따라 상대의 요청을 위해 선박 수배를 주선해 주는 경우도 있다.

■ 선적선박

선박을 수배하는 경우는 상품의 수량·종류에 따라 운송선박이 다르다. 즉, 일반 완제품, 기계류 등과 같이 포장된 개별품목은 일반 잡화선(general cargo carrier) 또는 컨테이너 전용선(full container ship)에 선적된다. 그리고 쌀, 옥수수, 밀 등의 곡물이나 광석, 석탄 등의 이른바 살화물(bulk cargo)은 곡물, 광석류 운반 전용선에 선적한다.

■ 서비스 항로

우리나라를 중심으로 현재 형성되어 있는 항로(또는 노선)는 한일항로, 동남아항로, 북미항로, 호주항로, 중동항로, 구주항로 등이 있으며, 이들 항로에는 일정한 주기를 유지하며 계속적으로 취항하는 정기선(liner)과 화물에 따라 그때그때 원하는 곳까지 화물을 운송하는 부정기선(tramper)이 있다.

■ 운임부과 기준

운임은 통상 해당물의 중량과 용적을 비교하여 많이 산출되는 톤수를 운임의 기준으로 삼는다(이를 revenue이라고 함). 주요 정기항로에 취항하고 있는 선박회사, 특히 운임동맹가맹 선박회사들은 운임을(tariff)을 갖고 있어, 운임의 적용기준과 화물별 운임율은 관련 선박회사에 문의하면 정확히 알 수 있다. 운임은 통상 기본요금과 제 할증료(CAF, BAF) 및 취급수수료(THC), 제 공과금으로 구성되므로 하주가 지불하는 총운임은 제 부과요금을 합산하여 산출해야 한다.

■ 선박회사와의 접촉

정기선이 취항하지 않는 지역으로 화물을 보내고자 할 때에는 일반 잡화의 경우, 충분한 사전 기간을 두고 선박회사와 접촉을 시작해야 한다. 정기선의 경우는 지역에 따라 다르나 선적일자(L/C 상의 shipment date) 기준 약 2주 전에만 접촉하여도 무방하지만, 부정기선 편으로 선적・운송하여야 할 경우에는 가급적 1~2개월 전부터 선박을 물색하기 시작하여야 한다. 물론, 어느 경우나 하주입장에서는 충분한 시간을 갖고 임하면 그만큼 유리한 입장에서 선박을 물색할 수 있으므로 상황이 허락하는 한 선박회사의 접촉은 조기에 시작하는 것이 좋다.

■ 운송계약의 형태

일반잡화를 운송하는 정기선의 경우는 별도로 운송계약서를 작성하는 것이 아니고 선박회사에서 정형화된 양식인 선화증권(Bill of Lading : B/L)을 발급함으로써 운송계약에 갈음하고 있다. 동 증권에는 화물의 행선지, 선적지, 명세(용적, 중량, 마크 등), 운임지불관계(선불 또는 도착지 후불), 선적일자, 발급일자 등이 기재되며, 뒷면에는 운송과 관련한 당사자 간의 권리의무 관계를 기술한 약관이 기재되어 있다. 약관의 내용은 이해당사자간 책임과 의무를 명기하여 분쟁이 발생할 경우에 기준이 되므로 하주는 동 내용을 정확히 숙지할 필요가 있다.

부정기선화물 즉, 곡물・광석・석탄 등의 화물을 운송할 때에는 용선계약서(charter party)가 작성되며, 이에 의거 선화증권이 별도로 발급된다. 용선계약서는 정기선의 경우와 달리 일방적으로 인쇄된 양식을 사용하는 것이 아니고 당사자 간에 충분한 합의를 거쳐 계약서가 작성된다. 특히, 유의할 것은 화물수량의 표시, 선적일시, 하역일시, 체선관계 등 상당히 전문적인 지식이나 경험을 필요로 한다. 따라서 초심자는 직접 계약에 임하는 것보다는 관련 해운회사의 조언을 받거나 용선중개인(chartering broker) 또는 변호사의 협조를 받는 것이 좋다.

(6) 선적절차

① 선적협의

관련정보를 통해 자신이 원하는 시기 및 장소에서 화물을 운송해 줄 선박회사를 물색했으면 이제는 직접 해당 선박회사 또는 Forwarder와 접촉하여 구체적인 선적협의를 한다. 협의는 서면으로도 가능하겠으나 유선으로 하는 것이 보통이며 신속하고 정확하다. 협의시는 자신의 요망사항 즉, 다음과 같은 사항을 알린다.

- 언제
- 어디서
- 무슨 화물을
- 얼마나(중량 또는 용적 아니면 개략적인 수량을 설명한다.)
- 어느 곳까지
- 누구에게

위와 같이 운송하고자 한다는 것을 알리면 선박 회사 측에서는 구체적으로 선적가능시기, 운임 등 화주의 요구사항에 대한 질의에 응하고 상호요건이 충족되면 구두로 선적예약(space booking)을 한다.

② 선적요청서 제출

구두계약이 이루어진 다음, 정식으로 선적요청서(Shipping Request : S/R)를 제출해야 한다. 첨부되어야 할 서류는 상업송장 사본, 포장명세서 사본, L/C 사본, 수출승인서 사본 등인데, 실제 업무에서는 S/R 양식에 선적에 필요한 모든 정보를 상세히 기입하므로 이런 서류를 생략하기도 한다.

S/R은 공식적인 양식이 있는 것이 아니고 운송인마다 서로 다른 양식을 사용하는데 S/R은 대부분 Fax를 통해 운송인에게 제출한다.

③ 화물포장 및 출고 준비

포장되어 있는 화물의 상태가 운송에 적합할 정도로 견고한지를 확인해야 한다. 선박은 일반 철도나 트럭에 의한 운송과는 달리 선박 자체가 해상에서 심하게 요동할 우려가 있으므로 백화점에서 전시할 정도의 포장, 견물생심을 유발키 위한 미관 위주의 포장만으로는 해상에서의 파도 등의 위력을 감당할 수 없고, 화물의 손상원인이 포장

불량에 있을 시는 선박회사로부터 보상도 받지 못한다. 포장 및 출고 준비는 선적 협의시 요청된 시간 내에 선박회사가 지정한 창고까지 운송・보관시킬 수 있도록 여유를 두고 착수한다.

(7) 컨테이너 화물

화물을 컨테이너에 적입(stuffing)하여 컨테이너 전용선에 선적 운송될 경우는 하주 자신이 선박회사에 빈 컨테이너를 요청하여 컨테이너에 화물을 직접 넣어야 한다. 컨테이너는 길이에 따라 20ft, 40ft, 35ft, 45ft 등의 규격이 있다.

선박회사에서는 일단 컨테이너를 기준으로 운임을 산정하기 때문에 소량의 화물을 수출코자 하는 하주로서는 비싼 운임을 부담하면서까지 굳이 컨테이너 한 개를 독자적으로 사용할 필요는 없다. 선적 협의시 자신의 화물량을 알려 주면 선박회사로부터 컨테이너 한 개를 독자적으로 사용해도 좋은지, 또는 타 화주의 동일 목적지로 가는 소량 화물과 혼적(consolidation)하는 것이 경제적인지를 안내 받을 수 있다.

전자의 경우, 하주는 필요한 수량의 빈 컨테이너를 생산 공장 또는 창고로 보내 줄 것을 선박회사에 요청하고, 이 경우 생산 스케줄 및 창고사정을 충분히 감안하여 화물의 정확한 적입시간을 제시, 선박회사로부터 확실한 다짐을 받아두고 재차 확인을 해야 한다. 후자의 경우, 선박회사 또는 Forwarder가 지정한 혼적 창고까지 화물을 운송해 주면 선박회사 책임 하에 그 곳에서 타 화물과 함께 컨테이너에 적입된다.

(8) 출고 및 육상운송

화물의 출고준비가 끝나면(컨테이너에 하주 자신이 직접 적입하였을 때는 세관검사를 필하고 봉인된 상태) 선박회사가 지정한 창고까지 운송을 한다. 컨테이너 화물의 경우, 하주의 요청에 의해 선박회사가 육상구간 운송도 담당한다.

육상운송은 화물이 항구에 있는 보세구역까지 연결되므로 어느 운송업자나 취급할 수 있는 것이 아니고 보세화물 운송면허를 취득한자 만이 할 수 있다.

(9) 화물입고 및 인도

컨테이너 화물인 경우, 선박회사 측에 화물 인도 장소는 컨테이너 선박이 접안하는 부두 인근에 있는 컨테이너 전용 야드(yard)의 정문(gate)이다. 물론, 선박회사가 하주 창고에서 직접 화물을 인수해 가는 경우도 있다.

정문을 통과할 시점(gate in)에서 선박회사 측과 하주 사이에 상호 인수도 이루어지게 되므로 컨테이너의 외관과 봉인(seal)에 이상이 없으면 화주에게 인수증, 부두수취증(Dock Recipt : D/R)을 발급한다.

(10) 선화증권 발행

화물을 선박회사 측에 인도하고 나면 선박회사는 화물을 인수하였다는 하주가 요청한대로 운송하여 지정된 자에게 인도할 것을 약속하는 내용의 선화증권(Bill of Lading : B/L)을 하주에게 발행한다.

선화증권은 통상 3통(original, duplicate, triplicate)을 하주에게 발행하며, 그 효력은 동일하다. 선화증권은 법적으로 화물 그 자체를 대표하는 대표증권으로서의 유가증권이며 물품 대금을 수취하는데 필요한 선적서류 중 가장 중요한 서류이다.

(11) 선화증권 수취

선박회사가 화물을 인수한 즉시 발급하는 수취증(컨테이너 화물일 때는 D/R), 재래선 화물일 경우는 본선수취증(Mate Receipt : M/R)과 상환하여 B/L을 발급하는 것이 원칙이나 실무에서는 D/R이나 M/R은 선박회사 내부에서 왕래되고 있으며, 특별한 요청이 없는 한, 하주에게 직접 교부하는 일은 거의 없다.

즉, 선박회사에서는 화물을 인수·선적 사실을 내부 업무 시스템을 통해 직접 확인할 수 있으므로 하주에게 D/R이나 M/R 제시를 요구하지 않고 하주의 요청에 따라 즉시 B/L을 발급한다.

(12) 선적서류 완비

B/L을 교부받으면 매매조건, 신용장조건 등에 부합하는지 여부를 확인하고, 이상이 있으면 즉시 정정을 요청해야 한다. B/L에 이상이 없으면 상업송장(commercial invoice), 보험증권(insurance policy) 등 필요한 선적서류 일체를 첨부하여 환어음(bill of exchange)을 발행하여 외국환은행에 매입을 요청한다.

■ 수출절차

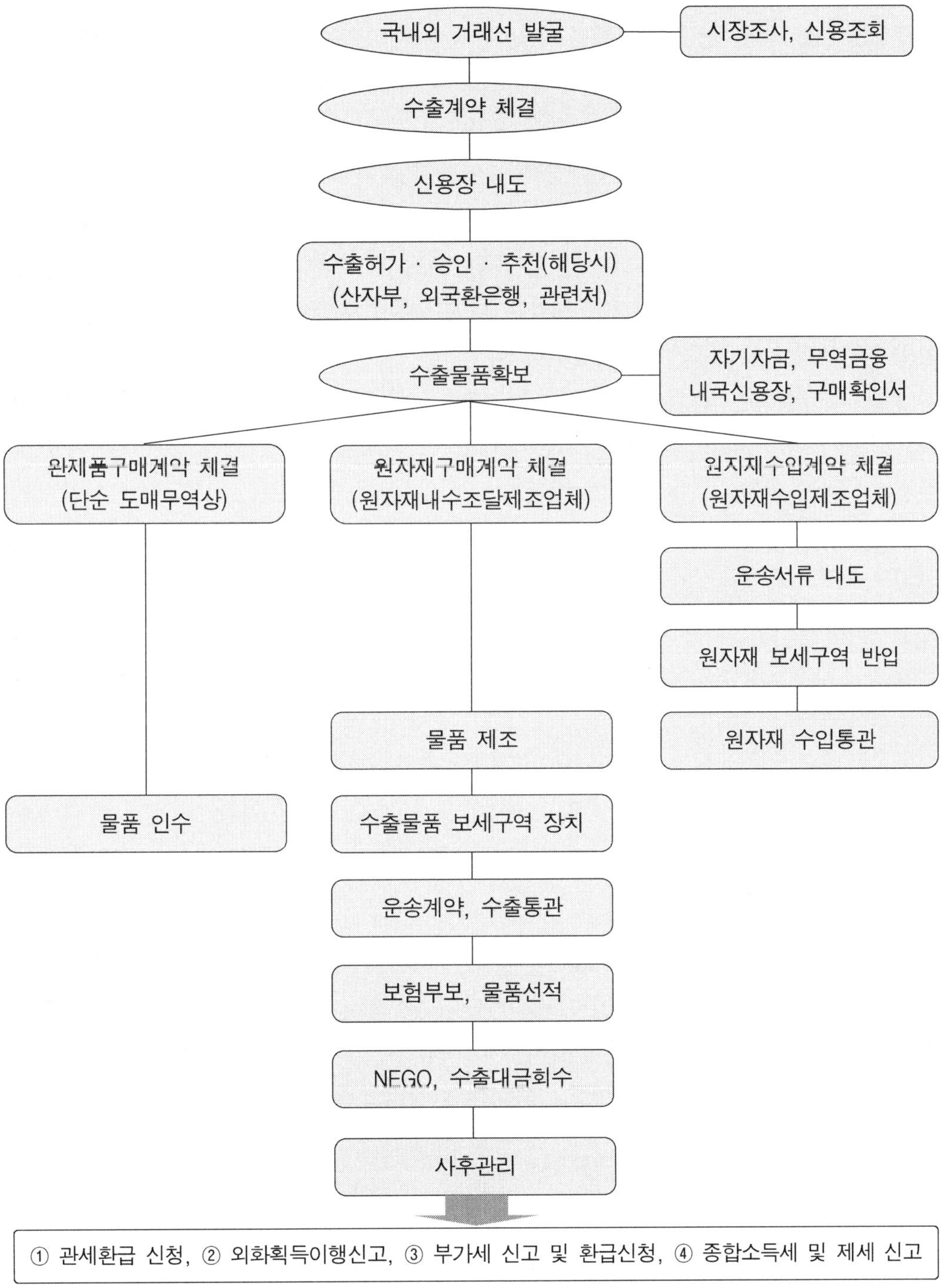
국내외 거래선 발굴
시장조사, 신용조회
수출계약 체결
신용장 내도
수출허가 · 승인 · 추천(해당시)
(산자부, 외국환은행, 관련처)
수출물품확보
자기자금, 무역금융
내국신용장, 구매확인서
완제품구매계약 체결
(단순 도매무역상)
원자재구매계약 체결
(원자재내수조달제조업체)
원자재수입계약 체결
(원자재수입제조업체)
운송서류 내도
원자재 보세구역 반입
원자재 수입통관
물품 제조
물품 인수
수출물품 보세구역 장치
운송계약, 수출통관
보험부보, 물품선적
NEGO, 수출대금회수
사후관리
① 관세환급 신청, ② 외화획득이행신고, ③ 부가세 신고 및 환급신청, ④ 종합소득세 및 제세 신고

2. 수입절차

수입(import)이란 외국의 물품이 우리나라 세관을 통하여 들어오는 것을 말하며, 일반 수입과 원자재 수입으로 구분 할 수 있다. 원자재 수입은 우선적으로 허가되며 금융·행정 등의 면에서 여러 가지 특혜가 주어진다.

수입절차라 함은 수입상이 수출상과 수입계약을 체결하고 수입계약서인 물품매도확약서에 의하여 수입승인을 받고 외국환은행에 수입신용장을 발행한 후, 수입화물과 선적서류가 신용장 발행은행에 내도되며 수입화물을 통관하는 일련의 절차를 말한다.

이러한 수입절차는 수출절차의 경우와 마찬가지로 대외무역법, 외국환거래법, 관세법 등 각종 법규에 의하여 규제를 받는다.

물품의 수출입을 업으로 하고자 하는 자는 산업통상자원부장관으로부터 수출입업의 허가를 받아야 하며, 그 허가를 받지 않은 자가 수입하고자 하는 경우에는 수출입업자에게 수입대행을 의뢰하여야 한다.

한편, 수입승인 여부는 수출입공고에 규정되어 있으며, 수입제한 승인품목은 주무관서의 수입추천을 얻거나 제한조치에 합당한 것에 한하여 수입을 승인해 준다.

부정거래의 우려가 있다고 인정되거나 수입가격의 유지를 필요로 하는 주요 품목에 대해서는 산업통상자원부장관이 수입 기준가격, 최고가격 및 최저가격을 사정하여 별도로 공고한다.

외국환관리규정에서는 수입대금의 결제방법과 외국환거래 담보금의 적립율에 대하여 규정하고 있으며, 관세법에서는 수입통관절차가 규정되어 있다.

(1) 수입계약 체결

수입상은 해외시장 조사 및 Inquiry 등을 통하여 거래선을 선정하고 해외조사기관에 신용조사를 의뢰해 가장 적합하다고 판단되는 Seller와 수입계약을 체결한다. 수입계약은 통상 물품매도확약서의 발급으로 대체되고 있는데, 물품매도확약서는 국내의 오퍼상(무역대리업자)로부터 받든지, 외국의 수출상으로부터 직접 받을 수 있다.

Offer Sheet의 가격과 선적, 결제 조건 등의 제 조건이 상담했던 내용과 맞으면 오퍼의 하단에 수입상이 "Accept"라고 표시하고 서명하여 한 부를 수출상에게 보냄으로써 계약은 성립된다.

물품매도확약서는 물품에 대한 거래조건이 명시되어 있기 때문에 수입승인 및 신용장 개설 신청시에 요구되는 서류이다.

(2) 수입승인

수출의 경우와 마찬가지로 수입의 경우에도 수출입공고에서 고시하는 특정 물품에 대해서는 개개의 수입 거래별로 산업통상자원부장관이 위탁하는 관련 단체의 장의 승인을 받아야 한다.

과거에는 모든 수입행위에 대해 매 계약 건별로 물품의 이동과 대금결제를 결부시켜 수입승인을 받도록 하여 물품에 대한 규제는 물론 외환의 지급까지도 관리하였으나 1997년부터는 대금결제는 외국환거래법에 위임하고 오직 물품에 대한 관리만을 원칙으로 함에 따라 수입승인의 개념이 물품의 이동만을 관리하는 추천과 같은 성격으로 바뀌었다.

즉, 수입승인은 국내로 이동이 제한되는 물품을 이동될 수 있도록 허가해 주는 절차인 것이다. 그러므로 수입하려는 물품이 수출입공고, 수출입별도공고 등에서 수입이 허용되는 품목인지를 검토하여 관련기관, 협회의 수입승인을 받아야 한다.

한편, 수입하고자 하는 물품이 통합공고상 수입이 제한되는 품목인 경우에는 보건복지부, 환경부 등 주무부처의 수입요건 확인 또는 허가를 받아야 한다.

수입승인을 받으려면 수입계약서 또는 물품매도확약서(offer sheet), 수출입공고 등에서 규정한 요건을 충족하는 서류를 수입신청서와 함께 관련기관(협회)에 제출하여 수입물품의 명세, 선적항, 당사자, 유효기관 등에 대한 승인을 받아야 한다.

수입승인의 유효기간은 1년이다. 이에 수입자는 이 기간 내에 수입물품을 통관하여야 하나 필요한 경우 연장할 수 있다. 한편, 수입승인을 받은 후 상대방과의 계약내용이 변경되거나 기타 사유로 인하여 원래 수입승인을 받은 조건대로 수입을 이행할 수 없는 사정이 생긴 때에는 수입승인 사항의 변경을 신청하여야야 한다.

(3) 수입신용장 개설

수입승인을 받으면 수입 계약서에서 대금결제를 신용장에 의한다고 약정되어 있는 경우에는 유효기한 내에 수입업자는 거래은행에 신용장의 발행을 의뢰하여야 한다. 수입자는 수입물품에 대한 수입승인을 받은 다음, 그 유효기간 내에 신용장개설을 신청하게 된다.

신용장을 개설해 주는 외국환은행으로 보면 신용장개설은 일종의 여신(與信) 행위이므로 수입상 및 수출상의 신용 상태와 해당 수입상품의 시장성 등을 고려하여 발행하며 일반적으로 충분한 담보를 확보하고서 신용장을 개설한다.

신용장 개설은행은 신용장개설에 관한 심사 및 기타의 절차를 완료하고 개설 의뢰인이 제출한 의뢰서의 내용을 점검하고 타당하다고 인정되면 신용장을 개설하여 준다. 신용장의 개설방법은 선적기일, 시황, 자금사정 등을 고려하여 다음과 같은 두 가지 방법이 있다.

① 우편에 의한 개설(Mail Credit)

신용장 개설 신청서의 내용에 따라 소정의 신용장 양식 1 세트를 작성하여, 원본 및 사본 1매는 통지 은행에 발송하고, 결제 은행에는 사본 1매를 수입대전 결제요청서(reimbursement request)와 함께 발송한다.

② 전신에 의한 개설(Cable Credit)

금융비용 절약, 납기 단축 등을 위하여 신용장 개설 사실을 신속히 통지할 필요가 있을 경우 전신으로 신용장을 개설하게 된다.

(4) 선적서류 내도와 대금결제

① 선적서류 내도

신용장의 수익자인 수출업자는 상품을 선적한 후 신용장에서 요구하고 있는 서적서류와 함께 환어음을 발행하여 매입은행에 매각하여 수출대금을 회수하면 매입은행은 매입한 환어음 및 선적서류를 개설은행 앞으로 송달하게 된다.

매입은행으로부터 선적서류를 접수한 개설은행은 자기가 개설한 신용장 조건대로 선적서류가 내도되었는지를 심사하여 수입대금 결제 여부를 확인한 후, 개설 의뢰인에게 선적서류를 인도하고 수입대금 결제를 받는다.

■ 선적서류 접수 및 검토

발행은행은 선적서류가 환어음과 함께 내도하게 되면 추심의뢰장(covering letter)[5], 선적서류(Shipment document), 환어음(bills of exchange) 등의 기재사항과 부속서류에 대하여 확인하여야 한다.

---

5) covering letter란 환어음 및 선적서류를 발송할 때 그 위에 첨부된다는 의미에서 그렇게 불리고 있으며, 이에는 첨부서류의 종류, 통권, 지급 · 인수 및 매입은행명, 대금결제방법, L/C금액, 은행수수료, 신용장 조건의 불일치 내용 및 해당 서류 처리에 관한 지시 등이 기재되어 있다.

매입은행에서 매입한 환어음 및 선적서류는 통상 원본(original set)과 부본(duplicate set) 2 Set로 나누어져 발행은행에 송달된다. 이 경우 원본과 부본은 효력면에서 동일하므로 발행은행은 먼저 도착된 서류를 가지고 심사하여도 무방하다. 이는 선적서류 중 먼저 도착한 것이 인도되면 다른 하나는 효력을 상실하기 때문이다.

매입은행으로부터 서류를 접수한 발행은행은 먼저 매입은행의 매입대금 추심의뢰장(covering letter)을 면밀히 검토하게 된다.

특히, 매입은행이 하자가 있는 선적서류를 매입한 경우는 신용장 조건과의 불일치 내용과 처리 전말이 기재되어 있으므로 이를 검토한 후 수입상의 동의로서 인수가 가능한지 여부를 결정하여 전신 등으로 지급지시 또는 지급거절의 통지를 하여야 한다.

Covering Letter를 점검한 발행은행은 접수한 환어음과 선적서류를 점검하여야 한다. 즉, 신용장의 조건과 선적서류가 일치하는지, 또한 환어음의 필수적·임의적 기재사항이 명확히게 기재되었는지 확인하여야 한다. 이는 발행은행이 신용장의 발행이라는 형식으로 지시한 사항들이 완전히 이행되었는지를 확인하는 행위이기 때문이다.

■ **환어음 결제와 선적서류의 인도**

발행은행은 매입은행에서 송달된 환어음 및 선적서류의 점검 후, 신용장 조건과의 일치가 확인되면 개설의뢰인에게 선적서류의 내도를 통지한다. 발행은행은 개설의뢰인에게 선적서류를 인도하기 위해 환어음의 제시 및 지급 인수의 청구를 하게 되며, 개설의뢰인은 이에 따라 수입대금을 결제해야 한다.

■ **선적서류의 수리거절**

선적서류의 심사결과 어떤 선적서류에 하자가 있음이 발견될 경우, 이는 신용장 상에서 요구하고 있는 조건과의 불일치를 의미하므로 발행은행은 임의로 해당 선적서류를 인도할 수 없게 된다.

발행은행은 일단 개설의뢰인에게 이러한 하자에도 불구하고 선적서류를 인도 받을지의 여부를 문의하고, 부정적인 대답이 있을 경우에는 신속히 선적서류 송부은행으로 이 사실을 통보하게 된다. 이와 같은 조치를 통해서 당해 선적서류는 신용장 조건에 일치되도록 보정되거나 어음의 상환조치가 취해진다.

제5차 개정 신용장통일규칙 제 14조 c항에서는 선적서류를 접수한 발행은행이 이를 점검한 결과 지면상 신용장 조건과 일치하지 않는다고 판단되는 경우 개설의뢰인과 선적서류의 수리여부를 교섭할 수 있다고 규정하고 있다. 또한, 신용장통일규칙 제14조 d항에 의거 발행은행이 서류를 거절하기로 결정한다면 그 사실을 지체없이(늦어도 서류접수 일로부터 7일 이내) 전신으로 만일 그것이 불가능하다면 기타 신속한 방법으로 그 서류를 송부해 온 은행 또는 그 서류를 수익자로부터 직접 접수했을 경우는 수익자에게 통보해야한다. 그리고 그러한 통보에는 그 서류를, 제시인의 처분권 하에 보관하고 있는지 또는 제시인에게 반송되고 있는지를 명시해야 한다. 따라서 신용장통일규칙에 의거 발행은행의 수리 거절시에는 다음과 같은 조치가 취해져야 한다.

- 선적서류상에 지면상 신용장조건과 불일치한 점이 명백히 존재해야 한다.
- 선적서류 접수 후 7일 이내에 점검하여 거절여부를 결정해야 한다.
- 거절통지는 전신 또는 기타 신속한 방법에 의해 취해져야 한다.

■ 수입화물선취보증서

수입화물선취보증서(Letter of Guarantee : L/G)란 수입화물은 이미 도착하였으나 선적서류가 도착하지 않았을 경우, 선적서류 도착 이전에 수입상과 발행은행이 연대보증한 보증서를 선박회사에 선화증권의 원본 대신 제출하고 수입화물을 인도 받는 보증서이다.

수입화물선취보증서를 발급받아 수입화물을 인도받은 수입업체는 동 L/G발급일로부터 20일 내에 수입대금을 외국환은행에 예치하여야 한다. 다만, 연지급수입인 경우에는 연지급 수입기간에 20일을 가산한 기간 이내에 수입대금을 외화로 적립하여야 한다. 이러한 수입화물선취보증서는 형식적으로 수입업자가 선박회사 앞으로 발행하는 것으로서 인도받을 화물의 명세를 기재하고 화물선취에 관한 약정을 하며, 발행은행은 보증인으로 서명하는데 불과하나, L/G의 특징은 다른 약정증서와 같이 보증인의 의무가 그 증서의 성격을 좌우하는 정도가 아니라 오히려 보증인의 존재가 본질적인 효력발생 요건이 됨에 따라 실질적으로는 발행은행이 발행하는 증서로 간주되고 있다. 수입화물선취보증서를 발급·신청하고자 할 때는 일반적으로 다음과 같은 선적서류의 대도를 발행은행에 제출해야 하며, 발행은행은 각 서류의 기재내용과 신용장과의 일치여부를 확인한 후 보증서를 발급하게 된다.

■ 선적서류의 대도(貸渡)

기한부신용장(usance L/C)에 의한 수입일 경우는 수입상이 환어음을 인수함으로써 선적서류를 인도받아 수입화물을 처분하여 그 판매대금으로 만기일에 어음을 결제할 수 있으나, 일람불신용장방식(at sight L/C)인 경우는 수입상이 어음대금을 결제하지 않으면 선적서류를 인도받을 수 없다.

선적서류의 대도(Trust Receipt : T/R)란 수입상은 어음대금을 결제하기 전이라도 수입화물을 처분할 수 있도록 하는 동시에 발행은행은 그 화물에 대한 담보권을 상실하지 않도록 하는 제도이다. 즉, 일람출급어음 조건인 경우 개설의뢰인이 발행은행에 대해 수입화물을 대도하여 줄 것을 신청하고, 발행은행은 자기 소유 하에 있는 수입화물을 수입상에게 대도하여 그 화물을 적기에 처분하도록 함으로써 그 판매대금으로 수입대금을 결제할 수 있도록 하는 제도이다.

또한, 발행은행 측으로 보면 수입대금결제가 지연될 경우 화물 자체를 소유하고 있다하더라도 큰 실익이 없기 때문에 수입상이 화물을 빨리 인도하고자 할 때 은행은 그 화물에 대한 담보권을 상실하지 않고 수입상에게 화물을 인도할 수 있도록 편의를 제공하는 것이다.

T/R에 의해 발행은행이 수입상에게 대도할 경우, 수입화물의 점유는 발행은행으로부터 수입상으로 이전되지만, 이러한 사실을 알지 못하는 선의의 제3자는 보호된다. 즉, 발행은행이 T/R을 내세워 선의의 제3자에게 대항할 수 없기 때문에 은행은 T/R을 취급함에 있어 신중을 기해야 한다. 따라서 이러한 대도 행위가 이루어지려면 위탁자인 은행은 수탁인 수입업자를 전적으로 신뢰하는 경우에 가능하게 된다.

화물을 인수받은 수입업자는 그 화물을 신속하게 처분하여 대금을 은행에 변제해야 하므로 그 화물을 타인에게 판매할 수 있는 자이어야 하며, 그것을 다시 다른 사람에게 담보로 제공해서는 안된다.

② 대금결제

물품의 수입행위에는 그 대금의 지급이 수반되는데 수입 승인시에는 외국환거래법령에 따라 수입대금 지급방법에 대해 별도의 검토를 받아야 한다.

수입대금 결제방법도 수출대금 결제방법과 마찬가지로 1992년 9월 1일 Positive System에서 Negative System으로 바뀌었다.

따라서 결제방법이 한국은행총재 또는 산업통상자원부장관의 허가사항 등 Negative List에 해당되지 않은 경우에는 별도의 신고나 허가 없이 자유롭게 거래할 수 있다.

3. 수입통관

외국에서 우리나라에 도착된 물품은 원칙적으로 보세구역에 반입하여 장치한 후, 세관에 수입신고 한다. 수입신고란 외국으로부터 반입되는 물품을 수입하겠다는 의사표시를 세관장에게 하는 것이며, 세관에서는 수입신고한 물품과 현품이 일치하는지의 여부와 수입과 관련하여 제반 법규정을 충족하였는지 여부를 확인한 후, 수입신고를 수리하고, 납세자는 수입물품을 인수한 후 15일 이내에 관세 등을 납부하면 된다.

(1) 타소장치 신청 및 보세운송

① 타소장치 신청

거대중량이나 기타의 사유로 보세구역에 장치하기 곤란하거나 부적당한 물품, 재해 기타 부득이한 사유로 임시 저장할 물품, 검역물품, 압수물품, 우편물품 등은 선박명(항공기명)과 입항 연월일, 선화증권 번호, 품명, 수량, 가격, 포장의 종류, 기호, 번호, 개수 등을 기재한 타소장치 허가신청서를 세관장에게 제출하여 허가를 받아야 한다.

② 보세운송

보세운송은 통관지 세관의 변경 등을 위해 보세구역간, 개항간, 세관관서 간에 외국물품인 상태에서 허용되고 있으며, 운송 수단의 종류 및 명칭, 선화증권의 번호, 운송기간, 품명, 규격, 수량, 가격 등을 기재한 보세운송 신고서를 제출하여 세관장의 승인(신고수리)을 받아야 한다.

수출입금지품, 검역미필물품, 위험물품, 비금속설, 귀석, 반귀석 또는 귀금속, 시계, 한약재, 의약품, 향료 등과 같이 부피가 적고, 고가인 물품으로서 감시 단속이 곤란하거나 화주 미확정물품, 무환물품 등은 보세운송이 제한된다.

4. 수입신고

수입신고는 외국으로부터 보세구역에 반입되어 장치된 물품을 수입하겠다는 의사표시를 세관장에게 하는 것으로 수입신고를 함으로써 적용법령 및 과세 물건 그리고 납세의무자가 확정된다. 즉, 적용법령은 신고 당시의 법령이 적용되고 과세 물건 역시 수입신고시 물품의 성질과 수량에 따라 확정된다. 따라서 보세구역 장치 중 손상이나 변질된 경우에는 손상이나 변질된 상태대로 관세가 부과된다.

납세의무자는 일반적으로 송장 상의 수하인이 납세의무자가 되며, 대행의 경우에는 실화주, 수입신고수리에 보세구역 장치한 채 양도한 경우에는 양수인이 화주로서 납세의무자가 된다.

(1) 심 사

① 심사사항

- 수입신고시 제출서류 구비여부
- 세 번의 정확여부(세액, 세율은 면허 후 심사)
- 분석의뢰의 필요성 여부
- 사전세액 심사대상 물품인지 여부
- 기타 수입물품 통관을 위하여 필요한 사항

② 보완요구

심사와 관련하여 심사사항의 확인이 곤란한 경우에는 보완요구서가 발부되며, 통관이 보류되고 지정된 기간 내에 보완에 응하지 않을 경우에는 신고가 각하된다.

(2) 수입물품검사

수입물품에 대한 검사는 수입물품의 규격과 수량을 확인하고, 그 물품의 HS번호를 확인하여 세율을 결정하고, 밀수품이 수입되는 것을 막는데 그 목적이 있다.

검사 장소는 지정 장치장이나 세관검사장에서 하는 것이 원칙이나 세관장의 허가를 받아 지정보세구역 이외의 장소 즉, 타소 장치장이나 선상에서도 할 수 있다.

5. 관세 등 제세납부

원칙적으로 신고납부제이며 납세 신고일로부터 15일 이내에 납부하여야 한다. 다만, 수입신고 수리 허용여부의 결정이 7일 이상 소요되는 경우에는 허용여부 결정일로부터 15일 이내에 납부하여야 한다.

수입물품에는 관세, 특별소비세, 주세, 교육세, 농어촌특별세, 부가가치세 등의 제세가 부과된다.

6. 부두직통관 및 보세운송

수입화물의 경우, 대부분 도착된 부두에서 직접 통관되거나 보세 운송되지 못하고, 부두 밖에 소재한 CY 또는 보세 장치장으로 다시 이동된 후 통관되거나 보세 운송됨으로써 수입화물이 부두에 하역된 후, 수입신고 또는 보세운송신고를 할 수 있기까지 10~15일 이상이 소요되고 있다.

이에 따라 1992년 7월 1일 부산항, 1993년 10월 1일 인천항에서 부두 내에서 컨테이너 화물을 직접 통관하거나 보세운송 절차를 완료하도록 하여, 부두에서 직접 통관 반출하거나 화주가 희망하는 목적지로 보세 운송할 수 있는 컨테이너 화물 부두직통관제를 실시하고 있다.

부두직통관을 채택한 경우, 수입컨테이너 화물(FCL 화물)은 부두에 하역되기 전에 수입신고 또는 보세운송신고를 할 수 있도록 하여 하역 즉시 부두 내에서 세관검사, 세금납부 등 관련절차를 완료할 수 있게 하는 제도이다. 즉, 수입컨테이너 화물이 하역된 후 48시간 이내에 통관 반출되거나 제조공장으로 보세 운송할 수 있으며, 수출컨테이너 화물은 수출면허를 받은 후 바로 선박에 적재할 수 있어 수출물품이 적기에 선적될 수 있도록 하였다.[6]

7. 사후관리

공고 등 수입승인 대상 품목이 외화 획득용으로 수입된 경우, 대응수출 여부의 사후관리를 받는다.

(1) 대응수출

수출입 공고 등, 승인 대상 품목을 외화 획득용으로 수입한 경우, 그것을 원료로 생산한 제품을 반드시 수출해야 하는 의무가 있다.

(2) 수수료 등의 정산

대금결제에 개입된 은행들과 수수료 등을 정산한다.

6) 박규영 · 양의동 무역학개론 전개서

■ **수입절차**

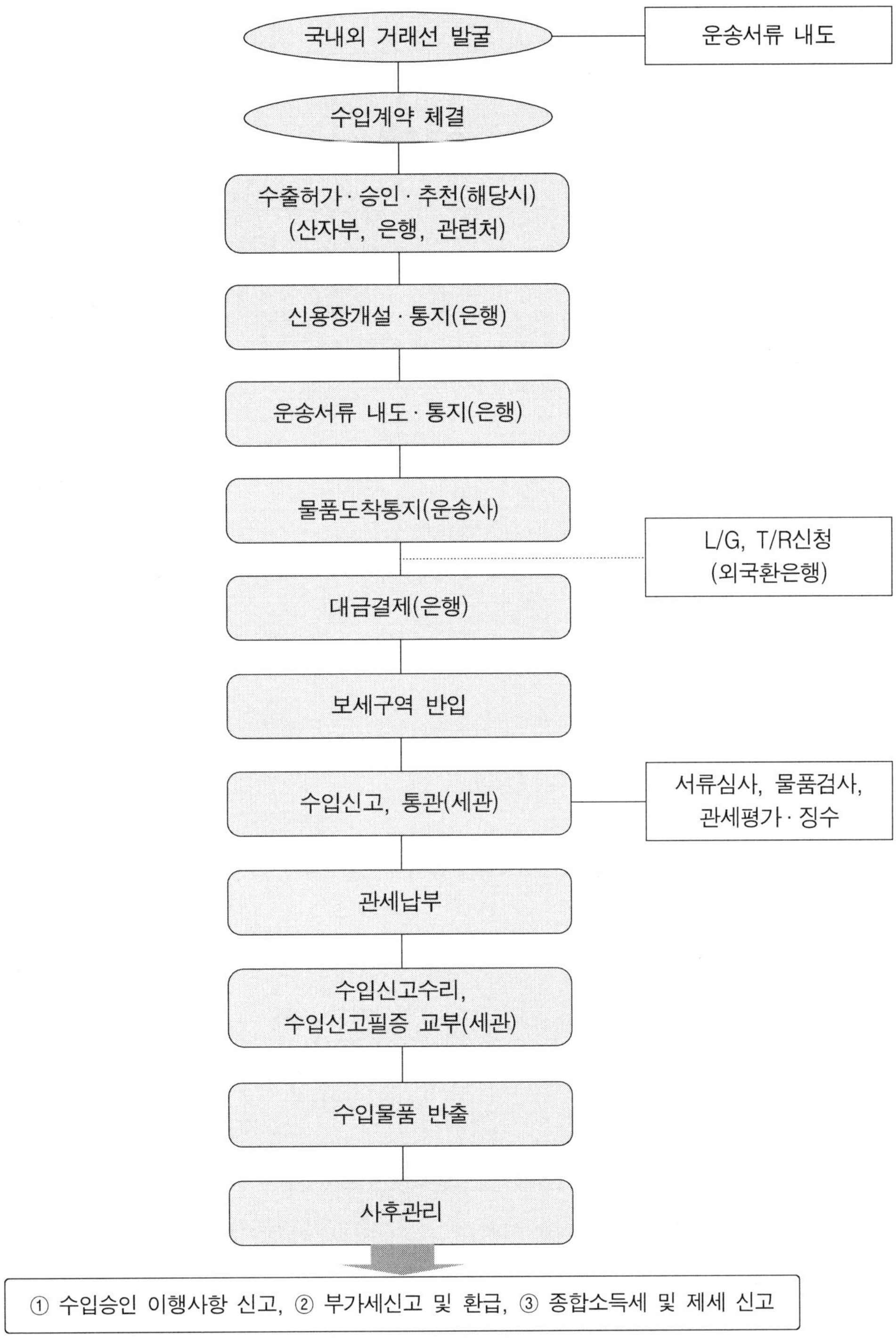
국내외 거래선 발굴
운송서류 내도
수입계약 체결
수출허가 · 승인 · 추천(해당시)
(산자부, 은행, 관련처)
신용장개설 · 통지(은행)
운송서류 내도 · 통지(은행)
물품도착통지(운송사)
L/G, T/R신청
(외국환은행)
대금결제(은행)
보세구역 반입
수입신고, 통관(세관)
서류심사, 물품검사,
관세평가 · 징수
관세납부
수입신고수리,
수입신고필증 교부(세관)
수입물품 반출
사후관리
① 수입승인 이행사항 신고, ② 부가세신고 및 환급, ③ 종합소득세 및 제세 신고

[수출·수입의 기본절차 해설]

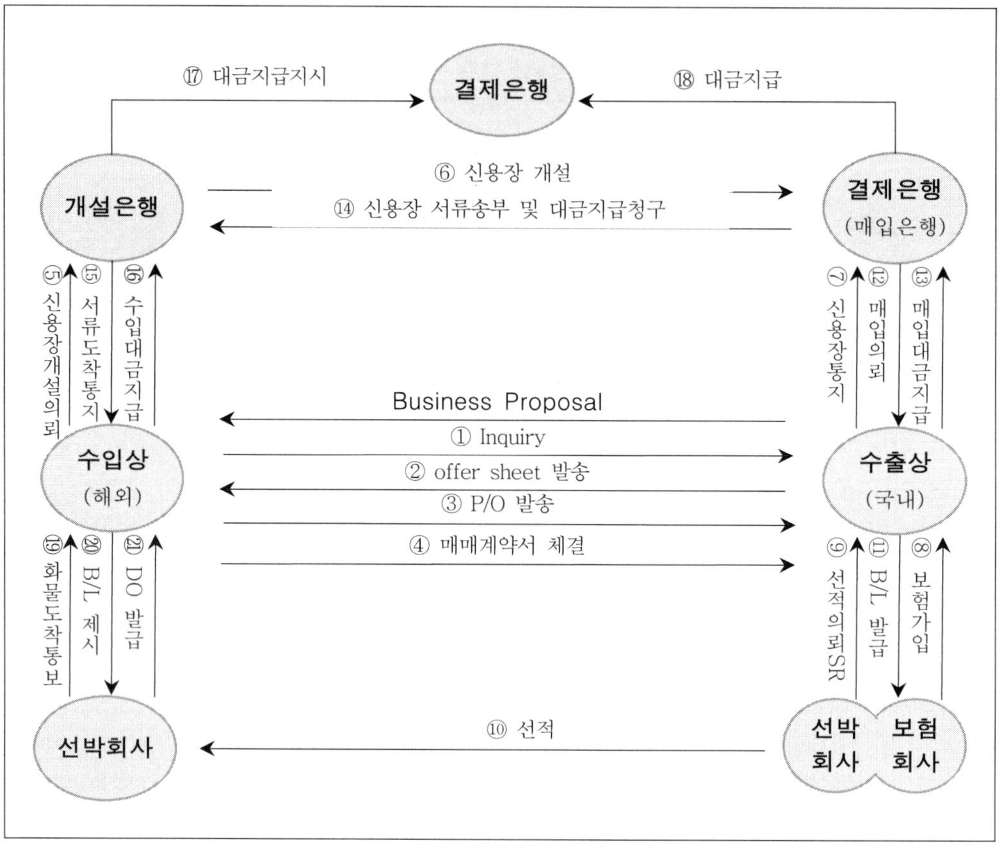

[그림 1-2] 수출입 절차의 흐름(신용장방식)

앞에서 설명한 내용을 총괄하여 신용장 결제방식에 의한 가장 기본적인 수출입절차를 설명하면 다음과 같다.

① 수출상이 해외시장조사 등을 통해서 바이어에게 회사소개서 발송 혹은 수입상이 먼저 수출상에게 제품 조회(inquiry)
② 수입상의 요청에 의하여 수출상이 청약(offter)
③ 수입상이 수출상에게 구매오더(P/O : purchase order)
④ 수입상과 수출상 간의 매매계약서 체결
⑤ 수입상이 개설은행에 신용장 개설요청

⑥ 개설은행이 신용장 개설
⑦ 통지은행이 수출상에게 신용장 통지 신용장 내도 후 수출상은 생산 시작
⑧ 수출상이 보험회사에 보험가입
⑨ 수출상이 생산완료 후 선박회사에 선적예약[S/R(Shipping Request) 발송]
⑩ 수출상의 물품통관(세관)후 선적
⑪ 선적완료 후 선박회사로부터 B/L 수취
⑫ 수출상이 자신의 거래은행(매입은행)에 신용장 네고(Nego)
⑬ 매입은행이 수출상에게 매입대금 지급
⑭ 매입은행이 개설은행으로 신용장 네고서류 발송
⑮ 개설은행이 수입상에게 서류도착 통지
⑯ 수입상이 개설은행에게 수입신용장 대금 입금
⑰ 개설은행이 결제은행에게 대금지급 지시
⑱ 결제은행이 매입은행으로 대금송금
⑲ 선박회사가 수입상에게 화물도착을 통보
⑳ 수입상이 선박회사에게 B/L을 제시
㉑ 선박회사는 수입상에게 D/O 발급

the point note

Part 2

무역기업 창업경영

Global Entrepreneurship In Action

Part 2

01 무역기업의 창업

Global Entrepreneurship In Action

1 기업의 설립방법과 절차

1. 기업의 창업

창업이란 새로운 기업을 창조하여 기초를 세우는 것으로 개인이나 기업집단이 경영의 3대요소라 하는 아이템·조직·자본 등 창업자원 및 요소를 결합하여 재화나 서비스를 생산·판매를 하기 위해 그와 부수된 활동을 수행하기 위한 것이다.

창업자들은 누구나 100%의 성공을 꿈꾸며 창업에 도전하지만 실제 성공률은 20~30% 정도에 불과하다는 통계가 있다. 이는 철저한 계획과 준비 없이 창업전선에 뛰어들었기 때문에 실패하는 경우가 많기 때문이다.

성공적인 창업과 경영관리를 위해서는 무엇보다도 창업자 개인의 높은 성취욕구와 자신감, 그리고 미래에 대한 비전과 폭넓은 대인관계, 철저한 기업가 정신이 요구된다. 또한 사전에 경영에 관한 기초 개념뿐만 아니라 전반적인 창업과정 그리고 창업경영에 관한 지식과 경험을 터득하는 것이 매우 중요하다. 그래야만 시행착오를 줄이고, 실패 없는 성공으로 전진할 수 있다.

2. 기업의 설립

기업을 설립하기 위해서는 먼저 업종과 업태, 사회적 환경에 맞는 사업 아이템을 선정한 후, 그에 대한 사업타당성 분석을 실행하고 사업규모, 기업형태, 창업멤버와 조직

구성 등을 포함한 사업계획을 수립하여야 한다.

기업형태의 결정은 창업에 있어서 매우 중요하다. 창업자는 여러 가지 기업환경과 경영능력, 그리고 개인기업과 법인기업의 장단점을 비교·평가하여 자기 실정에 맞는 기업형태를 선택해야 한다.

즉, 개인기업 형태로 할 것이냐, 법인기업 형태로 할 것이냐의 선택은 생각보다 그렇게 어려운 일은 아니다. 그것은 단지 창업자 개인의 취향 문제일 뿐이다. 현실적으로 외형이 커지면 소득세 부담 때문에 법인으로 전환하는 경우가 많다. 때문에 기업을 설립할 경우에 각종 세금, 자금조달, 향후 지속성 등을 종합적으로 고려하여 사전에 개인기업 또는 법인기업을 선택하는 것도 바람직하다.

(1) 개인기업의 설립방법과 절차

개인기업은 설립등기가 필요 없고 사업자등록만으로 사업개시가 가능하며 창업비용과 자금이 비교적 적게 소요되어 기업설립이 매우 쉽다.

또한, 기업활동에 있어 자유롭고 신속한 계획수립이나 변경 등이 용이한 특징을 갖고 있다.

개인기업을 설립하는 데는 별도의 상법적 절차가 필요치 않아 그 설립절차가 간편하고 휴·폐업이 비교적 간단하다. 개인기업을 창업하려면 먼저 업종을 선정한 후 이에 대한 사업계획을 수립하여 관할 세무서에 사업자등록을 신청하여 사업자등록증을 교부받음으로써 언제나 사업을 개시할 수 있다.

다만, 그 업종이 정부의 인·허가사항이라면 먼저 해당 관청으로부터 인·허가를 받아야 한다.

사업개시 후 1년 예상 공급대가의 합계액이 일정규모 이상인 자는 사업자 등록을 신청하여, 사업자등록증을 교부받음으로써 개인기업이 설립되며, 일정규모 미만인 자(간이과세자)는 간이과세 신청을 사업자등록신청과 동시에 신청하여 사업자등록증을 교부받음으로써 개인기업이 설립된다.

개인사업자의 사업자등록은 사업을 시작한 날로부터 20일 이내에 <표 1-3 >과 같은 구비 서류를 갖추어 관할 세무서에 사업자등록신청을 한다.

■ **사업자등록 신청시 구비서류**

- 사업자등록신청서 1부(세무서 민원봉사실에 비치)
- 사업인·허가증 사본(법령에 의한 인·허가 업종에 한한다)
- 주민등록등본 1부
- 임대차계약서 사본1부(사업장을 임차한 경우)
- 2인 이상이 공동으로 사업을 하는 경우 공동사업자 전원의 주민등록 등본과 공동 사업사실을 증명할 수 있는 서류(동업계약서 등)

(2) 주식회사 설립시 준비사항

우리나라에서는 보통 법인을 주식회사로 이해하는 경우가 많다. 그 이유는 법인을 설립한다고 하면 대부분 주식회사를 설립하기 때문일 것이다.

주식회사(stock corporation)란 자기가 인수한 수식의 금액을 한노도 회사에 대하여 출자의무를 질뿐 회사 채권자에 대하여는 전혀 책임을 지지 않는 유한책임사원 즉, 주주로만 구성되는 회사를 말한다. 주식회사는 자본과 경영의 분리를 통하여 일반 투자자로부터 거액의 자본을 조달하고 전문경영자가 기업을 경영하는 회사 기업이다.

주식회사는 1인 이상의 발기인(發起人)이 발기인 조합을 구성하여 상법이 정하는 바에 따라 정관 작성, 주식인수 및 주금 납임 등 일정한 절차를 거쳐 법원에 설립동기를 함으로써 설립된다. 창업기업가 준비사항으로는 주식회사를 설립하여 사업을 영위하기 위해서 창업기업가는 자신이 선택한 업종이 정부의 인·허가 사항에 해당되면 법인설립등기 또는 사업자등록 신청 이전에 사업업종과 관련된 관할관청에서 사업에 대한 인·허가를 먼저 취득해야 한다.

인·허가를 취득한 다음에 법원에 설립등기를 하고 관할세무서에 법인설립신고 및 사업자등록증 신청을 해야 하는데, 이를 위해서 회사설립자가 설립등기시 준비사항으로는 ① 상호명(동일지역, 동일업종으로 기존상호 등기 여부를 관할등기소에서 상호 열람 후, 중복 배제하여 결정한다) ② 본점소재지 ③사업목적 ④ 자본금 등이다. 주식회사의 최저 자본금은 5,000만원 이상이여야 한다.

단, '벤처기업육성에관한특별조치법'상의 벤처기업과 소기업인 경우에는 최저 자본금이 2,000만원이면 가능하였으나 최근 정부는 창업절차를 간소화하고 기업경영의 IT화를 지원하기 위해 최저자본금 제도를 폐지하여 자본금 없이도 주식회사 설립이 가능하게 되었다.

3. 공장설립의 입지선정 및 설립신고

(1) 공장 입지선정

공장을 설립할 수 있는 지역은 국가가 이를 위해 조성한 계획입지(국가공단, 지방공단, 농공단지)와 국토의 계획 및 이용에 관한 법률상 세분된 개별적인 용도지역 중 공장설립이 허용되는 자유입지에 한정되고 있다.

입지가능지역은 해당 군청 '토지이용계획 확인원', '지적공부' 또는 해당 시청의 '도시계획확인원'의 열람을 통하여 확인할 수 있다.

현재 국토의 계획 및 이용에 관한 법률상 용도지역은 다음과 같이 구분되고 있다.

- 도시지역 : 주거지역, 상업지역, 공업지역, 녹지지역
- 관리지역 : 보전지역, 생산지역, 계획 관리지역
- 농림지역
- 자연환경보전지역

이 중에서 공업지역을 제외하고는 공장설치 허용범위가 제한되어 있다. 그리고 도시지역에서는 공업지역 이외 지역에서는 공장설립이 제한적으로 가능하나 수도권(서울, 인천, 경기)에서는 국토의 계획 및 이용에 관한 법률 외에 산업집적 활성화 및 공장설립에 관한 법률, 수도권정비계획법이 추가 적용되므로 개별적인 공장입지 선택에는 어려움이 많다.

(2) 공장 설립신고

합법적인 공장입지 내에 공장을 설립할 때에는 건축면적이 200㎡, 상시 직원 수가 16인 이상일 경우에 시·군·구청에 공장설립 신고가 가능하다.

그러나 공단지역에 입주를 위해 입주계약을 체결한 경우나 공장설치가 허용되지 않는 지역에서 창업사업계획 승인을 통해 공장을 설립하려는 경우에는 공장 설립신고가 필요 없다.

① 공장건축 및 신고

표 2-1 · 공장건축과 설립신고 담당기관 및 구비서류

순위	절 차	담당기관	구비 서류
1	건축허가	시·군·구	• 건축허가신청서 • 건축설계도서 • 도시계획확인원(국토이용계획확인원 • 토지등기부등본 또는 토지사용승낙서
2	건축착공신고		• 건축물착공신고서
3	건축중간검사		• 건축중간검사신청서 • 공사감리보고서
4	건축준공검사		• 사용검사신청서 • 설계도서 • 공사감리보고서
5	공장설립 완료보고		• 공장설립완료보고서 • 준공검사필증 • 공장배치보고
6	부동산등기	관할지방법원/ 등기소	• 신청서 • 법인등기부등본(법인) • 등기원인증빙서류 • 주민등록등본 • 대리인 신청시 권한 위임 증빙서류 • 등기의무자의 권리에 관한 등기필증
7	취업규칙신고	노동부 지방사무소	• 신고서 • 취업규칙 • 의견서
8	사업장설치 계획신고		• 유해위험방지계획서 • 각층 건물 평면도 • 기계·설비배치도면 • 제조공정 및 기계·설비구조
9	산업재해보험 관계성립보고		• 신고서
10	의료보험조합 관련신고	직장의료 보험조합	• 신고서

4. 중소기업의 창업사업계획 승인제도

(1) 창업사업계획 승인제도의 의의

우리나라에서는 중소기업의 창업을 활성화하기 위하여 공장설치가 허용되지 않는 지역에서도 중소기업 창업자로서의 일정요건만 갖추면 시·군·구청으로부터 '창업사업계획'을 승인받아 공장을 설립할 수 있도록 하고 있으며, 또한 공장설립 절차도 간소화하여 시행하고 있다. 창업사업계획의 적용대상은 중소기업창업지원법상 창업에 관하여 적용한다. 다만, 숙박 및 음식점업과 부동산업 등 대통령령으로 정하는 업종의 중소기업에 대하여는 적용하지 않는다.

(2) 중소기업 창업의 범위

① 중소기업의 범위

■ 상시직원 수, 자본금 또는 매출액의 규모

- 제조업 : 300명 미만 또는 자본금 80억 원 이하
- 광업 · 건설업 · 운송업 : 300명 미만 또는 자본금 30억 원 이하
- 대형종합소매업(외 6종) : 300명 미만 또는 매출액 300억 원 이하
- 창고 및 운송관련 서비스업(외 11종) : 200명 미만 또는 매출액 200억 원 이하
- 도매 및 상품중개업(외 6종) : 100명 미만 또는 매출액 100억 원 이하
- 그 밖의 모든 업종 : 50명 미만 또는 매출액 50억 원 이하

■ 소유와 경영의 실질적 독립성 기준

- 자산총액이 5천억 원 이상인 법인이 발행주식 총수의 100분의 30 이상을 소유하고 있는 기업이 아닐 것
- 독점규제 및 공정거래에 관한 법률' 제 14조 제1항의 규정에 의한 상호 출자제한 기업 집단에 속하지 아니하는 회사일 것

② 중소기업창업지원 대상 업종

다음 업종을 제외하고 중소기업기본법에서 정한 중소기업에 해당하는 경우 창업지원 대상 업종이다.

- 숙박 및 음식점업
- 금융 및 보험업
- 부동산업
- 무도장 운영업
- 골프장 및 스키장 운영업
- 도박장 운영업
- 그 밖의 서비스업(산업용 세탁업은 제외)
- 그 밖에 제조업이 아닌 업종으로서 '지식경제부'령으로 정하는 업종

③ 창업지원법상 창업으로 볼 수 없는 경우

- 타인의 기업을 승계하여 승계 전의 사업과 동일한 사업을 계속하는 기업
- 법인 전환 또는 기업형태를 변경하여 동종의 사업을 계속하는 기업
- 폐업 후 사업을 개시하여 폐업 전의 사업과 동종의 사업을 계속하는 기업

(3) 중소기업의 창업절차

① 사업계획 승인신청

중소기업 창업을 위한 사업계획 승인절차는 다음과 같다.

■ 접 수

- 공장설치 예정지를 관할하는 시·군·구청의 중소기업창업 민원실

■ 처 리

- 창업자는 '창업사업계획' 신청만으로 각종 인허가(23개 법률, 38개 인허가)를 일괄적으로 처리
- 시장·군수·구청장의 소관사항일 경우 : 7일 이내 승인여부 결정
- 다른 행정기관의 관할일 경우 : 관계행정기관과 협의 승인여부 결정(처리 기간 10일)

② 첨부서류

- 창업사업계획 승인신청
- 사업계획서
- 공장설치예정지의 위치도 및 지적도
- 공사개요서
- 개략설계도
- 개략공사비조서
- 부동산권리 사용동의서

2 예비창업 분석

값비싼 희소한 자원을 사업에 적극적으로 투입하기 전에 창업자는 구체적으로 현실적인 사업상의 행동계획(action plan)을 짜야 한다.

이를 위해 필요한 것이 예비창업 분석(pre-start analysis)이다. 예비창업 분석 과정을 통해 창업자가 달성하고자 하는 목적은 다음 세 가지로 집약된다.

① 적절한 활동 방침을 수립한다.
② 사업 과제의 요구 수준을 이해한다.
③ 감내해야 할 위험의 수준을 파악하고, 그 관리 내지 완화 방법을 모색한다.

사업계획(business plan)은 예비창업 분석 과정의 결과물이라 할 수 있다. 사업계획서에 표현되는 다각적인 경영상의 계획은 사실상 동시적으로 고려되고 추진되어야 하는 것이다. 이러한 다각적인 계획의 밑바탕에 깔린 기본적 가정과 사업개념을 예비 창업 분석을 통해 구체화하는 것이 매우 중요하다. 예비 창업 분석이 잘 될수록 사업 계획서 작성이 효과적으로 될 수 있다.

실제로 많은 경우에 사업계획서를 작성하지 않고 사업을 추진하게 된다. 이러한 경우에도 특히, 창업자나 경영진은 예비 창업 분석을 통해 기본적인 행동 가이드라인을 미리 마련해야 한다.

창업 전에 사업 추진을 기획하기 위해서는 창업기업이 가치를 창출하는 데 있어 핵심적인 영역을 따져 보아야 한다. 예비 창업 분석은 다음과 같이 창업기업의 사업 추진과 관련된 전반적인 영역을 고려한다.

- 사업 기회의 평가
- 사업 개념의 개발
- 필요 자원의 검토
- 필요 자원의 획득
- 벤처의 경영관리
- 사업가치의 수확 및 분배

이러한 사항들에 대해 예비 창업자가 일시에 모두 답을 구할 수는 없겠지만, 필연적으로 사업 추진시 부딪쳐야 하는 것이므로 되도록 일찍이 나름대로의 해결책을 마련해 두어야 한다. 그러한 작업을 미리 준비할수록 사업 기회를 포착하고 사업 위험을 최소화하여 수익성을 제고하는 바탕을 구축하는 것이다. 이 작업은 누구에게 위임할 것이 아니라 창업자 스스로 해야 한다.

왜냐 하면, 사업 결과의 잘잘못은 결국 창업자 자신의 책임과 수익으로 돌아오기 때문이다. 단, 사업 개시 전의 이러한 분석이 분석으로 그칠 것이 아니라 추진력 있고, 시의 적절한 행동으로 이어질 수 있도록 하는 것이 필요하다.

1. 사업 기회의 평가

매력적이고 잘 정의된 사업 기회는 성공적 창업의 초석이 된다. 사업 기회를 평가하는 데 있어 우선적으로 고려되어야 할 사항은 기회의 창(window of opportunity)이 갖고 있는 여러 차원상의 특징, 잠재적 수익성, 추가적인 관련 사업 유무, 수익의 지속성 및 고객 욕구의 만족 가능성 등이다.

(1) 기회의 창(Window of Opportunity)의 특징

사업 기회의 시간적 제한성, 즉 기회의 창의 특징을 따져보는 것은 기회의 절대적 크기, 장기적 존재 가능성 및 성장 가능성을 점검하고, 그것을 어느 특정 시점에서 포착하고 추구하는 것이 유리한가를 판단하기 위함이다. 사업 기회는 시점에 따라 수익성과 위험이 달라질 수 있기 때문에 기회의 창을 평가하는데 있어 사업 추구의 시점을 적절히 설정하는 것이 중요하다. 즉, 기회가 실제 존재하는 전체 시간과 창업자가 분석하는 기회 추구의 부분적 시간은 달라질 수 있다는 것이다.

(2) 잠재적 수익성

사업 기회는 투자된 자본, 시간 및 기회비용을 고려한 투자 수익률을 제공하기에 적절한 잠재적 수익성을 갖고 있어야 한다. 과다하고 장기적인 투자를 요구하는 기회는 막대한 사업가치가 창출되지 않는 한, 수차례의 지속적인 외부 자금조달을 통해서 창업자의 소유권이 잠식되기 때문에 창업자가 실질적인 보상을 얻기 어렵다.

잠재적 수익성은 각 창업자가 지니고 있는 사업 기회의 대안들과 시기적, 상황적 특징에 따라 다르기 때문에 창업자에 따라 개인적으로 다르게 평가될 수 있는 성질을 지닌다. 일반적으로 좋은 수익성을 지닌 사업 기회는 다음과 같은 특징을 보인다.

- 특정한 틈새시장에서 5~7년간 안정적이고 지속적인 매출의 성장
- 매출액 중 높은 비중의 반복적 수익
- 경험 축적과 규모 증가에 따른 운영상의 높은 레버리지 가능성
- 이익 잉여금 등 내부 자금 조달을 통한 성장 지원
- 고정 자산 담보와 순이익 등 현금 흐름 증진을 통한 차입 능력 성장
- 3~5년의 단기간에 걸친 비중 있는 사업가치의 창출
- 자본을 현금화할 수 있는 사업가치의 현실적 수확 방법의 존재
- 40% 이상의 높은 투자 수익률

(3) 관련 사업 가능성

훌륭한 사업 기회는 창업 당시의 특정한 사업 이외에 사업 확장, 다각화, 수직적 통합 등 다양한 사업 투자의 옵션을 제공할 수 있다. 불확실한 미래 경영 환경 속에서 창업자가 단일 사업에 영속적으로 묶여 있지 않도록 하는 것이 중요하며, 상황에 따라 중도 변경의 가능성을 열어 두는 것이 바람직하다. 따라서 희소 자원의 사용을 최대한 억제하고, 대외 협력의 가능성을 확보하며, 다양한 기술적 대안을 제시하는 사업 기회에 초점을 맞출 필요가 있다.

(4) 수익의 지속성

창업 초기에 수익성 창출의 바탕이 된 여러 종류의 사업 환경이 시간이 갈수록 변하기 마련이며, 특히 사업이 성공적으로 이끌어질수록 이러한 변화의 가능성은 커질 수 있다. 즉, 시장 경쟁 상황의 변화, 대체재의 출현, 새로운 고객의 욕구, 공급업체나 유통업체와의 관계 변화, 그리고 직원의 이직 등의 요인이 발생하여 수익성의 지속에 중대한 도전이 된다. 따라서 일단 창업한 이후 이러한 변화의 가능성을 사전에 검토하고 그에 대한 취약성을 극복하는 다양한 대안을 모색할 필요가 있다.

(5) 고객 욕구의 만족 가능성

특히, 신설된 기업일수록 그들의 새로운 제품이나 서비스에 대한 가격, 기능성, 유통 혁신, 내구성, 품질 등의 강점을 고객이 잠재적으로 요구하는 것들을 적절한 시간, 생산 및 영업비용의 한도 내에서 실제로 제공하여 고객이 가치를 인식하고 구매하는 과정이 바로 기업의 가치를 창출하게 되는 근본적 메커니즘이 된다. 하지만 많은 창업자

들이 자사의 제품이 과연 고객의 욕구를 충족하는지, 또 실제 영업 활동에 얼마나 많은 시간과 마케팅 비용이 소모되는지를 파악하지 못하는 경우가 왕왕 존재한다.

2. 사업의 개념 개발

사업 기회에 대한 평가는 시장의 잠재적 수요를 파악하는 기반이지만 창업자는 그러한 기회를 최대한 이용하여 고수익을 창출하기 위한 실천적인 사업 개념, 즉 사업 전략을 짜내어야 한다. 특정한 사업을 추진하기로 결정했다 하더라도 그것을 실행하는 데는 다양한 전략적 대안이 존재하는데, 이를 위해 최소한 신상품의 진입 장벽 창출, 고객 확보 방안, 공급업체 및 구매업체와의 관계 설정 등을 현명하게 검토하고 처리해야 한다.

3. 진입 장벽 설치

진입 장벽의 설치는 성공적인 창업 이후 출현하는 제반 경쟁적 도전을 효과적으로 지연하고 억제하며 고수익을 지속적으로 창출하는 기반이 된다.

진입 장벽은 저비용, 유통기반, 특허, 사업기밀, 제품 차별화 및 집중화 전략 등으로 구축될 수 있다. 효과적인 진입 장벽은 필연적으로 발생하는 경쟁사의 유사품 복제 및 저가 전략 등에 대응하여 자사의 생산 상의 리드타임(lead time)을 확보하고 경쟁 우위가 점진적으로 잠식하는 것을 예방할 수 있다.

창업기업은 특히, 사업 기회의 수익성 추구에만 급급한 나머지 진입 장벽을 효과적으로 구축하지 못해 실패하는 우를 범하기 쉽다.

4. 고객 확보

새로운 제품·서비스를 가지고 고객을 확보하는 것은 고객으로 하여금 일종의 변화를 행하도록 하는 것이다. 예를 들어, 신제품을 도입했을 때 고객사는 공정을 새롭게 변경하는 신규 투자를 해야 할 수도 있다.

따라서 고객의 확보는 고객에게 현저한 이득을 가져다가 주고 고객이 흔쾌히 감당할 수 있는 수준의 변화를 통해서만 가능하다. 일반적인 시장 수요를 상정하기 보다는 특정한 고객층을 염두에 두고 그들이 얻을 수 있는 이득을 기존 제품과 비교해 주는 자세가 고객 확보와 창업 기회에 보다 효과적이다.

5. 공급업체에 대한 핵심자원 장악

창업기업인 경우 설비 투자가 제한적일 수밖에 없기 때문에 흔히 주요 부품이나 공정 일부를 외주하는 것이 보통이다. 이때 공급업체가 창업기업의 이러한 약점을 이용해 이윤을 짜내기 위한 불공정한 정책을 펼 수 있다.

따라서 창업자는 핵심자원을 장악하고, 특정 공급업체에 대한 다양한 대안을 준비할 필요가 있다.

6. 구매업체와의 경제적 관계 유지

기존의 유통망을 파고 들어가기 위해서는 불가피하게 기존 기업들과 충돌할 수밖에 없다. 유통을 장악하고 있는 대형 구매업체들을 소규모 창업기업의 약점을 이용해 조달 조건, 가격, 신용 구매, 품질 기준 등을 일방적으로 설정함으로써 창업기업이 매우 높은 위험 부담을 떠안고 영업을 하여 실질적인 수익 창출에 큰 장애가 될 수 있다.

따라서 창업자는 유통망의 구축에 있어 경제성을 최대한 확보하는 관계 관리 정책을 펴야 한다.

7. 필요 자원의 검토

창업자가 가치를 창출하는 주요 방법은 최소한의 자원으로 최대한의 효과를 얻는 것이다. 필요 자원을 평가하는 것은 무엇이 가장 우선적으로 필요한 최소한의 자원인가를 알아내는 과정이다.

창업자에게는 현존하는 자원과 필요한 자원의 차이(gap)를 파악하고, 추가적인 필요 부분을 조달하는 것이 사업 추진상 주요한 활동이 된다. 창업자가 필요한 자원을 모두 가지고 있다면, 그는 창업자라기보다는 투자자에 가깝다고 할 수 있다. 사업 실패는 필요 자원의 수준과 창업자가 보유한 자원 사이의 차이가 너무 큰 경우에 발생한다.

◆ 다음은 벤처가 필요로 하는 자원의 종류이다.

· 재정적 자원	· 마케팅 및 영업 자원
· 기술적 자원	· 생산 자원
· 제품 개발 자원	· 인적 자원
· 관리 자원	· 시스템 자원

창업에서 중요한 것은 모든 사항에 대하여 체계적으로 검토하고, 최소한의 필요 자원(minimum package)을 보유하고 그 바탕 위에 추가적으로 요구되는 자원을 조달하는 것이다.

(1) 자원의 필요 수준

사업가치를 창출하기 위해서는 기존에 장악하고 있는 자원이나 기능 및 관계 망 이외에 새로운 자원을 조달하는 것이 필수적이다. 따라서 현존하는 자원의 상황, 즉 강점과 취약점을 일차적으로 평가하는 것이 급선무이며, 그 바탕 위에 미비한 필요 자원을 동원하는 문제를 해결해야 한다. 필요한 자원의 종류를 파악할 뿐만 아니라 각 자원별로 어느 수준의 양이 요구되는가도 검토할 사항이다. 창업자는 최적의 자원 수준과 최악의 경우에 대한 최소한의 필요 자원을 평가하여야 한다. 창업기업가의 경우, 같은 자원의 다양한 용도를 개발할 수 있는 능력이 있으므로 일반 경영자에 비해 같은 수준을 자원을 가지고도 사업 기회 추구에 따르는 실패의 위험을 낮게 평가할 수 있다. 즉, 자원이 풍부하다고 해서 사업 위험이 반드시 경감된다고는 볼 수 없다는 것이다. 특히, 같은 자원을 다양한 용도로 활용하는 방안을 모색하는 것, 즉 자원간의 교환성(trade-off)을 검토하는 작업이 요구된다. 예컨대 제품의 최종적 품질에 영향을 주지 않는 한, 중고 기계를 활용하는 것도 좋은 방법 중의 하나이다.

(2) 여유자원의 확보

사업의 추진에 있어 적절한 수준의 여유 자원을 확보해야 하는 중요성은 간과할 수 없다. 사업 추진에 있어 일반적으로 '이삼 배의 법칙(variances of three and two)'을 말한다. 즉, 예상보다 두 배의 자금이 필요하고, 세 배의 시간이 소모된다는 것이다.

창업기업이 사업 위기에 봉착했을 때, 여유자원이 부족하게 되는 상황은 결정적으로 외부 세력으로 하여금 악조건의 자금제공 방법을 통해 창업기업을 몰아낼 수 있는 절호의 기회를 제공하게 된다.

즉, 사업에 있어서는 후입자가 먼저 퇴출되는(last-in, first-out) 것이 상례이다. 따라서 최소한 발생 가능한 시나리오를 몇 가지 상정하고 컨틴전시 계획(contingency plan)을 마련하는 것이 현명하다. 이때 상황의 진행에 따른 이정표(milestone)를 설정하고, 사업추진 과정상의 고비를 사전적으로 검토하여 핵심적 점검사항(checkpoint)으로 하는 작업이 필요하다.

예상된 고비를 성공적으로 극복하였을 때, 사업의 위험부담 폭을 줄이고 새로운 전기를 마련하는 것이며, 이에 따라 공급업체나 하청업체들도 보다 적극적인 협력을 제공할 수 있게 된다.

(3) 내부 조달 가능한 기능과 자원

사업 경험이 축적되고 사업 규모가 증대됨에 따라 창업기업은 경쟁우위를 구축할 수 있는 최소한의 자원과 경영 요소를 내부적으로 조달하고 발전시켜야 한다. 내적 자원이 구축되면 경쟁업체가 핵심적인 자원을 얻어 경쟁상 위협이 되지 않도록 사전에 방지하는 정책이 요구된다.

소규모의 창업기업에 대해 대규모의 기존 기업들은 막대한 자원을 동원하여 얼마든지 유사한 제품을 내놓을 수가 있기 때문에 창업기업은 기술 인력 등 핵심 자원의 확보 및 유지에 총력을 기울이는 것이 바람직하다. 특히, 결과보다는 과정의 통제를 통해서 완성되는 자원들은 시장의 계약 관계에 의해 효과적으로 조달될 수 없기 때문에 조직 내의 직접적인 권한 관계의 정립을 통해 확보해야 한다.

(4) 미비 자원의 공급 가능자

창업자가 필요로 하는 자원을 모두 자체 조달하는 것은 현실적으로 불가능하다. 따라서 창업자는 필요로 하는 수준과 현존 수준의 차이를 파악하고 미비한 자원을 대외적으로 조달하는 노력을 하여야 한다. 그러나 외부에서 자원을 공급받을 수 있는 여러 대안을 모색하는 것 자체가 매우 어려운 일이다.

능력 있는 창업자는 미비한 자원을 직접 소유하지 않으면서도 외적으로 임시변통하는(make do) 능력이 뛰어나다. 즉, 남의 자원을 마치 자기 것인 양 활용하는 것이다. 이때 크게 도움이 되는 것은 창업자가 그 동안 구축한 개인적 친분이다. 외부의 자원 공급자가 창업자에 대해 오랜 친분과 신뢰감을 갖고 있다면 자원을 공급해 주는데 따르는 위험에 대해서 상대적으로 부담을 덜 느낄 것이기 때문이다.

(5) 필요 자원의 획득

필요 자원에 대한 평가가 마무리되면 자연스레 필요 자원을 획득하는 과정이 따른다. 창업시 자원을 획득한다는 것은 반드시 자원의 직접적인 소유만을 의미하는 것은 아니고 다양한 방법으로 자원을 확보하여 활용 가능케 하는 작업이다. 창업자는 이를 위해 임대료, 로열티 및 기타 인센티브를 제고하는 등의 방법으로 자원 소유자가 창업자에게 적극적으로 필요 자원을 제공할 수 있도록 하는 레버리지(leverage) 방안을 강구해야 한다. 자원의 획득 과정에서 창업자는 도움의 필요에 따라 주변의 네트워크를 적극 활용하는 자세를 가져야 한다. 이러한 네트워크에는 공식적인 도움의 원천과 비공식적인 원천이 있다. 공식적인 것으로는 은행, 회계사, 변호사, 지방 정부, 상공회의소, 부동산업체, 중소기업청 등이 있다. 비공식적인 것으로는 사업상의 인맥, 친구, 가족, 친지 등이 있다.

미국 인디애나 주의 세인트 조셉 지역의 창업자를 대상으로 한 벌리의 연구 결과는 창업자들이 사업 운영 관련 항목에 따라 각각의 네트워크 원천을 다양한 우선순위를 가지고 활용하고 있음을 다음의 표에서와 같이 보여준다.

표에서 '그룹 A'는 사업의 고정비와 관련된 것이고, '그룹 B'는 수익 창출과 관련된 것이며, '그룹 C'는 자금 조달과 관련된 사항이다. 예를 들어, 사업 추진상 판매와 관련하여 가장 많은 도움을 얻은 네트워크 원천은 비공식적인 사업 인맥과 가족 및 친지의 순이고, 공식적인 원천은 별로 활용을 안 한다는 것이다.

표 2-2 › 사업 네트워크 원천의 활용상의 우선순위

구 분		공식적 원천	비공식적 원천		
			사업 인맥	가족 및 친지	최초 접촉인
그룹 A	원자재/부품	4	1	3	2
	장 비	3	1	3	2
	입지/공장	4	1	3	2
	직 원	4	1	3	2
그룹 B	판 매	4	1	2	3
그룹 C	자금협의	1	4	2	3
	자금지원	2	3	1	4

자료 : Sue Birley, "The Role of Networks in The Entrepreneurial Process", Journal Business Venturing, 1985, 1: 114.

(6) 핵심자원 장악의 메커니즘

직원 고용이나 공장 및 장비의 취득 등, 자원을 직접 소유하거나 관리·통제하는 방법은 상대적으로 매우 고비용이기 때문에 가장 핵심적인 자원에 한정되어야 한다. 이러한 직접 소유 방식 이외에도 계약 관계, 비계약 장기 조달 협약, 수시 조달 등의 방법을 통해 필요 자원을 획득할 수 있다.

이러한 여러 가지 자원 조달 방안을 강구할 때 검토해야 하는 것은 조달 방법에 따라 자원이 요구되는 수준의 성과를 나타낼 것인가 하는 점이다.

(7) 필요 자원 제공 가능자에 대한 인센티브 구성

자원의 제공자는 재정적 수익 이외에 전문가적 명성, 운영상의 연관성, 위험 분산, 사회적 지위, 정치적 이유 등 다양한 인센티브(incentive)에 바탕하여 창업자에게 필요 자원을 제공한다. 자원 제공자는 단순히 금전적인 보상뿐만 아니라 인센티브의 전체 패키지에 관심을 표명한다. 인센티브가 부족한 채로 거래가 형성되면 그 관계는 매우 취약하게 되며, 장기적으로 신뢰성이 떨어지게 된다. 따라서 창업자는 자원 제공자가 적극적으로 협력할 수 있는 수준의 인센티브 패키지는 모색하여야 한다. 단, 인센티브가 과도하여 창업자에게 돌아오는 사업가치가 거의 사라질 정도가 되어서는 안 될 것이다.

8. 벤처(Venture)의 검토

일단 필요 자원이 적절히 동원된 후에는 창업자는 창업팀 및 직원과 함께 입수된 자원을 활용하여 실제 경영을 시작하며 사업을 배우게 된다. 모든 것이 창업기업에 있어서는 최초로 경험하는 것이기 때문에 각 사안을 처리하는 경영관리 시스템을 조속히 정비하는 것이 중요하다.

(1) 조직 내·외적 요소의 경영관리

창업자는 우선 벤처 경영을 위한 공식·비공식 체제를 도입하는 것이 급선무이다. 조직 내부적으로 갖추어진 인력이나 생산 공정뿐만 아니라 공급업체나 유통업체의 협력을 요구하는 조직 외적 요소에 대해서도 적절한 기획과 통제를 하여야 한다. 경영관리 시스템은 피드백과 평가 과정을 통해 보완되고 창업자와 협력업체를 포함해서 관련된 당사자 모두에게 장기적으로 도움이 되도록 구성되는 것이 필요하다.

(2) 직원의 유치

창업자는 벤처의 장기적 발전에 따른 직원의 유치 전략을 구상해야 한다. 기존 기업들에 비해서 창업기업의 경우는 합당한 능력을 지닌 직원을 유치하는 것이 무척 어렵다. 기업의 지명도도 없지만 과연 향후 몇 년간 어떠한 구체적인 직무 능력이 요구되는지를 앞서 내다보기도 어렵기 때문이다.

이러한 어려움으로 인해 창업자는 젊고 잠재성 있는 사람들을 고용하는 경우가 많다. 이들은 보통 다양한 종류의 업무를 수행하는데 불평이 적고 새로운 일을 배우기가 쉽기 때문이다. 하지만 기업이 성장하고 성숙되어 필요한 경영상의 과제가 분명히 드러날수록 능력 있고 경험 있는 외부 인사를 경영자로 유치해야 할 필요성이 있다.

(3) 창업자 역할의 발전

창업자는 사업 초기에 특히 행동지향적(action-oriented)으로 모든 사안에 직접적으로 관여(attention to detail)하는 경영자이기 마련이다. 그러나 기업이 확장할수록 후배 경영진에게 업무를 점차 위양하고 창업자 본인은 경영진 전체의 총괄 경영자로서 총체적이고 전략적인 감독 기구화하여야 한다. 이를 위해서 창업자에게는 창업 시 와는 또 다른 종류의 능력과 식견을 배우는 자세가 필요하다.

9. 사업가치의 수확 및 분배

사업이 예상대로 성공리에 추진되고 일정 기간이 지나면 창업자와 투자자, 그리고 직원들도 사업가치를 일정한 절차에 의해 배분 받아 현금화할 수 있기를 기대한다. 창업자에게는 이러한 수확・배분의 과정이 마치 자신이 탄생시킨 자식을 포기하는 것과 같은 착잡한 마음이 들기도 하지만 그럴수록 수확에 관한 분배와 재정적 기획을 치밀하게 해야 하며, 기업이 누구의 손에 들어가더라도 장기적으로 생존할 수 있도록 만전을 기해야 한다.

(1) 사업가치 수확 최대화의 메커니즘

개인적인 용역사업 등 기업을 창업자가 직접 운영하지 않으면 안되는 사업도 있지만 많은 경우, 창업자가 은퇴를 원할 때는 현금화할 수 있는 기업 자산을 보유하고 있게 된다. 사업가치를 수확하는 방법에는 다음과 같이 여러 가지가 있다.

- 대규모 업체에 의한 인수(引受)
- 기업공개 : 신주 공모(Initial Public Offering : IPO)를 통해 기업 공개
- 회사의 매각 : 제삼자나 경영진 또는 직원 대상
- 청산에 의한 배분

벤처 자본의 경우에는 인수, 합병, 기업 공개 등을 주로 활용한다. 창업자는 신주 공모를 하더라도 기업의 경영권을 포기하고자 하기 전에는 주식의 일정 부분을 계속 보유하여야 하므로 결국 최종적인 피배분자가 된다.

창업자는 현금 수확을 하더라도 세법 등 각종 규제에 대한 만반의 준비를 하여 자본이득 등에 대한 세금을 지급한 후의 순현금 수익을 최대화할 수 있는 재정적 구조와 조건을 마련하는 것이 바람직하다.

수확/비수확의 사전 조건과 주변 상황에 따라서 사업가치를 수확하기에 적절한 시기와 그렇지 않은 시기가 존재한다. 수확에 적절한 조건은 다음과 같다.

- 고성장을 기하기 위한 대규모 자본의 유치
- 이윤 잠재성의 최고조 점
- 세법상의 변화
- 사채 및 주식 시장의 변화
- 경기 변동
- 창업자나 주요 경영진의 나이, 건강, 관심 등의 문제

반면, 대내・외적인 요인으로 수확이 바람직하지 않은 경우도 존재한다.

- 경기나 시장의 변동
- 세법 등 법제상의 변화
- 경쟁 업체의 등장
- 경영진이나 운영상의 문제
- 사업 기밀의 누설이나 소진

또한, 이해 관계자들에 대한 책무에 대해 창업자가 수확을 통해 사업에서 손을 떼게 되면 그에게 그 동안 기대를 걸고 협력해준 여러 인사들, 즉 투자자, 금융기관, 협력자(동업자), 주요 직원 등에게 더 이상 그 기대를 지속해 줄 수 없게 된다. 따라서 그 간의 기대에 대한 적절한 보상과 보답을 해 주어야 한다. 이는 향후 재차 창업을 하게 될 때 그들은 과거에 대한 신뢰감에 처음보다는 훨씬 쉽게 가능한 협력해 줄 방법을 모색할 것이다.

3 성공과 실패

창업자가 해결해야 할 핵심적 과제는 창업 초기에 고위험에 대응하는 고수익성을 보장하는 사업체를 창출하는 것이다. 사업의 실패로 기업의 해산이 흔히 발생하는 일이기는 하지만, 국내외 경제 체제에는 실제로 고도로 성장하는 벤처기업을 창업하여 키워온 수많은 성공사례도 존재한다. 고성장 벤처기업들은 실패보다는 성공이 더 많으므로 문제는 창업자가 자신의 기업을 어떻게 이러한 부류의 사업체로 만드느냐 하는 것이다.

고성장 벤처기업들은 경영진의 구성, 벤처의 사업 전략 및 시장개척 등에서 상호 유사한 특징을 보인다. 미국의 경우, 이들은 연간 50~100만 불의 매출액 규모를 갖고, 연평균 최소 10% 이상의 성장률을 보이고 있다. 고성장 벤처의 경영진은 핵심인사를 잘 유치하고 확보한다.

창업자가 창업 초기에 특히 범하기 쉬운 오류는 적은 여유자원에 집착한 나머지, 장기적인 안목을 갖고 창업 동지(경영진과 기술진)를 확보·구성하는데 미흡한 점이 있다.

창업초기 뿌리를 내리려고 할 때, 실패 위험이 가장 높다

유망한 사업구상 자체가 너무 일찍 좌초에 빠지게 되는 경우가 허다하다. 초창기 사업이 뿌리내리기 시작할 때, 앞에서 지적한 바와 같이 사업 실패의 위험이 가장 높은 때이다. 따라서 고난을 극복하면서 장기간 동고동락을 함께할 수 있는 인물을 고르고 유치하는 것이 가장 핵심적이고 우선적인 과제임을 염두에 두어야 한다.

경영진의 구성이 제대로 된 연후에는 적절한 사업 전략의 추구가 따라야 한다. 고성장 벤처는 기본 사업 전략으로서 우선 높은 매출액 이익률과 초우량 제품 품질을 유지하고 사업 기회에 발 빠르게 대처해야 한다.

이는 뛰어난 인재, 기술력, 기술진에 의한 고품질의 제품으로서 명성 있는 기존 기업의 제품보다 앞서야 할 뿐만 아니라 제품의 생산성이나 원가 구조에서도 경쟁우위를 유지하여 높은 수익성을 보장해야 하는 것이다.

고성장 벤처는 틈새 전략(niche strategy), 마케팅 혁신, 고객과의 우선적 구매 협약, 규제 변화 등을 통해 시장에 진입하고, 매출액 대비 높은 수준의 영업비용을 투입하며, 주요 공급 업체와 광범위한 경험으로 협력 관계를 유지해야 한다는 것이다. 즉, 제품의 '개발'→'생산'→'유통'의 전 과정에 있어서 경쟁력 있는 제품 개발 공급업체부터 시장에 소개하는 유통업체에 이르기까지의 유대 관계 및 제반 경영 활동에 주안점을 둔다는 것을 의미한다.

고성장 벤처는 시장 개척을 하여 시장 점유율을 높이는 데 힘써야 한다. 또한, 향후 수년 앞을 내다보고 투자하고 노력해야 하며, 창업자로서는 경영과 제품 개발, 시장 동향에 대해 남다른 혜안을 가지는 것이 중요하다.

따라서 성숙되고 침체된 산업이나 사양 산업보다는 미래의 경제를 주도할 고도성장 산업 또는 생성기의 산업(emerging industry)을 포착하여 단기적인 수익성보다는 시장의 선도적 역할을 지표로 하여 시장 점유율(market share)을 높이는 것이 고도성장의 곡선을 함께 탈 수 있는 좋은 지렛대가 될 것이다.

세계 최대의 경제 규모를 자랑하는 미국의 경우, 총 2000만 개 이상의 회사가 존재하며 한 해에만 백만 개 이상의 회사가 새로이 설립된다. 이처럼 창업의 기회는 끊임없이 존재하며 또 실현되고 있지만 사업 실패의 가능성도 그에 못지않게 큰 것이 현실이다. 각종 자료에 따르면 사업의 실패는 예외적 현상이 아니라 흔히 발생하는 것이다.

◆ 월스트리트저널에 따른 창업기업이 해산하는 경우

- 설립 후 2년 이내에 해산하는 경우가 전체의 23.7%가 된다.
- 설립 후 4년 이내에 해산하는 경우가 전체의 51.7%(과반수)가 된다.
- 설립 후 6년 이내에 해산하는 경우가 전체의 62.7%(거의 2/3에 육박)가 된다.

◆ 사업 실패와 기업 해산의 주된 요인

- 사업 자체에 내재하는 경제성 요인이 47.4%이다.
- 과다 부채, 경상비(운전자본) 부족 등, 재정적 애로가 38.4%이다.
- 경험 부족이 7.1%이다.
- 사업상 갈등, 가족문제, 나쁜 업무 습관, 창업자 자신의 문제와 소홀성이 3.4%이다.
- 사기, 횡령, 재난 등 기타 문제가 3.7%이다.

표 2-3 ▸ 성공한 기업가와 실패한 기업가

성공한 기업가	실패한 기업가
① 성취와 성장에 대한 열망	① 지나친 욕심
② 주도적이고 강한 책임감	② 책임 전가
③ 사업에 대한 몰입도와 결단력	③ 자신에게 실패는 없다는 자만의 불사조
④ 기회 지향적 및 목 표지향적	④ 작은 것에 목숨거는 편향적 집중
⑤ 불확실성에 대한 수용과 인내심	⑤ 지시, 간섭을 마라는 독불장군
⑥ 끈질긴 문제해결 능력	⑥ 상황과 기분에 따라 즉흥적
⑦ 상황에 대한 긍정적 사고와 여유	⑦ 성공과 실패를 운으로 돌림
⑧ 개방적 사고와 Feedback의 활용	⑧ 대인적 안목 부족
⑨ 계산된 위험감수와 실패관리 능력	⑨ 지나친 완벽주의
⑩ 지위와 권력에 대한 낮은 욕구	⑩ 자가가 다 안다는 안하무인
⑪ 정직과 신뢰감 및 성과의 공유	⑪ 나 아니면 안 된다는 불신
⑫ 신속한 결단과 강력한 추진력	⑫ 사업지식 결여
⑬ 사교적, 설득력, 인화력	⑬ 남에게 신세 안진다는 고집
⑭ 팀의 구축자이자 영웅 메이커	⑭ 내부정보 은폐, 불법적 생각을 가짐
⑮ 외부자원의 활용 능력	⑮ 시류에 부응 못함

자료 : 박종수, 무역창업전략, 삼영사, p49

1. 높은 마진의 벤처 아이디어

창업자나 다른 투자자에게 수익성을 보장하기 위한 기본 조건은 사업상의 마진(margin)이 발생해야 한다는 점이다. 벤처는 다음과 같은 마진을 모두 창출하여야 성공적으로 성장할 수 있다.

① 이윤 창출을 위한 마진
② 예기치 못한 문제에 대처할 수 있는 마진
③ 가격파괴 등으로 공략하는 경쟁자와 대처하고도 이윤을 창출할 수 있는 마진

제조업의 경우, 일반적으로 위와 같은 마진을 충족시키기 위해서는 재료비와 노무비 등의 직접원가에 비해 네다섯 배의 시장가격으로도 충분히 판매할 수 있어야 한다.

그런데 많은 사람들이 사업 구상을 해보고도 실제로 창업을 못하게 되는 큰 이유는 계산상으로 위와 같은 마진을 충족시키는 좋은 사업 아이디어(idea)를 찾지 못했기 때문이라 할 수 있다.

2. 효과적인 판매 창출계획

성공적인 벤처와 그렇지 못한 벤처의 결정적인 차이 중의 하나는 창업자가 얼마만큼 판매와 마케팅에 신경을 쓰느냐 하는 것이다. 창업기업은 제품을 한 건 또는 몇 차례 판매했다고 해서 곧 성공하는 것이 아니고 주문이 지속적으로 쇄도해야 성공할 수 있는 것은 자명하다. 이를 위해 창업자는 판매에 대한 기본적인 과제를 잘 파악·분석하여 대처해야 한다.

즉, 누가 우리 회사의 제품을 구매할 것인가?, 우리 회사 제품이 과연 얼마만큼 그들에게 가치가 있는 것인가?, 그들이 어떻게 우리 제품에 대해서 알 것인가?, 그리고 그들이 우리 제품의 가치를 파악하는 데 어떠한 어려움이 있고 그 어려움을 어떻게 해소할 것인가? 등의 질문들에 체계적으로 응답할 수 있는 준비가 필요하다.

[창업기업이 곤란을 겪는 이유]

고객으로부터 수주함에 있어 창업기업이 곤란을 겪는 데는 다음과 같은 몇 가지 이유가 있다.

① **제공하는 제품의 기본적 취약성**

이는 창업 초기에 특히 제품의 신뢰성이 시장에서 사전 검증되지 않은 상태에서 제품

을 내놓기 때문에 흔히 발생하는 문제이다. 기존에 다른 제품을 사용하고 있던 고객은 특히 이러한 문제에 민감하게 반응하므로 창업자는 사업 초기에 완벽주의적인 개발과 관리를 해야 한다.

② 관계 중심의 기존 시장 구조

유통 구조는 대부분의 경우 대기업에 의해 장악되어 있는 것이 보통이다. 구매하는 도소매 업자들도 기존의 대기업과의 공급 관계를 해치기를 매우 꺼려하기 때문에 창업자는 이점에 대한 설득력 있는 대비책을 마련할 필요가 있다. 즉, 도소매 업체의 제품 구매를 책임지고 담당하는 관리자도 구입한 제품에 잘못된 점이 있을 경우를 우려하여 창업기업이 아닌 대기업의 제품이 자신에게 안전한 대안이기 때문에 대기업 제품을 우선적으로 구매하는 성향을 보인다.

③ 잘못된 유통 경로의 선택

창업기업은 시간과 자금상의 어려움으로 자체 영업망이나 직영점을 구축하기 어렵다는 이유로 대리점을 통한 판매망을 활용하는 것이 보통이다. 하지만 대리점들은 높은 커미션 등의 이유로 기존 회사의 제품을 우선적으로 팔고자 하는 인센티브가 있기 때문에 상대적으로 창업기업의 제품에 신경을 덜 쓰는 것이 예사이다. 따라서 창업자는 대리점망을 통해 판매를 할 경우, 매우 선별적인 방법으로 대리점을 접촉하고 그들에게 강력하고 실질적인 인센티브를 제공하는 것이 바람직하다.

④ 장기간 소요되는 시장의 반응 특성

아무리 훌륭한 혁신 제품이라 할지라도 소비자들은 소비 습관에 따라 기존의 제품을 쉽사리 버리지 못한다. 예를 들면, 알루미늄 용기가 개발되었을 때, 철재 용기를 사용하던 소비자가 알미늄 용기로 바꾸어 사용하기까지는 수년이 걸렸던 것이다. 이처럼 시장의 느린 반응은 시간적, 금전적 여유가 없는 창업자에게 매우 힘든 장애 요소이지만 공략하기 쉬운 합리적 시장 부문부터 제품 가치에 대한 적극적인 홍보와 설득으로 유도할 수밖에 없다.

⑤ 고객에 대한 메시지 선택의 오류

신제품의 기능을 잘 표현하는 광고 메시지를 선택하고 개발하는 것은 효과적인 판매 활동의 출발점이다. 과대광고로 초기 반응이 매우 좋았다 하더라도 장기적 판매는 결국 제품의 효과에 대해 소비자가 입에서 입으로 구전되는 과정에서 결정되는 것이므로 효과적이고 정직한 메시지의 선택이 요구된다 하겠다.

3. 운영자금 조달

창업자의 개인 자금, 가족과 친지로부터의 투자, 창업 동지의 동반 투자 등으로 마련된 사업 자금으로 할 수 있는 것은 사무실과 공장 선정, 시제품 개발, 시장조사, 재고확보, 장비 등의 고정자산 취득, 기타 서류작업 등이라고 할 수 있다.

소규모로 사업을 이끌어 가는데 이러한 초기 자본, 소위 종자 돈(seed money)이 혁신적인 제품을 개발하고 생산하는 데는 턱없이 부족한 경우가 많다. 특히, 야심적인 벤처일수록 초기 설치비용(setup cost)이 크기 마련이다. 앞에서 지적한 높은 마진의 가능성이 있는 사업인 경우라 해서 자금 조달의 문제가 쉽게 해결되는 것도 아니다. 예를 들면, 막대한 성장 가능성을 가졌던 제록스(xerox) 기술도 사업 초기에 자본가를 구하는데 수년이 소모되었다.

이와 같이 현실적으로 고수익의 가능성이 큰 사업일수록 대규모의 사업 자금이 필요하게 되고, 그만큼 자금 조달이 어려울 수 있다. 고수익 사업은 대기업이 진입을 노리고, 대기업의 진입으로 인해 창업기업의 사업 기회를 송두리째 앗아가는 촉발제가 될 수도 있다. 그렇다고 해서 사업 초기에 벤처 자본의 투자를 기대하기도 어렵다.

왜냐 하면, 벤처 자본은 연평균 30% 이상의 고수익 가능성이 있는 첨단기술 사업에 60% 이상 투자가 집중되어 있고, 특히 회사설립 후 수년이 지난 건실한 업체에 70~80% 정도를 투자한다. 따라서 창업기업의 창업자에게 벤처 자본은 그림의 떡인 경우가 다반사이며, 창업자는 불가피하게 동업자, 친구, 친지들과 같은 주변 사람들을 설득할 수밖에 없다. 창업자는 이와 같은 딜레마를 미리 인식하고 이에 긍정적으로 대비하는 자세가 필요하다.

표 2-4 ▸ Baum back 테스트

"과연 나는 사업가로서 자질을 갖추고 있는가?" – Baum back & lawyer			
다른 사람과 경쟁하는 것을 좋아한다.	1	2	3
성공을 위해 보상에 관계없이 격렬하게 경쟁한다.	1	2	3
조심하면서 경쟁하지만 가끔 허세를 부린다.	1	2	3
장래의 이득을 위해 주저하지 않고 위험을 무릅쓴다.	1	2	3
업무를 잘 처리해서 확실한 성취감을 얻는다.	1	2	3
한번 하기로 결정한 것이면 무엇이든 1등을 하고 싶다.	1	2	3
전통에 얽매이는 것을 싫어한다.	1	2	3
먼저 일을 시작하고 나중에 의논하는 경향이 있다.	1	2	3
칭찬이나 보상보다는 업무 수행 자체를 중시한다.	1	2	3
타인의 의견에 구애받지 않고 내 방식대로 한다.	1	2	3
과오나 패배를 잘 인정하지 않는다.	1	2	3
자발적이며 남의 말을 듣지 않는다.	1	2	3
좀처럼 좌절하지 않는다.	1	2	3
문제가 있으면 스스로 해결책을 찾는다.	1	2	3
호기심이 강하다.	1	2	3
남이 방해하는 것을 참지 못한다.	1	2	3
타인의 명령을 듣기 싫어한다.	1	2	3
비판을 받고도 참을 수 있다.	1	2	3
일이 완성되는 것을 보겠다고 고집한다.	1	2	3
동료나 부하들이 나처럼 열심히 일하기를 바란다.	1	2	3
사업에 관한 지식을 넓히기 위해 독서를 한다.	1	2	3

※측정방법 : 서술 내용과 나의 행동이 일치하면 3점, 항상 일치하지는 않지만 상황에 따라 일치하면 2점, 일치하지 않으면 1점

※평가방법 : 총점이 63점이면 완벽, 52~62점이면 우수, 42~51점이면 보통, 41점 이하면 열등

4 정부의 창업지원제도

1. 금융지원 제도

(1) 창업투자회사를 통한 투자지원

① 투자대상 및 업종

창업투자회사는 중소기업 창업지원법상 다음과 같은 업종을 대상으로 사업 개시일로부터 5년 이내의 중소기업을 창업하는 자에게 투자지원을 할 수 있다.

• 제조업	• 광업
• 공학관련 서비스업	• 조사정보관련 서비스업
• 기계 및 장비임대업	

② 지원방법

창업투자회사의 지원방법은 다음과 같다.

- 주식인수 : 투자기업 자본금 총액의 50% 이내
- 사채인수 : 무담보부 또는 담보부 전환사채
- 약정투자 : 창업기업과 창업투자회사가 약정에 의해 투자조건 결정
- 자금대여 : 투자기업에 대한 단기운영자금 대여
- 보　　증 : 지급보증을 통한 자금알선

③ 지원절차

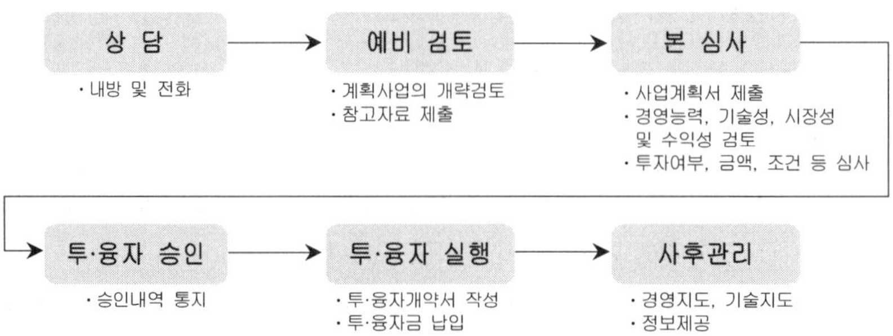

[그림 2-1] 중소기업창업 지원절차 흐름도

(2) 중소기업진흥공단의 창업자금 융자

① 지원대상

예비창업자 또는 설립 후 5년 미만의 중소기업 창업자

② 지원기관

중소기업진흥공단(창업지원과 또는 중소기업 상담실)

③ 지원업종

- 기술 혁신형 중소기업
- 매출액 대비 연구개발 비중이 5% 이상인 기업
- 신기술(NT, EM, IT, KT, GH) 인증기업
- Inno-biz 선정기업
- 최근 3년 이내 산학연 공동기술개발 컨소시엄사업 완료기업 또는 정부 시행 기술지원사업 개발성공기업
- 주력 업종 또는 향후 주력 업종으로 전환하고자 하는 분야에서 최근 3년 이내 특허등록기업
- 벤처기업
- 경영혁신 형 중소기업
- 매출액 영업 이익률이 동종업계 중소기업 평균 영업이익률의 2배 이상인 기업
- 최근 3년 이내에 회계 법인으로부터 외부감사를 받은 기업
- BSC, ERP, 생산정보화 등 최신 경영기업을 도입하여 운영 중인 기업
- 최근 3년 이내 컨설팅을 통한 경영혁신 추진 기업으로 담당 컨설턴트 추천기업
- 수출유망 중소기업 지정기업
- ICMS 컨소시엄 참여 기업(통합 연계형 전문기업군)
- 지역혁신 특성화사업(RIS) 참여기업
- 제조업 관련 서비스업
- 지식기반 산업

④ 지원내용

표 2-5 · 중소기업진흥공단 창업자금 지원내용

구 분	금 리	기 간	지원한도 및 지원비율
시설자금	연 4.75% (변동금리)	8년(3년 거치 포함)	업체당 연간 20억 원 이내 (운전자금 5억 원 포함)
운전자금		5년(2년 거치 포함)	

⑤ 지원절차

중소기업진흥공단 창업자금 지원절차

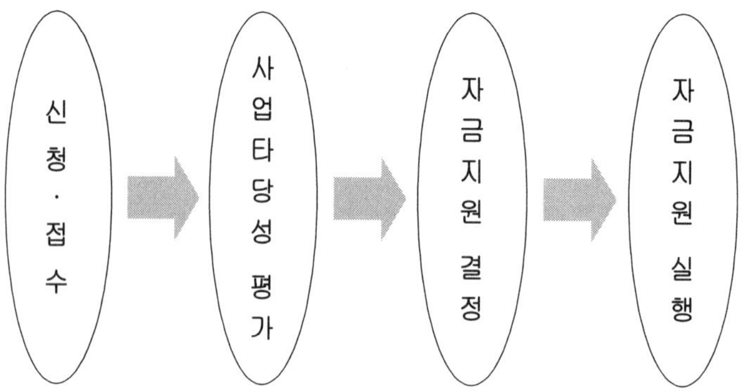

기타 창업지원기관

창업투자와 중소기업진흥공단의 창업자금 융자를 제외한 기타 창업지원 기관은 다음과 같다.

- 창업자금 융자기관 : 중소기업은행, 국민은행
- 채무이행 보증기관 : 신용보증기금, 기술신용보증기금, 싱용보증재단
- 투자 및 융자지원기관 : 한국종합기술 금융(KTDC), 한국기술금융(KTFC), 한국개발투자금융(KDIC), 한국기술진흥금융(KTAC)

※투자 및 융자지원기관에서는 신기술개발 및 기업화하는 중소기업자를 지원하고 있다.

2. 세제지원 제도

(1) 지원대상

- 창업중소기업(2009년 12월 31일 이전에 수도권 과밀억제권역 외의 지역에서 창업한 중소기업)
- 창업보육센터 사업자로 지정받은 자
- 벤처기업으로 창업 후 2년 이내에 벤처기업 확인을 받은 자

표 2-6 › 중소기업 조세감면 내용

구 분	감면 내용
법인세 (소득세)	· 창업 후 소득 발생년도부터 4년간 매년 납부한 법인세(소득세)의 50% 감면 <감면대상> · 수도권 과밀억제권역 외의 지역에서 창업한 중소기업 · 창업 후 2년 이내 벤처 확인을 받은 기업 · 창업보육센터 사업자로 지정받은 자
등록세	· 창업(수도권 과밀억제권역 외 지역) 후, 2년 내 취득한 사업용 재산에 대한 등록세 감면 · 창업중소기업의 법인설립등기에 대한 등록세 면제(창업 중에 벤처기업 확인 후, 6월 내 법인설립 등기 포함)
취득세	· 창업(수도권 과밀억제권역 외 지역) 후 2년 내 취득한 사업용 자산에 대한 취득세 면제
재산세	· 당해 사업에 직접 사용하는 사업용 자산에 대해 5년간 재산세의 50% 세액감면

3. 상담용역지원 제도

(1) 지원기관

산업통상자원부령으로 정하는 바에 따라 중소기업청에 등록된 중소기업상담회사로부터 지원한다.

(2) 상담 및 용역지원 업무내용

- 중소기업의 사업성 평가
- 중소기업에 대한 경영 · 기술 향상을 위한 용역사업
- 중소기업에 대한 사업 알선
- 중소기업에 대한 자금 알선
- 중소기업 창업에 관한 절차 대행과 관련되는 용역사업
- 창업보육센터 설립 · 운영
- 기타 창업과 관련되는 상담 및 정보 제공

(3) 지원대상, 금액 및 지원 절차

① 지원대상

- 중소기업상담회사로부터 사업성 검토 등의 용역을 받아 창업하는 중소기업
- 중소기업상담회사로부터 경영 · 기술지도 등의 용역을 제공받은 설립 후 7년 이내의 기술집약형 중소기업

② 지원금액

창업지원기금에서 용역 업무에 대한 용역비의 80%, 금액 기준 창업절차는 200만원, 공장 설립절차는 500만 원 범위까지 보조

③ 상담용역 지원절차

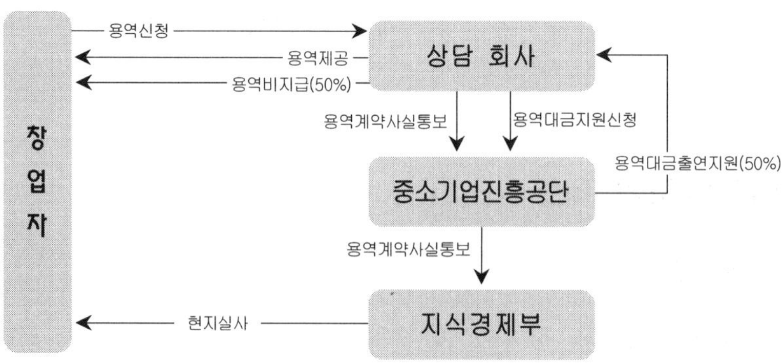

[그림 2-2] 상담용역 지원절차 흐름도

5 무역거래자의 등록

무역(trade)이란 넓은 의미로는 상이한 국가 간에 물품·서비스 그리고 자본을 대상으로 이루어지는 상거래를 말한다. 우리나라의 대외무역법에서는 앞에서 밝힌 바와 같이 무역을 물품과 용역 그리고 전자적 형태의 무채물의 수출과 수입으로 규정하고 있다.

대외무역법에서는 무역을 행할 수 있는 사람을 무역거래자라 하고, 무역거래자는 수출 또는 수입을 하는 자, 외국의 수입자 또는 수출자의 위임을 받은 자 및 수출·수입을 위임하는 자 등으로 물품 등의 수출·수입 행위의 전부 또는 일부를 위임하거나 행하는 자로 규정하고 있다.

이 같은 규정으로 무역거래자를 분류해 보면 다음과 같다.

표 2-7 · 무역거래자의 구분

<table>
<tr><th>구 분</th><th colspan="2">내 용</th></tr>
<tr><td>무역업자</td><td colspan="2">· 자기명의와 책임 하에 물품의 수출과 수입을 업으로 하는 자
· 상품의 소유권이전을 전제로 한다는 의미에서 무역대리업과 구분
· 대행수출입의 위탁자는 무역업의 범주에 불포함</td></tr>
<tr><td rowspan="3">무역대리업
(무역대리점)</td><td>판매대리점</td><td>· 외국의 수출업자의 위임을 받은 자
· 국내에서 수입계약의 체결과 이들에 부대되는 행위를 업으로 영위하는 것으로 계약대리권만 행사</td></tr>
<tr><td>구매대리점</td><td>· 외국의 수입업자의 위임을 받은 자
· 국내에서 수출품의 구매와 이들에 부대되는 행위를 업으로 영위하는 것으로서 계약대리권만 행사</td></tr>
<tr><td colspan="2">· 무역업과 차이 : 자기명의로 소유권 이전을 전제로 한 수출입행위 불가
· 무역중개업과 차이 : 물품매도확약서발행 및 수출품의 구매알선, 시장조사</td></tr>
<tr><td rowspan="2">무역대행업</td><td>무역대행의 위탁자</td><td>· 무역업자에게 수출입을 대행을 위임 또는 위탁하는 자</td></tr>
<tr><td>무역 대행업자</td><td>· 무역대행위탁자와의 대행계약에 따라 일정한 수수료를 받고서 자기명의로 거래하는 무역업자</td></tr>
</table>

1. 무역업의 의의

무역업을 영위하기 위해서는 우선 무역기업을 설립하게 되는데, 이러한 무역기업에는 개인기업과 회사기업으로 나누어진다. 그리고 회사기업에는 일반적인 주식회사형태 외에도 유한회사, 합명회사, 합자회사 형태가 있으며 이들은 법인기업으로의 등기를 요한다.

이들 무역업에 대해 종래 국가는 일정한 관리를 해왔는데, 즉 무역업의 허가제에서 등록제로 다시 1997년 3월 1일부터 무역업신고제로, 다시 누구든지 간단한 신고[7]만 거친 후 무역업을 영위할 수 있도록 2000년 1월 1일부터는 무역업이 완전자유화 됨에 따라 사업자등록을 한 개인이나 법인이면 모두 무역업의 신청 및 고유번호 발급이 가능하게 되었다. 다만, 각종 무역통계 등의 관리를 위하여 한국무역협회를 통하여 무역업고유번호를 부여받아 무역거래자가 수출입 신고시 이를 기재하도록 하고 있다.

무역업고유번호 부여 권한은 현행 대외무역법상 지식경제부장관에게 있으나 한국무역협회장에게 위임되어 있다. 따라서 무역업을 하기 위해서는 지식경제부장관에 의해 위임된 무역협회에 신청하여야 한다.

종전의 2000년 1월 1일 이전에 대외무역법에 의해 부여받은 무역업신고필증 상의 무역업신고번호는 무역업고유번호로 보며, 과거에는 한국무역협회 회원가입이 의무사항이었으나 이제는 임의사항으로 변경된 것을 제외하고는 신청기관이나 절차에 별다른 차이가 없다.

이처럼 무역업 등록제를 신고제로, 또 다시 완전자유화로 전환하고 무역업고유번호 신청제도를 실시하는 취지는 인터넷 시대를 맞이하여 국내거래와 국외거래의 차이가 허물어지고 있는 상황을 고려하고, 또한 무역업에 대한 규제의 완화에 그 목적이 있다.

신청요건은 사업자등록을 한 개인이나 법인이면 되며, 모든 물품의 수출입이 허용된다. 단, 수출입 승인대상 품목인 경우, 해당 기관의 승인을 받아야 한다. 무역업고유번호를 부여받지 아니한 업체가 수출입 업을 하고자 할 경우, 무역업고유번호를 부여받은 업체를 통해 수출입 대행을 의뢰하여 신청업체의 명의로 수출입을 할 수 있다.

---

7) 신고제와 관련하여 허가는 일정한 사실 또는 법률관계를 위해 의무적으로 행정기관에 일정한 사실을 보고하는 것을 말하며, 행정기관은 허가여부에 대해 재량권을 갖는다. 그리고 등록은 일정한 사실 또는 법률관계를 행정기관에 비치되어 있는 명부상에 등재하는 것을 말하며, 이때 기관은 등록요건만을 확인한다. 이에 반해 신고제는 일정한 행위 또는 법률행위를 할 것임을 행정기관에 일방적으로 통고(notify)하는 행위를 말하며, 이 경우 신고행정기관은 법률상 적법 여부 사실만을 확인하는 점이 다르다.

무역업고유번호부여증

CERTIFICATE OF TRADE BUSINESS NUMBER

① 무 역 업 고 유 번 호 (Trade Business Code)	13109709
② 상 호 (Name of Firm)	이주상사
③ 주 소 (Address)	인천시 연수구 송도동 9-5
④ 대 표 자 성 명 (Name of Rep.)	이 주
⑤ 주 민 등 록 번 호 (Passport Number)	123456-123456

대외무역법 시행령 제 30조 1항 및 대외무역관리규정 제3-5-1의 규정에 의하여 무역업고유번호를 위와 같이 부여합니다.

We hereby acknowledge the above-mentioned trade business code in accordance with Article 3-5-1 of the Foreign Trade Management Regulation.

20××년 3월 2일
Year Month Day

사단법인 한 국 무 역 협 회 장

Chairman of Korea International Trade Association

※무역업고유번호는 종전의 무역업 허가, 등록, 신고번호를 승계하였습니다.

2. 무역업고유번호 신청절차

대외무역법 규정에 의한 무역을 업으로 하고자 하는 자는 무역업고유번호를 한국무역협회장에게 신청하여야 하며, 한국무역협회장은 접수 즉시 신청자에게 고유번호를 부여하여야 한다(대외무역관리규정 제3-5-1조 3).

무역업고유번호 신청시 구비해야 할 서류는 무역업고유번호 신청서(대외무역관리규정 별지 제1-1호), 사업자등록증 사본 1부를 첨부하여 한국무역협회장에게 제출하여야 한다. 무역업고유번호 신청은 우편·팩스·전자메일·전자문서교환(EDI)에 의해서도 할 수 있다.

과거에는 한국무역협회 회원가입이 의무사항이었기 때문에 회원가입과 함께 소정의 회원가입비와 회비를 부담해야 했으나 이제는 임의 선택사항으로 변경되어 무역협회 회원가입과 무역업고유번호 부여는 별개의 행정절차로 인정된다. 따라서 무역업고유번호를 부여받는 데는 전혀 비용이 들지 않으며, 무역협회 회원가입 여부는 무역협회가 제공하는 회원서비스의 필요성을 검토해본 후 업체가 자율적으로 결정하면 된다.

3. 무역업의 경영유형

무역경영의 주체는 무역을 업으로 영위하는 무역업자이다. 여기서 무역업이란 무역업자가 자기명의로 자기책임 하에 물품의 수출과 수입을 업으로 영위하는 것을 말한다. 이러한 무역업에는 그 경영유형에 따라 일반무역업과 무역대리업 그리고 무역대행업으로 나누어 볼 수 있다.

일반무역업은 수출입거래 당사자 간의 물품의 소유권 이전을 전제로 하여, 수출업과 수입업 그리고 수출과 수입을 동시에 영위하는 수출입업 등의 다양한 형태로 운영될 수 있다.

무역대리업(export or import agent)은 외국의 수입상 또는 수출상의 위임을 받은 자가 국내에서 수출품의 구매 또는 수입계약의 체결과 이에 부대되는 행위를 업으로 영위하는 것을 말한다.

무역대행업(export or import commission house)은 수출입업자가 대행위탁자와의 수출입대행계약에 따라 일정한 대행수수료를 받고서 자신의 명의로 거래하는 무역업자로서, 자기명의로 자기책임 하에 거래하는 점에서 무역대리업과는 구분된다.

(1) 일반무역업

① 수출업

수출업(export merchant)은 수출을 전업으로 하여 생산설비를 갖추고 제품을 생산하여 수출하거나 또는 그 밖의 공급자로부터 상품을 구입하여 해외로 매각하는 것을 말한다.

따라서 수출업은 자신의 명의와 계산에 의하여 이윤(margin)을 기초로 거래하는 것이기 때문에 그 수익은 판매가격과 구입가격과의 차액으로 일정하지 않으며, 당연히 신용위험(credit risk)을 부담하게 된다.

여기에는 국내 또는 해외에서 원료 또는 반제품을 수입한 뒤 자신이 보유하고 있는 제조설비를 이용해 자사의 제품을 생산하여 수출하는 제조수출업체와 제조설비를 보유하지 않고 국내에서 타사 제품을 구매하여 수출하거나 해외에서 제품을 수입하여 국내에 공급하는 것을 주로 하는 단순 수출상이 있다.

② 수입업

수입업(import merchant)은 자신의 명의와 계산으로 본인(principle)의 입장에서 해외의 수출상으로부터 직접 또는 자국에 있는 판매대리점을 통하여 계약하고 수입하여 자국의 도매상·제조업자에게 판매하거나 해외로 재수출하는 것을 말한다.

수입상의 주요 고객은 국내외의 제조업자, 도매상 그리고 소매상까지도 포함하고 있으며 이들에게 공급하기 위하여 원재료·반제품·부품 및 완제품 등을 수입하는 역할을 수행하고 있다.

수입상은 상품의 수입으로 인한 수송상의 손해, 가격변동, 환율변동, 관세율변동, 유행의 변화 등으로 인하여 위험의 부담이 수수료거래를 위주로 하는 수입판매대리점(exporter's selling agent)이나 수입대행업(import commission house)보다 더 크다.

② 해외현지수출법인

무역거래의 규모와 범위가 확대되면 해외현지시장의 정보수집과 조사, 시장개척을 위하여 해외현지시장에 직접 진출을 꾀하게 된다. 해외마케팅의 가장 유효한 방법은 수출을 직접 현지국에 할 수 있는 해외지점 또는 자회사를 설치하는 것이다.

해외진출의 최종단계에 가서는 현지국의 법률에 의해 본사로부터 독립된 법인형태의 해외자회사(overseas subsidiary company)에 의하여 운영된다.

이와 같은 해외시장진출의 과정에 의하여 무역거래를 확대시켜 해외영업 기반을 확대해 온 대표적인 경우가 우리나라의 종합무역상사로서 오늘날 전세계를 하나의 상품시장으로 하여 판매망을 구축하고 있다.

(2) 무역대리업

무역대리업(import or export agent)은 외국의 수입상 또는 수출상의 위임을 받은 자가 국내에서 수출품의 구매 또는 수입계약의 체결과 이들에 부대되는 행위를 업으로 영위하는 것을 말한다.

무역대리업자는 수출상 또는 수입상으로부터 수수료를 받고 수출입을 중개·알선·보조하는 자로서, 수출입 본 거래에 자기명의를 사용하지 않는다.

즉, 본인(principle)이 아닌 계약대리인(agent)으로서 수출입계약 단계에서만 개입하여 계약대리권만 행사하므로 수출입 본거래에 대하여는 법률적 책임이 없다.

종전의 대외무역법에서는 무역대리업을 갑류대리업[8]과 을류대리업[9]으로 나누고 갑류대리업은 한국무역대리점협회장에게, 을류무역대리업은 한국수출기업외국기업협회장에게 신고하도록 하였다. 그러나 이 규정은 2000년 12월 29일 개정 대외무역법에서 폐지하였으며, 이들을 모두 무역거래자로 통일하였다.

① 수출판매대리점

수출판매대리점(manufacturer's export agent)은 수출대행업자와는 달리 해외의 수입상을 위하여 활동하지 않고, 국내의 제조업자를 위하여 활동하는 해외수출 판매대리점이다.

수출판매대리점은 상호 비경쟁적 입장에 있는 복수의 제조업자와 독점대리협정(exclusive agency agreement)을 체결하고 그 판매서비스에 대하여 제조업자로부터 일정한 수수료를 받는다. 그리고 해외시장과 접촉하는 경우 형식상 자신의 명의로 해외의 거래선과 서신을 주고받으며, 또한 자신의 명의로 송장을 보낸다. 그러나 자기계

8) 종래 갑류무역대리업은 외국의 수출업자의 위임을 받은 자 또는 외국의 수출업자의 지사나 대리점이 국내에서 외국의 수출업자를 대리하여 물품매도확약서의 발행을 주된 업으로 하고 부수적으로 수출물품의 구매알선행위를 업으로 영위하는 것으로서 수입대리업이라고 하였다.

9) 종래 을류무역대리업은 외국의 수입업자의 위임을 받은 자 또는 외국의 수입업자의 지사나 대리점이 국내에서 수출할 물품의 구매와 이에 부대되는 행위를 업으로 영위하는 것을 말한다. 이는 수출대리업이라고 하였다.

산하에 이윤을 얻고 재판매하는 것이 아니기 때문에 송장금액은 제조업자가 결정한 금액을 기재하는 것이며, 판매대금을 해외의 수입상으로부터 회수하여 그 중 원가만을 제조업자에게 지불하는 것이다.

따라서 실질적으로 보면 제조업자를 위한 금융면에 있어서의 서비스에 대한 보수로서 수수료를 받는 것이다.

② 수입판매대리점

수입판매대리점(exporter's selling agent)은 대개 해외 수출국의 제조업자 또는 수출업을 대리하여 해외 수출상의 명의와 계산으로 현지 수입국시장에서 판매하고 일정한 수수료를 받는 판매대리점을 말한다. 일반적으로 해외수출상을 위해 국내에서의 물품판매 뿐만 아니라 Offer의 수주 및 관리를 총괄한다 하여 Offer상이라고 부르기도 한다.

수입판매대리점은 그 보수로서 판매수수료(selling commission)을 받는데, 보통 매매가격에 대하여 몇 %로 정하고 있다. 이러한 판매대리점은 수출상의 대리인으로서의 특정 지역에 있어서 본인(principle)인 수출상을 위하여 현지의 고객으로부터 주문을 받는다.

판매대리점이 중간에 존재하는 경우에도 해외의 수출상이 직접 판매계약의 당사자가 되는 것이므로 대금결제는 판매대리점을 경유하지 않고, 국내 수요자와 해외의 수출상과의 사이에 직접 이루어지는 것이 원칙이다.

이 경우 신용장(L/C)은 현지의 고객이 수출상 앞으로 발행하며 수출상은 이를 확인한 후, 환어음을 고객 앞으로 발행하여 대금을 회수한다. 매매가격이 CIF로 거래되는 경우에 수출상은 매매가격에 수수료를 가산한 "CIF & C XX%" 로 계약하고 이에 따른 Commission을 수입판매대리점에게 지불하게 된다.

대리점계약의 목적은 제조업자나 수출상의 입장에서 보면 최소의 비용과 위험으로 새로운 거래처와 시장을 확보하는데 있다.

표 2-8 · 일반무역업과 무역대리업의 비교

구 분	일반무역업	무역대리업
개 념	• 자기명의로 자기책임 하에 물품의 수출과 수입을 업으로 영위하는 것 ① 대행수출, 대행수입의 위탁은 무역업의 범주에 포함 안됨. ② 상품의 소유권이전을 전제로 한다는 의미에서 '무역대리업'과 구분함.	• 외국의 수입상 또는 수출상의 위임을 받는 자가 국내에서 수출품의 구매 또는 수입계약의 체결과 이들에 부대되는 행위를 업으로 영위하는 것 → 계약대리권만 행사 ① 자기명의로 소유권이전을 전제로 한 수출입을 할 수 없다는 점에서 '무역업'과 구분됨. ② 물품매도확약서 발행 및 수출품의 구매알선으로 영업범위가 한정된다는 점에서 '무역중개업'과 구분됨.
업무범위	• 수출·수입 취급품목의 범위를 제한하지 않음. 단, 약사법 등에서 이중적으로 무역업 영위요건을 정하고 있는 경우는 예외. • 수출입대행 가능	• 수출입업무 대행만 가능 • 자기명의로 수출입을 할 수 없음.
관리체제	• 2000. 1. 1부터 정부의 무역업 완전자유화 정책의 실시로 무역을 하고자 하는 사람들은 누구든지 별도의 신고 없이 무역업이 가능 • 기존에 무역업을 신고한 사람들에 대해서 한국무역협회 등은 관리기관으로서의 기능만을 담당	

(3) 무역대행업

무역대행업은 수출입업자가 대행위탁자와의 수출입대행 계약에 따라 일정한 대행수수료를 받고서 자신의 명의로 거래하는 무역업자로서, 자기명의로 자기책임 하에 거래한다는 점에서 무역대리업과 구별된다. 따라서 무역대행업자는 무역대행을 할 경우 대외무역법 및 금융거래상 무역업자로서의 책임을 져야 한다.

무역대행업은 수출 또는 수입의 대행계약에 따라 일정한 수수료를 받고서 자기명의로 수출입을 수행하는 것으로서 대행자는 자기명의로 거래함에 따른 수출입승인 · 사후관리 등의 책임을 지며, 대행자와 위탁자의 관계는 대행계약에 의하여 정해진다. 무역대행업에는 수출대행업과 수입대행업으로 나눌 수 있다.

① 수출대행업

수출대행업(export commission house)은 해외의 수입상으로부터 받은 구매수탁(indent)에 입각하여 자국의 제조업자나 그 밖의 공급자로부터 물품을 매입하여 이것을 적출함으로써 그 제공한 서비스에 대한 보상으로서 위탁자, 즉 해외의 수입상으로부터 일정액의 구매수수료를 받는 것을 영업으로 하는 것이다.

그 영업내용의 성격에 의해 일반적으로 구매대리점(buying agent)으로 불리며 때로는 수수료상(commission merchant) 또는 수탁자(indent merchant)로 불리기도 한다. 그런데 수출대행업자 또는 구매대리점은 그 명칭상의 구별과는 달리 다음과 같은 점에서는 본래의 수출상과 실질적 의미에 있어서 다를 것이 없다. 첫째, 자기자금으로 또는 대불지금에 대한 자신의 책임 하에 공급업자로부터 구매하며 둘째, 적출 후 해외의 수입상으로부터 대금을 지불받는 데서 오는 신용리스크를 부담하기 때문이다. 다만 앞에서도 언급한 바와 같이 수출대행상이 얻는 수익은 수수료로서 원래의 수출상과는 달리 상품의 가격변동의 위험을 부담하지 않는 점이 다를 뿐이다.

② 수입대행업

수입대행업(import commission house)은 국내에 있는 실수요자의 부탁을 받고 수입을 하는 무역업자인데 수입상과 마찬가지로 외국의 수출상으로부터 직접 또는 자국내에 있는 판매대리점을 거쳐서 자기명의로 수입하는 것이다.

수입대행업은 국내에 있어서는 수탁을 맡은 업자에 불과하나 해외의 수출상의 입장에서는 고유한 수입상으로서 거래를 하는 것이다. 수입대행업은 수입금액에 대하여 일정한 비율의 구매수수료(purchasing commission)를 취득하는 것이 목적이므로 위험부담은 거의 없다.

(4) 종합무역상사

종합무역상사는 일본에서 발달하여 우리나라에 도입되어 대규모 자본력을 가진 무역업자로서 광범위한 지역과 다종다양한 수출입거래를 할 수 있는 기업을 말한다. 지식경제부장관은 해외시장의 개척과 무역기능의 다양화를 기하고, 중소기업과의 계열화 등을 통한 중소기업의 무역 활동을 지원하기 위하여 무역거래자 중에서 종합무역상사를 지정할 수 있다. 종합무역상사의 지정 기준은 증권거래법에 의하여 상장된 법인으로서 전년도 수출통관액이 우리나라 총수출통관액의 2% 이상인 법인이나 전년도 수출실적이 US$ 1,000,000 이상인 국가가 30개국 이상이고, 외국의 현지법인 또는 영업소가 20개 이상의 법인인 무역거래자라야 된다.

종합무역상사로 지정받기 위해서는 지식경제부장관에게 규정된 서류를 갖추어 신청해야 하며, 지식경제부장관은 종합상사로 지정한 때에는 이를 고시해야 한다. 그리고 종합무역상사로 지정받은 자가 2년 이상 지정 기준에 미달하여 종합무역상사로서의 무역 활동이 곤란하다고 판단될 때는 그 지정을 취소할 수 있다.

(5) 전문무역상사

지식경제부장관은 첨단산업제품의 해외시장 진출을 지원하기 위하여 무역거래자 중에서 전문무역상사를 지정할 수 있다. 이 규정은 2003년 대외무역법 개정에 의해 도입된 제도이다. 지정요건은 자본금이 70억 원 이상인 법인으로서 첨단산업제품으로 지식경제부장관이 정하여 고시하는 물품의 전년도 수출실적이 당해 법인의 전년도 총수출실적의 50% 이상인 법인이나 당해 법인이 생산하지 아니한 물품 등의 전년도 수출실적이 당해 법인의 전년도 총수출실적의 50% 이상인 법인으로 규정되어 있다. 전문무역업자의 지정절차나 취소요건은 종합상사와 동일하다.

표 2-8 › 종합무역상사와 전문무역상사의 비교

구분	종합무역상사	전문무역상사
도입목적	• 해외시장의 개척 • 무역기능의 다양한 도모 • 중소기업과의 계열화를 통한 중소기업의 무역활동 지원	• 첨단산업제품의 해외시장 진출지원
도입시기	1975년	2004년
지정조건	상장법인으로서 • 우리나라 전체 수출통관액의 2% 이상인 자 • 수출실적이 미화 1백만 달러 이상인 국가가 30개국 이상이고 외국에 현지법인 또는 영업소가 20개 이상인 법인	• 다음의 조건을 모두 갖추어야 함 • 자본금이 70억 원 이상인 법인 • 첨단사업제품으로 지식경제부장관이 정해 고시하는 물품의 전년도 수출실적이 당해법인의 전년도 총 수출실적의 50% 이상인 법인 • 당해 법인이 생산하지 아니한 법인의 전년도의 총 수출실적의 50% 이상인 법인
지정취소	2년 이상 계속하여 지정기준에 미달하여 종합 또는 전문무역상사로서의 무역활동이 심히 곤란하다고 인정될 때(지정 취소 전 청문을 실시)	

주)대외무역법 9조, 대외무역법 시행령 제13조

6 무역기업 창업의 성공조건

무역은 상대가 있는 하나의 게임이다. 한 푼이라도 더 받고 하나라도 더 팔려고 노력하는 쪽이 있는 반면, 보다 저렴한 가격으로 사려는 상대편이 있다. 그래서 무역은 종종 수출상과 수입상 이익이 상반되는 제로섬 게임으로 비유되기도 한다.

제로섬 게임의 특징은 동시에 쌍방 모두 이익을 취할 수 없다는 것이다. 그래서 이런 게임은 오래가기 힘들다. 이익을 취한 쪽은 포만감을 느끼겠지만 반대편은 지속된 손실로 더 이상 게임의 무대에 나설 에너지를 충전하지 못한다.

따라서 세계시장을 누비는 무역업체는 게임을 하지만 절대로 제로섬 게임을 해서는 안된다. 서로가 이익을 공유하면서 상대방의 파이를 걱정해 주는 Win-Win 게임을 해야 한다. 그래야 계속 거래관계가 유지될 수 있기 때문이다. 무역기업의 창업을 성공의 길로 이끌기 위해서는 다음과 같은 점에 유의해야 한다.[10]

① 실패사례에서 교훈을 얻어라

창업자 10명 중 8명은 실패를 경험한다는 통계가 있다. 그만큼 창업이 어렵다는 말이다. 하지만 실패 사례는 창업을 준비하는 사람들에게 시행착오를 줄일 수 있는 소중한 교훈이 될 수 있다.

② 장사꾼으로서의 정신무장을 하라.

특히 창업을 처음 시작하는 초보자들은 우선 장사꾼으로서의 정신무장을 갖추는 것을 제1과제로 삼아야 한다. 충분한 준비 기간을 갖고 발품을 팔아 성공한 창업자를 일일이 찾아다니며 그들의 성공 포인트를 꼼꼼히 파악하는 것이 중요하다.

③ 물건이 아닌 믿음을 팔아라.

수출은 제품 이전에 내 마음을 바이어에게 판매하는 것이라고 생각하라. 바이어의 오더는 품질과 가격이 아닌 신뢰감을 먹고 솟아난다. 아주 사소한 일에도 신속히 대응하고 사후관리를 철저히 하는 것이 신뢰감을 획득하는 첩경이다.

④ 1만원도 무시하지 마라.

한 번의 수출로 큰 돈을 벌수 있다고 생각하지만, 실제로 무역업 초심자가 바이어 발굴을 위해 들여야 할 고정투자비는 생산공장을 짓는데 들어가는 것을 웃돈다는 지적도 있다. 철저한 자금계획을 세우고 창업 후 6개월간은 수입이 없다고 생각하라.

10) 박종수, 무역창업의 이해, 삼영사, 2006. pp.149~153

⑤ 한 번 거래를 시작하면 반드시 반복되도록 노력해라.

무역업은 단골 없이 절대 성공할 수 없다. 단골이 많으면 한사람이 1억 달러의 수출고를 처리할 수 있지만 뜨내기만 상대해서는 10명이 달려들어도 50만 달러를 이끌어 낼 수 없다.

⑥ 바이어를 리드하라.

단순히 물품만 공급한다고 생각해서는 안된다. 향후 매출증대가 예상되는 품목을 먼저 추천하고, 경쟁시장과 바이어에 대한 정보를 끊임없이 제공하라.

⑦ 국내 인맥도 중요하다.

무역이 서류로 하는 거래인 것은 사실이지만 확실한 메이커를 확보하지 못한 무역업자는 사상누각일 수밖에 없다. 무역업체에 국내 인맥은 메이커를 연결시켜 주는 중요자원이다.

⑧ 물류를 이해하라.

물류는 제3위 이익원이라고 일컬어진다. 그러나 지구 반대편까지 적기에 물건을 실어 보내야 하는 수출업체에겐 물류는 제1의 이익원이다. 물류체계를 이해하고 그 원가를 줄이는 노력을 철저하게 구사해야 한다.

⑨ 전문아이템을 만들어라.

생산업체만 주력 업종이 있는 것이 아니다. 무역업체도 특정 제품에 대한 기술과 마케팅 노하우를 확보해야 살아남을 수 있다. 이것저것 손대는데 재미를 붙였다간 아무 것도 잘할 수 없다. 적당히 노력해 열매를 거둬들이기에는 경쟁자가 너무 많은 것이 세계시장이다.

⑩ 40대면 늦는다.

창업에 나이 제한이 있는 것이 아니다. 그러나 분명히 한 번의 좌절이 다가온다. 실패를 새로운 자본으로 삼아 재기하기 위해서는 늦어도 30대에 무역업에 뛰어 들어야 한다.

⑪ 허세를 부리지 마라.

처음부터 큰 사무실과 많은 인원을 고집하지 마라. 번듯한 장식장과 레포츠용품보다 샘플로 사장실을 가득 채우는 정신무장이 필요하다.

⑫ 상관습을 이해하라

겨냥하는 나라의 의식주 문화를 꿰뚫고 최소한 종교만이라도 이해하도록 노력하라.

[소규모 무역회사의 성공조건]

① 신뢰감을 확보하라.

비즈니스용 전화를 별도로 설치하고 이를 받을 때는 회사명을 먼저 거명하는 습관이 절대적으로 필요하다. 또 애프터서비스에 철저를 기해야 한 번 거래한 바이어가 이탈하지 않는다.

② 자기관리에 철저해라.

특별한 시간제약이 없다는 것은 장점이자 단점이다. 창업 후 일정기간이 흐르면 시간 개념이 무뎌지면서 리듬을 잃기 쉽다. 그러므로 스스로 정해진 스케줄에 따라 철저하게 약속을 지켜라.

③ 1~2가지 주력 아이템을 가져라.

너무 많은 품목을 취급하다 보면 효율적인 마케팅이 불가능할 수 있다. 처음 거래가 성사됐거나 기존 직장에서 취급했던 품목을 주력으로 삼는 조치가 필요하다.

④ 상시연락 체제를 갖춰라.

재택근무의 강점은 24시간 응답체제에 있다. 그러나 만약, 모든 가족이 집을 비울 때를 대비해 착신서비스를 반드시 해야 한다.

⑤ 해외출장을 게을리 하지 마라.

사무실 없이 사업을 한다고 해외출장도 생략해서는 곤란하다. 관심 있는 품목의 해외 전시회는 반드시 참석해 바이어를 발굴하고 고정 거래선은 자주 만나야 한다.

⑥ 인터넷을 활용하라.

재택근무자는 자기 존재를 해외에 알릴 수 있는 기회가 많지 않다. 그러나 인터넷 홈페이지를 이용하면 그 고민을 해결할 수 있다. 회사와 주력 제품을 널리 홍보할 수 있으며 E-mail을 통해 신속하게 바이어와 연락을 취할 수도 있다.

⑦ 욕심을 버려라.

소호의 기본 영업 전략은 적게 벌고 적게 쓰겠다는 것이다. 그러나 너무 의욕이 앞선 나머지 단기간에 많은 사업을 벌려 매출을 높이려고 시도하면 무리수를 두게 된다.

⑧ 전화와 팩스번호를 변경하지 마라.

거래시도부터 그 결과가 나타나기까지 상당 기간이 소요되는 것이 무역업이다. 이 과정에서 사무실을 옮겨도 전화번호 팩스번호 등 연락처는 변경되지 않도록 노력해야 한다.

⑨ 사무실과 주거 공간을 철저히 구분하라.

일정 공간을 사무공간으로 인테리어한 후 철저하게 업무만 보는 공간으로 활용해야 한다. 출입자도 업무적으로 방문한 손님과 집안에서 일을 도와주는 사람만으로 제한해야 한다.

⑩ 매출액이 일정 수준을 넘으면 창고형 사무실로 옮겨라.

월 수익이 300만원을 넘으면 소호보다 한 단계 발전한 창고형 사무실로 옮기는 것을 고려해야 한다. 임대비를 줄이면서 1~2명의 직원을 고용하여 사업 기반을 다지는 데는 창고형 사무실이 제격이다.

the point note

02 사업계획서

1 사업계획서의 의의와 활용

1. 사업계획서의 의의

사업계획서(business plan 또는 business proposal)는 새로운 사업을 시작함에 있어서 사업목적 달성을 위한 지속적인 활동에 필요한 방법과 절차, 활동범위 등 모든 요소들을 기술해 놓기 위해 준비하는 서류이다.

즉, 사업계획서는 창업자가 기업을 설립하고 성장시키기 위한 구체적인 의지를 글로 표현하여 정리한 설계서이다.

사업계획서는 사업의 성공을 위해서 필요한 사항들을 체계적으로 검토하게 하며, 계획된 사업의 장점과 약점을 재인식할 수 있는 기회를 제공한다. 또한 창업 과정에서 단계적으로 달성하여야 할 이정표를 제시하며, 순차적으로 행동의 가이드라인을 제공한다.

따라서 사업계획서는 '현재 나의 위치는 어디인가?', '목적지는 어디인가?', 그리고 '어떻게 도달할 것인가?'와 같은 질문에 답을 요구하게 된다.

그러므로 어떤 사업을 시작하더라도 반드시 그 업종과 규모에 맞는 사업계획서를 미리 작성해야 한다. 아무런 준비도 없이 시작한 창업은 실패할 확률이 그 만큼 높을 수밖에 없다.

◆ 사업계획서를 작성해야 하는 이유는 다음과 같다.

① 사업계획서는 사업 준비를 하기 위한 사전 단계로서, 복잡한 창업절차를 미리 점검할 수 있다.
② 미리 사업계획을 세우면 위험요소를 사전에 발견할 수 있으므로, 실패요인을 줄일 수 있다.
③ 이해관계자들에게 사업을 설명하고 홍보하는데 효과적이다.

※사업관계서가 너무 과장되거나 허황되면 사업이 계획대로 진행되지 못하고, 이해관계자들로부터도 신뢰를 얻지 못하여 그 만큼 실패할 확률이 높다.

2. 사업계획서의 활용도

우수한 사업계획서는 사업의 성공 가능성을 높여주기도 하며, 계획 중인 창업을 가능하게 함으로써 창업기간을 단축하고 계획된 사업의 성취에도 많은 영향을 미친다. 또한, 창업투자에 대한 관심 유도와 설득 자료로서 활용도가 높다.

(1) 기업의 성과증대

사업계획서는 작성 과정에서 창업에 직면하는 주요한 문제들을 체계적으로 이해할 수 있는 기회와 이를 해결할 수 있는 전략을 수립할 수 있는 아이디어를 얻을 수 있다. 경영자의 가치관과 기업의 목적 검토 및 조정, 정보수집과 분석결과의 공유, 조직 내에서의 의사결정 방법의 개발 등과 같은 것들이 계획과정에서 검토되고 수립됨으로써 창업 조직을 효과적으로 만드는 데 기여하게 되므로 결과적으로 창업기업의 성과를 증대시킬 수 있다.

(2) 경영관리의 지침서 역할

사업계획서는 창업기업의 비전과 목표를 담고 있으므로 관리자를 비롯하여 전체 직원들로 하여금 이러한 목표를 향해 나아갈 수 잇도록 도와주는 안내자 역할을 한다. 창업을 한 후에는 조직의 구성원들이 원래의 목적과 나아가야 할 발향을 잊기가 쉬운데, 그러한 경우에 사업계획서를 참조하면 기업의 목표를 재확인할 수 있고, 또한 그와 관련된 문제를 해결할 수 있는 안내자의 역할을 한다.

(3) 외부자원의 획득

사업계획서는 창업에 도움을 줄 제3자, 즉 동업자, 출자자, 금융기관, 매입처, 매출처, 더 나아가 일반 고객에 이르기까지 투자에 대한 관심 유도와 설득자료로서 많이 활용하게 된다. 투자자들은 투자 의사를 결정하는 과정에서 사업계획서를 중시한다. 사업계획서는 투자자들이 제안된 사업이 갖는 위험과 가능성을 확인하기 위한 검토를 시작하는 출발점이 되기 때문이다.

특히 은행, 벤처자본가, 창업자금 지원기관들로부터 자금지원을 얻기 위해서는 투자심사를 위한 판단자료로 사업 아이디어, 업계동향, 수요추세, 경쟁상태, 소요자금, 경영진의 경영능력 등에 관한 정보를 포함한 사업계획서를 제공해 줌으로써 투자의사결정에 활용할 수 있도록 하여야 한다.

2 사업계획서 작성

1. 사업계획서 작성원칙

사업계획서는 창업자의 얼굴인 동시에, 창업자 자신의 신용이다. 창업시의 사업계획서는 창업자 자신의 효율적인 창업기업을 설립하여, 그 사업을 지속적으로 성장·발전시키고자 하는 창업자의 구체화된 의지이며, 체계적으로 정리·기술한 창업계획서이다.

그리고 사업계획서 작성시 가장 중점을 두어야 할 사항은 경영팀의 회사운영 능력과 시장기회라고 말할 수 있다. 그러므로 창업자는 투자자에게 무엇을 줄 수 있는지 결정하고, 그에 걸맞은 사업계획서를 구조화시킬 줄 알아야 한다. 이러한 관점에서 사업계획서 작성시에는 다음과 같은 사항에 주의하여 작성 되어야 한다.

첫째, 사업계획서는 충분한 시간을 가지고 자신감을 바탕으로 계획사업에 대하여 구체적으로 작성되어야 한다. 그리고 창업자 자신이 가지고 있는 목표 아이템을 제3자에게 설득력 있게 납득시키는 것이 사업계획서의 제1차 목적이다.

그러므로 계획사업에 대한 내용을 충분히, 그리고 구체적으로 작성할 필요가 있다.

둘째, 사업계획서는 신뢰성을 확보할 수 있도록 객관적인 자료를 기초로 작성 되어야 한다. 자칫 자신감이 너무 지나쳐 제3자가 느끼기에 허황되고 실현가능성이 없다고 판단될 때는 신뢰성에 큰 타격을 입을 수도 있다.

셋째, 계획사업의 핵심 내용을 강조하여 부각시켜야 한다. 사업계획이 너무 평범하면 제3자의 호감을 얻지 못하므로 전략계획 제품을 중심으로 1~2종, 많아도 3종을 넘지 않는 범위에서 핵심적으로 제품을 설명할 필요가 있다.

넷째, 제품 및 기술성 분석은 전문적 용어를 피하고, 보편적인 내용으로 구성한다. 해당 제품 자체의 설명에만 국한하지 말고 관련산업, 관련업종의 내용부터 접근하는 것이 필요하며, 제품 생산공정을 구체적으로 설명한다.

다섯째, 자금조달 운용계획은 정확하고 실현 가능성이 있어야 한다. 즉, 자금조달의 원천과 운용의 용도를 금액 및 일시별로, 창업자 자신이 조달 가능한 자본은 구체적으로 현금과 예금, 부동산 담보 등에 의한 조달액을 표시함으로써 제3자로부터 창업자의 자금조달 능력을 신뢰하게 할 필요가 있다. 그 후 동업자, 금융기관 등으로부터 조달계획을 구체적으로 표시하여야 한다.

여섯째, 계획사업에 잠재되어 있는 문제점과 향후 발생 가능한 위험요소를 심층적으로 분석하고, 예기치 못한 사정으로 인해 창업이 지연되거나 불가능하게 되지 않도록 다각도에 걸친 점검이 요구된다.

일곱째, 근거가 불충분한 자료 또는 비논리적인 추정은 피한다.

2. 사업계획서 작성순서

사업계획서는 작성 목적과 용도, 제출기관에 따라서 그 구성양식과 내용이 차이가 날 수 있다. 또한, 창업자가 직접 작성하느냐, 전문기관에 의뢰하여 작성하느냐에 따라 그 내용과 형식, 그리고 전문성이 달라질 수 있다. 그러므로 사업계획서를 작성하기 전에 미리 작성 순서와 내용 등을 결정해 두면 시간과 노력을 절약할 수 있을 뿐만 아니라 내용도 충실해질 수 있다.

(1) 기본방향 설정

사업계획서 작성의 첫 단계는 작성 목적에 따라 기본 방향을 설정하는 과정이다. 기본 목표와 방향이 명확히 설정되지 않으면 사업계획서의 초점이 흐려진다.

(2) 작성계획 수립

작성계획 수립은 두 번째 단계의 과정이다. 사업계획서 작성의 지연은 곧 계획사업의 추진에 많은 지장을 초래한다. 또한 대부분의 사업계획서가 정해진 기간 내에 작성되어야 하므로, 각 부문별 작성일정과 내용, 그리고 작성책임자를 확정하는 등 치밀하게 미리 작성계획을 수립한 다음 작성해야 한다.

(3) 관련자료 및 첨부서류의 수집

세 번째 단계는 사업계획서 작성에 필요한 관련자료와 첨부서류 등을 준비하는 과정이다. 앞 단계의 사업계획서 작성방향과 일정계획을 수립하지 않고 자료수집부터 먼저 하게 되면 실제로 필요한 자료를 구하지 못하거나 내용이 빈약하여 다시 수집하여야 하는 등, 시간과 자원의 낭비를 초래하기도 한다. 그러므로 작성 단계별 과정을 반드시 거쳐 필요한 자료를 충분히 수집하여야 한다.

(4) 양식 구성

네 번째 단계는 작성해야 할 사업계획서의 양식을 구성하는 과정이다. 대부분의 경우, 사업계획서는 작성목적과 제출기관에 따라 소정의 양식이 있기 때문에 그 양식에 의거하여 작성하면 된다. 그러나 양식이 없는 경우에는 작성하여야 할 사업계획서의 양식을 직접 구성하여야 한다.

(5) 사업계획서의 작성

다섯 번째 단계는 작성 요령과 관련 자료들을 바탕으로 사업계획서를 실제로 작성하는 과정이다. 제출기관에 따라 사업계획서 작성방법을 간단히 설명하고 있는 경우도 있지만, 그것만으로는 충분하지 않다. 그러므로 사업계획서 작성자는 완벽한 작성을 위해 작성 요령을 미리 숙지해 둘 필요가 있다.

(6) 편집 및 제출

마지막 단계로 편집하고 이를 제출하는 과정이다. 사업계획서는 그 내용도 중요하지만, 편집 과정도 그에 못지않게 중요하다. 정성을 다하여 모양을 세련되게 편집함으로써 보다 좋은 인상을 받을 수 있도록 주의를 기울어야 한다. 그리고 사업계획서를 제출할 때에는 그 내용을 충분히 이해하여 설명과 응답에 부족함이 없도록 만반의 준비를 하여야 한다.

3 사업계획서 구성

일반적으로 사업계획서는 기업체 현황, 계획제품 시장의 구조적 특성, 소비자의 성격구성, 시장확보 가능성과 마케팅 전략, 계획 제품에 대한 기술적 특성, 생산시설, 입지조건, 생산계획과 더불어 계획 아이템에 대한 향후 수익 전망, 투자의 경제성, 계획사업에 대한 소요 자금규모와 조달계획, 차입금의 상환계획, 조직과 인력계획 등, 창업에 관련되는 사업내용을 객관적이고 체계적으로 작성하는 중요한 자료이다.

사업계획서 작성이 필요한 경우, 각종 인허가 또는 자금지원을 외부 관계기관에 제출하기 위해 작성하는 경우가 있는가 하면, 창업자 자신이 동업자 또는 주주, 거래처 및 이해관계자 등에게 자기 사업계획을 소개할 필요가 있거나 스스로 계획적인 사업추진을 위해 비교적 간단하게 작성할 필요성이 있을 때도 있다. 이러한 사업계획서는 작성 목적과 제출기관에 따라 그 내용과 형식이 다를 수 있으며, 일반적으로는 다음과 같이 구분할 수 있다.

① 창업자 자신이 사업계획을 나름대로 구체화하여 사업계획을 수립하고 이를 동업자, 판매처, 창업자 자체용도 등에 활용할 목적으로 작성하는 간이사업계획서.
② 창업조성 실시계획 승인, 공장 인허가 및 창업자금 조달 등을 위한 외부 관계기관 제출용 사업계획서.

구성 내용은 다음의 표에서와 같이 창업자용 '간이사업계획서(예)'와 '외부기관 제출용 기본 사업계획서(예)'을 살펴보면 알 수 있다.

창업자 자체 용도의 간이사업계획서는 창업자의 목적 등에 따라 그 내용을 가감할 수 있다. 외부 관계기관 제출용 사업계획서는 주로 창업조정 실시계획승인신청 또는 각종 공장건설과 각종 용도의 자금지원을 위한 승인신청시 제출하게 되는데, 각 기관에 따라 내용상 차이가 있으므로, 특정 목적에 따라 추가 또는 삭제하거나 그 분량을 임의로 조정할 수 있다.

표 2-9 › 창업자용 간이사업계획서(예)

1. 기업체 현황 (1) 회사개요 (2) 업체연혁 (3) 창업동기 및 향후계획 **2. 조직 및 인력현황** (1) 조직도 (2) 대표자, 경영진 및 직원 현황 (3) 주주 현황 (4) 인력 구성상의 강·약점 **3. 기술현황 및 기술개발계획** (1) 제품의 내용 (2) 기술현황 (3) 기술개발투자 및 기술개발계획 **4. 생산 및 시설계획** (1) 시설현황 (4) 원·부자재 조달상황 (2) 생산공정도 (5) 시설투자계획 (3) 생산 및 판매실적(최근 2년간)	**5. 시장성 및 판매 전망** (1) 일반적 시장 현황 (2) 동업계 및 경쟁회사 현황 (3) 시장 총규모 및 시장점유율 (4) 판매실적 및 판매계획 **6. 재무계획** (1) 최근 결산기 주요 채무상태 및 영업실적 (2) 금융기관 차입금 현황 (3) 소요자금 및 조달 계획 **7. 사업추진 일정계획** **8. 특기사항** **9. 첨부서류** (1) 정관 (2) 사업등기부등본 (3) 사업자등록증 사본 (4) 최근 2년간 요약결산서 (5) 경영진 이력서

표 2-10 · 외부기관 제출용 기본 사업계획서(예)

1. 기업체 현황 (1) 회사개요 (2) 업체연혁 (3) 창업동기 및 향후계획 (4) 사업전개 방안 및 향후계획 **2. 조직 및 인력 현황** (1) 조직도 (2) 조직 및 인력구성의 특징 (3) 대표자 및 경영진 현황 (4) 주주 현황 (5) 관계회사 내용 (6) 직원 현황 및 고용 계획 (7) 교육훈련 현황 및 계획 **3. 기술 현황 및 기술개발 계획** (1) 제품의 내용 (2) 제품아이템 선정과정 및 사업전망 (3) 기술 현황 (4) 기술개발투자현황과 계획 **4. 생산 및 시설 계획** (1) 시설 및 시설 현황 - 최근 2년간 생산 및 판매실적 - 시설 현황 - 조업 현황 (2) 생산공정 - 생산공정도 - 생산공정상의 제문제 및 개선대책 (3) 원 · 부자재 사용 및 조달 계획 - 제품단위당 소요 원재료 - 원재료 조달상황 - 원재료 조달계획 및 전망 (4) 시설투자 계획 - 시설투자 계획 - 시설투자 효과	**5. 시장성 및 판매전망** (1) 관련업계의 최근 상황 (2) 동업계 및 경쟁회사현황 (3) 판매현황 - 최근 2년간 판매실적 - 판매경로 및 방법 (4) 시장 총규모 및 자사제품 수요전망 (5) 연도별 판매계획 및 마케팅 전략 - 연도별 판매계획 - 분류시스템 및 마케팅전략 - 마케팅전략상의 제문제 및 해결방안 **6. 재무계획** (1) 재무현황 - 최근 결산기 주요 채무상태 및 영업실적 - 금융기관 차입금현황 (2) 재무추정 - 자금조달 운용계획표(자금흐름분석표) - 추정 대차대조표 - 추정 손익계산서 (3) 향후 수익전망 - 손익분기점분석 - 향후 5년간 수익전망 - 순현가법 및 내부수익률법에 의한 투자 수 익률 **7. 자금운용조달계획** (1) 소요자금 (2) 조달계획 (3) 연도별 증자 및 차입계획 (4) 자금조달상 문제점 및 해결방안 **8. 사업추진 일정계획**

9. 특정분야별 계획

(1) 공장입지 및 공장설립계획
- 공장입지개황
- 현 공장 소재지 약도 및 공장건물, 부대시설 배치도
- 설비현황 및 시설투자 계획
- 공장자동화현황 및 개선대책
- 환경 및 공해처리 계획
  (배출예상 오염물질 및 처리방법)
  (공해방지시설 설치내역 및 계획)
- 공장설치 인허가 및 의제처리 인허가 관련 기재사항
- 공장설치일정 및 계획

(2) 자금조달
- 자금조달의 필요성
- 소요자금총괄표
- 소요자금명세
- 소요조달 형태, 용도, 규모
- 보증 및 담보 계획
- 차입금 상환 계획

(3) 기술개발 사업 계획
- 사업내용 및 연구목표
- 연구개발 인력구성
- 개발효과
- 개발공정도
- 개발사업 추진계획 및 소요자금

(4) 시설근대화 및 공정개선 계획
- 추진목적
- 분야별 추진 계획
  (시설근대화 계획)
  (공정개선 계획)
  (신제품개발 계획)

10. 첨부서류

(1) 정관
(2) 사업등기부등본
(3) 사업자등록증 사본
(4) 최근 2년간 결산서류
(5) 최근 월 합계잔액시산표
(6) 경영진 · 기술진 이력서
(7) 공업소유권(특허 · 실용신안) 및 신기술 보유관계 증빙서류
(8) 기타 필요서류

소자본창업 사업계획서 사례[11)]

사 업 계 획 서

회 사 명	
작 성 자	
연 락 처	
작 성 일	

11) 자료 : 황인후

[목　차]

Ⅰ. 계획사업의 현황

(1) 인적사항

(2) 사업개요

(3) 사업동기

Ⅱ 마케팅 계획

(1) 판매계획

(2) 판매촉진

(3) 경쟁사 현황

Ⅲ 소요자금 및 자금조달계획

(1) 소요자금 산출내역

(2) 소요자금 조달계획

(3) 운전자금 및 시설자금 조달 계획

(4) 자금상환 계획

(5) 추정손익계산서

Ⅳ. 사업추진 일정

Ⅴ. 위협요인

1. 계획사업 현황

(1) 인적사항

<table>
<tr><td>성명(한문)</td><td colspan="2"></td><td>주민등록번호</td><td>-</td></tr>
<tr><td>연락처</td><td colspan="4">(　　)　　　/ C·P :　　　　e-mail :</td></tr>
<tr><td>주　소</td><td colspan="4"></td></tr>
<tr><td rowspan="4">학　력</td><td>기　간</td><td>학 교 명</td><td>전 공</td><td>비　고</td></tr>
<tr><td></td><td></td><td></td><td></td></tr>
<tr><td></td><td></td><td></td><td></td></tr>
<tr><td></td><td></td><td></td><td></td></tr>
<tr><td rowspan="5">주요 경력</td><td rowspan="2">근무기간</td><td colspan="2">근무처</td><td rowspan="2">담당업무
(최종직위)</td></tr>
<tr><td>회사명</td><td>전화번호</td></tr>
<tr><td></td><td></td><td></td><td></td></tr>
<tr><td></td><td></td><td></td><td></td></tr>
<tr><td></td><td></td><td></td><td></td></tr>
<tr><td>특기 사항
(관련 자격증 및
연수실적 등)</td><td colspan="4">- 여성부주관 “20××년 자영업 창업교육”이수(20××.10~　　)
- 중소기업청 소상공인 지원센터 창업교육(20××.10~　　)
- 자동차 운전면허</td></tr>
<tr><td rowspan="2">재산소유
현 황</td><td>주 택(자가)</td><td>예/적금</td><td>기타부동산</td><td>기　타</td></tr>
<tr><td>(백만원)</td><td>(백만원)</td><td>(백만원)</td><td>(백만원)</td></tr>
</table>

(2) 사업개요

<table>
<tr><td>법인명(상호)</td><td></td><td>사업장등록번호</td><td></td></tr>
<tr><td>업　종</td><td colspan="3"></td></tr>
<tr><td>주요취급품목</td><td colspan="3"></td></tr>
<tr><td>창 립 일(예정)</td><td colspan="3"></td></tr>
<tr><td>사업장 소재지</td><td></td><td>평 수</td><td>m²</td></tr>
<tr><td>공 장 소재지</td><td></td><td>평 수</td><td>m²</td></tr>
</table>

(3) 사업동기

① 사업목적(창업동기 기대효과)		
② 업종선택의 성공 타당성 제시(업종신택 사유 등 기록)		
③ 자문그룹		
성 명	근 무 처	기 타

2. 마케팅 계획

(1) 판매계획

① 주변 경쟁업체 현황 및 시장조사에 따른 전략

② 예상 판매 실적 및 계획(월평균 예상매출액과 월평균 예상수입액 산출)

(2) 판매촉진

① 홍보 전략

- 명함, 브로슈어(brochure)
- 인터넷 카페 운영
- 인터넷 광고(지역정보 이용)
- SMS 발송
- 개업 기념품
- 기 타

② 마케팅 전략

- 현금거래 유도 : 현금 결제시 전략
- 인터넷 구매시 전략(쿠폰 제시시, 액수에 따라 10~20% 할인)

- 깜짝 sale(20~40% 할인)
- Day Marketing : 명절, Valentine's Day, whiteday, Christmas, 빼빼로데이
- 고급화 전략 : 쇼핑백, 포장지, 박스, 리본 등의 디자인 통일
- DIY 상품 개발
- 현장체험

③ 고객관리 및 영업방법 제시

<고객관리>

- 회원 관리 카드 : 인터넷, 휴대전화로 신상품 소개, 정보전달, 축하메시지
- 온라인 교육 프로그램 무료 수강 및 제품 홍보

<영업방법>

- 고객이 만족할 때 까지… : 고객 감동 서비스
- 맞춤 서비스 - 고객의 NEEDS에 맞는 제품 창출 및 재료 비치

④ 가격 및 유통방법

⑤ SWOT분석

Strength(강점)	Weakness(약점)
Opportunity(기회)	**Threat(위협)**

(3) 경쟁사 현황

회 사 명	시장점유율	단 점	장 점	비 고

3. 소요자금 및 자금조달 계획

(1) 소요자금 산출내역

(단위 : 만원)

항 목		세 부 내 역	금 액
고정자금	보증금	점포임대보증금	
		권리금	
	기계구입		
	시설비	점내외 인테리어 공사비	
		서비스설비(냉난방기, 전화기, 금전등록기, 카드체크기 등 기타 비품구입비)	
	기 타		
고정자금 합계 (A)			
운영자금		인건비(1개월)	
		원재료비	
		점포임차료	
		관리비(수도료, 전기료, 관리비 - 1개월분)	
		광고홍보비(1개월분)	
		통신비(인터넷, 전화, 휴대전화, 카드체크기)	
		교통비(출퇴근, 물건구입)	
		건강보험, 국민연금	
		은행이자(년 5%)	
기 타		대출금 상환용 적금(월)	
		세금(부가세 및 소득세)	
		기타(식사, 손님접대)	
운영자금 합계 (B)			
창업비용		중개수수료, 인허가취득, 보험료 등	
		개업준비 활동비(교통비 등)	
		개업파티 준비비	
		기타(명함, 홍보 브로셔, 개업선물, 포장박스)	
		초도 물품비	
창업비 합계 (C)			
운전자금 (D)			
총 소요자금 (E) (E=A+B+C+D)			

(2) 소요자금 조달계획

총 소요자금	자기자본	타인자본	기 타
		-정책자금 -금융기관 대출 -기 타	

(3) 운전자금 및 시설자금 등 조달방법(소요자금 및 조달계획을 구체적으로 작성)

자 기 자 본 금	만원
여성부 창업자금	만원
은 행 대 출	만원
기 타	만원
합 계	만원

(4) 자금상환 계획(적금가입 등 구체적인 방법을 제시)

① 여성부 지원 자금(2,000만원)

- 조건 : 1년 거치 4년 상환 (이율 연 5%)
- 상환방법 : 적금가입 월 40만원 자유 적금 납부
  이자 매월 7만원 납부

② 은행 대출금(1,000만원)

- 조건 : 3년 상환(이율 연 8%)
- 상환방법 : 적금가입 월 20만원 납부 (3년 만기 상환)
  이자 매월 8만원 납부

③ 결과

- 적금 : 매월 60만원 납부
- 이자 : 매월 17만원 납부

(5) 추정손익계산서

(단위 : 백만원)

과 목	1차년도	2차년도	3차년도
매 출 액			
매 출 원 가			
재 료 비			
노 무 비			
경 비			
매 출 이 익			
판매비와 관리비			
급료(임금)			
임 차 료			
감가상각비			
세금과 공과			
차량유지비			
전화비 등 통신비			
기타(접대비 잡비 광고비)			
영 업 이 익			
영업외 수익			
영업외 비용			
지급이자			
기 타			
경 상 이 익			
당기순이익			

4. 사업추진 일정

기 간 구 분	1월			2월			3월			4월		
	1일 ~ 10일	11일 ~ 20일	21일 ~ 30일	1일 ~ 10일	11일 ~ 20일	21일 ~ 30일	1일 ~ 10일	11일 ~ 20일	21일 ~ 30일	1일 ~ 10일	11일 ~ 20일	21일 ~ 30일
예 비 조 사												
업 종 선 택												
시 장 조 사												
사업타당성 분석												
자 금 확 보												
예비후보지선정												
사업계획서 작성												
사 업 장 선 정												
영업허가사항검토												
점포 전세 계약												
실내외 인테리어												
비 품 구 입												
광고, 홍보계획수립												
판 매 계 획												
판촉 전략 수립												
창업행사 준비 광고/홍보 실행												
행 정 신 고												
개　　점												
기　　타												

5. 위협요인

(1) **사업계획 차질시 대안** (자금 상환, 영업 및 판매 등 대안을 제시)
① 얻고자 하는 점포(공장)를 얻지 못했을 때 ② 예상 대출 자금이 대출되지 못 했을 때 ③ 운영 자금의 회전이 원활하지 않을 때 ④ 기간이 만료하지 않았는데도, 채권자가 채무금의 변제를 종용할 때 ⑤ 불량 재료의 사용으로 리콜시, 원래의 사용 재료가 없을 때 ⑥ 고비용 투자 경쟁 업체의 출현으로 입지가 좁아질 때 ⑦ 3개월이 지나도 매출이 없을 때 ⑧ 건강 등이 좋지 않을 때 ⑨ 기 타

the point note

Global Entrepreneurship In Action

03 창업기업 수출마케팅

1 수출마케팅의 개요

1. 수출마케팅의 의의

무역활동은 크게 수출을 위한 해외 영업활동과 수입을 위한 국내 영업활동으로 나눌 수 있으며, 수출마케팅이란 물품을 수출하기 위한 해외 영업활동으로서 수출물품을 국내 또는 해외에서 조달하여 이를 해외에 판매하기 위한 제반의 수주활동이다.

2. 수출마케팅 과정

수출마케팅이란 결국 직접 해외 현지에서 활동하거나 해외마케팅 조직(overseas marketing channel)을 통해 간접적으로 수주활동을 전개하는 과정으로서, 그 결과 청약(offer)이나 주문(order)에 대한 상대방의 승낙을 얻어 수출계약을 성사시킬 때까지의 제반 활동이다. 따라서 해외시장 조사를 통해 아이템을 발굴하거나 특정 품목을 구입할 의사가 있는 바이어를 찾아 계약을 체결하고, 해당 상품을 확보하여 선적한 다음, 대금을 회수하는 일련의 절차를 말한다. 협의의 의미로는 수출유망 아이템을 발굴하거나 동시에 바이어를 찾아 계약이 성사될 때까지의 단계만을 무역마케팅으로 지칭하지만, 광의의 의미로는 계약 후 진행되는 제품의 직접생산이나 로컬 확보, 선적, 대금회수, 클레임과 사후관리 등을 포함한다.

시장조사 → 수출전략수립 → 거래관계창출 → 실 행

- 시장조사
  - 일반적 기초정보(해외)
  - 특유의 상품정보(해외)
- 수출전략수립
  - 상품계획(Product)
  - 가격설정(Price)
  - 유통시스템(Place)
  - 판매촉진(Promotion)
- 거래관계창출
  - 거래선 발굴
  - 신용조사
  - 무역계약

[그림 2-3] 수출마케팅 과정

2 수출계획과 마케팅 전략

1. 수출마케팅 계획수립

수출기업이 진출하고자 하는 해외 목표시장을 정하여 기본 방향과 지침을 설정하는 것을 수출계획이라고 한다. 수출기업의 입장에서 처음으로 해외시장에 진출할 때, 특히 그 시장 환경을 잘 모를 경우, 더욱 더 자사에 맞는 수출계획을 수립하는 것이 중요하다. 즉, 기존 경쟁자와 파트너십을 맺을 것인지, 아니면 직접 제품과 가격, 그리고 판매촉진 활동과 유통에 착수할 것인지 등을 기업의 경쟁력 강화 차원에서 장기적인 전략적 마스터플랜이 요구된다.

표 2-11 › 수출계획(master plan) 수립 요소

경영계획	요 소
사업목표	경영진, 사업내용, 자금예측
사업계획	해외시장 경험, 산업구조와 경쟁, 제품특성
시장조사	목표시장, 진입장벽, 수요조사
마케팅 전략	판촉, 가격, 제품, 유통전략
법률적 환경	특허권 관련, 국제규범 준수사항 및 신뢰도
제조 및 운영	생산능력, 생산현장 위치, 제품수정 적응도
인사 전략	수출인력, 인력충원
재무 전략	현금흐름, 자금조달원, 조세관리

2. 수출마케팅 계획수립 과정

수출마케팅 계획수립을 할 때는 크게 해외시장의 환경을 분석하고, 기업의 목표를 설정하여 마케팅 전략을 수립하고, 수립된 전략을 실행하는 과정으로 볼 수 있으며, 다음과 같은 흐름에 따라 우선 마케팅 계획을 수립하게 된다.[12)]

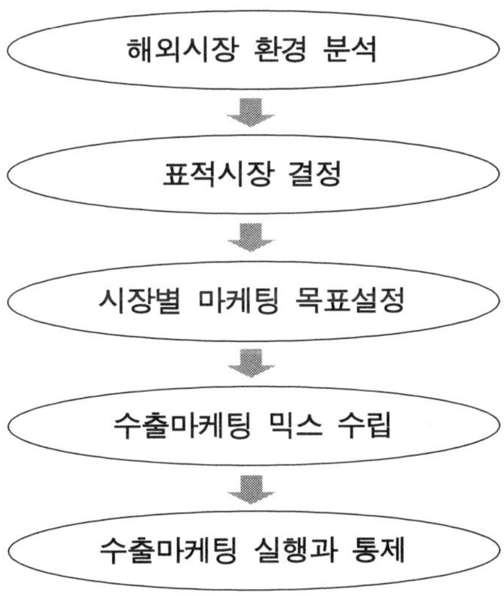

① 시장환경 분석이 우선되어져야 한다.

시장환경에 영향을 미치는 요소를 말하자면, 기업이 가지는 외부환경 및 내부환경의 변화들을 정확하게 파악하고, 이러한 요소들이 소비자의 욕구와 마케팅 전략에 미치는 영향을 평가해야 한다는 것이다.

② 시장환경 분석이 완료되면, 표적시장을 결정해야 한다.

소비자 욕구에 의한 시장을 세분화하고 각각 세분화한 시장을 분석한 다음, 하나의 시장을 선택해야 한다. 이러한 과정에 있어서 환경변화 분석도 중요하지만, 소비자의 행동을 분석하는 것도 중요하다.

③ 표적시장을 선택하고 나면, 표적시장별 마케팅 목표를 설정한다.

표적시장 설정을 위해서는 우선 소비자의 욕구를 분석하여 그에 따른 시장을 세분

12) 이종호, 전게서, p.275

화하고, 그 각각의 세분화한 시장의 특성을 분석하고, 기업의 목표에 가장 가장 부합하는 시장을 선택하여 각 표적시장별로 마케팅 활동을 수행한다.

④ 마케팅 목표를 설정하고 나면 마케팅 믹스를 설계·수립한다.

마케팅 설계는 마케팅 목표와 일관되게 설계해야 하며, 또한 각각의 마케팅 믹스들 간에 상호 협조가 되도록 한다.

⑤ 마지막으로 이러한 전략들을 실행·통제한다.

(1) 시장환경 분석

수출마케팅 계획을 세우고 전략을 수립하기 전에 실행되어야 할 것이 바로 시장환경 분석이다. 급속하게 변화하는 시장환경을 정확하게 이해하고, 이에 필요한 정보를 수집하고 분석하여 마케팅 전략에 반영해야 한다. 이러한 시장환경 분석은 크게 내부환경 분석과 외부환경 분석으로 구분할 수 있다.

① 내부환경 분석

내부환경 분석은 주로 기업의 미시적 환경을 분석하게 된다. 즉, 기업의 과거 실적과 자원 분석을 통한 기업의 강점과 약점을 파악할 수 있도록 하는 요소이다. 이는 기업의 내부 경영자원에 대한 것이며, 통제 가능한 요소이다.

② 외부환경 분석

기업의 외부환경은 소비자의 구매행동에 큰 영향을 미치는 요소로 이를 분석하는 것이다. 즉, 인구통계적 환경, 경제적 환경, 자연적 환경, 기술적 환경, 정치·법률적 환경, 사회·문화적 환경 등이 있으며, 이들은 통제가 불가능한 요소들이다. 따라서 이에 대한 기업의 강점과 약점, 그리고 기회요인과 위협요인을 동시에 분석하게 되는데 이를 SWOT(Strength/강점, Weakness/약점, Opportunities/기회, Threats/위협) 분석이라 한다.

표 2-12 › 내부환경과 외부환경 분석

구분	항목	내용
내부환경	기 업	생산, 인사, 재무 및 연구개발 등의 부서
	공급업자	제품을 생산하는데 필요한 원자재 제공자
	중 간 상	제품을 촉진 · 판매 · 유통 과정에서 기업을 도와주는 업자
	고 객	소비자 시장(정부, 산업체, 재판매업자-조직체 시장), 국제시장
	경 쟁 자	기업은 경쟁자보다 더 큰 고객만족을 제공해야 한다.
	공 중	실질적 또는 잠재적인 이해관계를 가지고 있으나 영향을 끼치는 집단
외부환경	인구통계적 환경	인구수, 인구밀도, 직업, 연령, 성별, 인종 및 기타 통계자료
	경제적 환경	개인소득, 물가, 저축, 구매력
	자연적 환경	투입 요소로 사용되는 자연 자원의 변화
	기술적 환경	신제품 개발 및 시장기회를 창출하는 새로운 기술에 영향을 끼치는 요인
	정치·법률적 환경	기업에 영향을 주는 정부기관 및 압력단체와 법률적 제한 요인
	사회·문화적 환경	사회의 기본적 가치, 선호도, 소비자행동 등에 영향을 끼치는 문화적 요인

(2) 수출마케팅 목표설정

시장 분석이 완료되면 표적시장을 선택하고, 표적시장별 수출마케팅 목표를 설정한다. SWOT 분석을 통해 자사의 강점과 약점, 기회와 위협 요인을 찾아내어 그에 따른 시장을 세분화하고, 세분화한 시장의 특성을 분석하여 기업의 목표에 부합되는 시장을 선택하고, 각 표적시장별로 수출마케팅 전략의 명확한 목표를 설정한다. 일반적으로 목표는 매출액, 수익성과 시장점유율 등을 기준으로 한다.

(3) 수출마케팅의 전략수립 및 프로세스

수출마케팅 전략 수립이란 기업의 제품/서비스에 대한 목표시장을 설정하고, 목표시장의 고객의 욕구를 세부적으로 파악하여 경쟁사들보다 고객에게 욕구를 충족시키는 과정에 있어 더욱 효과적으로 대응하기 위한 하나의 체계적인 지침을 만드는 일련의 과정을 말한다.

수출마케팅 전략수립의 프로세스는 크게 고객들의 욕구를 파악하는 과정과 파악된 욕구를 분석·대응하는 과정으로 나눌 수 있다. 고객의 욕구 파악과정으로는 고객을 둘러싼 환경 분석단계가 있고, 고객의 욕구에 대응하는 과정으로는 STP 전략 수립 단계와 마케팅 믹스 전략 수립 단계가 있다.

고객욕구 파악과정	고객욕구 대응과정	
환경 분석	STP 전략 수립	마케팅 믹스 전략 수립
• 거시환경 분석 • 시장 분석 • 소비자행동 분석 • 경쟁자 분석 • 자사 분석	• 판매목표 설정 • 시장세분화 • 목표시장 설정 • 포지셔닝	• 제품(product) • 가격(price) • 유통(place) • 촉진(promotion) • 마케팅 믹스 통합전략 수립

자료 : 성공하는 창업경영전략, 권태형 외

[그림 2-4] 수출마케팅 전략 수립 관계

3. 주요전략 및 분석

(1) 수출마케팅 믹스 전략

수출마케팅 전략이란 마케팅 목표를 달성하기 위해 기업 내에서의 통제가능 요소인 4P(Product/제품, Price/가격, Place/유통경로, Promotion/판매촉진)를 다양한 수출 목표시장의 여건에 최적화하도록 혼합·조정하는 활동을 말하며, 이러한 일련의 활동은 수출마케팅 목표를 효율적으로 달성하는데 필요한 구성 요소들 간에 상호의존 관계를 보여 주고 있다. 즉, 어떤 한 요소도 다른 요소의 지원 없이 독자적으로는 판매 증대 또는 여타 마케팅 목적을 달성시킬 수 없다는 것이다. 따라서 수출마케팅 믹스에서는 목표시장의 제반 특성을 고려하여 마케팅 믹스를 조정하여 기업의 이익과 마케팅 목표가 달성될 수 있도록 최적화하는 것이 중요하다.[13)]

13) 海外 マーケツテイク, タイアシド社, 高宮普, pp.210~212

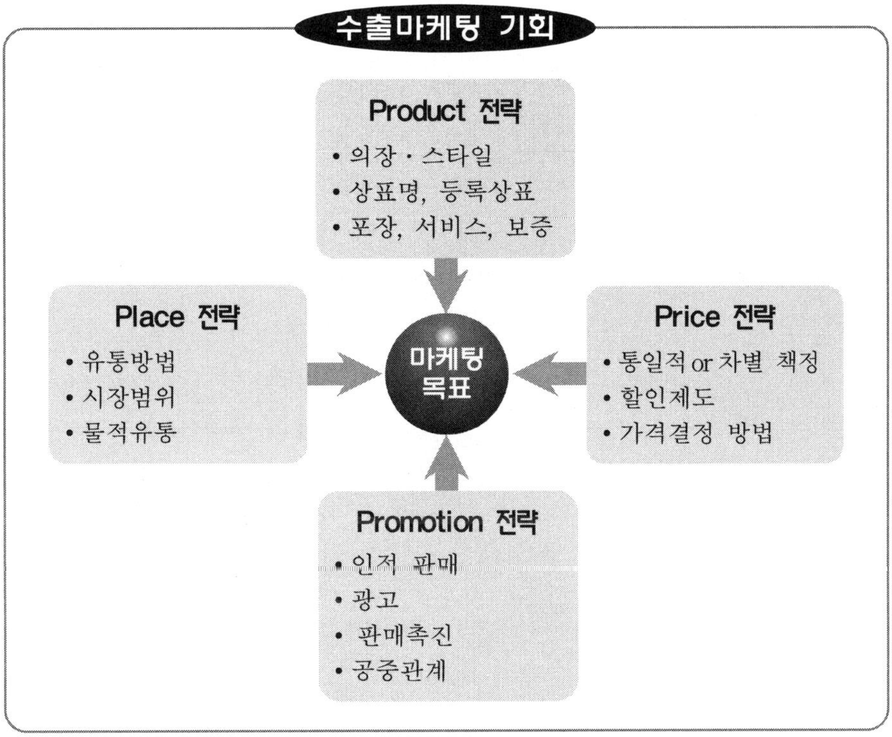

[그림 2-5] 수출마케팅의 4P 전략

◆일반적으로 수출기업이 구사하는 4P 전략을 살펴보자.

- Product(제품) 전략 ➡ 어떤 제품을 생산 · 판매할 것인가?
- Price(가격) 전략 ➡ 얼마에 판매할 것인가?
- Place(유통경로) 전략 ➡ 어느 시장에 판매할 것인가?
- Promotion(판매촉진) 전략 ➡ 어떻게 광고할 것인가?

① 제품 전략

제품이란 고객에게 만족이나 편익을 제공할 수 있는 물리적, 상징적, 서비스적 속성의 총체라 할 수 있다. 따라서 기업은 상품/서비스를 시장에 제공함으로써 기업경영을 유지 · 존속할 수 있고, 상품/서비스 내용 여하에 따라 기업의 존폐가 좌우된다.

제품(product)의 경우, 세계 각 나라를 대상으로 글로벌 제품을 생산 · 판매하는 경우도 많지만, 수출하고자 하는 나라의 환경이나 그 나라의 문화에 부응하게 개발하거나 수정하여 판매하는 경우도 많다.

예를 들면, 미국의 패스트푸드 소매기업이 한국에서 불고기 피자를 개발하여 판매하는 경우와 일본에서 녹차를 즐겨 마신다는 것에 착안하여 녹차 맛이 나는 아이스크림을 개발하여 판매하는 경우를 들 수 있다.

② 가격 전략

가격 전략은 해외시장에서는 글로벌적 마케팅 믹스의 구성요소인 제품, 유통, 판매촉진에 대한 전략과 유기적으로 관련지어 가격 전략이 수립되어야 한다. 왜냐하면, 제품, 유통, 판매촉진의 전략에 따라 제품 단위당 원가가 달라지므로 이를 가격에 반영하기 때문이다. 예를 들면, 수출하고자 하는 국가에서의 제품 사용조건, 소득수준, 소비자의 기호 등에 적합하게 적용하려면 제품생산에 소요되는 제조원가가 각각 다를 수 있기 때문에 그에 따른 가격조정이 필요하다는 것이다. 국내시장에서도 적절한 가격을 책정한다는 것은 매우 어려운 문제이지만, 해외시장을 대상으로 가격책정을 한다는 것은 국제적인 변수들을 고려해야 되기 때문에 더욱 어렵고 복잡한 과제이다. 따라서 수출가격 전략은 해외시장 가격을 어떻게 책정하느냐에 따라 판매와 이익이 좌우되므로 가능한 합리적으로 적절한 가격을 책정하도록 해야 한다.

③ 유통 전략

상품/서비스를 생산자가 도소매, 기타 유통경로를 통해 소비자에게 제공하는 것으로, 유통경로는 단순히 상품/서비스를 유통시키는 것뿐만 아니라 그 경로를 통하여 판매활동, 판매촉진, 시장정보 수집, 애프터서비스 등, 모든 수출마케팅 활동을 시장에서 적극적으로 행동할 수 있는 경로를 말한다. 판매경로는 종적으로는 주로 상품별, 횡적으로는 도매와 소매 기구로 나눌 수 있다. 이 같은 사회적 · 경제적으로 총체적인 기구인 유통경로를 구성한다.

또한, 수출기업이 어떠한 해외시장 진출방법을 선택하느냐에 따라 국제적인 유통경로에 대한 전략과 그 중요성이 달라질 수 있다. 즉, 간접수출을 통하여 해외시장에 진출할 경우, 수출대행업체를 서정만 하면 국제적 유통경로에 대한 결정은 대행업체에서 대신하므로, 별도의 유통 전략을 수립하지 않아도 된다. 하지만, 직접수출이나 해외시장에 직접투자를 하여 진출하게 될 경우, 국제유통 기능의 일부 또는 전부를 관여하게 되므로 이에 대한 전략이 필요하다.

④ 판촉 및 광고 전략

판매촉진이나 광고는 마케팅에 있어서 중요한 기능의 한 분야이다. 이에 대한 본질적 기능은 수요의 환기와 자극에 있다고 할 수 있다. 수출마케팅 전략에서의 판매촉진은 문화적인 차이로 인해 해외진출기업들이 가장 어려움을 겪고 있는 부분 중의 하나이다. 그러나 수출 목표시장이 전략적인 가치가 있을 경우, 본국에서 수행하고 있는 것과 같은 정도의 판촉활동이 필요하다. 이 때에는 현지 인력을 최대한 활용하여 판촉활동을 전개하는 것이 효과적이다.

(2) SWOT 분석에 의한 마케팅 전략

SWOT 분석에 의한 마케팅 전략은 기업의 내부환경을 분석하여 강점과 약점을 발견하고, 외부환경을 분석하여 기회 요인과 위협 요인을 찾아낸다. 그리고 이를 바탕으로 강점을 효과적으로 살리고 약점을 제거하며, 기회를 활용하고 위협을 제거하는 전략을 수립하는 기법이다. 이러한 전략은 외부환경과 경쟁사, 그리고 자사의 역량 분석을 바탕으로 전략을 수립할 수 있다. 따라서 외부환경과 관련한 성공요인은 경쟁 전략이 중요한 포인트가 되고, 경쟁사 및 자사의 관계는 자사의 핵심능력이 경쟁 전략의 중요 포인트가 되는 것이다.

① SWOT 분석 단계

■ **시장환경의 변화에 따른 기회요인과 위협요인 분석**

예상되는 소비자들의 소비형태의 변화와 새로운 유통업계의 출현 등에 의해 마케팅에 영향을 미칠 시장의 변화요인을 파악하여 기회요인과 위협요인으로 분류한다.

■ **자사 핵심역량의 강점과 약점 분석**

경쟁사 대비 자사의 유형자산 보다 무형자산(기술력, 정보력, 브랜드파워, 글로벌화)에 대한 평가를 하여 강점을 최대한 활용한다.

■ **SWOT 매트릭스 작성과 현재의 자사 위치 분석**

시장환경의 변화요인(O, T)과 자사 핵심역량(S, W)에 따른 현재의 자사 위치를 파악한다.

■ 마케팅 전략 수립의 분석

자사의 내부환경을 분석하여 강점(S), 약점(W), 기회(O), 위협(T)을 파악하여 강점을 살리고 약점을 제거하며, 기회를 활용하고 위협은 제거하는 전략을 수립한다.

SWOT 분석

SWOT 분석이란 신제품에 영향을 미치는 마케팅 요인을 자사의 내부적 측면에서의 강점(S)과 약점(W)을, 외부적 측면에서의 기회(O)와 위협(T)의 요소를 구분하여 체계적으로 마케팅 환경 요인을 분석함으로써 신제품에 대한 경쟁우위 요소는 더욱 강화하고, 약점이나 위협 요소는 제거 또는 보완하기 위한 것이다. 이는 지피지기백전불태(知彼知己百戰不殆)-상대를 알고 나를 알면 백 번 싸워도 위태롭지 않다는 뜻으로, 상대편과 나의 약점과 강점을 충분히 알고 승산이 있을 때 싸움에 임하면, 이길 수 있다는 말이다.

SWOT 분석은 STP 전략을 기획하는데 마케팅 믹스를 통해 실행 전에 분석하는 것이 좋다. 이는 어떤 신제품도 강점만 있거나 아니면 약점만 있을 수 없기 때문이다. 따라서 STP 전략이 명확하게 수립될수록 SWOT 분석에서 강점이나 위협 요소가 명쾌하게 맞아떨어질 수 있다. SWOT 분석의 목적은 이미 수립된 STP 전략을 수정하거나 보완함으로써 향후 어떤 부분을 핵심 경쟁전략으로 육성하고, 어떻게 취약 부분을 보완할 것인가를 알아내는데 있다.

이러한 분석자료를 작성할 때 유의해야 할 것은 기업의 내부 요인에 의한 강점(S)과 약점(W)이 구분되고, 통제가 불가능한 외부 요인의 변수에 의해 기회(O)와 위협(T) 요인으로 구분된다는 것이다.

② SWOT 분석을 통한 전략 수립

■ WT 전략(집중화 또는 철수 전략)

자사의 핵심역량이 부족하거나 외부환경의 위협 요인이 많을 경우, 자사의 약점을 극복하기 위해 제품이나 시장을 재구축하여 집중화 전략을 수립하거나 시장에서 철수를 고려해야 한다.

■ ST 전략(시장침투 또는 제품계열 확충 전략)

자사가 상대적 강점이 있으나 외부환경의 위협 요인이 있을 경우, 자사의 강점을 적극 활용하여 공격적인 시장침투 전략을 쓰거나 제품계열 확충 전략을 추구한다.

■ WO 전략(제휴 또는 핵심역량 강화 전략)

자사의 핵심역량이 부족하지만, 시장기회가 존재할 경우, 자사의 핵심역량을 보완할 수 있는 전략적 제휴를 하거나 핵심역량을 강화하여 시장기회를 잡을 수 있도록 하는 전략을 추구한다.

■ **SO 전략(다각화 또는 시장선점 전략)**

자사의 강점이 많고 시장기회가 있는 매우 좋은 상황이다. 이때는 제품으로 인한 시장 다각화 전략을 쓰거나 시장기회를 선점하는 전략을 추구한다.

표 2-13 · SWOT 분석에 따른 매트릭스

구 분	기회(O)	위협(T)
강점(S)	강점을 살리고 기회를 활용하는 전략 (SO 전략)-1순위 성공 전략 • 시장/제품 다양화 전략 • 시장기회 선점 전략	강점을 살리고 위험을 줄이는 전략 (ST 전략)-2순위 위험회피 전략 • 제품확충 전략 • 시장침투 전략
약점(W)	약점을 보완하면서 기회를 살리는 전략 (WO 전략)-3순위 약점보완 기회 전략 • 전략적 제휴 • 핵심역량 보완 및 강화 전략	집중화 또는 철수고려 전략 (WT 전략)-4순위 위험회피 전략 • 제품/시장 집중화 전략 • 철수 전략

(3) STP(Segmenting Targeting Positioning) 전략

가장 적합한 수준의 판매목표를 수립하여 제시함으로써 향후 전개될 수출마케팅 전략의 전체적 방향을 설정하고, 마케팅 활동 규모와 수준을 조정하는데 있다.

STP 전략이란 먼저 시장을 특정 기준에 의해 세분화(segmenting)하고, 세분화된 시장에서 자사의 능력과 경쟁사와의 관계를 고려하여 자사의 능력을 최대화할 수 있는 표적(targeting)시장을 선택하고, 최적의 마케팅 믹스를 개발하여 소비자에게 포지셔닝(positioning)하는 전략이다. 오늘날 소비자의 욕구가 세분화되고, 새로운 기술이 출현함에 따라 기업들은 기존의 마케팅 전략에 한계를 느끼고, 소비자와의 1:1 관계를 유지하면서 각 개인에 대한 마케팅 전략을 실시하고 있다. 따라서 STP 전략은 직접마케팅 또는 1:1 마케팅이라고 표현하기도 한다.[14]

14) 전게서, pp.283~287

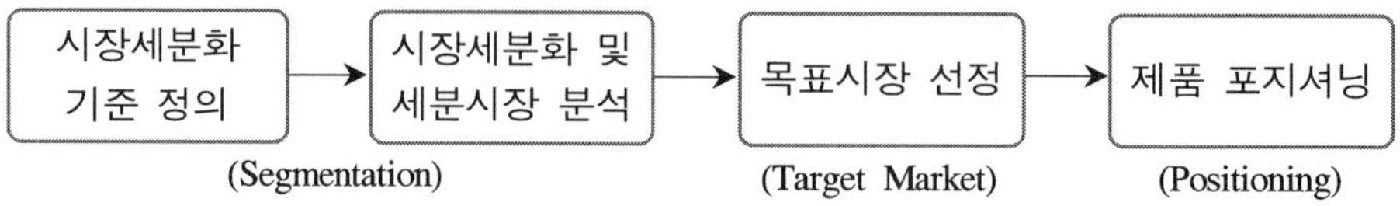

[그림 2-6] STP 전략 수립단계

① 시장세분화(Segmentation)

시장세분화란 수요층별로 특징에 따라 시장을 나누는 것을 말한다. 단, 어떤 기준에 따라 세분화하느냐가 중요한 관건이다. 즉, 이질적인 시장을 동질적인 요소별로 세분화하는 과정으로, 일정 기업이 목표로 하는 각각의 시장을 특성에 따라 세분화함으로써 기업의 자원, 목표, 수익이라는 관점에서 가장 유리한 시장이나 시장군을 선택하는 과정이라 할 수 있다.

이러한 시장세분화를 하는 이유는 첫째, 소비자의 욕구를 보다 정확하게 충족시킬 수 있다. 둘째, 소비자의 욕구를 충족시켜 줌으로써 그에 따른 소비자의 충성도를 제고시킬 수 있다. 셋째, 소비자의 충성도를 제고함으로써 타 기업과 경쟁우위에 서게 된다는 것이다. 결국 시장세분화는 목표시장으로 선택된 시장 내에 있는 동질적인 소비자에게 적합한 차별적 마케팅 믹스를 제공할 수 있다는 것이다.

② 표적시장(Target Market)

표적시장이란 세분화한 다수의 세분시장 중에서 집중적인 마케팅 활동을 할 시장을 말한다. 즉, 기업의 자원을 어느 시장에 집중적으로 투자할 것인가를 인지한 시장을 의미한다. 따라서 세분화한 시장 중에서 어떤 시장에 진출할 것인가를 결정해야 하는데, 이러한 경우 기업이 선택할 수 있는 방법은 3가지로, 차별화 마케팅과 비 차별화 마케팅, 그리고 집중 마케팅이 있다.

③ 포지셔닝(Positioning)

포지셔닝은 기업의 위상 정립이라고 할 수 있다. 즉, 기업이 마케팅 전략 수립으로 자사 제품이 소비자의 마음속에 자리 잡게 하는 것을 의미한다. 예를 들면, 스마트폰 하면 삼성전자의 갤럭시가 세계 최고급이라는 것을 인지하는 것과 같다. 이와 같이 어떤 제품이나 기업을 소비자의 마음속에 어떻게 인지시킬 것인가 하는 것이다. 이런 경우에는 소비자의 욕구와 긴밀한 관련이 있는데, 소비자가 제품을 구매하는데 있어서 생필품과 같이 필요에 의해 구매하는 것과 소비자가 제품에 매료되어 개인적 욕구를 충족시키기 위해 구매하는 경우로 구분할 수 있다. 즉, 치약이나 비누 같은 생필품을 구매하는 경우에는 제품이나 제조사가 이미 소비자가 인지하고 있는 제품을 구매할 가능성이 크고, 오디오와 같은 전자제품을 구매할 경우에는 여러 제품을 비교·분석하여 구매하게 될 것이다.

3 해외시장조사

1. 해외시장조사의 의의

해외시장 조사는 특정 제품에 대한 판매 또는 구매 가능성을 조사하는 것으로 대개의 경우, 진출이 유망한 시장을 일반적 판단을 근거로 하여 몇 군데 정도 압축하여 선정하는 것이 좋다. 즉, 자사의 제품 가격 또는 비가격 경쟁력을 감안하여 몇 개의 나라를 목표시장으로 정하는 것이다. 해외시장은 국내시장과 달리 지역적인 격리성과 상이한 문화, 종교, 상관습 및 언어, 법률 등의 차이로 어려움이 많지만, 외국과의 무역거래를 함에 있어서 위험을 최소화하고, 이익을 극대화하기 위해서는 사전에 철저한 시장조사가 필수적 전제 조건으로 무역업을 성공하기 위한 중요한 관건이다.

또한, 해외시장 조사는 목적시장의 전반적 상황(정치, 경제, 사회, 문화, 역사, 기술수준, 기후, 언어 등)을 조사한 다음, 수출하고자 하는 제품의 유통구조, 경쟁대상, 가격정책, 거래대상, 거래처 등을 조사하는 일련의 단계를 거쳐야 한다.

그리고 마케팅 전략이 성공하기 위해서는 정확한 정보를 확보해야 한다. 그러므로 무역업 성공을 위해서는 무엇보다 특정 시장을 형성하는 여러 가지 요소를 과학적으로 조사·분석 후, 적격성을 판단하여 그에 따른 해당 품목의 수출 또는 수입 계획을 수립하기 위해서 해외시장 조사를 하는 것이다.

2. 해외시장조사 내용

(1) 목표시장 조사

① 거래대상 지역선정

② 목표국가의 상관습

③ 해당 상품의 수출입 현황
④ 기후 및 지리적 여건
⑤ 수입관리 제도(품목관리, 수입통관, 관세율 및 와환 등)
⑥ 진출 대상국의 통화 안정성 및 경기 상태
⑦ 교통통신(항만, 공항 등의 물류관련 설비)

(2) 시장수요 조사

① 시장 잠재력
② 취급상품의 수급 현황
③ 시장성장율 예측
④ 시장발전 단계

(3) 소비자 조사

① 대상국의 인구, 소비자보호 및 생활수준
② 소비자의 연령별, 지역별, 소득별 분포 현황
③ 소비자의 구매동기, 구매장소, 구매방법, 구매시기, 구매량, 구매능력
④ 제품에 대한 만족도, 구매자의 향후 변화

(4) 경쟁자 조사

① 경쟁국가 및 경쟁업체, 경쟁제품, 가격동향
② 경쟁자의 마케팅 전략
③ 경쟁자의 강점 및 약점
④ 경쟁자의 수출가격, 수출량, 경쟁 우위성

(5) 제품 조사

① 수요상품의 품목, 품질 및 규격
② 현지국 생산량 및 판매량, 수출입 물량 비율
③ 현지 생산품과 수입제품의 품질비교
④ 현지 주요 수입제품의 규격, 색상, 디자인, 스타일, 성능, 포장 등

(6) 유통경로 조사

① 해당 제품의 유통구조(유통형태, 마켓 리더, 유통단계별 마진율)
② 해당 제품의 거래관습
③ 유통지역
④ 해당 제품의 성수기와 비수기

(7) 가격 조사

① 해당 지역의 수출입 가격
② 현지 생산품과 수입품의 가격비교
③ 계절 등에 따른 가격변동 상태
④ 성수기와 비수기의 가격차이

(8) 촉진 조사

① 현지 광고, 판매촉진, 홍보 상태
② 대리점 활용, 현지법인설립 등의 효과

3. 해외시장조사 방법

해외시장 조사방법에는 크게 오프라인에 의한 방식과 온라인에 의한 방법이 있다.

오프라인(off-line) 방식은 해당 국가를 방문하여 조사하거나 중개상이나 대리인을 통해 조사하는 것으로 다음과 같은 방법이 있다.

> 해외 전시회나 박람회 참가 또는 방문 관람, 무혁협회 또는 KOTRA 등의 무역 기관 활용, 국내의 외국대사관 상무관 방문, 무역관련 매체(무역관련 홍보책자, 무역관련 기사나 CD ROM 등)을 활용한다.

이러한 방식은 정확한 정보를 획득할 수 있는 바람직한 방법이지만, 많은 시간이 소요되고 비용이 든다.

온라인(on-line) 방식은 인터넷을 통하여 국가별로 다양한 사이트를 검색할 수 있는데 이를 적절히 활용하면, 큰 비용 없이 신속하게 원하는 정보를 획득할 수 있다. 그러나 정보를 구분·분석할 수 있는 능력이 필요하다.

사례연구 창업마케팅

■ 막걸리

회사명 : 韓잔

한국 고유의 전통주 중 으뜸인 막걸리 문화를 국내뿐만 아니라 해외에 알리고 세계인과 함께하는 대표적인 술이 되도록 열심히 노력하고 있다.

로고(logo)

'우리 韓잔'의 이미지를 쉽게 떠올릴 수 있는
막걸리 이미지를 로고(logo)로 사용하였다.

조직도

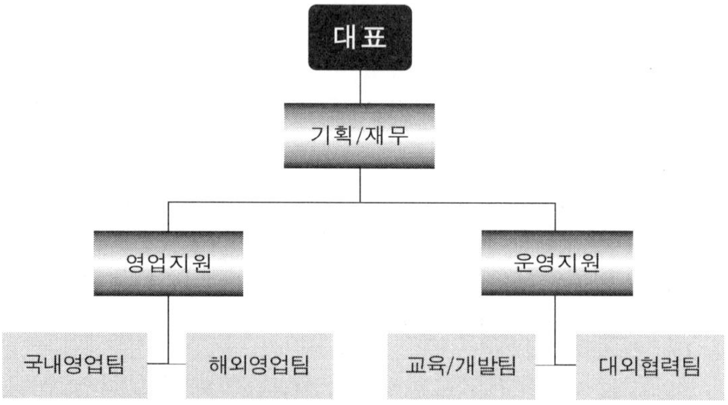

영업지원과에서는 국내영업팀과 해외영업팀을 따로 두고 있어서 업무가 구분되어 각각 이루어지며, 운영지원과에도 교육/개발팀과 대외협력팀이 있는데, 개발팀에게 교육을 함께 받도록 하여 다양한 종류와 질 좋은 막걸리를 생산할 수 있도록 지원하고 있으며 대외협력팀에서는 국내 거래처와 해외 거래처와의 교섭을 담당하고 있다.

매출액과 판매량

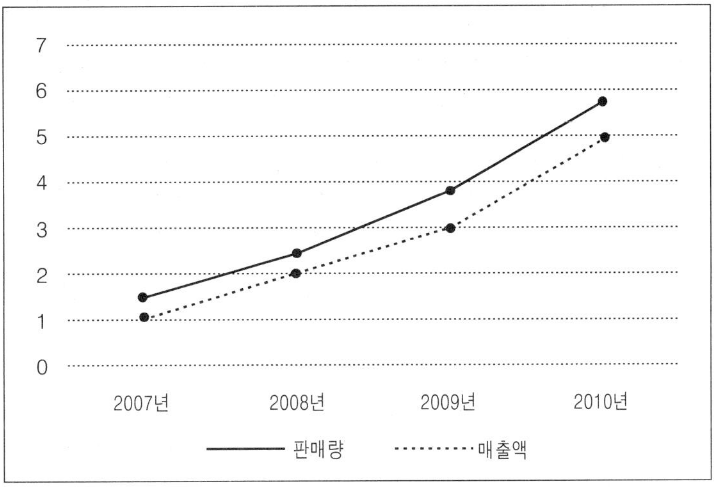

2007년 출범한 韓잔은 2009년까지 판매량과 매출액은 조금씩 증가되고 있으며 2010년에는 더욱 확연히 증가할 것으로 예상하고 있다.

韓잔의 수익성 분석

일매출	50만원	80만원	120만원
월매출	1500만원	2400만원	3600만원
식자재비	375만원	600만원	900만원
주류	120만원	192만원	288만원
매출이익	1005만원	1608만원	2412만원
인건비	130만원	220만원	370만원
임대료	만원130만원	220만원	280만원
경상비	85만원	120만원	150만원
순이익	660만원	1068만원	1612만원

위의 자료는 국내시장에서의 수익성을 분석한 것으로 실제 매출에 근거한 자료이며, 매출추이와 비용분석을 통해 투명한 수익 공개를 원칙으로 하고 있다.

마케팅 전략

> 최근 엔고 현상을 타고 한국으로 몰려온 일본 관광객들도 막걸리의 큰 고객이 되고 있다.
>
> 이마트에서 지난해 막걸리 매출은 전년대비 30% 신장했으며, 올해 들어 1~2월에는 지난해 같은 기간에 비해 41%의 신장률을 보였다.
>
> 특히, 3월에는 48%의 높은 매출 신장률을 기록하고 있다. 막걸리는 기존 페트 상품 외에 캔이나 병 상품이 출시되는 등 용기도 다양화되면서 고객들로부터 큰 인기를 얻고 있다고 이마트 측은 전했다.
>
> <서울연합뉴스> 4월 1일 기사

한국의 전통주 '막걸리'가 최근 불황속에서 판매가 급증하며 제 2의 호황기를 맞고 있다. 와인이나 위스키, 수입맥주 등 고급주류 시장이 침체를 보이는 가운데 선전이다. 특히, 일본에서 매년 20~30%의 매출 신장세를 이어가며 올해 수출물량은 5000t을 넘을 전망이다. 이는 막걸리의 대표 브랜드인 이동주조의 전체 생산량 가운데 3분에 1을 넘어서는 수치로 국제 브랜드로의 성장 잠재력을 보여준다.

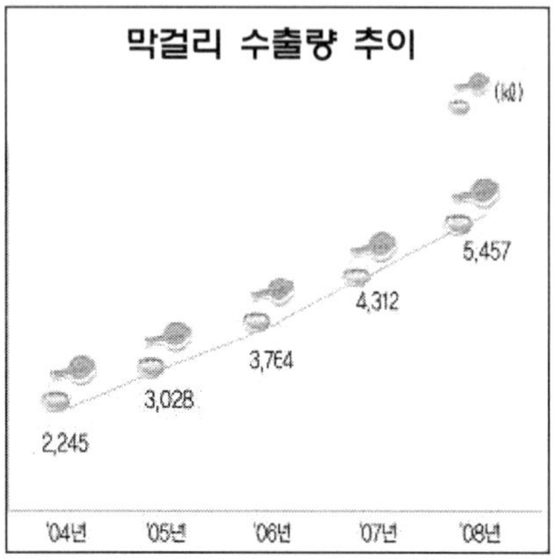

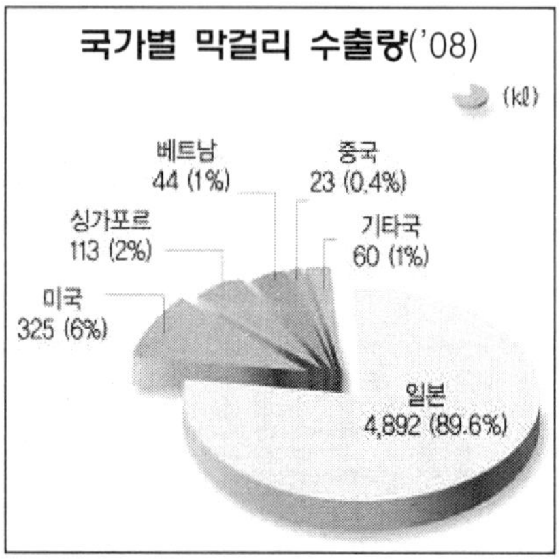

막걸리가 '동양적인 매력을 가진 건강 발효주'라는 이미지를 잘 구축해 세계시장에 진출한다면 일본 술인 '사케'와 같이 국제적인 술로 인정받을 수 있다.

관세청 조사 결과 올 들어 9월까지 막걸리 수출량은 4,380톤을 기록했으며 이것은 지난해 같은 기간보다 24% 증가한 양이다. 금액으로는 356만 2천 달러로 23% 늘었다.

올해 수출된 막걸리의 87%는 일본으로 넘어가 일본에서 거세게 일고 있는 막걸리 열풍을 반영하고 있다.

농수산물유통공사가 막걸리 TV광고까지 제작해 다음 달부터 두 달 동안 일본에서 방영할 계획일 정도이다.

농수산물유통공사는 막걸리의 맛과 효능, 안전성, 그리고 유산균의 유용성 등을 소개하는 내용으로 광고를 제작할 방침이다.

일본에 이어 미국에 709톤, 중국에 115톤, 베트남에 53톤의 막걸리가 수출되었으며. 국내에서도 막걸리에 대한 관심이 높아지면서 올해 처음으로 일본 막걸리, 탁주가 21톤 수입되기도 했다. 금액으로는 3만 7천 달러어치이다.

"난 막걸리 홍보팀장"

주한 외교단을 청와대로 초청한 자리에서 막걸리 칵테일과 김치, 떡볶이, 갈비 등 대표적인 한식요리가 외국인들의 눈길을 사로잡았다. 여기에서 우리나라 대통령은 주한 외교사절들에게 자신을 막걸리 국제홍보팀장이라고 소개하면서 한식의 세계화 홍보에 나섰다. "막걸리가 건강에 좋고 여성들에게는 미용과 다이어트에 좋다는 점을 사전에 알려드립니다."라고 말하며 막걸리에 우수성을 세계에 알려 줄 것을 부탁했다.

경기도 포천시, '막걸리 특구' 만든다.

포천은 이동막걸리 뿐 아니라 8개나 되는 주류업체가 자리 잡은 술의 고장이다. 이는 포천의 물맛이 좋기 때문이다. 포천시는 전통주업체가 모여 있는 47번국도 주변을 '전통주특구'로 지정받기로 하고 연구용역을 맡겼다. 술을 맛보고, 직접 담가보고 옛 술문화까지 체험할 수 있는 지역 브랜드로 육성할 계획이다.

아시아나, 한일 노선 막걸리 제공.

최근 인기를 끌고 있는 쌀막걸리가 항공기 기내에도 등장했다. 아시아나항공은 2009년 10월 16일부터 일본을 오가는 모든 노선에서 쌀막걸리를 서비스한다고 밝혔으며 기내에서 제공되는 막걸리는 생쌀 발효로 제조되어 탄산이 없고, 냄새가 나지 않도록 개발되었다. 막걸리와 함께 도토리묵도 간식으로 제공된다.

막걸리 역사

우리나라를 대표하는 술은 막걸리였다. 마한의 풍습으로 5월 밭갈이 할 때와 9월 농사를 거둘 때면 하늘에 제사를 지내고 주야로 주연을 베풀고 노래와 춤을 즐겼다고 한다. 관혼상제나 농사를 지을 때에는 꼭 있어야 하는 필수품이었다. 가장 역사가 오래 되었고 소박하게 만들어진 술이다.

일제강점기 때 편찬된 조선주조사(朝鮮酒造史)에 보면 막걸리는 처음으로 대동강 일대에서 빚어지기 시작해서 나라의 성쇠를 막론하고 구석구석까지 전파되어 민족의 고래주가 되었다고 소개하고 있다. 막걸리는 분명히 우리의 역사가 담긴 민속주임에 틀림없다. 조선말기, 빠르게 변모하는 국제정세의 흐름 속에 대처하지 못한 대한제국의 종말과 더불어 조선총독부에 의한 일본제국의 수탈 작업이 시작되었다. 일본제국은 1907년 7월에 조선총독부령에 의한 주세령 공포로 제일 먼저 주세를 세금원의 대상으로 삼고, 같은 해 8월에는 주세령시행규칙 공포가 있었다. 또 9월에 주세령의 강제 집행이 시작됨과 동시에 전통주는 맥이 끊어지기 시작했다.

1930년대에는 집에서 담그는 술 제조는 거의 사라지고 이에 따라 각 지방에서의 비법도 사라지게 되었던 것이다. 1945년 광복 후에도 일제강점기 때의 주세 행정이 그대로 이어져 다양했던 전통주류는 잠적을 거듭하였다. 특히, 우리의 막걸리는 만성적인 식량부족을 이유로 그 재료를 쌀 대신에 잡곡을 사용도록 하였고 이로 인한 맛의 저하로 우리의 입맛에서 멀어지게 되었다.

하지만, 다행히도 90년대에 들어서 막걸리의 원료가 100% 쌀로 바뀌면서 잃었던 우리의 맛을 다시 찾게 되었고, 제조공정도 과학화됨에 따라 더욱 향상된 맛을 기대할 수 있게 되었다. 우리도 이제는 막연히 우리의 술을 외면만 할 것이 아니라 지키고 계승시켜 나아가 왜곡되었던 우리의 주조사(酒造史)를 다시 써야할 것이다.

■ **ITEM 및 협력업체(1)**

상품명 : 쌀 막걸리
주류의 종류 : 탁주
도수 : 6°
용량 : 350ml 알루미늄 캔
사용원료 : 백미(90%), 말토 올리고당(10%)
유통기간 : 제조일로부터 상온에서 1년

캔 막걸리는 탄산과 막걸리의 절묘한 만남으로 탄생한 신세대 및 해외 수출용이다. 저온에서 완전히 숙성시킨 후 최첨단 장비로 완전멸균 처리한 후, 천연탄산을 첨가하여 톡 쏘는 신선함과 상큼한 맛으로 뒷맛이 개운하고, 트림과 숙취가 없는 도시풍으로 장기 보관이 가능한 새로운 막걸리이다.

<아이템 선정동기>

막걸리로 아이템을 선정하게 된 데에는 크게 세 가지의 이유가 있다.

첫째 : 제품에 대한 강한 자신감

둘째 : 사회적 이슈화, 세계적으로 커지는 시장

셋째 : 저렴한 가격의 대중적인 제품이며, 재료가 쌀이라는 점에서 쌀 소비를 늘리는 등 사회적으로 공헌할 수 있는 아이템이라는 점이다.

■ **협력업체(2)**

녹색의 땅 무공해 쌀을 공급

<막걸리 효능>

■ **유산균 덩어리 막걸리**

막걸리 1mL에 든 유산균은 106~108개. 일반 막걸리 페트병이 700~800mL인 것을 고려하면 막걸리 한 병에는 700억~800억 개의 유산균이 들어 있다. 일반 요구르트 65mL(1mL당 약 107마리 유산균 함유)짜리 100~120병 정도와 맞먹는다. 유산균이 장에서 염증이나 암을 일으키는 유해 세균을 파괴하고 면역력을 강화한다는 것은 잘 알려져 있다.

■ **남성에게 좋은 비타민 B 풍부**

막걸리는 비타민 B가 풍부하다. 고려대 부설 한국영양문제연구소 주진순 박사(전 고려대학교 의과대학 교수)의 논문 '막걸리 섭취가 인체에 미치는 영향'이라는 자료에 의하면 막걸리 200mL(4분의3 사발)에는 비타민 B2(리보플라빈)이 약 68㎍, 콜린(비타민 B군 복합체)이 약 44㎍, 나이아신(비타민 B3)이 50㎍ 들어 있다. 비타민 B군은 특히, 중년 남성들에게 도움이 되는 영양소로, 피로완화와 피부재생, 시력 증진 효과를 낸다.

■ **다이어트 효과 정말 있다**

막걸리는 식이섬유 덩어리라고 해도 지나치지 않다. 막걸리 성분 중에서 물(80%) 다음으로 많은 것이 식이섬유(10% 안팎)다.

배상면주가연구소 정창민 박사는 "막걸리 한 사발에는 이른바 식이음료 같은 양과 비교해 100~1000배 이상 많은 식이섬유가 들어 있다"고 말했다. 식이섬유는 대장 운동을 활발하게 해 변비를 예방하는 것은 물론 심혈관 질환 예방 효과도 있다. 막걸리 다이어트로 3개월 만에 체중을 105kg에서 75kg으로 줄인 남준(35세)씨는 "아침·저녁으로 밥 대신 막걸리 두 사발씩을 마셨는데 포만감이 드는 반면 칼로리는 높지 않아 다이어트 효과가 있었던 것 같다"고 말했다.

국내외 시장 환경

■ 시장 현황

막걸리의 국내시장 현황은 수요가 매년 상승하고 있다. 지난 해 국내 막걸리 소비량은 17만 6398㎘로 전년 대비 2.4% 증가한 것으로 집계됐다. 현재 전국 막걸리 생산업체는 약 250여개로 서울탁주를 선두로 이동주조와 국순당이 그 뒤를 잇고 있다.

서울지역 막걸리 시장의 90% 가량을 차지하고 있는 서울탁주의 경우, 올해 들어 막걸리 판매가 23% 가량 늘었다고 한다. 국순당도 지난 4월 한 달간 막걸리 판매가 지난해 상반기의 전체 판매량보다 4배가량 증가했다고 밝혔다.

막걸리는 최근 기술개발로 유통기한이 길어지고 웰빙 바람이 불면서 지난 해 말부터 주요 백화점에 입점해 효자역할을 톡톡히 하고 있다.

다양한 막걸리를 판매하고 있는 L백화점에 따르면 올해 들어 막걸리 매출이 꾸준히 증가하고 있는데 일본인 관광객뿐만 아니라 20~30대 젊은 층까지 고객층이 확대되어 지난달에는 전월대비 21%나 매출이 늘었다고 한다.

■ 국내 업체 현황

서울권 생막걸리 시장에서 독보적인 위치를 차지하고 있는 '서울탁주'는 서울 전역 51개의 제조장을 1962년 합동 제조장으로 개편했다. 최신 컴퓨터 제어시스템을 업체 최초로 도입 · 설치하고 주원료로 백미만을 사용함으로써 사계절 변함없는 고품질의 고급 막걸리 공급에 나서고 있다.

7개 제조장을 갖고 있는 서울탁주는 서울 수도권을 임의로 7등분하여 판매구역을 설정하고 있다. 각 제조장별로 합판장을 구성, 서울, 수도권 전역 150여개 합판장에서 생산되는 막걸리는 일반 소매점에 공급을 하며, 영등포와 도봉 제조장 소속의 편의점에 공급하는 별도 물류대리점이 구성돼 있다.

'장수 생막걸리', '월매' 등 PET와 캔 형태의 제품을 선보이고 있는 서울탁주는 지속적인 주질 개선과 소비자 중심의 판매 전략을 바탕으로 판매량 증대는 물론 소비자 건강에 기여하는 인간 중심 경영을 실천목표로 삼고 있다고 말한다.

고급화 전략으로 막걸리 수출에 일조하고 있는 국순당은 프리미엄급 막걸리와 일반 막걸리로 양분해 판매에 주력하고 있다.

프리미엄급으로는 '이화주', '미몽'이 있으며, 일반 막걸리에 '국순당 쌀막걸리'와 '국순당 생막걸리'가 있다. 휴대성을 높이기 위해 위생적인 캔 용기에 저온살균 처리 후 밀폐 포장한 국순당 캔 막걸리도 인기가 좋다고 한다.

국순당은 등산객 공략, 우리 술 아카데미 진행, 다양한 유형의 막걸리 출시 등, 3대 마케팅 전략을 모색하고 있다.

포천을 대표하는 브랜드로 자리 잡은 이동주조의 이동 막걸리는 1957년 백운계곡 근처에 막걸리 제조공장이 들어서면서 시작됐다.

소주나 맥주에 밀렸지만 지난 '93년 일본 시장을 개척하면서 수출이 증가세를 보이고 있다. 매년 20~30%씩 수출물량이 늘어나면서 지난해에는 250만 달러를 수출했다.

최근에는 식이섬유가 많은 보리를 이용한 다이어트 술인 '보리 막걸리' 출시를 앞두고 있다. "보리에 맞는 효모를 찾느라 6개월 이상 연구에 매진했다"고 말하는 업체 관계자는 "보리의 경우 소화가 잘되고 다이어트에도 효과가 있어 향후 다이어트 술로 자리매김할 것으로 기대한다"고 했다.

〈해외 막걸리 시장〉

■ 일본

일본시장에서 한국 막걸리의 인기가 높아 한국과 마찬가지로 수요가 증가하고 있는 추세이다. 알코올 도수가 6°에 불과한 한국산 막걸리 선호도가 남성 뿐 아니라 여성들에게도 인기가 높다. 복분자 및 키위 막걸리는 물론, 주스 및 음료 등 칵테일식 막걸리 소비도 늘고 있다.

최근 무역업체의 막걸리 수출에 관한 문의도 부쩍 늘었다고 한다. 전체 시장 여건을 반영할 경우, 막걸리 시장은 전년 대비 약 20% 이상의 성장이 가능성할 것으로 전망하며, 일본시장에 막걸리가 대중화되기까지는 1993년부터 수출을 시작한 포천 이동막걸리의 역할이 컸다. '이동막걸리'는 매년 20~30%의 성장률을 보이며 승승장구하고 있다. 2008년에는 250만 달러를 수출했다.

이밖에 우리술·초가·배혜정누룩도가·국순당 등이 수출에 적극적이다. 최근 '서울탁주'가 일본의 식품유통회사인 '명성'과 손잡고 본격 수출을 하고 있다.

막걸리는 현재 일본을 비롯하여 미국 등 14개 국가에 수출되고 있으며 아직까지는 일본 수출이 90% 이상 대부분을 차지하고 있지만, 최근 중국·동남아 등의 신규시장 수출도 증가추세에 있다.

이동막걸리는 1993년 일본시장 개척 당시, 재일동포들만을 대상으로 생각했다. 그러던 것이 드라마 '겨울연가'와 함께 한류열풍이 건강식품 한국 막걸리에까지 영향을 미쳤다.

막걸리에 비타민 B가 많이 들어 있어 피부에 좋고 유산균이 많아 장에 좋다는 사실이 알려지면서 특히 여성들의 선호도가 늘어나게 된 것이다.

또한, (주)포천이동주조의 TV광고 등 과감한 마케팅 전략도 일본의 막걸리 열풍에 한 몫을 톡톡히 하고 있는 것으로 분석된다.

〈막걸리 국가별 수출량〉

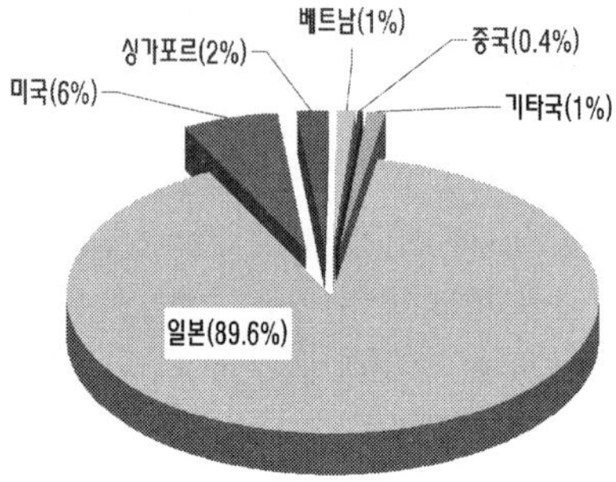

■ 전략적 분석

SWOT 분석

[Strength]

- Well-being을 추구하는 요즘 시대에 걸맞게 막걸리의 효능과 장점이 알려지면서 해외시장에서 수출량이 급증하고 있다.
- 다른 술에 비해서 가격대가 저렴하다.
- 청와대 건배주로 채택되는 등, 기존 탁주의 이미지에서 벗어나 고급술로 상품영역을 다각화하고 있다.
- 막걸리가 암세포 성장 저지, 콜레스테롤 저하, 고혈압 예방에 효과적이라는 과학적인 효능이 입증되어 국내외에서 관심도가 높아지고, 막걸리 열풍으로 이어지는 촉매가 되었다.
- 한류열풍을 통해서 막걸리가 소개되면서 막걸리를 경험할 수 있는 관광 상품이 개발되어 막걸리에 대한 새로운 인식을 심어주고 외화 획득에 효과적일 수 있다.
- 다양한 맛과 색을 첨가한 기능성 막걸리로 상품을 개발하여 다양한 사람들이 기호에 맞게 선택할 수 있도록 하여 만족도를 높일 수 있다.

[Weakness]

- 자사 제품의 인지도가 낮다.
- 막걸리 음주 후, 두통과 심한 숙취 등의 부정적 인식으로 인하여 막걸리에 대한 선호도가 낮다.
- 짧은 유통기한으로 장기간 보관이 불가능하다.
- 저렴한 가격으로 인해, 값싼 술 이라는 이미지를 가지고 있다.
- 술의 끝 맛이 좋지 않고, 다소 거북한 맛으로 젊은 층에서 소비량이 적다.

[Opportunity]

- 사회적으로 건강에 대한 인식이 대두되면서 과학적으로 효능이 입증된 막걸리가 발효주로서 건강에 좋다는 인식이 퍼지고 있다.
- 일본 시장의 점유율이 증가하고 있다.
- 한국 특유의 술 문화로 인한 주류시장의 성장 가능성을 가지고 있다.

[Threats]

- 일본의 사케, 독일의 맥주, 그리고 세계적으로 인기가 높은 와인 등 세계 주류시장에서의 막걸리의 진입에 상당한 어려움이 따를 것이다.

경쟁제품 분석

<서울탁주제조협회>

서울탁주제조협회는 1962년 2월 1일에 설립된 국내 탁주업계 최대, 최고의 탁주제조업 단체이다. 본 협회는 주세 보전에 대한 협력과 탁주의 유통질서 확립 및 부정탁주의 척결에 관한 사업을 수행함은 물론이고, 식품공학을 전공한 우수한 연구원으로 구성된 실험개발실을 운영하면서 막걸리의 품질개선, 상품성 제고, 신제품 개발 및 막걸리 제조시설의 현대화 등에 부단한 연구와 노력을 경주하여, 회원사의 과감한 투자를 유도함으로써, 그 결과 과거의 대형 말(斗/1말=18ℓ)통 용기나 탱크로리에 의한 비 위생 적인 유통구조에서 탈피하여 오늘날의 장수 생막걸리 및 탄산 쌀 막걸리가 탄생하게 되었고, 또한 막걸리 제조에 있어서도 최신 컴퓨터 제어 시스템에 의한 자동 제조기를 도입, 설치하고, 주원료도 백미만을 사용함으로써 사계절 변함없는 고품질의 고급막걸리를 공급하고 있다.

① 제품 소개

• 장수 생막걸리

상품명 : 장수(長壽)생막걸리
주류의 종류 : 탁주
도수 : 알코올 6도 기준
용량 및 포장 : 750ml 페트병
사용원료 : 백미(90%), 이소말토 올리고당(10%)
유통기한 : 제조일로부터 10℃이하에서 10일간
제조원 : 서울탁주제조협회 회원사 6개 제조장

• **월매 쌀막걸리**

상품명 : 쌀막걸리
주류의 종류 : 살균탁주
도수 : 알코올 6도 기준
용량 및 포장 : 1000ml 페트병
사용원료 : 백미(90%), 말토 올리고당(10%)
유통기한 : 제조일로부터 상온에서 6개월
제조원 : 서울탁주 도봉 연합제조장

<한일탁주합동주조장>

• **포천 이동막걸리**

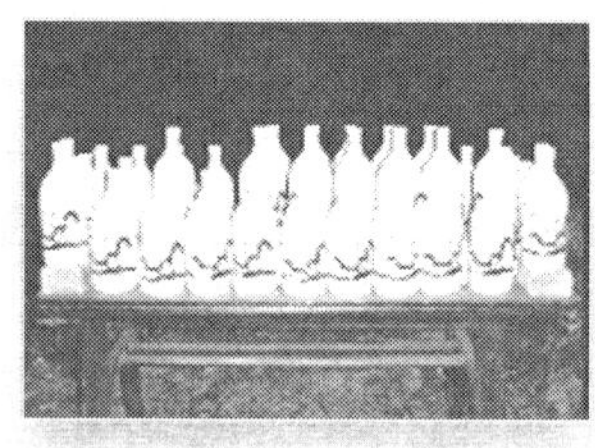

경기도 포천시 이동면의 특산물인 이동막걸리. 백운산 등반 후 쌓인 피로를 풀기 위해 이 막걸리를 마시는 사람이 많다. 이동막걸리가 탄생한 곳은 화강암 암반 200m 지하에서 끌어올린 광천수로 술을 빚어 신맛과 쓴맛, 쌉쌉한 맛이 잘 배합되어, 깊고 텁텁한 맛과 함께 상쾌한 뒷맛까지 더해 주며, 경기도의 민속주로 지정되어 해외 수출을 기대하고 있다.

STP 전략

■ 일 본

국가개요

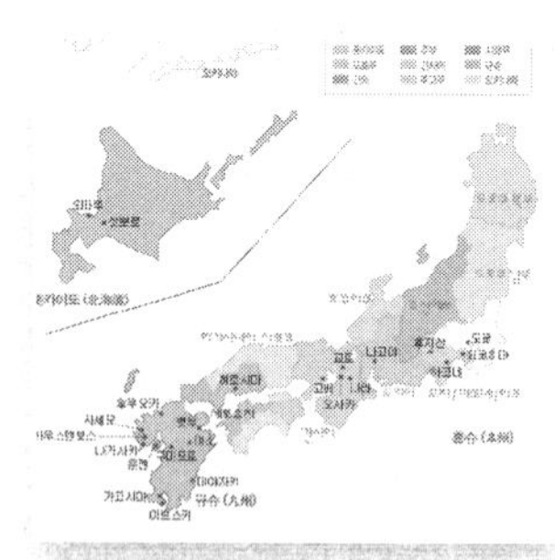

• 국명 : 일본
• 위치 : 동북 아시아
• 면적 : 37만 7873㎢
• 인구 : 1억 2729만명(2008)
• 수도 : 도쿄
• 정치 : 입헌군주제
• 공용어 : 일본어
• 통화 : 엔(¥)
• 환율 : 100¥ = 1304.8원 (2009.11.4. 매매기준)

기후 : 일본은 아한대다우기후와 온대다우기후에 포함된다. 해양의 영향을 크게 받아 같은 위도에 있는 대륙동안보다 겨울에는 따뜻하고 여름에는 더위가 심하지 않다. 한편, 일본열도는 위도차가 22℃나 되고, 따라서 연평균 기온도 홋카이도의 와카나이에서 6.3℃, 오키나와섬의 나하에서 22.3℃를 보여 남북의 차는 16℃에 달한다.

일본 경제지표

2009. 8. 19 현재

구 분	수출 (YoY,%)	수입 (YoY,%)	무역수지 (십억엔)	소비자물가 (YoY,%)
2001	-14.5	-13.4	659.4	-1.2
2003	8.5	1.7	1122.1	-0.4
2005	17.5	27.4	908.3	1.6
2007	8.8	12.3	867.0	0.7
2008	-35.0	-21.5	-320.7	0.4
2009. 04	-39.1	-35.8	69.0	-0.1
2009. 05	24일	24일	24일	16일

경제지표 그래프

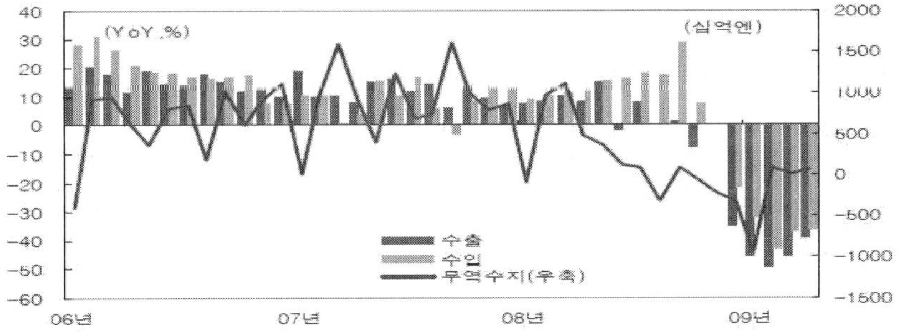

■ 일본시장의 특성

① 시장은 거대하나 진입이 힘들다.

선진국의 일반적인 시장 특성처럼 수요자 중심의 시장이며, 특정 산업 및 제품 시장에서 독점지위에 있는 기업을 찾아보기 어려운 완전 경쟁시장의 경쟁 형태를 띠고 있다. 따라서 장기간에 걸친 지속적인 노력없이는 소기의 성과를 거둘 수 없다.

② 한국업체측 최소 주문량이 많으면 첫거래 성립이 어렵다.

일본의 경우 첫 주문이 작은 것으로 유명하다. 거의 모든 무역거래에서 첫 거래시 대규모 주문을 기대하는 것이 어렵지만, 특히 일본의 경우 첫 거래시 품질을 인정받겠다는 각오로 임하는 것이 좋다.

③ 품질기준이 엄격하다.

제품자체 뿐만 아니라 포장의 품질에도 철저하여야 한다.

④ 가격경쟁이 심하다.

장기불황과 높은 물가에 오랫동안 시달리고 있는 일본 소비자들의 발걸음을 붙잡아 둘 수 있는 유일한 경쟁력은 바로 가격이다. 미국이나 유럽시장보다 싸고 합리적인 품질의 욕구가 강한 곳이 일본임을 염두에 두어야 할 것이다.

⑤ 규제에 대한 사전 지식이 필요하다.

예를 들어, 각종 수입규제 및 부당경쟁방지법, 의장법, 특허법 등에 대한 사전 숙지를 필요로 한다. 후진국과는 달리 규칙의 적용이 엄격하며, 특히 일본에서 한국처럼 밀어붙이기식 접근 방법이나 이면계약을 통한 요령 피우기가 통용되기 바라는 것은 기적을 바라는 것과 같다는 점을 명심하여야 한다.

■ STP 분석 및 전략

① Segmentation(시장세분화)

일본은 장수의 노령인구비율이 높고, 근검절약이 관습이나 습관처럼 몸에 배어 있는 나라이다. 그러므로 저가격과 질적으로 우수한 상품을 추구할 것이다. 그리고 채식과 소식 등 건강에 유익한 상품을 남녀노소 불문하고 선호할 수 있는 부분일 것이다. 연령대로 구분하자면, 20대 젊은층, 30대 이상 중년층, 노년층으로 구분질 수 있다. 이 중에서 주 Target으로 20대 젊은층과 30대 이상 중년층을 들 수 있다.

연령대	20대 젊은층	30대 이상 중년층	노년층
성 별	여성	남성	

② Targeting(표적시장)

Target으로 잡은 표적시장은 20대 젊은 여성과 30대 이상의 남성 중년층이다. 신체의 건강에 이로운 영향을 미치고, 윤택하고 건강한 삶을 바라는 것이 소수의 사람들만의 바람이겠는가? 대부분의 사람들이 추구하는 삶이며, 의식주 중에서 식(음식)은 단순히 허기를 채우기 위한 것이 아니라 필요한 영양소를 섭취하고 건강을 영위하기 위한 가장 근본이다. 그러므로 건강을 챙기는 영양 알코올 음료수라는 이미지를 통해 막걸리에 대한 새로운 인식을 새겨 주고자 한다. 또한, 새로운 것에 대해 상대적으로 거부감보다 개방적일 수 있는 젊은이들을 통해서 전에 막걸리가 가고 있던 부정적 인식을 탈피하고 대중적이고 좀 더 Young한 이미지를 부각시킨다. 20대 젊은 층 같은 경우에 현재 이들을 소비자로 만들고 브랜드에 대한 강한 충성도 구축에 성공한다면 앞으로의 매출에 상당한 영향을 끼칠 수 있다. 그래서 젊은 층의 관심을 유도하고, 소비의 증가를 예상하여 잠재력 있고 성장 가능성이 있는 20대 젊은 층을 공략한다.

③ **Positioning(포지셔닝)**

얼마 전부터 한국은 일본과 중국을 통해 한류열풍이라는 신조어를 만들어내며 드라마, 영화, 음악 등 많은 분야에서 우리의 문화와 생활, 방식 등이 직·간접적으로 소개되고 있다. 그리고 김치, 된장 등 한국의 전통음식이 세계의 주목을 받는 이유는 건강에 좋은 발효식품이라는 인식 때문이다.

막걸리는 다량의 단백질과 아미노산 뿐 아니라 술 가운데 유일하게 다양한 비타민을 함유하고 있다. 이런 막걸리의 효과를 대중매체를 통해 널리 인식시켜 이슈화 전략을 펼친다. 특히, 한류열풍에 관심이 많은 20대~40대 여성들에게 막걸리의 효능과 안정성을 소개하는 광고나 CF를 방송한다.

또한, 스테이크하면 와인, 소시지하면 맥주, 삼겹살하면 소주가 떠오르듯이 **김치와 가장 어울리는 술**은 막걸리라는 점을 부각시켜 소비자에게 포지셔닝한다. 즉, 막걸리와 잘 어울리는 안주로 김치를 소개하는 전략이다. 또한 다양한 김치 안주들을 외국인들에게 알려줌으로써 '막걸리'의 수요를 늘리는 것이다.

김치와 관련된 술안주로는 일례로 '김치찌개' '김치전' '두부김치' 등이 있을 수 있다. 동양적인 음식, 특히 한국 고유의 서민적 음식들과 결부시켜 웰빙 주 '막걸리'를 이미지화시키는 것이다. 외국에 있는 한국 음식점에서 술을 마시게 되면 '막걸리'를 찾게 되고, 또한 외국에 한국 전통 막걸리 점을 개설해 이용하도록 하며, 시음 행사 등을 개최하는 것이다.

■ 4P's 분석 및 Mix

"깊은 맛, 젊은 술"

마케팅 목표

20~30대 젊은이들에게 대중적이고 건강한 술에 대한 인식을 심어주어 막걸리 소비를 증가시킨다.

일 본

① **PRODUCT**

■ **디자인**

눈으로 확인하는 깊은 맛!

현재 한국의 내수시장에서 주로 판매되는 막걸리는 플라스틱 재질의 PET를 통해 판매되고 있다. 막걸리는 효모가 발효되는 발효주인 특성 때문에 유통기한에 제약을 받으며 PET에 보관하는 것 또한 제품을 유지하고 보관하는데 어려움을 가지고 있다.

그러므로 깊은 맛을 오래도록 유지하기 위하여 밀폐되고 유통기한을 길게 제품을 보관할 수 있도록 캔 용기를 도입한다. 사이즈는 작은 미니사이즈 선호하는 일본인들의 취향과 소식을 하는 식습관을 고려하여 미니사이즈 255ml 비롯 300ml, 355ml, 500ml 등으로 다양화 한다. 용기의 색상은 고풍스런 이미지가 돋보일 수 있도록 고급스런 색상으로 막걸리의 색을 표현하고 최대한 구수하고 달짝지근한 바닐라 아이스크림과 같은 이미지를 연상 시켜 쉽게 손이 갈 수 있도록 한다.

■ PRICE

막걸리는 서민의 술이라 하여 농사를 지은 쌀과 보리 등을 원재료로 하여 손수 만들어 먹던 전통술이다. 막걸리는 다른 술에 비해 가격이 저렴하며 양이 푸짐하다. 그렇기 때문에 주머니 사정이 넉넉지 않은 20대 학생이나 젊은 층에게 금전적인 측면에서 저렴한 가격으로 대중적인 사랑을 받을 수 있다.

막걸리의 효능이 연구결과 과학적으로 건강에 이롭다는 효능이 입증되었다. 전 세계에 불고 있는 Well being 붐을 이용해 약술, 건강술로 인식을 새겨 주어, 다른 주류의 제품군과 가격경쟁력 및 제품경쟁력의 차별화를 둔다. 세트 구매 시 막걸리하면 떠오르는 사발이나 주걱 또는 막걸리 잔을 옵션으로 하는 방안도 고려해 볼 수 있다.

■ PLACE

젊은이들의 거리, 유흥이 밀집된 장소를 토대로 하여 체인점 형태의 소규모 점포를 이용하여 막걸리를 판매한다. 수요가 있는 곳에 점포를 내고, 대부분의 일본인들은 작고 아담한 공간에서 주로 생활하기 때문에 규모를 크게 하기보다 본래의 정서에 초점을 맞추는 것이 초기의 거부감을 줄일 수 있을 것이다. 그러므로 실내디자인을 '한국 전통의 술', '서민의 술'에 맞는 정서와 분위기를 느낄 수 있도록 옛 시절을 토대로 다양한 테마를 통해 연출한다. 또한 사람들이 공감하고 직·간접적으로 경험할 수 있도록 소품이나 책자 등도 이용해 볼 수 있다.

시장에서 소비자와 접근성이 용이하려면 대형마트와의 제휴는 필수적이다. 유통망을 구축하여 대형마트에 물건을 대고 진열하여 소비자에게 제품 선택의 폭을 넓혀주고 막걸리가고품격 질과 맛에 저렴한 가격이 상응하는 한국의 전통 주 라는 장점을 활용 하여 경쟁력 있는 상품임을 보여준다.

■ PROMOTION

- 피부미용, 변비, 다이어트 등과 같이 건강과 미에 효능과 제품의 안정성을 미디어를 통해 홍보한다.
- 한류열풍에 관심이 많은 20~40대 여성을 타깃으로 하여 영향력 있는 배우나 모델을 통해 제품을 광고한다.
- 수요가 있는 주요 곳곳에서 시음행사나 이벤트를 열어 막걸리를 접할 수 있도록 한다.

Part **3**

무역실무 프로세스

Global Entrepreneurship In Action

Part 3

01 해외시장조사와 거래선 발굴

Global Entrepreneurship In Action

1 거래선 발굴을 위한 해외시장조사

1. 거래선 발굴을 위한 해외시장조사 개념

해외시장조사(overseas market research)란 무역거래자가 해외 무역상대방과 무역거래를 체결하기 위하여 의사결정에 필요한 해외시장의 정보를 체계적으로 수집·정리·분석하는 과정을 말한다. 즉, 해외시장조사는 해외의 구매 잠재력을 가진 고객을 찾아내고 기호에 맞는 상품을 개발하여 효과적인 마케팅 및 유통수단을 연구하고 분석하는 활동이라고 할 수 있다.

무역을 하기 위해서는 해외시장조사를 통하여 어느 지역의 시장에서 어떠한 거래처를 대상으로 어느 시기에 자신이 취급하고 있는 물품을 가장 합리적인 가격으로 판매 또는 구매할 수 있는가를 과학적으로 조사·연구·분석하여야 한다. 즉, 해외시장조사의 내용은 우선 목적시장의 일반적인 환경조사를 한 다음 고객조사, 상품조사, 판매경로조사 등을 통하여 믿을 만한 거래처를 발굴하는 단계를 거친다.

해외시장조사를 통하여 어느 국가의 어느 고객에게 어떠한 물품을 판매할 것인가, 또는 필요한 물품을 어느 국가의 어느 공급선으로부터 구매할 것인가를 분석해야 한다. 이는 각 국가에 따라 상관습 및 언어 등의 차이로 인하여 조사에 어려움이 있지만, 사전에 치밀하게 조사를 하여야 리스크를 줄일 수 있을 것이다.

2. 거래선 발굴을 위한 해외시장조사 내용 및 방법

(1) 해외시장조사의 내용

해외시장조사는 거래대상국가의 일반환경조사, 고객조사, 상품조사, 판매경로조사 및 판매조사 등을 구체적으로 실시한 후 전망 있는 거래처를 발굴하는 단계를 거치게 된다.

① 거래대상국의 일반환경조사

- 정치적 환경 : 정치체계, 정치적 안정도 및 정치적인 위험여부
- 경제적 환경 : 전반적인 경제사정, 경제안정도, 국민소득, 국제수지, 경제성장률, 주요 자원, 노동 및 고용사정, 임금, 물가, 조세체계, 금융기관 및 산업구조
- 사회적 환경 : 인구, 인구증가율, 면적, 기후, 인종, 종교, 문화, 통신, 교통, 언어, 교육수준 및 법률제도
- 무역환경 : 품목별 · 지역별 수출입규모, 수출입장벽, 외환관리, 대금결제조건, 관세율, 환율, 특허, 항만 및 공항사정, 운송수단, 상관습

② 고객조사

고객은 해당 물품을 직접적으로 수출할 수 있는 거래처와 실제 최종 수요자 모두를 포함하는 개념이다. 고객조사와 관련하여 다음과 같은 사항들을 조사한다.

- 고객층 : 소비자 또는 사용자의 지역적 분포, 소득분포, 계급별 분포 및 구매능력
- 고객의 기호 및 이미지 : 기호, 취향 및 품질 · 상표 · 생산자 등의 이미지

③ 상품조사

상품조사는 취급품에 대한 전반적인 조사가 이루어져야 하며 다음과 같은 사항들을 조사한다.

- 상품수요 : 수요품목, 품질, 규격, 현재의 수요량, 장래의 수요량, 계절적 수요 및 현지에서의 국산품의 수요량

- **상품공급** : 주요 공급처, 공급처의 상호, 계절적 상품의 특별공급 가능성 및 현지에서의 국산품의 현황
- **상품환경** : 경쟁상품, 대체상품 및 유사상품의 현황
- **가격** : 수입품과 현지 국산품의 가격
- **지식재산권 등** : 해당상품에 대한 특허권, 상표권, 공업소유권 등의 저촉 여부

④ 판매경로조사

판매경로조사는 고객이 수입한 물품이 어떠한 경로를 통하여 판매되고 소비자 및 사용자에게 전달되는지를 조사하는 것으로 다음과 같은 사항들을 조사한다.

- **유통과정** : 수입상, 판매점, 특약점, 백화점, 체인스토어, 도매상, 소매상 등의 가구와 유통경로
- **서비스** : 판매 전에 행해지는 사전서비스 및 사후서비스

⑤ 판매조사

판매조사는 상품계획과 효과적인 판매정책을 어떻게 수립할 것인지를 조사하는 것으로 다음과 같은 사항들을 조사한다.

- **상품계획** : 수출물품의 품목, 품질, 디자인, 상표, 특허, 포장 및 운송 등에 대한 선택
- **판매정책** : 판매계획과 예측, 견본, 카탈로그, 안내서 제공 등 판매촉진, 광고 전시 전략

표 3-1 · 해외시장조사 내용

조사항목	조사내용
거래대상 국가	• 정치적 환경 : 정치체계, 정치적 안정, 정치적 위험 등 • 경제적 환경 : 국민소득, 임금, 물가, 노동력, 국민소득, 국제수지, 경제성장률, 산업구조 등 • 사회적 환경 : 인구, 기후, 종교, 문화, 교육수준 • 무역 환경 : 품목별 · 지역별 수출입규모, 외환관리, 대금결제 조건, 관세율, 환율, 상관습 등
고 객	• 고객층 : 소비자의 지역적 분포, 소득분포, 구매능력 등 • 고객기호 및 이미지 : 기호, 취향 및 품질 · 상표 · 생산자 등의 이미지
상 품	• 상품수요 : 수요품목, 품질, 규격, 수요량, 미래수요, 경쟁품, 대체품 및 유사품의 현황 • 상품공급 : 주요 공급처, 공급처의 상호, 계절적 특별공급 가능성, 현지의 국산품 공급량 • 상품환경 : 경쟁품, 대체품 및 유사품의 현황 • 가격 : 수입품과 현지국산품의 가격 등 • 지식재산권 등 : 특허권, 상표권, 공업소유권 등의 저촉 여부
판매경로 및 판매	• 유통 및 서비스 : 수입상, 판매점, 특약점, 백화점, 체인스토어, 도매상, 소매상 등의 유통경로, 사전 및 사후서비스 등 • 상품계획 : 품목, 품질, 디자인, 상표, 특허, 포장, 운송방법 • 판매정책 : 판매촉진(견본, 카달로그, 안내서 제공 등), 광고, 전시 등

(2) 해외시장조사 방법

① 무역통계자료를 이용한 조사

해외시장조사를 하는데 가장 편리하고 경제적인 방법은 문헌 또는 인터넷을 통하여 각종 경제 및 무역통계자료를 이용한 조사방법이다. 목적시장에 대한 세부적인 무역통계자료는 해당 국가의 통계청 등의 자료를 이용할 수 있다. 대표적인 무역통계자료를 수집할 수 있는 사이트로는 ① 유엔의 국제통계연보(http://comtrade.un.org), ② 국제통화기금(IMF)의 무역재무통계온라인(http://www.imfstatistics.org/imf), 세계무역기구(WTO)의 국제무역통계(http://wto.org), 한국무역협회의 무역통계(http://kita.net), 한국관세청의 무역통계(http://www.customs.go.kr) 등이다.

② 무역유관기관을 통한 조사

대한무역투자진흥공사(Korea Trade and Investment Promotion Agency : KOTRA), 한국무역협회(Korea International Trade Association : KITA) 및 대한상공회의소(Korea Chamber of Commerce and Industry : KCCI) 등을 통하여 조사할 수 있다. 대한무역투자진흥공사는 한국의 무역진흥을 위하여 전액 정부출자로 설립된 특수법인으로 무역동향에 대한 해외시장조사, 무역관련 각종 자료의 간행, 한국무역의 홍보, 무역상품 전시업무 등을 담당하고 있다. 현재 해외 각국에 무역관이 설치되어 있어 신속한 무역정보수집기능을 수행하고 있으며, 국내 무역기업으로부터 조사를 의뢰받아 해외대한무역투자진흥공사의 네트워크를 통하여 정보서비스를 제공하고 있다.

③ 자체 현지조사

수출업체 단독으로 현지 출장조사를 할 수 있고 수출입조합이나 경제단체의 해외시장 조사단에 참가하여 조사를 할 수도 있다. 현지 우리나라의 공판, 대한무역투자진흥공사의 현지 무역관 또는 현지의 상업회의소를 방문하여 일반적인 시장현황을 청취하고 최대한의 협조를 구할 수 있다. 구체적인 자료수집을 위하여 현지에 진출한 동업자와 면담하여 정보를 획득하고 백화점 및 유통체인 등을 방문하여 해당 품목에 관련된 시항, 유통구조, 소비자패턴, 가격 등의 정보를 얻을 수 있다.

2 거래선 발굴

시장조사를 통하여 목적시장이 결정되면 믿을 만한 거래선을 발굴해야 한다. 거래선 발굴이란 목적시장에서의 잠재적인 판매 또는 구매 가능성을 보유하고 있는 고객이나 유망한 거래선을 선정하는 것을 말한다. 거래처를 발굴하는 방법에는 다음과 같은 것들이 있다.

1. 해외거래 알선사이트 이용

전자거래 알선사이트(Electronic Tradeing Opportunities : ETOs)에서는 인콰이어리(inquiry), 상품카달로그 및 기업 디렉토리 정보 등을 등록할 수 있으며 오퍼 형태별,

품목별 및 업체명 등 다양한 형태로 검색할 수 있다. 한국무역협회(www.ec21.net), 중소기업청(www.smba.go.ke), 대한상공회의소, 대한무역투자진흥공사(www.kobo.net) 등이 운영하고 있는 사이트들을 활용할 수 있다.

표 3-2 · 주요 전자거래알선 사이트 및 서비스 내용

전자거래 알선사이트	서비스 내용
World Trade Point Federation (http://www.wtpfed.org)	155개국의 1만개 무역관련 기관과 연결되는 세계 최대의 거래알선사이트
World's Top 100 Free Trade Lead Site (http://www.5five.tv/tradeleads.htm)	전 세계 거래알선사이트가 1위에서 100위까지 순서별로 링크되고 무료이용가능
Kompass Directory (http://www.kompass.com)	세계 최대의 기업정보 디렉토리로 품목별로 수출, 수입, 유통, 제조업체 검색가능하며 약 160만개 업체들이 수록됨.
World Trade Center Association Online (http://iserve.wtca.org)	전 세계 100여개국 300개의 무역센터가 모인 세계무역센터 온라인 시스템으로 전자카달로그, 오퍼정보 등을 제공
Yellow Pages Directory on the Web (http://www.infobel.com)	전 세계 170여개국의 비즈니스 디렉토리, e-mail주소, fax 리스트 등의 링크서비스
한국무역협회 (http://www.kita.net, www.kita.org)	무역협회 회원사에 대한 정보제공, 품목별, 회사명, HS번호 등으로 검색가능
EC21(http://ec21.com)	전자거래알선 전문사이트로 오퍼정보 검색 및 등록, 전자카달로그 정보 제공
Asian Sources Online (http://www.globalsources.com)	전자카달로그가 포함된 상품별, 공급자별, 국가별 생산업체 검색서비스 제공
Alibaba(중국) (http://alibaba.com)	중국에서 운영하는 ETO사이트로 수출입 오퍼정보, 카달로그 정보 등을 제공
tradeKorea.com (http://www.tradeKorea.com)	한국무역협회에서 운영하는 것으로 이마켓플레이스(e-market place)를 제공
BUYKOREA (http://www.buykorea.org)	KOTRA에서 운영하는 것으로 한국 수출자와 1:1 온라인 상담이 가능하도록 지원
GobizKorea (http://www.gobizkorea.com)	중소기업진흥공단이 국내 중소기업제품의 해외 판로확보 및 홍보지원
Alibaba(http://www.alibaba.com)	중국 알리바바사가 온라인 기업간 마켓플레이스를 제공
Tradeky (http://www.tradeky.com)	온라인 글로벌 무역을 용이하게 하기 위해 설립된 세계굴지의 마켓플레이스
EUROPAGES (http://www.europages.com)	유럽바이어와 공급자 특약점 및 수출자를 위한 온라인상공인명부

2. 상공인명부의 활용

거래처 발굴을 위해 가장 쉬운 방법은 상공인명부(Business Directory)를 이용하는 방법이다. 상공인명부에는 품목별, 업종별 업체명, 주소, 전화번호, 전자우편(e-mail)주소 및 팩스(fax)번호 등이 명시되고 수출입지역과 함께 영업실적 등이 포함되기도 한다. 이 가운데 잠정적인 거래처를 선정하여 카탈로그와 함께 권유장(circular letter)을 발송한다.

상공인명부는 대한무역투자진흥공사나 한국무역협회 또는 대한상공회의소 등을 통하여 확보할 수 있으며, 다음과 같은 웹 사이트를 통하여 유수한 상공인명부를 찾아낼 수 있다.

① Kellysearch, co, uk, http://www.kellysearch.co.uk
② Dun & Bradstreet, http://www.dnb.com/us
③ Thomas Register, http://www.thomasnet.com
④ Standard Trade Index of Japan, http://www.cin.or.jp/trade
⑤ World Business Bridege Serving America, Asia, Africa, Oceania and Europe, http://www.aaaoe.com
⑥ Directory for International Trade, http://www.importers-exporters.com
⑦ World Trade Point Federation, http://www.tradepoint.org
⑧ Trade Lead Zone, http://www.tradezon.com
⑨ Wyzen Trade Network, http://wyzen.com/tradeportals
⑩ Kapitol, http://www.infobel.com/en/world/index.aspx

3. 국내외 무역유관기관 활용

국내에서 활용할 수 있는 무역유관기관은 대한무역투자진흥공사, 한국무역협회, 대한상공회의소 등이고, 해외의 무역유관기관은 현지국에 있는 대한무역투자진흥공사의 공관, 현지국가의 상업회의소 등이다. 대한무역투자진흥공사는 무역동향에 대한 해외시장조사, 무역 관련 각종 자료의 간행, 한국무역의 홍보, 상품전시회업무 등을 담당하고 있다. 또한, 세계적인 조직망을 가지고 있어 시장조사의 신뢰도가 높은 편이기 때문에 거래처별, 품목별 시장정보를 유료위탁에 의한 방법으로 조사를 의뢰할 수 있다.

4. 주한 외국공관의 활용

한국에 주재하고 있는 외국 공관의 상무관실이나 자료실에 비치된 자료를 통하거나 또는 외국 상무관이나 대사와의 상담을 통하여 해당국의 시장정보와 거래처 관련 정보를 얻을 수 있다.

5. 해외 홍보매체 활용

해외 거래처를 발굴하기 위한 기초단계로 해외 홍보용 카탈로그를 제작하여 예상 거래처에 배포할 수 있다. 또한 국내의 해외 홍보매체 등에 자사물품을 홍보하거나 인터넷을 통하여 거래처를 물색할 수도 있다. 아울러 인터넷의 온라인상에서 전자카탈로그를 제작하여 홍보할 수도 있다. 카탈로그나 홈페이지는 전문가를 활용하여 영문 또는 대상국가의 언어로 제작하도록 한다. 홍보물의 내용은 회사 또는 대표자의 홍보보다는 관련 상품의 품질, 가격, 경쟁력 등 상품의 차별성이 부각되도록 하여야 한다.

홍보물 배포시에는 지역별 상공인명부에 의거하여 물색된 예정거래처, 주한 외국공관의 바이어 안내, 기타 대한무역투자진흥공사, 한국무역협회 등 수출유관의 거래알선 및 안내 등을 활용하여 배포하는 것이 효과적이다.

6. 국제전시회 참가

무역관련 기관에서 주관하여 파견하는 각종 투자 및 무역사절단, 박람회 및 전시회에 참여하여 거래처를 직접 물색할 수 있다. 특히 한국무역협회에서 총괄하여 파견하는 해외투자 및 무역사절단과 대한무역투자진흥공사에서 총괄하여 참가하는 해외박람회 및 전시회, 그리고 지방자치단체에서 지원하는 전시회를 활용할 수 있다.

7. 해외광고

해외홍보용 카탈로그를 제작하여 예상 거래선에 배포하거나, 국내의 해외홍보 매체 등에 자사상품을 홍보하여 거래선을 물색할 수 있다. 홍보물을 배포할 경우에는 경제적인 비용대비 홍보효과를 극대화시키기 위해 카탈로그 배포처를 선정하는 것이 중요하다. 카탈로그 배포처는 지역별 상공인명부를 통해 물색된 예정 거래선, 주한 외국공관의 바이어 안내, 기타 대한무역투자진흥공사, 한국무역협회 등 무역유관기관의 거래

알선 및 안내 등을 활용하여 선정하여 배포하는 것이 효과적이다.

3 거래제의 및 거래조회

1. 거래제의

신용조사를 거쳐 거래처가 선정되면 거래를 위해 거래제의서(circular letter; letter of business proposal)을 발송하게 된다. 거래제의서는 자신의 회사를 소개하는 첫 서신이므로 정중하게 작성하여 상대방으로 하여금 거래를 결심하도록 하여야 할 것이다. 거래제의를 할 때에는 상대방을 알게 된 경위와 거래제의 상사의 영업규모, 상태, 취급상품 및 업계에서의 위치, 대금결제조건, 거래제의 상사의 신용조회처 등을 포함하여야 한다.

(1) 거래제의서 작성방법

① 상대방을 알게 된 경우
② 거래제의 상사의 업종, 취급상품, 거래국가 등
③ 거래제의 상사의 자국 내에서의 지위, 경험, 생산규모 등
④ 거래조건(특히, 결제 및 가격조건 등)
⑤ 신용 조회처(주로 거래은행명 및 주소)
⑥ 정중한 결문

[거래제의서 작성시 유의점]

- 간단명료한 문장으로 작성
- 해당 시장을 상대회사를 통하여 개척하고자 함을 강조
- 과장된 회사 소개는 피함
- 상대의 신뢰를 확보하기 위해 구체적 Data 사용(생산량, 연간 매출액 등)
- 거래시 상대방 이익이 될 수 있는 점 강조(품질의 우수성, 경쟁적인 가격 등)
- 오퍼나 견본은 상대방이 관심을 표명할 때 즉시 송부

(2) 거래제의서 송부

일반적으로 서신으로 하지만, E-mail, Fax 등을 이용할 수도 있다. 거래제의시 한 지역에 시차를 두고 2~3개 회사로 국한하여 보내는 것이 좋다.

■ **거래제의 예문**

Onmillion Industrial Ltd.

Rm 3503-4 Singga Comm. Centre, 144-151 Connaught Rd. W., Hong Kong Tel: 547-3100
Telex:80291 ONMI HX Cable Address: 0373 Fax: 8582585

TELEFAX

TO : Nam hae Chemical Corp DATE : Auguest 7, 1993
ATTN : Sales Manager REF :
FM : Angela Wong UR FAX : (02)272-6679
PG : 1 of 1 PG(S) OUR FAX : 8582585

Dear Sirs,
We are an international trading company in Hong Kong and engaging the business of chemicals, minerals and construction materials. Moreover, We have many clients throughout the world.

Now, We would like to purchase the following product:
Product : Amminium Sulphate
Specification : N-21 % min. Moisture-0.5 % max.
Quantity : 3,000MT
Price : CNF Bintulu, Malatsia
Delivery : September, 93

Please give us a best offer, full specifications, packing and loading port.
On the other hand, We would like to take this opportunity introducing our products for you, We have a plant to produce phosphate product in Guizhou, China where is very near the Phosphate mine.
Moreover, the quality of our products are very stabe so that we have of our products. Should you have any interest, please inform us your requirements immediately.
We are looking forward to hearing from you soon.

Yours faithfully,

Angela Wong (Ms.)

2. 거래조회

거래조회(business inquiry 또는 trade inquiry)는 거래제의를 받은 당사자가 그 거래제의에 대한 관심이나 물품을 구매할 의사가 있을 때, 거래를 제안한 당사자에게 물품의 가격, 품질, 수량, 선적 등의 거래조건에 대해 문의하는 것을 말한다.

거래조회는 상대방의 권유장에 대하여 거래 상담에 관심을 표명하는 것으로 가격조건, 결제조건, 선적조건, 포장조건 등을 요구하는 내용이 된다. 아울러 카탈로그 및 견본 등을 요청하거나 청약(offer)을 요청하는 내용도 포함되는 경우가 많다.

(1) 거래조회에 대한 회신

거래조회를 받은 당사자는 거래조회를 하는 당사자가 향후 거래관계를 체결할 가능성이 있는 당사자이기 때문에 청약서를 작성하기 전에 조회사항에 대하여 신속하게 회신하는 것이 바람직하다. 상대방으로부터 거래조회를 받으면, 그 내용을 검토하여 회신하거나 시간이 요구되는 사항에 대해서는 언제까지 조취해 주겠다는 내용을 성실하게 통보한다.

3. 신용조회

(1) 신용조회 개념

신용조회(Credit inquiry)는 신용을 공급받는 자의 지급능력과 선의, 지급 불능시 지급을 강제할 수 있는 자산의 보유 등을 사전에 조사하여 대금지급의 확실성을 파악하는 것을 말한다. 현금이나 신용장 방식의 거래가 감소되고 점점 연불거래 또는 무신용장방식의 거래가 증가하고 있는 상황을 고려할 때 거래 상대방의 신용조사에 대한 중요성을 더욱 커지고 있다.

(2) 신용조회의 내용

① 성격(character)

계약 내용대로 수출업자가 적시에 물품을 송부하고 수입업자가 대금결제를 성실히 이행해 주는지에 대한 기업의 성격적인 요인은 기업의 규모나 재정 상태와 더불어 중요한 역할을 한다.

성격과 관련하여 업체의 개성(personality), 성실설(integrity), 정직성(honesty), 영업태도(attitude toward business), 평판(reputation), 의무이행열의(willingness to meet obligation) 등에 대한 내용을 조사한다.

② 자본(Capital)

아무리 성실하고 신용이 보장된다고 하더라도 회사의 재무상태가 건실하지 않으면 거래에 문제가 발생할 수 있으므로 재무제표 등을 근거로 재무상태(financial status), 자기자본과 타인자본의 비율, 자본금의 규모, 재무구조의 건전성 등을 조사하여야 한다.

③ 거래능력(Capacity)

회사의 거래능력으로 연간매출액(annual sales turnover), 영업형태, 영업능력 등에 대하여 평가한다. 이 외에도 조건(condition)에 대한 조회도 필요하다.

즉, 정치적·경제적 조건으로 상대국에 대한 수입·외환에 대한 규제는 어떠한지, 통관절차, 항만운송시설 등에 대한 주의점 등을 조사할 필요가 있다.

◆ 신용조회 내용요약은 다음과 같다.

① 성 격 (Character)
개 성 (personality)
성실성 (integrity)
평 판 (reputation)
영업태도 (attitude toward business)
의무이행의 열의 (willingness to meet obligation)

② 자 본 (Capital)
재무상태 (financial status)
자기자본과 타인자본의 비율
재무구조의 건전성
기타 자산상태

③ 거래능력 (Capacity)
연간매출액 (turn-over)
업체의 형태
연혁 및 경력
영업능력

(3) 신용조회처

① 은행조회(Bank Reference)

은행조회는 해당 업체의 거래은행에 신용조회를 의뢰하여 신용조사를 하는 방법으로 일반적으로 많이 이용된다. 해외 거래처의 신용조사를 하는 경우, 수출입은행이나 신용보증기금을 이용할 수도 있다.

② 동업자에 의한 조회(Trade Reference)

동업자조회는 거래를 하려는 상대방과 동종의 사업에 종사하는 업체에 의뢰하여 신용조사를 하는 방법이다.

③ 해외지사, 출장소, 판매대리점을 통한 조회

무역업자의 해외지사나, 출장소 및 판매대리점 등을 통하여 원하는 상대 기업의 신용을 조사할 수 있다.

④ 신용조사기관(Credit Agency)을 통한 조회

은행조회 및 동업자에 의한 조회의 경우, 신용조사의 전문성이 부족하여 구체적인 충분한 정보를 얻기 어려운 경우가 많다. 이러한 경우에는 세계적인 상업흥신소에 신용조사를 의뢰하면 상세하게 신용상태를 알 수 있다. 상업신홍소는 신용조사를 본업으로 하고 있는 업체로 세계 주요 도시에 지점망이나 통신원을 두고 요청된 기업에 대한 신용조사를 하여 신용조사를 의뢰하는 무역업자에게 부응해 주고 있다. 국제적인 상업신홍소와 우리나라의 신용조사 전문기관은 다음과 같다.

[국제적인 상업흥신소]

- 미국의 Dun and Bradestreet Incorporated
- 영국의 Bradstreet British Ltd
- 독일의 Auskunft W.Schimmelpfung
- 일본의 Tokyo Mercantile Agency 등이 있다.

※우리나라의 신용조사 전문기관으로는 대한무역투자진흥공사, 한국무역보험공사, 신용보증기금 등이 있다.

[신용조회 방법]

조사경로	조회 방법
은행조회	해당업체의 거래은행을 통한 조회(bank reference)
동업자조회	상대국의 거래선을 통한 조회(trade reference)
해외지사	기업의 해외지사 등을 통한 조회
상업흥신소	D&B Korea(2122-2512) ABC Korea(725-0611/2)
국내 신용조사 전문기관	KOTRA(3460-7383), 한국신용정보(3475-5703/4) 한국무역보험공사(399-6254), 신용보증기금(710-4322) 한미신용정보(www.hanmici.com)

4. Inquiry의 배부

■ Inquiry 예문(Inquiry for Cotton Goods)

DANIAL CO., LTD
50 Liberty street. New York,
N. Y. 10005, U.S.A

LeeJu Trading Company
C.P.O. Box 3123
INCHEON, Korea

New York, March. 10, 20××

Gentlemen:

Having heard from the Korea Trade Promotion Corporation in New York that your company is a leading firm specializing in cotton goods, we wish to make a purchase of men's cotton shirts from you.

We would appreciate receiving your lowest CIF New York with earliest delivery schedule.

We would also like to have two samples with color swatches by air mail.

If your goods are satisfactory in quality and delivery, we will place an order of 500 dozen on a trial basis and can make repeat orders with you in the near future.

We look forward to your early reply.

yours very truly,
DANIAL CO., INC.
Robert Adams
Vice president

주) ① Korea Trade Promotion Corporation(KOTRA) : 대한무역진흥공사 ② color swatches : 색상별 조각 ③ place an order : 주문하다 ④ look forward to await : 고대하다
※손태빈, 무역영어, 두남, 2000, p. 68에서 응용

■ **Inquiry 답신(Response to Inquiry)(예문)**

LEE JU TRADING COMPANY
C.P.O. Box 3123, INCHEON, Korea

March. 25, 20××

Danial Co., Inc.
New York, U.S.A.

Dear Mr. Adams,

Thank you very much for letter of Nov. 10 along with your purchasing proposal.

According to your request, we have already dispatched the samples and color swatches by speed post.

From the enclosed price list you will find that our prices are exceptionally low and this sacrifice is entirely due to our recognition of the necessity for price cutting in order to develop our sales in your market.

Since the market is now slow and prices are generally low, you are very fortunate buying at this time. European buyers, however, seem to be pocking up in activity. Therefore, we advise you to buy the goods before the recovery Consequently, we can not keep the prices effective more than two weeks from the date of this letter and we wish to receive your order by return mail.

We hope that this will meet with your immediate approval.

Sincerely yours,
Lee Ju TRADING COMPANY
Director, Trading Department

Enclosure : Price List

4 청약(Offer)

1. 청약의 의의

청약이란 승낙(acceptance)과 결합하여 계약을 성립시키려는 일방적인 의사표시로서 매매 당사자인 어느 한편이 상대방에게 어떤 물품을 일정한 조건으로 사거나 팔겠다는 의사표시를 말한다. 청약은 원칙적으로 일정한 형식을 필요로 하지 않으나 보통 서신이나 전보 또는 텔렉스, 일정한 서식을 갖춘 청약서(offer sheet)가 사용된다.

- 청약자의 피청약자와 일정한 조건으로 계약체결 의사표시
- 효력발생과 소멸 : 발신주의와 도달주의
- 청약의 종류
  - 발행주체 : selling offer, buying offer
  - 확정성 : 확정 오퍼(firm offer), 불확정 오퍼(free offer), Counter Offer
- offer의 예문

■ **Firm Offer**

LEE JU TRADING COMPANY
C.P.O. Box 3123, INCHEON, Korea

Messrs. Danial Co., Inc
50 Liberty St.,
New York, 1005, U.S.A.

INCHEON, Dec. 7, 2017

Gentlemen:

We appreciate your inquiry of Nov 10. We just cabled the following offer to you :

Item : ladies' Cotten Stockings
Quality : Our Sample No. 119, black color, assorted sizes
Quantity : 3,000 doz.
Price : USD3.50 per doz. FOB New York
Shipment : March/April
Payment : Draft at 90 days after sight under Confirmed Credit

We recognize the urgency of your order, but since all the mills are working to capacity, we would like to inform you that our prices are the mist favorable and the delivery will be the earliest possible.

We trust you will accept this offer without delay.

Yours very truly,
Lee Ju TRADING COMPANY

M. D. KIM
Director, Trading Department

2. 오퍼서식 및 작성

- Offer의 양식 : 거래대상물품, 거래방식 등에 따라 다양한 형태가 있다.
- 기재사항 : 거래 특성에 따라 다양한 사항을 기재
- 가장 일반적으로 많이 사용하는 오퍼 서식을 중심으로 중요 내용을 정리하면 다음과 같다.

■ **오퍼 서식**

OFFER SHEET

We are pleased to offer the under-mentioned article(s) as per conditions and details described as follows:

Item No.	Commodity & Description	Unit	Quantity	Unit Price	Amount

Origin : Republic of Korea
Packing : Exoprt standard carton packing
Shipment :Within 1 month after receipt of L/C
Shipping port : Seoul, Korea
Inspection : Our government inspection to be final
Destination : European main seaports
Payment : By irrevocalbe L/C in our favor

Validity : Until end of September, 2017
Remarks : Subject to our final confirmation

Looking forward to your valued order for the above offer, we are.

Yours faithfully,

Manner Kim
President
KoreanSource co., Ltd.

(1) 품명(Commodity)

비슷한 종류가 여러 가지 있는 상품이나 상품명이 유사한 것은 혼동을 일으키지 않도록 분명하게 기재

예) 만년필의 경우 단순한 Pen이라 기재하는 것보다 Fountain Pen으로 표시하여 Ball Pen과 구별한다.

(2) 규격(Grade or Specification)

동일 품목이라도 그 품질과 구격에 따라 가격의 차이가 발생

예) 금(GOLD) : 24K와 14K, TV, 냉장고와 같은 전자제품 상호 규격 차이 많음
(분쟁발생 방지를 위해 정확한 규격표시 필요)

(3) 원산지(Origin)

상품에 생산 원산지 표시

예) Wine : Spain산과 France산, 농수산물(중국산), 소고기(호주 및 미국산)
특히, 1차 산품의 Offer에서는 원산지의 표시가 매우 중요

(4) 유효기간(Validity)

모든 offer에는 유효기간(reasonable period of time) 명시

- 국제상품의 시세는 수시로 변화
- 특히, 국제시세의 변동이 심한 원면, 원맥 등 1차산품의 Offer는 대개 1주일 이내의 유효기간을 주는 것이 상례

(5) 선적일(Shipping Date, Delivery Date)

적기판매와 보관료를 줄이기 위해 선적기일(not earlier than, not later than) 요구

예) 특히 계절상품은 적기에 선적하지 못하면 치명적인 손해 발생

(6) 포장방법(Packing Method)

포장재의 종류, 방법, 포장 단위 등을 표시

- 항공운송 상품 : Carton Box에 포장
- 선박운송 상품 : Wooden Case에 포장
- "Standard Seaworthy Export Packing": 방수재료로 포장한 상품을 나무상자에 넣고 철대로 묶는다.

(7) 수량(Quantity)

수량의 기준은 개수(piece), 무게(weight), 길이(length), 용적(measurement)등이 다양하며 이들의 단위도 각각 상이하므로 그 수량의 단위사용에 주의

(8) 대금결제방법(Payment Condition)

- 신용장에 의한 결제방법 : at sight방식과 usance방식
- 추심결제에 의한 방식 : D/A, D/P 방식

표 3-3 • 회사직위 영문표현

직위(직책)	영어식 표현	직위(직책)	영어식 표현
회 장	Chairman	경리(회계)	Finance(Accounting)
사 장	President	총무부장	Manager, General Affairs Dpet
대표이사	Representative Director	인사부장	Personnel Manager
부 사 장	Vice President	영업부장	Sales Manager
전무이사	(Senior)Managing Director	공 장 장	Plant Manager
상무이사	Managing Director	지 점 장	Branch Manager
이 사	Director	차 장	Sub - Manager
감 사	Auditor	과 장	Section Chief
부 장	Manager	대 리	Deputy Manager
수출부장	Export(Department)Manager	부	Department(Dpet.)
수입부장	Import Manager	과	Section

3. 청약의 유인

상대방에게 청약을 하게끔 하려는 의사의 표시이다. 그러나 상대방이 청약의 유인에 따라 청약의 의사표시를 하여도 그것만으로 청약이 바로 성립하는 것은 아니고, 청약을 유인한 자가 다시 승낙을 함으로써 비로소 계약이 성립된다. 따라서 청약을 유인한자는 상대방의 의사표시에 대하여 낙부(諾否)를 결정할 자유를 가진다. 이와 같이 청약과 청약의 유인과는 이론상 다르지만, 실제상 양자를 구별한다는 것은 곤란한 경우가 있다. 대가라고 하는 표시, 상품목록의 배부, 정찰부상품(正札附商品)의 진례, 「셋집구함」의 신문광고 등의 경우가 그 예이다. 그 구별의 표준은 대체로 그 행위가 계약의 내용을 지시하고 있느냐, 계약의 당사자가 누구라도 상관이 없는 성질의 것이냐, 거래의 관습은 어떤가. 등이다.

4. 승낙(Acceptance)

(1) 승낙이란

승낙이란 상대방의 확정 청약에 대한 동의의 확정적인 의사표시로서 승낙에 의하여 계약이 성립된다. 승낙은 원칙적으로 청약의 모든 내용과 일치하여야 하며 새로운 내용의 추가나 제한 또는 기타의 변경에 의한 승낙은 청약에 대한 거절이며, 새로운 청약(new offer, counter offer)으로 간주된다.

(2) 승낙 요건

- 승낙은 약정된 기간 또는 합리적 기간 내에 이루어져야 한다.
- 청약이 특정인 앞으로 되었다면 승낙도 그 사람에 의해서만 할 수 있다.
- 승낙은 절대적으로 무조건적이어야 한다.
- 피청약자가 청약자에게 승낙을 전달하여야 한다.

(3) 승낙 방법

승낙에 대해 어떤 방법과 어떤 수단으로 할 것인가를 청약서상에 미리 지정(FAX, 우편, 전화, 전보, 텔렉스 등)하였을 경우, 그 지정된 방법에 의하여야 한다. 하지만, 청약의 승낙 방법에 대해 어떠한 지정이 되어 있지 않았을 경우, 합리적인 방법과 수단에 의해 승낙을 하면 된다.

(4) 승낙통지의 효력발생 시기

승낙은 청약과 함께 계약 성립이라는 하나의 법률행위를 발생시키는 구성요소이며, 승낙에 의하여 계약이 성립한다. 청약에 대한 동의를 표시하는 피청약자의 진술이나 기타 행위는 승낙이 될 수 없다.

효력발생은 발신주의, 도달주의 그리고 요지주의가 있으나 일반적 원칙은 도달주의이다. 그러나 우편이나 전보와 같은 격지자간의 의사표시에서는 한국민법과 영미법의 경우, 예외적으로 발신주의를 적용하고 있다. 비엔나협약과 독일법에서는 대화자간(대화, 전화, 텔렉스), 격지자간(우편, 전보) 모두 도달주의를 적용하고 있다.

표 3-4 › 승낙통지의 효력발생 시기

통신수단 \ 준거법			한국법	영미법	일본법	독일법	비엔나협약
의사표시에 관한 일반법칙			도달주의	도달주의	도달주의	도달주의	도달주의
승낙에 대한 의사표시	대화자간	대 화	도달주의	도달주의	도달주의	도달주의	도달주의
		전 화	〃	〃	〃	〃	〃
		텔렉스	〃	〃	〃	〃	〃
	격지자간	우 편	발신주의	발신주의	발신주의	〃	〃
		전 보	〃	〃	〃	〃	〃

■ **Offer Accepted (1)**

Dear Sirs.

We are pleased to accept your letter of July 15 offering 300 dozen silk Blouses S/# 1302 at US $30. 50 per doz. CIF New York for immediate shipment.

In reply we have just cabled you as follows.

YOURS 15TH ACCEPT IMMEDIATE
SHIPMENT REQUESTED CORNWELL

To confirm this order, we are enclosing our purchase order No.1002 including shipping instructions. To ensure prompt execution, we have instructed our bankers to open an irrevocable L/C in your favor by cable, which you will receive within a few days.

Though small in quantity, the order is very important for us. We ask, therefore, that you give your best attention in completing it as soon possible.

Faithfully yours,

■ **Offer Accepted (2)**

Dear Sirs.

We are pleased to accept your letter of July 15 offering 300 dozen silk Blouses S/# 1302 at US $30. 50 per doz. CIF New York for immediate shipment.

In reply we have just cabled you as follows.

YOURS 15TH ACCEPT IMMEDIATE
SHIPMENT REQUESTED CORNWELL

To confirm this order, we are enclosing our purchase order No.1002 including shipping instructions. To ensure prompt execution, we have instructed our bankers to open an irrevocable L/C in your favor by cable, which you will receive within a few days.

Though small in quantity, the order is very important for us. We ask, therefore, that you give your best attention in completing it as soon possible.

Faithfully yours,

02 무역계약

Global Entrepreneurship In Action

1 무역계약이란

무역계약(trade contract)이란 국적을 달리하는 당사자들 사이에 매도인(seller)이 매수인(buyer)에게 물품의 소유권(property in goods)을 양도하여 물품을 인도할 것을 약속하고, 매수인은 이를 수령하고 물품의 대금을 지급할 것을 약속함으로써 성립하는 국제간의 매매계약을 말한다.

국제계약이든 국내계약이든 본래 계약(contract)이란 일정한 채권, 채무 관계의 형성을 목적으로 복수 당사자 간에 의사의 합치(agreement)에 의하여 성립되는 법률행위로써 권리, 의무 관계를 규정한 것이다.

1. 무역계약의 성립요건

무역계약의 성립은 매도인과 매수인이 일정한 조건 하에서 계약체결 의사표시(offer)에 대해 상대방의 승낙(acceptance)이 있으면 계약이 성립되며, 일반적으로 유효한 무역계약이 이루어지기 위해서 필요한 요건은 다음과 같다.

① 양 당사자 의사표시의 합치가 필요하다.

② 약인(consideration)이 필요하다.-약인이란 약속과 교환하여 약속자가 받은 권리, 이익, 이윤, 편의 또는 수익자가 부담하는 부작위, 불이익, 손실, 의무와 같은 것들의 약속

③ 거래의 목적물이나 거래방법이 합법적(legality)인 것이 필요하다.

④ 당사자의 행위능력(capacity of the parties)이 필요하다.

2 무역계약의 성격

무역계약의 성격에는 낙성계약 諾成契約(Consensual Contract/)과 쌍무계약(Bilateral Contract), 유상계약(Remunerative Contract), 불요식계약(Informal Contract)의 4가지가 있다.

1. 낙성계약 (Consensual Contract)

낙성계약(諾成契約)은 매매당사자의 합의에 의하여 계약이 성립되기 때문에 계약 당사자의 어느 한편의 청약(offer)에 대해 상대방이 승낙(acceptance)함으로써 계약이 성립된다.

2. 쌍무계약(Bilateral Contract)

당사자 간에 계약이 성립됨에 따라 계약 당사자 모두가 채무를 부담하는 계약으로 매도인은 물품인도 의무, 매수인은 대금지급 의무를 각각 부담하게 된다.

3. 유상계약(Remunerative Contract)

매도인의 물품 인도에 대해 매수인이 대금을 지급하는 상호보상, 즉 물품의 급부와 대금의 반대급부가 이루어지는 것을 말한다.

4. 불요식계약(Informal Contract)

무역계약은 특정한 요식을 필수 조건으로 하는 것은 아니며, 구두 또는 서류 등 어느 것으로든 의사표시를 전달함으로써 계약이 성립된다. 따라서 매매 당사자의 합의가 있으면 그 자체로 계약이 성립되는 것으로 물품의 점유이전, 소유이전이나 문서작성 및 교부가 계약 성립의 요건이 되는 것은 아니다.

3 무역계약서 작성

1. 계약서의 필요성

어떤 특정 품목에 대한 거래가 성립되면, 거래할 때마다 양당사자가 거래조건에 합의하면 계약이 성립된다.

- 청약(offer)에 대한 상대방의 승낙(acceptance)로 계약 성립
- 후일 분쟁이나 소송 등에 대비 문서 작성 필요
- 서류의 양식은 불요식(informal) : Contract, Agreement, Memorandum, Letter of Indent(의향서) 등 어느 것도 가능

[계약서 작성시 검토사항]

① 계약 당사자의 의도확인 ② 앞으로 발생 가능한 제 문제점 검토 ③ 관련된 기존 문서의 검토와 최종적 효력 여부 ④ 분쟁발생시 해결방안 ⑤ 계약서 초안 작성시 확인사항 ⑥ 합의안의 제 내용 ⑦ 계약 내용의 적법성과 법적 구속력의 존재 여부 ⑧ 계약 당사자 여부 및 계약 유효기간 ⑨ 필요시 계약의 해지사유와 절차 ⑩ 준거법과 분쟁처리절차에 관한 조항의 적절성 등

2. 수출입계약의 체결방법

(1) 개별계약(Case By Case Contract)

어떤 특정 품목에 대한 거래가 성립되면 거래시마다 양 당사자가 거래조건에 합의하면 계약이 성립된다.

- 계약서를 2통 작성하여 서명 후 상대방에게 송부하고, 상대방은 이를 검토하여 서명한 후 1통을 반송.

• 매도인측 작성 : sales note, sales contract comfirmaition of order
• 매수인측 작성 : purchase note, purchase contract

(2) 포괄계약(Master Contract)

• 무역거래 일반약정(general terms and conditions)
• 매도인 발행 Offer(청약)에 매수인이 Acceptance(승낙) 서명 한 후, 각각 1통 씩 보관.
• 매도인의 확정 Offer에 대해 수락의 표시를 전신이나 서신으로 발송.

(3) 독점계약(Exclusive Contract)

• 어떤 품목의 수·출입에 있어서 독점 판매권 계약

(4) 대리점계약(agency Contract)

무역거래는 수출업자와 수입업자가 자신의 명의와 계산으로 본인 대 본인으로서 이루어지는 것이 일반적이지만, 수출업자가 자신의 판매대리점을 통하여 해외의 수입업자에게 판매하도록 하거나, 수입업자가 자신의 구매대리점을 통하여 해외의 수출업자로부터 구매한 물품을 수입하는 경우도 있다.

① 판매대리점계약(Selling agency agreement)

판매대리점계약은 수입국 내의 판매업자가 수출업자와 판매위탁계약을 체결한 후 수출업자를 대신하여 수입국 내에서의 물품판매 및 각종 부대업무를 수행하도록 하는 계약을 말한다. 수입국의 판매대리점은 수출업자의 대리인으로서 수출업자와 수입업자가 본인(principal) 대 본인(principle)으로 계약을 체결할 수 있도록 해주고 이에 대한 수수료를 받는다.

② 구매대리점계약(Buying agency agreement)

구매대리점계약은 수출국 내의 구매업자가 수입업자와 구매위탁계약을 체결한 후 수입업자를 대신하여 수출국 내에서의 물품구매 및 각종 부대업무를 수행하도록 하는 계약을 말한다. 구매대리점은 물품을 구매하여 선적한 후 해외의 수입업자로부터 매입액을 기초로 하여 산정된 구매수수료를 받는다.

3. 계약서의 확정 · 확인

① 계약 당사자의 확정, 계약 성립의 확인을 함.

② 무역계약은 구두, 전화, 전보 등의 의사표시로 가능함.

③ 분쟁과 상관습의 차이에서 발생하는 오해방지 목적이 있음.

④ 무역계약의 효력 발생함.

- 매도인과 매수인의 권리의무 발생
- 계약 불이행에 대한 처리 여건 발생

[계약체결시 유의사항]

① 흔히 우리나라 사람들은 상대방의 권리와 의무를 명확하게 해 두는 것에 익숙하지 못하고 상대방을 일방적으로 신뢰하여 사후에 분쟁이 발생하는 경우가 많으며, 특히 신용장 조건의 불비에 따른 지급거절 사례가 자주 발생하므로 유의해야 한다.

② 국제간 거래는 계약의 체결, 이행, 종요의 과정에서 계약의 불이행, 해석상의 의견 불일치 등으로 분쟁발생 가능성이 있으므로 유의해야 한다.

③ 청약조건을 충분히 검토하여 승낙여부를 결정하고, 가격표 등에도 청약으로 착각하기 쉬운 문언이 없도록 유의해야 한다.

④ 계약성립 시기에 대한 문제와 관련하여 영미법이나 대륙법계의 입법주의는 모두 도달주의를 채택하고 있으면, 우리나라도 이에 따르고 있다. 그러나 우리나라 민법 제531조에서 격지자간 계약에 있어서 승낙에 대한 의사표시는 발신주의를 채택하고 있음에 유의해야 한다.

⑤ 모든 계약을 체결할 때는 반드시 구두가 아닌 서면으로 작성하고, 계약체결 전에 법률지식이 풍부한 전문가의 법률자문을 받아 계약 내용상의 불리한 내용이 없도록 유의해야 한다.

⑥ 계약 당사자는 클레임 제기시 대한상사중재원 또는 기타 특정기관의 중재판정에 따른다는 조항을 넣어두면 분쟁을 신속하고 편리하게 해결할 수 있음을 유의해 둔다.

4 무역계약의 기본조건

무역계약은 국제간의 상품에 대한 매매계약이기 때문에 추후에 분쟁이 발생될 소지가 있다. 이와 같이 상거래 분쟁을 사전에 예방하기 위하여 계약 내용에 대한 제반 사항을 명확히 해 둘 필요가 있는데, 이를 무역계약 조건이라고 한다.

계약물품에 대한 기본적인 조건으로는 ① 품질(quality), ② 수량(quantity), ③ 가격(price), ④ 선적(shipment), ⑤ 지급(payment), ⑥ 보험(insurance), ⑦ 포장(packing), ⑧ 분쟁(conflict) 등이 있다.

1. 품질 조건

품질에 관한 조건으로 품질 결정방법, 품질 결정시기 등을 명확히 해야 한다.

(1) 품질의 결정방법

① 견본에 의한 매매(Sales by Sample)

견본 매매는 견본을 통하여 상품의 품질을 결정하는 방법으로 무역에서 가장 많이 사용하는 방법이다. 일반적으로 수출업자가 견본을 제작하여 수입업자에게 송부하지만, 경우에 따라서는 수입업자가 자신의 견본을 수출업자에게 송부하여 희망하는 품질을 요구할 수도 있다. 또한, 수입업자가 송부한 견본을 보고 수출업자가 유사견본(similar sample)을 만들어 수입업자에게 보내어 승인을 받아내는 방법도 있다.

② 표준품에 의한 매매(Sales by Standard)

수확 예정인 농·수산품 등의 1차 상품과 벌채 예정 원목 등의 품질은 계약시에 현품이 없고 견본 제공이 곤란하다. 따라서 이 경우 해당 연도의 표준품질에 의해 그 품질을 결정한다.

- **평균중등품질(Fair Average Quality : FAQ)** : 면화, 곡물, 차 등과 같은 곡물류의 매매에 사용하는 품질 조건으로서, 인도물품의 품질을 선적지에서 출하된 수확물 중에서 중간의 품질을 표준으로 하는 방법이다.

- **판매적격품질(Good Merchantable Quality : GMQ)** : 목재나 냉동어류 등은 견본 이용이 곤란하고 내부의 품질을 외관상 알 수 없기 때문에 수입지에서 판매 가능성을 전재조건으로 하여 품질을 결정하는 방법이다.
- **보통품질(Usual Standard Quality : U.S.Q)** : 주로 원사 거래에 이용되는 품질 조건으로서, 공인검사기관 또는 공인표준기관에 의하여 보통 품질을 표준품의 품질로 결정하는 방법이다.(영국의 로이드협회 소속 Lioyd's Surveyor)

③ 상표에 의한 매매(Sales by Brand)

생산업자의 상표(trade mark) 또는 통명(brand)이 국제적으로 널리 알려진 물품에 대해서는 견본을 제시할 필요 없이 상표나 통명을 품질기준으로 삼는 거래를 말한다.

예를 들면, Sony TV, Nikon 카메라, Parker 만년필, Omega 손목시계, Dunhil 라이터 등과 같은 상표를 이용하는 방법이다.

④ 규격에 의한 매매(Sale by Type Or Grade)

국제표준화기구(International Standarized Organiazation : ISO), 우리나라의 KS(Korea Standard)와 같이 상품의 규격이 국제적으로 정해져 있거나 수출국에서 공식적으로 인정하는 것일 경우 규격이나 등급으로 품질을 결정하는 방법이다.

⑤ 명세서에 의한 매매(Sale by Specification)

선박, 철도차량, 의료용구, 중장비류 등과 같이 거래대상 물품의 소재, 구조, 성능 등에 대하여 구체적인 명세서(specification)나 설명서(description), 설계도(plan) 등에 의하여 매매 기준으로 삼는 방법이다.

(2) 품질의 결정시기

무역거래에서는 해당 물품이 장거리 운송되는 경우가 많기 때문에 선적 시기의 품질과 양륙 시기의 품질이 다를 수 있다. 따라서 품질이 다른 경우로 인한 분쟁을 미연에 방지하기 위하여 품질의 결정시기를 사전에 약정해야 한다.

① 선적품질 조건(Shipped Quality Terms)

계약시 약정한 물품에 대한 품질의 일치 여부를 선적시의 품질에 의하여 결정하는 방법으로 주로 일반 공산품에 널리 사용된다. 따라서 수출업자는 운송도중에 품질의 변질에 책임을 지지 않는다.

② 양륙품질 조건(Landed Quality Terms)

계약시 약정한 품질에 대한 품질의 일치 여부를 양륙시의 품질에 의하여 결정하는 방법으로, 주로 호밀(rye) 거래에 사용되고 있다.

2. 수량 조건

수출입 물품의 수량과 관련하여 당사자는 '수량 단위', '과부족용인 조건' 등에 대해 약정하여야 한다.

(1) 수량 단위

물품의 수량을 결정할 때 사용되는 단위로는 중량, 길이, 용적, 개수 등이 있다.

표 3-5 › 수량 단위

단 위	종류 및 내용
중 량	• 총중량(Gross weight) : 상품의 무게와 포장의 무게를 합한 총무게 • 순중량(net weight) : 포장무게를 제외한 순상품의 무게 • 법적중량(legal weight) : 상품의 무게와 법적으로 인정되는 포장의 무게를 합한 중량
길 이	• 미터(meter), 야드(yard), 푸트(foot), 인치(inch)
용 적	• 석유 등의 액체 : 배럴(barrel), 갤런(gallon), 리터(liter) • 곡물 : bushel • 목재 : cubic meter(CBM), cubic feet(CFT), super feet(SF)
개 수	• 일반 물품 : piece, set 등 • 연필, 양말 등 : dozen(144pieces) • 잡화류 : gross(12pieces)
포장단위	• 면화, 밀가루, 시멘트, 비료, 통조림, 유제품 : bale, bag, case, can, drum

※중량에 의한 수량 약정시는 단위에 유의해야 한다.(특히, Ton)

계약시 수량 단위의 명확한 표시(예, M/ton)를 해두지 않으면 수량부족(shortage)에 따른 분쟁발생 소지가 있다.

예를 들어, 영국인과 계약을 하면서 막연히 ton이라고 표시해 놓고, 1 ton을 1,000kg으로 계산하여 선적하는 경우를 보자.(영국인과는 t당 16.5kg을 손해 보게 된다.)

- L/T(Long Ton, English Ton, Gross Ton)-영국의 관행
- S/T(Short Ton, American Ton, Net Ton)-미국의 관행
- M/T(Metric Ton, French Ton, Kilo Ton)-유럽대륙국가의 관행

※ 1 L/T=2,240Lbs, 1 S/T=2,000Lbs, 1 M/T=1,000Kgs=2,204Lbs

(2) 과부족 용인조건

곡물, 광산물 등과 같이 운송도중에 감량이 예상되는 화물에 대해서는 계약시에 과부족용인 조건(more or less clause : M/L clause)을 활용하면 감량으로 인한 과부족을 인정받을 수 있다. 이와 같이 정해진 과부족 한도의 범위 내에서 물품이 인도되면 수량 부족에 대한 클레임을 제기하지 않는 조건을 과부족용인 조건이라고 한다.

물품의 성질에 따라 수량 과부족을 인정해야 할 경우, 허용범위와 과부족 선택권자에 대한 사항을 명시하는 것이 바람직하다.

예를 들면, “Seller shall have the option of shipment with a variation of more or less 4% of the quantity contracted, unless otherwize agreed.”와 같이 약정할 수 있다.

신용장 방식의 거래에서 과부족이 생기기 쉬운 살물(bulk cargo)에 대해서는 “about”이나 “circa” 또는 “nearly”, “approximately” 등의 유사용어를 사용하여 10%를 초과하지 아니하는 과부족을 용인하고 있다.[15] 신용장상에 특정한 물품에 대해 과부족이 있어서는 안 된다고 규정하고 있지 않는 한, 어음 발행총액이 신용장금액을 초과하지 않는 범위 내에서 5%까지의 과부족이 허용된다.[16]

3. 가격 조건

무역거래에서 물품의 가격을 결정할 때에는 첫째 매매가격을 어느 나라의 통화로

15) 신용장통일규칙(UCP, 1993), 제 39조 a항.

16) 신용장통일규칙(UCP, 1993), 제 39조 b항. c항.

해야 할 것인가에 대한 거래통화에 대한 문제와 둘째, 운송비·보험료·통관비 등과 같은 부대비용과 위험을 누가, 어디까지 부담할 것인가에 대한 문제가 발생하게 된다.

국제 매매가격은 수출업자와 수입업자가 해야 할 여러 가지의 원가요소와 물품의 인도장소 등을 감안하여 정하여 진다. 하지만, 매매당사자 간에 이러한 점을 고려하여 매 거래 시마다 계약서상에 구체적으로 나열하여 정한다는 것은 불편한 일이기 때문에 실제 거래에서는 국제적으로 무역거래관습상 형성된 정형무역거래조건(trade terms)에 의하여 매매가격이 산출되고 있다.

무역거래에서는 FOB, CIF 등과 같은 가격 조건과 관련된 용어들이 오래전부터 사용되어 왔지만, 이에 대한 국제적으로 통일된 규칙이 없어 각국에 따라 해석상의 차이가 많았다. 이에 따라 국제무역거래 상의 분쟁요소를 방지 하고 무역의 확대를 도모하기 위해 1936년 국제상업회의소(International Chamber of Commerce : ICC)는 무역거래조건의 해석에 관한 국제규칙(International Rules for the Interpretation of Trade Terms)을 제정하였다.

이 통일규칙을 "INCOTERMS"[17]라고 하는데, 무역관습의 변화에 따라 1953년, 1967년, 1976년, 1980년, 1990년, 2000년 그리고 2010년에 개정 또는 보완되어 현재 11가지 거래 조건을 사용하고 있다.

INCOTERMS는 국제적으로 법적인 구속력을 가진 국제조약이 아니라 단순히 민간단체인 국제상업회의소(ICC)가 제정한 국제규칙이기 때문에 매매 당사자들의 합의에 의해서만 이용될 수 있다. 따라서 당사자들이 다른 상관습에 대해 합의만 하면 INCOTERMS대신 사용할 수 있다.

현재 사용되고 있는 INCOTERMS 2010에는 11가지의 가격 조건들이 규정되고 있는데, 이를 성격별로 살펴보면 E그룹(출발지 인도조건), F그룹(운송비미지급 인도조건), C그룹(운송비지급 인도조건) 및 D그룹(도착지 인도조건)으로 분류되어 있다.

4. 선적 조건

선적(shipment)이라 함은 해상운송에 의한 선박으로의 선적은 물론 항공기의 적재나 운송인(carrier)에게 인도하는 것까지 포함하는 개념이다. 선적 조건에 대해 선적시기, 분할선적과 환적, 선적 지연에 따른 면책 조항 등에 대해 합의를 해야 한다.

17) 이 용어는 International Commercial Terms 를 조합한 것이다.

(1) 선적시기

① 특정 일 지정

가장 많이 사용되는 방식으로 신용장상에 특정 선적일이 지정된 경우이다. 예를 들어, 선적일이 "September 30, 20xx"일 경우, 20xx년 9월 30일까지만 선적하면 된다. 무역업계에서 신용장상에 사용되는 선적일에 대한 예문은 다음과 같다.

- Shipment : May 10, 20xx.
- Shipment : Not later than March 31, 20xx.
- Shipment : should be made by June 10, 20xx.

② 특정 월 지정

특정 월을 지정하는 방법은 단월 조건과 연월 조건이 있다. 단월 조건은 특정 월에 선적할 수 있도록 표기되는 조건으로, 예를 들자면, "November Shipment" 혹은 "Shipment during November" 조건인 경우 분할선적이 허용되지 않고 한 번에 선적이 이루어져야 함을 의미한다.

연월 조건은 "Shipment During February, March, April"과 같이 물품을 분할로 선적할 수 있음을 나타내는 조건으로, 선적의 횟수와 수량에 대해서 명확한 합의가 필요하다.

③ 조건부 선적기일 지정

특정 조건이 이행되는 시점을 기준으로 선적기일을 지정하는 방법이다. 무역업에서 오퍼를 할 경우 "Terms of Shipment : Withing 60 days after receipt of your L/C" 등으로 표현하는 경우가 많다.

이는 해석상의 오류가 발생 될 가능성이 있을 수 있기 때문[18]이므로 "Terms of Shipment : Withing 60 Days From The Date Of This Contract"와 같이 표현하는 것이 바람직하다.

18) 신용장을 수령한 후 60일에 대한 기산기준이 통지은행의 실제 통지일자(date of credit advice)인지 아니면 수출업자가 통지된 신용장을 수령한 일자인지에 대한 해석상의 오류가 발생될 수 있다.

(2) 분할선적과 환적의 허용 여부

① 분할선적

분할선적(partial shipment)이란 계약 물품을 정해진 선적기일 이내에 한 번에 선적하지 않고 2회 이상 나누어서 선적하는 것을 말한다. 거래 당사자들 간에 계약물품에 대한 분할선적 여부에 대해 사전에 약정해야 하는데, 분할선적이 허용될 경우에 수출업자는 약정조건에 따라 나누어 선적할 수 있다. 신용장상에 분할선적을 금지한다는 명시가 없으면 분할선적을 허용하는 것으로 간주된다.[19] 분할선적 예문은 다음과 같다.

- Partial shipments are prohibited
- Partial Shipments : allowed( ), prohibited( )
- Equal monthly shipments during March and April

② 환적

환적(transhipment)이란 화물을 운송도중 다른 선박이나 운송기관에 옮겨 싣는 것을 의미한다. 목적 항까지의 직항선이 없거나 여러 운송수단을 동시에 사용하는 복합운송인 경우에 환적을 허용하는 경우가 많다. 신용장 상에 환적을 금지한다는 명시가 없는 경우에는 환적이 허용되는 것으로 간주된다. 따라서 분쟁을 예방하기 위해 환적의 허용여부를 사전에 합의하는 것이 바람직하다.

- Transhipment is prohibited
- Transhipment : allowed( ), prohibited( )
- May shipment : to be transhipped at Lobe for Long Beach

(3) 선적 지연에 따른 면책조항의 설정

수출업자의 고의, 과실 또는 태만에 의하여 약정된 기간 내에 선적이 이루어지지 않을 경우에는 수출업자가 책임을 져야 한다. 하지만 선적지연의 원인이 천재지변(act of god)이나 전쟁(war) 등의 불가항력(force majeure)에 의한 경우에는 다음과 같은 조항을 약정함으로써 면책 받을 수 있다.

19) 신용장통일규칙(UCP, 1993), 제40조 agkd.

Force Majeure : Neither shall be liable for failure to perform its part of this contract when such failure is due to act of God, fire, flood, strikes, labor troubles or other industrial disturbances, inevitable accidents, war(declared or undeclared), embargoes, blockades, legal restrictions, riots, insurrections, or any cause beyond the control of the parties

불가항력조항 : 어느 당사자도 본 계약을 이행할 수 없는 사유가 천재지변, 화재, 홍수, 파업, 노동쟁의, 기타 노사분규, 불가피한 사고, 전쟁(선포포고 여부를 불문하고), 수출금지, 봉쇄, 법적규제, 소요, 내란, 기타 당사자가 지배할 수 없는 일체의 원인에 의한 때에는 그 불이행에 대하여 면책된다.

5. 대금결제 조건

수출입 당사자는 계약을 체결할 때 대금결제 조건(payment terms)으로 대금결제방식, 대금결제시기 및 대금결제통화에 대해 합의하여야 한다.

(1) 대금결제 방식

일반적으로 무역대금에 대한 결제방식으로는 신용장방식에 의한 결제, 추심방식에 의한 결제 및 송금방식에 의한 결제로 구분된다.

① 신용장 방식에 의한 결제

신용장(letter of credit)이란 수입업자를 대신하여 신용장 개설은행이 수출업자에게 일정한 조건을 갖출 경우, 수출대금을 지급할 것을 약정하는 보증서이다.

수출업자 입장에서는 신용장에서 요구하는 서류를 제시하기만 하면 수입업자의 능력과는 상관없이 개설은행으로부터 대금을 받을 수 있다. 신용장방식에서 수입업자가 대금을 즉시 지급하기로 약정할 경우에는 일람불신용장(sight credit)이 되고, 일정기한 후 지급을 약정할 경우에는 기한부 신용장(usance credit)이 된다.

- Payment Terms : Under an irrevocable L/C at sight in our favor
- Payment Terms : By an irrevocable L/C at 60 days after sight in our favor

② 추심 방식에 의한 결제

추심방식에는 어음지급서류인도조건(Document against Payment : D/P)과 어음인

수서류인도조건(Documents against Acceptance : D/A)이 있다. 추심방식에 의한 결제는 은행의 지급보증이 없이 전적으로 당사자 간의 신용을 기초로 하여 이루어지는 거래이기 때문에 본·지사간의 거래나 신용이 확실한 거래처간에 이루어진다.

• Payment Terms : Under D/P at sight in U.S Dollars
• Payment Terms : Under D/A at 60 days after sight in U.S. Dollars

③ 송금 방식에 의한 결제

송금(remittance)방식은 수입업자가 수출업자 앞으로 물품대금을 송금하는 방식으로, 수출업자의 입장에서는 물품을 선적하기 전에 대금을 받을 수 있어 유리하지만, 수입업자의 입장에서는 수출업자가 물품의 선적을 이행하지 않거나 계약물품과 상이한 물품을 선적할 수 있다는 점에서 불리하다.

송금방식으로는 송금수표(demand draft : D/D), 우편송금환(mail transfer : M/T), 전신송금환(telegraphic transfer : T/T) 등이 이용된다.

• Payment Terms : Under T/T basis in U.S. Dollars

(2) 대금결제 시기

① 선지급(Payment In Advance)

물품이 선적 또는 인도되기 전에 대금을 송금하는 방식으로 소량의 견본 대금을 지급하거나 특별 주문시 이용된다. 이에는 송금수표나 우편송금환 또는 전신송금환 등에 의해 송금되는 단순송금(remittance basis) 방식, 신용장수령과 동시에 결제되는 선대신용장(red clause L/C), 주문시 지급(Cash With Order : CWO) 등이 있다.

② 동시지급(Concurrent Payment)

동시지급으로는 서류인도결제(cash against document : CAD)와 물품인도결제(cash on delivery : COD)방식이 있다. 서류인도결제방식은 수출업자가 물품의 선적을 증명하는 운송서류를 수출지에 있는 수입업자의 대리인이나 거래은행에 제시하여 대금을 지급받는 방식이고, 현물상환방식은 수입지에서 물품과 대금을 교환하는 현금결제 방식이다.

③ 연지급(Deferred Payment)

물품의 선적이나 서류의 인도 후 일정기간이 경과된 후에 대금지급이 이루어지는 방식이며 기한부신용장, 인수인도(D/A) 조건 등이 이에 해당된다.

6. 보험 조건

물품을 운송하는 과정에 선박의 좌초(stranding), 침몰(sinking), 충돌(collision) 등과 같은 해상 고유의 위험(perils of the seas)이나 전쟁(war)등과 같은 인위적 위험을 담보받기 위해 적화보험을 부보하여 만일의 손해에 대비해야 한다.

무역 거래시 CIF나 CIP 조건인 경우에는 수출업자가 적화보험계약을 체결해야 하고, FOB나 CFR과 같은 거래조건에서는 수입업자가 적화보험계약을 체결해야 한다. 보험계약시 보험 목적물인 물품에 대해 어떠한 담보조건으로 부보할 것인가에 대한 약정이 필요하다.

7. 포장 조건

포장(packing)이란 물품의 운송, 보관, 하역, 진열, 판매 등을 하는데 있어 그 물품의 외형과 내용을 보호하고 상품가치를 유지하기 위해 재료나 용기로 둘러싸는 기술 작업 및 상태를 말한다. 따라서 물품의 형태나 특성에 따라 포장되는 재료나 방법은 각각 다를 수 있다.

(1) 포장 방법

포장 방법은 물품의 최소 소매단위를 개별적으로 포장하는 개장(unitary packing), 물품의 이동을 편리하게 하기 위해 일정한 양을 묶어 재보장하는 내장(interior packing), 운송도중 파손이나 도난을 방지하고 하역에 편리하도록 몇 개의 내장을 목재나 카톤(carton) 등으로 최종적으로 다시 포장하는 외장(outer packing)이 있다.

(2) 포장 종류

수출물품의 일반적인 포장은 종이상자(carton)이지만, 물품의 특성과 종류에 따라 다르기 때문에 표준화된 포장은 불가능하다. 다만, 원격지 물품운송의 안전을 위해 견고하면서도 경제성이 있고 취급하기가 용이한 포장을 한다. 포장에 소요되는 가격도 종류에 따라 차이가 나기 때문에 이를 감안하여 수출가격을 산정해야 한다.

(3) 화인(Shipping Marks)

화인(shipping marks)은 운송관계자나 수입업자가 쉽게 식별할 수 있도록 외장에 특정의 기호, 포장번호, 목적항 등의 여러 가지 표시를 말한다. 보통 수입업자가 요구하는 경우에는 지시에 따라서 해야 하지만, 수입업자의 별도 요청이 없을 경우에는 수출업자가 임의적으로 하면 된다.

8. 클레임과 중재조항

클레임(claim)이란 당사자가 약정된 계약을 위반함으로써 상대방이 단순한 불평(complaint)의 차원을 넘어 손해 배상을 요구하는 것을 의미한다. 무역계약시 클레임 제기시한을 정하는 것이 바람직하며, 클레임의 정당성을 입증할 수 있는 공인된 감정인의 감정보고서(surveyor's report)를 첨부하도록 합의하여야 한다.

클레임은 가능한 한 당사자들 간에 우호적으로 해결되어야 하지만, 그렇지 못할 경우에는 중재(arbitration)에 의해 해결하도록 한다. 따라서 중재지역, 중재기관 및 중재법 등에 대한 약정을 해 두어야 한다.

5 무역거래 조건과 통일규칙(INCOTERMS 2010)

1. 무역거래 조건의 의의

무역거래조건(trade terms)이란 무역거래에 있어서 국제적으로 정형화되어 있는 물품매매 조건을 말하며, FOB라든지 CIF와 같은 약어를 가리킨다.

무역거래조건은 흔히 가격조건(price terms)으로 사용되지만, 실제로 다음과 같은 매매 당사자의 책임 한계를 그 내용으로 하고 있다.

① 물품의 인도장소
② 매매 당사자의 물품에 대한 위험부담의 분기점
③ 매매 당사자의 물품에 대한 비용부담의 분기점

따라서 무역거래조건이 결정되면 이용할 운송수단의 선택이 제한을 받고, 또 운송계약을 체결해야 할 당사자가 결정된다. 예를 들어, CIF 조건으로 매매 계약을 체결한 경우, 물품의 인도장소가 지정 선적항의 본선 상이므로 당연히 선박에 의한 해상운송을 하여야 하고, 또 그 해상운송계약은 매도인이 체결하여야 한다. 아울러 INCOTERMS의 구체적 범위는 다음과 같다.

첫째, 매각된 물품의 인도에 관한 매매 계약 당사자의 권리와 의무에 한정되어 있다.
둘째, INCOTERMS는 수출업자와 수입업자간의 실무적 관계에서 운송, 보험, 금융, 매매계약을 고려하는 것이 중요하지만 물품의 매매계약에만 관련되어 있다.
셋째, INCOTERMS는 국제 물품매매계약의 핵심 요소로서 매도인은 매수인에게 물품을 운송하고 당사자 간의 비용과 위험의 분담에 대한 기준을 제시하고 있다.
넷째, INCOTERMS는 소유권의 이전 및 재산권의 이전, 계약 위반 권리구제 책임의 면제와 같이 일어나는 문제는 취급하고 있지 않다.(CISG, 준거법, 기타규정에 의해서 해결)

2. INCOTERMS

국제적으로 무역거래조건의 해석에 관한 통일규칙으로서 가장 많이 이용되는 것은 IINCOTERMS이다. INCOTERMS는 International Commercial Terms에서 따온 약칭으로 국제상업회의소(ICC)가 각국에서 관용적으로 사용하는 무역거래조건을 조사·정리하고, 그 중 주요 무역거래조건에 대한 매매 당사자의 최소한의 의무를 규정한 국제규칙이다. 이 규칙은 1936년에 제정된 이후 수차례에 걸쳐 개정되었다.

INCOTERMS 2010에는 다음과 같은 11종의 무역거래 조건에 대하여 매매 당사자의 의무를 규정하고 있다.

① Ex Works(EXW : 공장인도조건)
② Free Carrier(FCA : 운송인인도조건)
③ Free Alongside Ship(FAS : 선측인도조건)
④ Free On Board(FOB : 본선인도조건)
⑤ Cost and Freight(CFR : 운임포함조건)
⑥ Cost, Insurance and Freight(CIF : 운임·보험료 포함조건)
⑦ Carriage Paid To(CPT : 운송비지급 인도조건)

⑧ Carriage and Insurance Paid to(CIP : 운송비·보험료지급 인도조건)
⑨ Delivered At Terminal(DAT : 터미널 인도조건)
⑩ Delivered At Place(DAP : 목적지 인도조건)
⑪ Delivered Duty Paid(DDP : 관세지급 반입 인도조건)

이들 무역거래조건은 크게 4개의 그룹으로 구별된다. 첫 번째 그룹은 매도인이 자기의 구내에서 물품을 매수인의 처분가능 상태로 두는 E조건(EXW), 두 번째 그룹은 매수인이 지정한 운송인에게 매도인이 물품을 인도해야 하는 F조건들(FCA, FAS, FOB), 세 번째 그룹은 매도인이 운송계약을 체결하지만, 선적 및 운송인에게 인도한 후에 발생하는 물품의 멸실·훼손 위험과 추가비용을 부담하지 않는 C조건들(CFR, CIF, CPT, CIP), 그리고 마지막 그룹은 매도인이 물품을 목적지로 운송하는데 따른 모든 위험과 비용을 부담하는 D조건(DAT, DAP, DDP)들이다.

[주요개정 내용]

▸ D조건에서 DAF, DES, DEQ, DDU를 없애는 대신, DAT와 DAP를 신설하여 모두 11가지이다.

① INCOTERMS는 전통적으로 국제매매에서 사용되었으나 EU 등, 일부지역에서는 국경을 통과하는데 필요한 통관절차 등의 의미가 없게 됨에 따라 인코텀즈의 무역거래조건을 국내매매에 적용할 수 있도록 공식적으로 인정하였다

② 선적지 인도조건인 FAS, FOB, CFR, CIF 조건에서 인도지점으로서 선측난간(ship's rail) 개념을 대신하여 물품이 선박에 적재된 때에(when they are 'on board' the vessel) 인도된 것으로 규정한다.

③ 사용 가능한 운송방법을 기준으로 다음과 같은 두 개의 유형으로 분류하고 있다.

- 전 운송수단(복합운송) : EWX, FCA, CPT, CIP, DAT, DAP, DDP
- 해상 운송수단 : FAS, FOB, CFR, CIF

3. 무역거래 조건과 운송계약

INCOTERMS 2010에 의하면 무역거래조건 중 FAS · FOB · CFR · CIF 조건은 해상운송의 경우에만 이용할 수 있는 조건으로 규정하고 있고, EXW · FCA · CPT · CIP · DAT · DAP · DDP 무역거래 조건은 운송수단 내지 운송형태에 관계없이 이용할 수 있는 것으로 규정하고 있다.

따라서 매매 당사자 사이의 합의에 의해 무역거래 조건이 결정되면 이용 가능한 운송수단이 제한을 받게 되는 것이다.

INCOTERMS 2010에 규정된 무역거래 조건별로 운송 계약과의 관계를 간추려 살펴보면 다음과 같다.

(1) 공장인도조건(EXW)

공장인도조건(Ex Works : EXW)은 매매 목적물이 현존하는 장소에서 현물을 인도할 것을 내용으로 하는 조건으로서 매도인은 자기의 공장· 창고 등, 매매 목적물이 있는 지정 인도 장소에서 지정 기간 내에 수출통관을 하지 않은 계약 물품을 매수인이 임의로 처분할 수 있는 상태로 두면 된다.

한편, 매수인은 약정된 물품을 자기가 자유롭게 처분할 수 있는 상태가 되면 이를 인수하고, 그 후 당해 물품의 소유자로서 적당한 운송수단을 수배하여 목적지까지 운송하게 된다.

매도인 공장인도 : 적재에 대한 모든 책임과 비용을 매도인에게 부담시키고자 할 경우

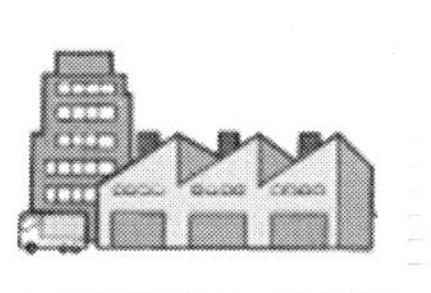

다음의 <표 3-6>의 공장인도조건(EXW)을 알아보자.

표 3-6 · 공장인도조건(EXW)

매도인의 의무		매수인의 의무	
물품제공 대금지급	매매계약과 일치하는 물품제공 및 선적서류제공	대금지급	약정된 대금지급
수출입 허가 통관	수출통관, 수출 인허가 취득, 공적 승인 취득시 매수인에게 협조제공	허가 인가 통관	수입통관비용 및 통관절차 수행 제3국 수출, 통관비용 부담
운송보험계약	의무없음, 매수인 위험과 비용으로 통상적인 운송계약 취득	운송보험계약	운송계약 및 비용부담(지정장소·도착지)
인도	매수인이 선택한 운송인 또는 제3자에게 물품인도(최초 운송인), 운송수단에서 양륙되지 않은 상태에서 인도	인수	합의된 시기 장소에서 물품을 인수(최초 운송인)
위험이전	지정된 최초의 운송인에게 인도될 때까지 위험부담	위험	지정된 최초의 운송인에게 인도된 이후 위험부담
비용	지정된 최초의 운송인에게 인도될 때까지 비용지급(용적, 중량, 품질검사)	비용	합의된 최초의 운송인에게 인도된 이후의 모든 비용부담, 통지의무 위반에 의한 추가비용, 수입통관, 제3국 통과비용 부담
매수인에게 통지	지정된 최초의 운송인에게 물품이 인도된 사실 및 운송인이 인수하지 못한 사실을 매수인에게 통지	매도인에게 통지	최초의 지정운송인, 운송수단, 인도일자, 기간 및 장소를 매도인에게 통지해야 함. 통지의무 위반에 의한 추가비용은 매수인이 부담
인도증명 운송서류 등	최초의 운송인에게 인도를 증명하는 통상적인 서류제출 및 비용부담(본선수취증 등)	인도증명서류 인수	매도인이 제공하는 인도증명 서류의 수령의무
검사포장화인	필요한 물품검사 및 비용지급, 포장, 화인 의무	물품검사	선적 전 검사 및 비용지급
기타	매수인의 수입통관에 필요한 서류 제3국 통과 서류취득에 협조의무	기타	운송서류 발행비용, 매도인의 협조비용

(2) 운송인인도조건(FCA)

운송인인도조건(Free Carrier : FCA)은 복합운송을 포함하여 모든 운송에 이용될 수 있는 조건으로, 매도인이 지정지점 또는 장소에서 약정 기간 내에 매수인이 지정한 운송인에게 수출통관을 마친 계약물품을 인도해야 하는 조건이다. 이 조건에서는 선택된 인도 장소에 따라 물품의 적재 및 양하 의무가 달라진다. 즉, 매수인에 의해 지정된 인도장소가 매도인의 구내(seller's premises)인 경우에 매도인은 매수인의 집하차량에 물품을 적재하여야 하고, 그 밖의 장소인 경우에는 매도인은 도착된 차량으로부터 양하하지 않은 상태로 물품을 매수인의 처분에 맡기면 된다.

이 조건에서는 원칙적으로 매수인이 적절한 운송수단을 선택하여 운송계약을 체결해야 한다. 다만, 매수인의 요청이 있는 경우 또는 상관습이 있는 경우에 매수인이 적기에 반대의 지시를 하지 않는 한 매도인은 매수인의 위험과 비용부담으로 통상적인 조건의 운송계약을 체결할 수 있다.

표 3-7 · 운송인인도조건(FCA)

매도인의 의무		매수인의 의무	
물품제공	매매계약과 일치하는 물품인도 물품과 일치하는 일치 증거자료 제출 (상업송장 전자 메시지 등)	**대금지급**	약정 대금지급
인가 허가 통관	수출 및 통관비용 부담	**수출입 허가 통관**	수출입에 관한 인가 및 절차, 기타 비용
운송보험계약	운송보험계약 의무 없음	**운송보험계약**	매수인이 보험 운송계약 체결, 보험료지급
인도장소 인도	수취용 차량에 적재의무 없음. 인도장소 선택 지정장소에서 매수인의 임의처분 상태에 둠	**인도장소 인수**	매도인의 공장 내에서 물품을 인수의무, 합의된 시기 및 장소에서 인수
위험분기	매도인의 공장 내에서 위험 이전된다. 매수인에게 임의처분 상태에 두었을 때, 위험 이전됨	**위험분기**	매도인의 지정공장 내, 매수인이 인수장소 지정, 매수인 통지의무 위반시 합의된 인도일자, 만기일에 위험이 이전된다.
비용	매도인 공장 내에 지정장소에 인도될 때까지 비용 매수인 부담	**비용**	매도인 공장 내에서 인수된 이후 비용부담, 기타 물품 미인수시 발생 추가비용 부담
통지의무	물품인도일자, 장소를 매수인에게 통지	**통지의무**	인수장소 및 시기결정 통지(매수인 결정권)
인도증명	운송서류 및 전자 메시지 제공	**인수증명**	물품의 수령증명서를 매도인에게 제출해야 함.
검사포장화인	검사 및 비용, 포장, 화인의무	**검사비용**	수출 당국의 검사 및 선적 전 검사비용 지급
기타의무	매수인이 수출 및 수입통관 타국 통관에 필요한 서류 전자 메시지 취득에 협조	**기타의무**	수출, 수입에 필요한 서류발급, 제3국 통과비용 지급

(3) 선측인도조건(FAS)

선측인도조건(Free Alongside Ship : FAS)은 지정 선적항의 본선 선측에서 수출통관을 마친 물품을 인도하는 조건으로 해상 및 내수로 운송의 경우에 이용된다. 이 조건의 경우 지정 선적항으로부터 물품을 운송하기 위한 해상운송 계약은 매수인이 체결하여야 한다.

표 3-8 ‣ 선측인도조건(FAS)

매도인의 의무		매수인의 의무	
물품제공	계약과 일치하는 물품제공 계약서와 일치하는 물품인도 증거서류 제공	대금지급	약정된 대금지급
수출입 허가 통관	수출허가, 인가, 통관절차 이행 및 비용부담	허가, 인가, 통관	수입허가, 수입통관절차 및 비용지급
운송보험계약	운송 보험계약 의무 없음	운송, 보험	매수인이 운송계약 체결 비용지급(선측에서 도착지까지)
인도	선적항에서 매수인이 지정된 본선의 선측에서 물품인도	물품 인수	물품이 본선의 선측에 인도될 때 인수하여야 함. 미인수시 추가비용 지급
위험 이전	선적항에서 매수인이 지정한 본선의 선측에서 위험 이전	위험 이전	본선의 선측에 인도된 이후의 모든 위험부담
비용	본선의 선측에 인도될 때까지 모든 비용부담 수출통관 및 관세, 조세 부대비용 지급	비용의 분기	본선의 선측에 인도된 이후의 모든 비용 매수인의 통지의무 위반에 의한 위험의 조기 이전 및 비용지급
매수인에게 통지	물품이 본선 선측에 인도된 사실을 매수인에게 통지	매도인에 통지의무	본선명, 선적지점 및 필요한 인도시기에 대해서 매도인에게 통지, 통지의무 위반시 추가비용 부담
인도증명 운송서류 등	물품이 본선 선측에 인도된 사실증명서류 제출 및 비용	물품인도 증명서류 수리	매도인의 물품인도 증명서류를 수령해야 한다.
검사, 포장, 화인	물품검사 및 비용, 포장, 화인실행 의무	물품검사	물품의 선적 전 검사 및 비용지급
기타	매수인의 수입통관, 제3국 통과에 필요한 선적서류 취득에 협조의무, 매수인 비용지급	기타의무	매수인이 수입통관에 필요한 서류 취득 및 비용 지급

(4) 본선인도조건(FOB)

본선인도조건(Free On Board : FOB)은 계약상품을 지정선적항의 본선 상에서 인도하는 조건으로 해상 및 내수로 운송의 경우에 이용된다. 즉, 이 조건의 경우 매도인은 수출통관을 마친 계약물품을 지정 선적항에서 매수인이 지정한 본선 상에 계약물품을 인도하면 된다. 지정 선적항으로부터 물품을 운송하기 위한 운송계약은 매수인이 체결하여야 한다. 따라서 이 조건으로 매매계약을 체결하게 되면 선택할 수 있는 운송수단이 선박으로 한정된다.

표 3-9 › 본선인도조건(FOB)

매도인의 의무		매수인의 의무	
물품의 제공	계약 일치하는 물품재공 및 증거서류 제출	대금지급	약정대금 지급
인가, 허가, 통관	수출허가 인가 및 통관절차 비용지급	허가, 인가, 통관	수입허가, 인가, 통관절차 이행 및 비용지급, 제3국 통과절차 및 비용 부담
운송보험	의무 없음, 다만 본선에 인도 시까지 운송비, 보험료 부담	운송보험 계약	지정된 선적항에서 목적지까지 운임지급, 운송계약체결, 보험계약체결 및 비용지급
물품인도	지정된 일자, 기간에 선적항의 본선 상에서 물품인도	물품의 인수	물품이 선적항의 지정된 선박의 본선에 인도된 때 인수
위험이전	지정된 선적항에서 본선에 적재된때 까지 위험부담	위험이전	지정된 선적항의 본선에 적재된 이후 위험이전, 통지의무 미이행시 합의된 일자, 기간의 만료일에 위험이전
비용분기	지정된 선적항에서 본선에 적재된 때까지 모든 비용과 수출 통관 비용, 관세, 조세, 기타 비용 부담	비용분기	합의된 최초의 운송인에게 인도된 이후의 모든 비용부담, 통지의무 위반에 의한 추가비용, 수입통관, 제3국 통과비용 부담
매수인에 통지의무	본선의 선적항에 인도된 사실을 매수인에게 통지	통지의무	지정된 선적항의 본선에 적재된 이후의 모든 비용과 제3국 통과비용 부담
물품인도 증명서류 제공	선적항의 본선 상에서 물품이 인도된 사실을 증명하는 서류 제공함.	물품인도 증명서류 수리	매도인의 물품인도 증거서류를 수령함.
검사, 포장, 화인	필요한 물품 검사, 포장, 화인 실행	물품검사	선적 전 검사 및 비용지급
기타 의무	매수인의 수입통관, 제3국 통과에 필요한 서류 취득에 협조	기타 의무	수입통관에 필요한 서류 취득 비용지급, 매도인의 협조비용 지급

(5) 운임포함 인도조건(CFR)

운임포함 인도조건(Cost and Freight : CFR)도 해상 및 내수로 운송의 경우에 이용되는 조건으로, 매도인이 지정 목적항까지의 운송계약을 체결하고 운임을 부담함과 동시에 자기의 비용으로 지정선적항에서 수출통관을 마친 물품을 선적해야 하는 조건이다.

이 조건에서 매도인은 자기의 비용부담으로 ① 통상 사용되는 형태의 항해선박으로, ② 통상의 경로에 의해, ③ 통사의 조건으로 계약상의 목적지까지 운송계약을 체결하여야 한다.

표 3-10 › 운임포함 인도조건(CFR)

매도인의 의무		매수인의 의무	
계약물품 제공	매매계약과 일치하는 물품 및 계약과 일치서류 제공	대금지급	매매계약서에 합의한 대금지급
인가, 허가, 통관절차	수출허가, 인가취득 및 수출 통관절차 및 비용지급	허가, 인가, 통관	수입허가 및 인가취득, 통관절차 비용지급, 제3국 통관절차 이행 및 비용지급
운송 및 보험계약	지정된 목적항까지 운송계약체결 및 운임지급(통상적인 항로에 의한 통상적인 조건으로 운송계약 체결) 보험계약 체결 의무는 없다..	운송보험 계약	운송계약 체결 의무는 없다. 보험계약 체결 및 보험료는 지급함.
물품의 인도	합의된 일자 및 기간 내에 지정된 선적항의 본선 상에서 물품인도	인수	목적항에서 운송인으로부터 물품 수령
위험의 이전	선적항에서 본선에 적재된 이후에 위험 이전	위험이전	선적항에서 본선에 적재된 이후의 모든 위험 부담, 매도인에게 통지의무 위반시 합의된 일자, 선적을 위한 만기일 이후 모든 위험을 부담함.
비용의 분기	선적항의 본선 상에서 인도할 때까지의 모든 비용지급, 물품의 적재비용, 운송계약 체결시 운임지급, 물품인도를 매수인에게 통지하지 않을 경우 추가비용 부담	비용분기	지정 선적항의 본선 상에 선적된 이후의 모든 비용부담. 운송비(목적항까지), 양륙비, 부선료 및 부두 사용료
통지의무	물품이 선적항의 본선 상에 인도된 사실을 매수인에게 통지, 통지의무 위반으로 발생하는 추가비용 지급	매도인에게 통지	물품의 선적시기 및 목적항의 결정을 매도인에게 통지
물품인도 증명서류 제공	합의된 목적항까지 통상적인 운송서류 원본 전통제공, EDI 서류로 대체될 수 있음	운송서류의 수리	매도인으로부터 계약에 합치한 운송서류의 제공이 있는 경우 수리해야 함.
검사, 포장, 화인	물품인도에 필요한 검사업무 및 비용지급, 물품포장, 화인표시	물품의 검사	선적 전 검사 및 비용지급
기타 의무	매수인의 물품수입 및 제3국 통과에 필요한 서류 취득에 협조	기타 의무	물품 수입 통관 및 제3국 통과시 필요한 절차 이행 비용지급

(6) 운임·보험료포함 인도조건(CIF)

운임·보험료포함 인도조건(Cost, Insurance and Freight : CIF)은 CFR 조건에 지정 목적항까지의 위험을 담보하는 보험계약을 체결하고 보험료를 지급하는 것을 매도인의 의무에 추가한 조건으로서 해상 및 내수로 운송의 경우에 이용된다. 따라서 이 조건은 운송계약에 관한 한, CFR 조건과 동일하다. 즉, 이 조건에서 매도인은 자기의 비용부담으로 ① 통상 사용되는 형태의 항해선박으로, ② 통상의 경로에 의해, ③ 통상의 조건으로 계약상의 목적지까지 운송계약을 체결하여야 한다.

표 3-11 · 운임 · 보험료포함 인도조건(CIF)

매도인의 의무		매수인의 의무	
계약물품 제공	CFR 조건과 동일	대금지급	CFR 조건과 동일
인가, 허가, 통관절차	〃	허가, 인가, 통관	〃
운송보험계약	목적지까지 운송계약체결,운임지급, 목적지까지의 보험계약 체결, 보험료 지급, 최소담보조건으로 부보, CIF금액의 110% 부보, 런던협회약관 I.C.C.(C) 조건으로 부보하면 충분	운송보험 계약	〃
물품의 인도	CFR 조건과 동일	인수	〃
위험의 이전	〃	위험이전	〃
비용의 분기	〃	비용분기	〃
통지의무	〃	매도인에게 통지	〃
물품인도 증명서류 제공	〃	운송서류의 수리	〃
검사, 포장, 화인	〃	물품의 검사	〃
기타 의무	〃	기타 의무	수입통관, 제3국 통과서류 취득 및 비용 지급, 매도인에게 보험계약에 필요한 정보 제공

(7) 운송비지급 인도조건(CPT)

운송비지급 인도조건(Carriage Paid To : CPT)은 FCA 조건에 지정 목적지까지의 운송비를 추가한 조건으로 매도인이 자기의 비용으로 지정목적지의 합의된 지점까지 통상의 운송경로(usual route)와 관습적인 방법(customary manner)에 의한 운송계약을 체결하여야 한다. 이 조건은 운송 형태에 관계없이 이용될 수 있는 것으로, 매도인은 자기의 비용으로 통상의 운송서류, 예를 들어, 유통선하증권, 비유통 해상화물운송장, 내수로 운송서류, 항공화물운송장, 철도화물운송장, 도로화물운송장, 또는 복합운송서류를 제공하여야 한다.

표 3-12 · 운송비지급 인도조건(CPT)

매도인의 의무		매수인의 의무	
계약물품 제공	계약에 일치하는 일치 증거서류 제공, 물품 제공	**대금지급**	약정된 대금지급
인가, 허가, 통관	수출허가, 인가취득 및 수출통관 절차이행 및 비용지급	**허가, 인가, 통관**	수입 허가, 인가 취득 및 수입통관과 그 비용지급
운송 및 보험계약	지정된 목적항까지 운송계약 체결 운임지급 보험계약 및 보험료 지급의무 없음	**운송 및 보험 계약**	운송계약 의무 없음
물품의 인도	최초의 운송인에게 물품을 인도함. 본 계약은 복합운송에 사용됨.	**인수**	합의된 시기 장소에서 물품을 인수(최초운송인)
위험의 이전	최초의 운송인에게 물품을 인도한 때 위험 이전됨.	**위험의 이전**	물품이 최초의 운송인에게 인도된 이후 모든 위험부담, 매도인에게 통지의무 위반시 합의된 일자, 만기일부터 위험부담
비용의 분기	최초의 운송인에게 물품이 인도될 때까지 모든 비용지급, 물품의 적재비, 목적지까지의 운임지급	**비용분기**	물품이 최초의 운송인에게 인도된 때부터 모든 비용부담, 목적지에서 양륙비용부담, 목적항까지 보험료 부담
매수인에 대한 통지	물품이 최초의 운송인에게 인도된 사실을 매수인에게 통지	**매도인에 대한 통지**	물품의 발송시기, 목적지에 대하여 매도인에게 통지
인도증명서류	목적지까지 운송서류 및 운송인에게 인도된 사실증명 서류 제공	**인도 증명 서류의 수리**	매도인의 물품인도 증명서류 수령
검사, 포장, 화인	물품인도에 필요한 검사업무 및 검사비용	**물품 검사**	선적된 물품검사 및 비용지급
기타 의무	수입통관, 제3국 통과를 위한 수출국에서 서류작성에 협조	**기타 의무**	수입통관, 제3국 통과서류 취득, 비용지급

(8) 운송비·보험료지급 인도조건(CIP)

운송비·보험료지급 인도조건(Carriage and Insurance Paid to : CIP)은 CPT 조건에 운송도중의 위험에 대비한 적하보험계약을 체결하고 보험료를 지급하는 것을 매도인의 의무에 추가한 조건이다. 따라서 운송계약에 관한 한, 이 조건은 CPT 조건과 동일하다.

표 3-13 › 운송비 · 보험료지급 인도조건(CIP)

매도인의 의무		매수인의 의무	
계약물품 제공	CPT 조건과 동일	대금지급	CPT 조건과 동일
인가, 허가, 통관	〃	허가, 인가, 통관	〃
운송 보험 계약	운송계약 체결 : 매도인은 자신의 비용으로 운송 목적지까지 운송계약을 체결하고 운임지급. 보험계약 체결 : 매도인은 도착지까지 적하보험계약을 체결하고 보험료를 지급하여야 한다. 보험금액은 CIF금액의 110%, 최소 담보조건인 I.C.C(C) 조건 이상으로 부보하고 그 이상의 부보 요구가 있을 경우에는 매수인 비용으로 가입한다.	운송 및 보험 계약	〃
물품의 인도	CPT 조건과 동일	인수	〃
위험의 이전	〃	위험의 이전	〃
비용의 분기	〃	비용분기	〃
매수인에 대한 통지	〃	매도인에 대한 통지	〃
인도증명서류	〃	인도 증명 서류의 수리	〃
검사, 포장, 화인	〃	물품 검사	〃
기타 의무	〃	기타 의무	수입통관 및 제3국 통과를 위한 절차를 이행하여야 하고 이에 필요한 서류 취득에 따른 소요 비용지급, 매도인에게 추가보험 요청에 따른 비용지급

(9) 터미널 인도조건(DAT)

도착 터미널 인도(Delivered at Terminal : DAT)는 물품이 도착운송 수단으로부터 양하된 상태로 지정 목적항 또는 지정 목적지의 지정 터미널에서 매수인의 임의처분 상태로 인도되는 것을 말한다.

"터미널"은 부두, 창고, CY(컨테이너, 장치장) 또는 도로 · 철도 · 항공 화물터미널과 같은 장소를 포함하며, 지붕의 유무를 불문한다.

DAT는 매도인이 수출품을 통관할 것을 요구한다. 그러나 매도인은 물품을 수입통관 절차를 이행하거나 수입관세를 부담할 의무는 없다.

표 3-14 ▸ 터미널 인도조건(DAT) : 모든 운송수단 가능

매도인의 의무		매수인의 의무	
물품 제공	계약에 일치하는 물품 제공 계약에 일치하는 송장 등 일치 증거서류 제공	대금지급	약정된 대금지급
인가, 허가, 통관	수출허가, 인가취득, 수출통관, 절차이행 및 비용지급	허가, 인가 및 통관절차	매수인은 수입허가, 인가취득과 수입통관 절차 이행 및 비용부담
운송보험 및 보험계약	운송계약 : 매도인은 물품을 합의된 목적항 이나 목적지의 지정 터미널까지 운송계약 체결 및 운임지급 보험계약 : 보험계약의무없음. 매수인의 요청시 매수인의 위험과비용으로 보험부보하는데 정보제공	운송보험	운송 보험계약 : 운송계약 체결 의무 없음. 단, 매도인의 요청이 있는 경우 보험부보에 필요한 정보 제공
인도	매도인은 물품을 운송수단 에서 양하 하고 합의된 일자에 지정터미널(목적항)에서 매수인의 임의 처분하에 둠으로써 인도.	인수	운송계약체결에 따라 물품이 인도 완료된 때에 인수
위험 이전	매도인은 매수인이 합의된 인도기간내의 인도시기 및 지정 인도장소	위험이전	합의된 인도일자 또는 인도기간의 만료일부터멸실, 손상의 모든 위험 부담
비용	합의된 목적항 또는 지정목적지에 있는 터미널까지운송하여 양하비용 및 추가비용부담, 수출통관비용 및 제3국 통과비용 지급.	비용분기	지정목적지 이후의 물품에 관한 운송비, 보험료부담. 매수인의 통지의무 위반에 따른 추가비용 및 수입통관 절차이행과 비용지급
매수인에게 통지	매수인이 지정한 장소(지정터미널)까지 물품을 발송하였다는 것을 매수인에게 통지	매도인에 통지	물품인도 시기, 지정된 장소(터미널)를 매도인에게 통지
인도증명 운송서류 등	물품인도에 관한 통상적인 서류 또는 증거를 매수인에게 제공	인도증명서 수리	인도증명서류를 수령해야 함.
검사, 포장, 화인	물품검사, 절차이행 및 비용부담, 포장, 화인 실시	물품검사	선적 전 물품검사 및 비용지급
기타	물품수입통관 및 제3국 통과를 위한 수출국에 발행하는 서류를 매수인이 취득하는데 협조해야 함..	기타 의무	수입통관 및 제3국 통과를 위한 매도인의 서류취득에 따른 비용지급

(10) 목적지 인도조건(DAP)

도착 장소 인도(Delivered at Place)란 물품이 지정 목적지에서 도착운송 수단으로부터 양하 준비된 상태로 매수인의 임의처분 상태로 매도인이 인도하는 것을 말한다. 매도인은 지정목적지까지 물품을 운송하는데 수반되는 모든 위험을 부담하므로 지정 목적지 또는 합의된 목적지 내의 지점을 가급적 정확하게 명시하여 운송계약을 체결하는 것이 좋다.

매도인이 목적지에서 양하에 관한 비용을 자신의 운송계약에 따라 지출한 경우라도 당사자 간에 별도의 합의가 없었다면, 이를 매수인에게 청구할 수 없다. DAP는 매도인이 수출품을 통관할 것을 요구한다. 그러나 매도인은 물품을 수입통관 절차를 이행하거나 수입관세를 부담할 의무는 없으나, 당사자 간에 매도인이 물품을 수입통관하고 수입관세를 부담하며, 수입통관 절차를 이행하도록 원하는 때에는 DDP가 사용되어야 한다.

표 3-15 ‣ 목적지 인도조건(DAP) : 모든 운송수단 가능

매도인의 의무		매수인의 의무	
물품 제공	매매계약에 일치하는 물품제공 계약과 일치하는 일치 증거서류 제공	대금지급	약정된 대금지급
인가, 허가, 통관	수출허가, 인가, 기타 수출통관, 제3국 통과 절차이행	허가, 인가 및 통관	매수인은 자신의 위험,비용으로 수입허가 인가취득 및 기타 서류 취득, 수입통관절차 이행
운송 및 보험계약	운송계약 : 매도인이 지정된 목적지의 지점까지 물품운송계약 체결하고 운임지급. 보험계약 : 의무없음, 매수인의 요청이 있을경우 필요정보 제공 해야함	운송 및 보험계약	매수인은 운송보험 계약 체결 의무 없다. 매도인 요청시 보험 부보에 필요한 정보 제공
인도	지정목적지에서 합의된 일자 및 기간 내에 인도하여야 한다.도착된 운송 수단으로부터 양하 하지 않은 상태로 매수인의 임의 처분상태로 인도	인수	물품이 인도 완료 되었을 때 인수
위험 이전	매도인은 지정된 인도기간내의 인도시기및 인도할 때까지 위험부담. 그 후는 매수인이 부담	위험이전	물품이 합의된 인도일자 또는 인도기간의 만료일부터 매수인에게 위험이 이전.
비용분기	물품이 운송인에게 인도 완료 시까지의 모든 비용 수출통관, 제3국 통과비용 지급	비용분기	물품이 인도 완료 이후, 지정목적지에서 도착운송수단으로부터 물품을 인수하는데 필요한 양하비용, 수입통관비용, 기타비용
매수인에 통지	매도인은 물품을 인수하는데 통상적으로 필요한 조치를 취할 수 있도록 매수인에게 통지	매도인에 대한 통지	매수인이 인수지점 및 시기, 지정된 목적지을 매도인에게 통지
인도증명 서류 제시	매도인은 물품을 수취하고, 물품을 인수할 수 있도록 인도증명서류 제공	인도증명서류 수리	매수인은 화물이 인도된 후 인도서류수리
검사, 포장, 화인	매도인의 물품인도검사 및 비용지급, 포장, 화인 실시	물품검사	매수인은 선적 전 물품검사 실시, 비용지급
기타 의무	매수인의 수입통관, 제3국 통과에 필요한 서류 취득에 협조	기타 의무	수입통관, 제3국 통과에 필요한 서류 취득 비용

(11) 관세지급반입 인도조건(DDP)

관세지급반입 인도조건(Delivered Duty Paid : DDP)은 수입국 내의 지정장소에서 수입통관을 마친 물품을 인도하는 조건이다. 이 조건이 위에서 설명한 DDU 조건과 다른 점은 매도인이 수입통관 절차를 밟아야 한다는 것뿐이다. 따라서 매도인의 운송계약체결 및 운송서류 제공의무는 DDU 조건의 그것과 동일하다.

표 3-16 ‣ 관세지급반입 인도조건(DDP)

매도인의 의무		매수인의 의무	
물품 제공	계약에 일치하는 물품 제공 일치 증명서류 제공	**대금지급**	약정대금 지급
인가, 허가 통관	수출, 수입 허가, 인가 취득 수입통관 절차 및 기타 제3국 통과절차 이행	**허가, 인가 통관**	매도인의 수출, 수입허가 취득 및 통관 절차에 협조
운송, 보험 계약	운송계약 : 매도인이 목적지까지 운송계약 체결, 운임지급 보험계약 : 목적지까지 보험계약 체결	**운송, 보험 계약**	의무 없음
물품인도	물품통관 후 지정된 목적지에서 양륙하지 않는 상태로 이전	**물품인수**	매도인이 인도하는 물품 수령
위험이전	수입항에서 통관 후 지정된 목적지에 도달할 때까지 매도인이 위험 부담	**위험이전**	지정된 목적지에서 물품 수령 후부터 위험 부담
비용분기	지정된 목적지까지 운송비용, 보험비용, 기타 추가비용, 수출입통관과 제3국 통과비용, 수출·수입 관세, 조세 부담	**비용분기**	물품인도 이후부터 발생하는 모든 비용지급(양륙비용)
통지의무	목적지로 발송한 물품에 대해 매수인에게 통지, 물품인수에 통상적인 조치 강구	**통지의무**	지정된 장소에서 물품 수령지를 결정 통지함.
물품인도증명 서류 제공	매도인은 매수인에게 물품인도 증명소류 취득 제공	**인도증명서류 수리**	매도인이 제공하는 물품인도 증명서류를 인수함.
검사, 포장, 화인	물품인도 전 검사 실시, 비용지급, 물품포장, 화인 실시	**검사, 포장, 화인**	선적 전 물품검사 실시 및 비용지급
기타 의무	수입통관, 제3국 통과에 필요한 서류 취득, 비용 지급	**기타 의무**	수입 통관시 수입국에서 발생하는 서류 취득에 매도인에게 협조

03 무역서식

Global Entrepreneurship In Action

1 신용장

신용장(Letter of Credit : L/C)이란[20] 무역거래의 대금결제를 원활하게 하기 위하여 수입자(신용장 개설의뢰인)의 의뢰에 의하여 수입지의 거래은행(신용장 개설은행)이 수출자(수익자)에게 신용장에 명기된 조건과 일치하는 운송서류를 제시하면 수출자가 발행한 환어음을 인수(acceptance), 지급(payment) 또는 매입(negotiation)하겠다는 약속증서(instrument)이다. 신용장의 국제금융 및 외환거래에 수반되는 메시지의 송·수신을 위하여 만들어진 세계적인 국제은행 간의 정보통신망인 SWIFT 신용장을 중심으로 한 내용을 설명하면, 신용장 첫 페이지는 신용장 통지은행이 자신의 Covering Letter로 보내온 내용으로, 표지 제일 윗부분의 HSBC 서울지점이 통지은행(advising bank)이란 의미이다. 현재 HSBC의 지사가 서울에 있는 경우에는 대부분 서울지점으로 서류매입을 제한하고 있다. 두 번째 페이지부터 나와 있는 내용이 기본으로 그 내용을 각 조항별로 설명하면 다음과 같다.

[조항별 설명]

① **27 Sequence of Total** : 페이지 표시

전문의 총 페이지 중에서 몇 번째 페이지인지를 표시

(예) 1/1 : 총 1쪽으로 구성된 전신문의 1쪽

20) 추창엽·이주섭, 「무역전문인력양성을 위한 교재」, 재능대학, 2007, p5

② **40A Form of Documentary Credit** : 신용장의 종류

신용장상 그 종류에 대해 아무런 언급이 없으면 모든 신용장은 취소불능신용장(irrevocable L/C)으로 취급

(예) Irrevocable L/C : 취소불능신용장
Revocable L/C : 취소불능신용장
Irrevocable transferable L/C : 취소불능 및 양도가능신용장

③ **20 Documentary Credit Number** : 개설은행이 부여하는 신용장 번호[21)]

- 개설은행 고유번호
- 외환취급영업점번호
- 연도표시 : 끝자리 숫자표시(20××년 : 17)
- 월 표시 번호(취급 월의 2자리 수)
- 일렬번호(매월 개번)
- 검증번호(check digit) : 한국은행 지정

(예) 본 신용장은 수입신용장으로 HSBS 홍콩지점이 20××년 06월에 수출 산업용 알람어음조건으로 18번째 발행된 신용장

■ **SWIPT MT700 신용장(예)**

Application header block :

: Input/Output Identifer	: I Outgoing Message
: Transaction Typer	: 700 issue of a documentary credit
: Transaction Prioity	: n Normal
: From	: KOOKMINI BANK, INCHEON
: To	: HANKOOK BANK

Text Block :	: 1/1
/27 : sequence of total	: IRREVOCABLE
/40A : form of documentary credit	: M1234 606NS00018
/20 : documentary credit number	: 16/10/24
/31C : date of issue	: 16/12/20 HONG KONG
/31D : date and place of expiry	: JAINUNG TOYS CO., LTD. 122 SONG RIM DONG DONG-GU, INCHEON, KOREA

21) 추창엽·이주섭, 전게서, 재능대학, 2007, pp7-72

/50 : applicant : CHINA TOYS CO., LTD.
RM 1000 CHAI WAN IND. CITY
/59 : beneficiary PHASE 1, 60 WING TAIRO, CHAIWAN H.K.
/32B : currency code amount : USD 100.000.00
/39A : pct credit amount : 10/10
toterance : ANY BANK
BY NEGOTIATION
/41D : available with by name, : AT SIGHT
address : HONG KONG FIRST BANK LTE., HONG KONG(ADDR 2007, JARDINE HOUSE 1
/42C : drafts at CONNAUGHT PLACE, CENTRAL, HONG KONG)
/42A : drawee : ALLOWED
: NOT ALLOWED
/43P : partial shipment : SHIDAO, CHINA
/43T : transshipment : BUSAN, KOREA
/44B : for transportation to : 16/12/10
/44C : latest date of shipment

/45A : description goods and/of services
500PAIRS OF CHINESE GIANT BEAR TOY
SIZE : MIN 1.5 METERS AT USD 200.00
FOB. SHIDAO. CHINA
/46A : documents required
+SIGNED COMMERCIAL INVOICE IN QUINTUPLICATE
+PACKING LIST IN TRIPLICATE
+FULL SET OF CLEAN ON BOARD OCEAN BILL OF LANDING MADE OUT TO THE ORDER OF WOORI BANK MARKED FREIGHT COLLECT AND NOTIFY APPLICANT
+CERTIFICATE OF ORIGIN
/47A : additional conditions
ALL DOCUMENTS MUST BEAR OUR CREDIT NUMBER M1234 606NS00018
T/T REIMBURSEMENT NOT ALLOWED
OUANTITY 10PCT MORE OR LESS ALLOWED
+THIRD PARTY DOCUMENTS ACCEPTABLE

/71B : charges : ALL BANKING COMMISSIONS AND CHARGES INCLUDING REIMBURESMENT
/49 : confirmation instructions CHARGES OUTSIDE KIREA ARE FOR ACCOUNT OF BENEFICIARY
: WITHOUT
/53A : reimbursement bank : HONG KONG FIRST BANK LTD.,
HONG(ADDR 2016, JARDINE HOUSE 1
/78 : instructions to the pay/acc/neg bk CONNAUGHT PLACE, CENTRAL, HONG KONG)

DRAFTS MUST BE SENT TO DRAWEE BANK FOR YOUR REMBURSEMENT AND ALL DOCUMENTS TO US BY COURIER SERVICE IN ONE LOT
/72 : sender to receiver information : THIS CREDIT IS SUBHECT TO U.C.P (2016 REVISION) I.C.C. PUBLICATION NO. 600

HONG KONG BRANCH. HONG KONG

표 3-17 ‣ 수입신용장 표시

대 상	기호	대 상	기호
수출승인번호	E	수출신적확인서번호	X
수출신용장통지번호	A	수입승인번호	I
내국신용장번호	L	수입신용장번호	M
선수출계약서관리번호	P	수출입승인번호	C
외표공급계약서관리번호	F	수입원자재구매승인번호	R

표 3-18 ‣ 수입용도 기호

용도 구분	기호	비 고
정부용	G	
일반용	N	수출산업용 시설기재 포함
수출용자재	E	
가공무역용	B	수탁가공무역
군납용원자재	A	
기타 외화획득용	S	중계무역포함
특수거래	X	임차방식수입, 연계무역, 제3국 도착수입 등

표 3-19 ‣ 대금결제방법 기호

구 분	기호	비 고
일람출급 L/C	S	
기한부 L/C	U	내국수입 Usance 포함
기타 L/C	D	Non-Documentary L/C, 분할지급수입포함
D/P 방식	P	
D/A 방식	A	
단순송금방식	R	
무상거래	N	임차방식우비포함

④ **31C Date of Issue** : 개설은행의 신용장 발행일

아무런 표시가 없는 경우 이 전문이 발송된 일자를 개설일자로 간주

(예) 20××년 10월 24일에 발행

⑤ **31D Date and Place of Expiry** : 신용장의 유효기일과 장소

이 때 장소는 대부분 수출국지역이 되나 경우에 따라서 수입국이 되는 경우도 있으므로 수입국까지의 서류도착 기일을 잘 감안하여 사전에 매입 의뢰

(예) 신용장유효기일 : 20××년 12월 20일, 유효장소 : 홍콩

⑥ **50 Applicant** : 개설의뢰인(수입업자)

개설의뢰인의 상호 및 주소를 기입하며, P.O Box를 명시해도 가능

(예) 상호 : A&P장난감상사, 주소 : 서울 동작구 조흥1길 4

⑦ **59 Beneficiary** : 수익자(수출업자)

- 신용장을 받을 수출자의 주소 및 성명을 기재
- 신용장을 신속하게 전달되게 하기 위해서는 전화번호를 포함하여 오자가 발생하지 않도록 정확하게 기재

(예) 상호 : CHINA Toys Co., Ltd., 주소 RM 1000 CHAI WAN IND. CITY PHASE 1, 60 WING TAIRO, CHAIWAN H.K.

⑧ **32B Currency Code Amount** : 신용장의 통화 및 금액

- 신용장 한도금액(available amount)으로 숫자와 문자로 병기
- 숫자와 문자의 금액과 수입허가서 상의 통화와 서로 일치시켜야 함.

(예) USD 100,000

⑨ **39A Pct Credit Amount Tolerance** : more or less clause(과부족 용인규정)

- 수량과 금액이 3% 범위 내에서 과부족 허용
- 환어음 발행에 있어서는 원칙적으로 신용장 금액을 초과할 수 없으나 신용장의 Special Instruction의 내용에 따라서 초과 발행 가능

(예) Applicant가 Aaccept하는 조건으로 초과 10% 발행할 수 있도록 허용

⑩ **39B Maximum Credit Amount** : 신용장 금액

- 32B 내용과 유사하여 본신용장에서는 생략
- 보통 'Up to', 'Maximum' 또는 'Not Exceeding' 중에서 한 문언을 사용하여 신용장 금액을 표시

⑪ **41D Available with/by Name Address** : 신용장 사용 가능한 은행과 사용방법

- 'With' 다음에는 신용장을 사용할 수 있는 은행명을 'by' 다음에는 신용장의 사용방법 표시

- 신용장의 이용방법에는 지급(payment), 매입(negotiation), 인수(acceptance)로 구분되며 SWIFT신용장의 경우, 본란에서 그 사용 방법 표시
- 지급 : 41D에 명시된 은행이 서류와 상환으로 대금을 지급하겠다는 의미
- 대부분 신용장은 Any Bank By Negotitation(자유매입신용장)으로 되어 있어 아무 은행에서나 매입 의뢰를 할 수 있음

  (예) 신용장사용가능 은행 : 모든 은행, 사용방법 : 매입(negotiation)

⑫ 42C Drafts Aat : 화환어음의 기간

Draft to be drawn at sight for full invoice value은 환어음(draft)을 At sight(일람불) 조건으로 발행하라는 의미

- At sight(일람불) 조건 : 매입은행이 환어음과 선적서류를 개설은행으로 송부하면 개설은행은 서류상의 하자가 없는 한, 즉시 대금을 지급(payment)하는 조건
- Usance(기한부) 조건 : 개설은행이 만기일에 틀림없이 대금을 지급하겠다는 약속으로 운송서류를 인수(acceptance)하며, 개설은행은 만기일에 매입은행으로 대금을 지급

  (예) At sight

⑬ 42A Drawee Name and Address : 화환어음의 지급인

- 화환어음의 지급인은 개설은행이며, 개설은행이 수권을 준 다른 은행도 가능
- 신용장거래에서는 개설의뢰인은 Drawee가 될 수 없음

  (예) 홍콩제일은행

⑭ 43P Partial Shipments : 분할선적

- Allowed(or Permitted)는 허용된다는 의미이며, Not Allowed(or Not Permitted) 분할선적을 금지한다는 의미
- 이러한 내용이 명시되어 있지 않는 경우에는 신용장통일규칙(UCP500)에서는 분할선적을 허용한다고 해석

  (예) Allowed

⑮ 43T Transshipment : 환적

- 용장에 명시된 선적항으로부터 양륙항까지 해상운송의 도중에 한 선박에서 다른 선박으로 상품을 옮겨 신는 것을 말함.

- 환적을 허용하는 경우에는 Allowed(or Permitted)로 명시하고 금지할 경우에는 Not Allowed(or Not Permitted)로 명시

  (예) Not Allowed

⑯ **44A On Board/Dispatch/Taking in Charge At/From** : 선적항/ 발송지/ 수탁지

(예) 중국 SHIDAO

⑰ **44B For Transportation To** : 최종 목적지

(예) 한국 부산

⑱ **44C Latest Date of Shipment** : 최종선적일자

선적을 완료하여야 하는 최종일자로서, 별도의 명시가 없는 경우 유효기일 자체가 최종선적 가능일자로 간주

(예) 20××년 12월 10일

⑲ **45A Description of Goods And/or Services** : 상품 또는 용역의 명세서

(예) 중국산 자이언트 곰장난감 500쌍, 1.5m이상, FOB SHIDAO CHANA조건, 단가 USD 200 (500 × USD 200 = USD 100,000)

⑳ **46A Documents Required** : 수출상이 제시해야 할 서류에 관한 사항

수출대금의 추심을 위해 수출업자가 신용장 발행은행에게 제시해야 할 선적서류에 대하여 기재하는 항목

■ +SIGNED COMMERCIAL INVOICE IN TRIPLICATE : 서명한 상업송장 3통

- 일반적으로 상업송장은 서명을 하지 않아도 무방하지만 예문과 같이 'Signed'라고 명시되어 있으면 반드시 서명
- 수익자는 적어도 1통의 원본(original) 상업송장을 제시하여야 하며, 나머지 2통은 부본(copy)을 제시한다. 원본 3통 제시하여도 됨
- "Signed Original Commercial Invoice In Triplicate"라고 명시되었다면 서명된 원본만 3통 제시

표 3-20 › 서류의 제시통수 표기 방법

통수	표 시 방 법			통수	표 시 방 법		
1통	1 copy	original	1- fold	2통	2 copies	duplicate	2- fold
3통	3 copies	triplicate	3- fold	4통	4 copies	quadruplicate	4- fold
5통	5 copies	quintuplicate	5- fold	5통	6 copies	sextuplicate	6- fold
7통	7 copies	septuplicate	7- fold	8통	8 copies	octuplicate	8- fold

■ +PACKING LIST IN TRIPLICATE : 포장명세서 3통

- +FULL SET OF CLEAN "ON BOARD" OCEAN BILL OF LADING MADE OUT TO THE ORDER OF WOORI BLANK MARDED "FREIGHT COLLECT" AND NOTIFY APPLICANT.
- FULL SET : 선박회사가 발급한 B/L 원본 3통 모두를 다 제출하라는 의미
- CLEAN : 무고장(무하자) B/L, 고장부(foul or dirty) B/L은 은행 대금추심 제한
- ON BOARD : 물품이 본선에 적재되었음을 증명하는 B/L
- OCEAN BILLS OF LADING : 해상선하증권을 말하며, Ocean 대신에 Marine이라는 용어를 사용할 수도 있으며, 항공운송인 경우에는 AWB(Aif Way Bill)이라고 함.
- MADE OUT TO THE ORDER : 수입물품의 수하인을 지시 식으로 작성하라는 의미 이므로 B/L의 consignee란에 'TO ORDER'라고 작성하고, B/L 소유자가 배서를 통해서 소유권을 이전
- MARKED FREIGHT COLLECT(or PREPAID) : INCOTERMS의 따라 FOB 계열은 운임이 후불(collect)로서 수입상이 지불하며, CFR 및 CIF 계열에는 운임 선급(prepaid)으로 수출상이 지급
- NOTIFY APPLICANT : 본선이 목적 항에 도착하면 선박회사에서 화물도착 사실을 통지하는 통지처를 APPLICANT로 하여 서류를 작성하라는 의미, notify란에 Applicant의 상호와 주소를 함께 명시

■ +MARINE INSURANCE POLICY OR CERTIFICATE IN : 해상보험증권 또는 해상보험증명서

■ +CERTIFICATE OF ORIGIN : 원산지증명서

㉑ 47A Additional Conditions : 추가조건

기타 거래의 종류 및 수입자와 수출자의 관계에 따라 일반적인 요구사항 외에 추가사항을 부가하는 경우 기재

(예) ALL DOCUMENTS MUST BEAR OUR CREDIT NUMBER M1234 606NS00018

- 모든 서류는 우리의 신용장 번호 M1234 606NS00018에 의해야 한다.
- T/T REIMBURSEMENT NOT ALLOWED : 전신환 상환은 허용하지 않는다.
- OUANTITY 10PCT MORE OR LESS ALLOWED : 수량 10% 과부족 용인

■ +THIRD PARTY DOCUMENTS ACCEPTABLE : 제3자가 발행한 서류도 수리

㉒ 71B Charge : 수수료

- 수수료가 수익자 측의 부담인 경우에 표시
- 아무 명시가 없는 경우 매입 수수료와 양도수수료를 제외한 모든 수수료는 개설의뢰인의 부담으로 간주

(예) 한국 이외지역에서 발생한 대금상환 제비용을 포함한 모든 은행수수료와 비용은 수익자 부담이다.

㉓ 48 Period for Presentation : 운송서류의 제시기간

- 선적 후 운송서류(transport document)가 지급, 인수 또는 매입을 위하여 제시되어야 하는 기간을 표시
- 명기가 없으면 21일 이내에 제시하는 것으로 해석하며, 발행일로부터 21일 이후에 제시된 서류는 수리가 거절됨
- 본 신용장에서는 제시기간에 표시되어 있지 않음

㉔ 49 Confirmation Instructions : 신용장확인에 대한 지시사항

수신은행(receiving bank)에게 확인에 대한 지시사항을 기록하며 다음과 같이 표시된다.

- CONFIRM : 수신은행에게 신용장의 확인을 요청한다.
- MAY ADD : 수신은행에게 신용장의 확인을 허용한다.
- WITHOUT : 수신은행에게 신용장의 확인을 요청하지 않는다.

(예) WITHOUT

㉕ **53A Reimbursing Bank** : 신용장 대금의 상환은행

개설은행에 의하여 신용장 대금의 상환을 이행하도록 수권 받은 상환은행명을 표시하며 제시된 예문에서는 신용장 대금의 상환 방식이 아니므로 기재하지 않았음

(예) 홍콩제일은행과 그 주소

㉖ **78 Instructions to The Paying/Accepting/Negotiating Bank** : 지급은행, 인수은행 또는 매입은행에 대한 지시사항

(예) DRAFTS MUST BE SENT TO DRAWEE BANK FOR YOUR REMBURSEMENT AND ALL DOCUMENTS TO US BY COURIER SERVICE IN ONE LOT.
환어음은 대금상환을 위해 지급은행으로 보내어야 하고, 모든 서류는 상업서류송달로 동시에 우리에게 보내 달라

㉗ **72 Sender to Receiver Information** : 발신은행이 수신은행에게 제공하는 정보사항

(예) THIS CREDIT IS SUBJECT TO UCP(1993 REVISION) ICC. PUBLICATION NO. 600
이 신용장은 국제상업회의소에서 2007년에 개정된 신용장통일규칙 600에 따른다.

2 Negotiating 서류

운송서류(transport document)는 물품의 운송을 위하여 화주와 운송회사 간에 체결한 운송계약에 의하여 물품의 선적, 발송, 수탁을 증명하기 위하여 발행되는 것으로 운송계약의 증거서류, 대금결제의 수단, 운송 통지 및 안내의 수단 등의 중요한 기능을 가지고 있다.

운송서류는 물품의 운송방식에 따라 다음의 그림과 같이 분류된다.

- 기본서류
  - 일반운송서류
    - 육상운송서류 : 화물상환증(waybill)
    - 해상운송서류 : 해상선하증권(ocean b/l)
    - 항공운송서류 : 항공운송장(air waybill)
    - 복합운송서류 : 복합운송서류 (multimodal transport do
    - 우편운송서류 : 우편수취증(post receipt) 우편발송증명서 (certificate of posting)
  - 보험서류
    - 보험증권(insurance policy)
    - 보험증명서(insurance certificate)
  - 상업송장(commercial invoice)
- 부속서류
  - 원산지증명서(certificate of origin)
  - 포장명세서(packing list)
  - 검사증명서(inspection certificate)
  - 영사송장(consular invoice)
  - 세관송장(customs invoice)

[그림 3-1] 운송서류의 종류

1. 기본 서류

(1) 일반운송 서류

① 선하증권(Bill of Loading : B/L)

B/L은 화주와 선박회사 간의 운송계약에 의하여 선박회사가 발행하는 유가증권으로서 선박회사가 화주로부터 위탁받은 화물을 지정 목적항까지 운송하고 당해 증권의 소지자에게 그 증권과 상환으로 운송화물을 인도할 것을 확약하는 유가증권이다.

B/L은 B/L상에 기재된 화물의 권리를 구체화하는 것으로서 B/L의 양도는 바로 화물에 대한 권리의 이전을 의미한다. 화물을 처분하고자 할 때에는 반드시 관련 B/L을 가지고 있어야만 한다.

선하증권은 상법상 규정되어 있는 법정 기재사항으로 대부분 선주에 책임면제(면책

약관 : Negligence Clause)에 관한 사항인 임의적 기재사항으로 기재한 후 발행자가 기명날인하도록 규정하고 있다.

② 선하증권의 특성

선하증권은 법률상 '요인증권'·'요식증권'·'문언증권'·'인도증권'·'제시증권'·'상환증권'·'처분증권'·'지시증권' 등의 성질을 갖고 있는 것으로 보고 있다. 그러나 전통적인 이론을 그대로 용인하면 거래의 안전이라고 하는 견지에서 다소 문제가 있으므로, 현재는 이들 성질 중 몇 가지의 내용을 상당히 완화하여 해석하고 있다.

요인증권 : 요인증권이란 증권상의 권리가 그 증권 수수(授受) 원인의 존재를 전제로 하여 성립하는 증권을 말하며, 그러한 원인의 존부에 관계없이 증권상의 권리가 인정되는 불요인(무인)증권(예 : 어음·수표)에 대칭되는 개념이다. 어음상의 권리는 매매, 기타 어음행위를 하게 된 원인이 되는 법률관계와는 독립하여 존재하며, 그 권리의 행사에 있어서는 원인관계의 입증을 요하지 않는다. 예를 들면, 매매대금 채무를 변제하기 위해 어음을 발행한 경우에 나중에 그 매매가 취소되었다고 해도 어음상의 권리는 유효하게 성립한다.

그러나 선하증권은 어음이나 수표와는 달리 이것을 작성하였다는 사실만으로 그에 상당한 가치가 발생되는 것이 아니라 운송계약이라는 전제 하에 화물이 운송물로서 수령 또는 선적되었다고 하는 원인을 필요로 한다. 따라서 그러한 수령 또는 선적되었다는 사실이 없으면 선하증권은 무효이다. 선하증권이 무효가 된다고 하는 것은 그 선하증권을 목적지의 선박회사에 제시해도 당해 화물의 인도를 받지 못한다는 것이다.

요식증권 : 요식증권이란 기재사항이 법정되어 있는 유가증권을 말하며, 선하증권은 기재사항이 상법(제814조)에 규정되어 있으므로 요식증권이다. 선하증권은 유통되는 것을 전제로 발행되는 증권이므로 적어도 이것을 양수하는 제3자가 증권상의 기재만으로 그 운송물을 특정할 수 있고, 또 운송계약의 주된 내용을 파악할 수 있을 정도로 일정 사항이 증권 자체에 기재되어 있어야 한다. 그런데 요식증권에는 법정 기재사항 이외에는 법이 인정하는 것을 제외하고 무효로 하는 것과 임의의 특약사항 기재를 인정하는 것이 있다. 어음·수표는 전자에 속하지만, 선하증권은 어느 정도 제한규정을 두고는 있으나 원칙적으로 임의사항을 기재할 수 있다. 뿐만 아니라 어음의 경우, 그 요식성은 매우 엄격하나 선하증권의 경우는 법정 기재사항이라고 해도 선하증권의 본질에 반하지 않는 한, 그 일부가 누락되어도 무효가 되지는 않는다.

문언증권 : 문언증권이라 함은 증권상의 권리관계가 증권에 기재된 문언에 따라 정해지는 증권을 말하며, 이는 증권에 기재되지 않은 실질권이 선의의 증권취득자에 대하여도 효력을 갖는 비 문언증권(예 : 주권)에 대칭되는 개념이다. 다만 종래의 상법(제820조, 제131조)에서는 선하증권 기재의 효력에 관하여 절대적 증거력을 인정하고 있었으나, 현행 상법 제 814

조의 2(선하증권 기재의 효력)는 헤이그·비스비 규칙(제3조4항)과 함부르크 규칙(제16조3항)의 처지를 좇아 다음과 같이 추정적 효력을 인정하는 것으로 규정하고 있다.

제814조 제 1항의 규정에 따라 선하증권이 발행된 경우에는 운송인이 그 증권에 기재된 대로 운송물을 수령 또는 선적한 것으로 추정한다. 그러나 운송인은 선하증권을 선의로 취득한 제 3자에게 대항하지 못한다.

따라서 운송인은 원칙적으로 '증권상 하자'로 당연히 소지인에게 대항할 수 있고. 또 선하증권 '성립상의 하자'로 제 3자에게 대항할 수 있다. 그리고 문언성은 소지인의 이익을 위하여 운송인으로 하여금 선의의 제 3자에게 대항하지 못하게 하는 것이므로 소지인이 원래의 운송계약과 운송물을 증명하여 권리행사를 하는 것은 아무런 상관이 없다.

인도증권 : 인도증권이란 증권상의 권리를 행사할 수 있는 자에게 증권을 인도한 경우에 그 인도가 물건을 인도한 것과 동일한 효력을 생기게 하는 증권을 말한다.

선하증권에도 준용되고 있는 상법 제133조는 "화물상환증에 의하여 운송물을 받을 수 있는 자에게 화물상환증을 교부한 때에는 운송물 위에 행사하는 권리의 취득에 관하여 운송물을 인도한 것과 동일한 효력이 있다"고 규정하고 있다. 선하증권의 이러한 물건 자체의 인도를 대신할 수 있는 효력을 물권적 효력이라고 하고, 물권적 효력이 인정되는 증권, 즉 인도증권을 '물권적 유가증권'이라고도 한다.

제시증권 : 제시증권이란 증권에 표창된 권리를 행사할 때에 채무자(발행자)에게 증권의 제시를 요하는 증권을 말하며, 권리행사에 증권의 제시를 요하지 않는 비 제시증권에 대칭되는 개념이다. 따라서 선하증권 상의 수하인이 증권제시 이외에 방법으로 자기가 운송물의 정당한 인도청구권자임을 증명해도 선하증권을 제시(surrender)하지 않으면 화물을 수령할 수 없다.

실무상으로는 화물이 먼저 도착하여 선하증권을 입수하지 못한 경우, 수하인은 은행이 보증하는 수입화물선취보증서(L/G)의 제출이나 현금공탁(cash deposit)에 의해 화물을 인도받는 것이 보통이다. 그러나 이러한 방법은 편의적인 것이고 합법적인 것은 아니므로, 이 때 만약 다른 선하증권의 정당한 소지인이 나타나 당해 화물의 인도를 청구하면 선박회사는 그 화물대금을 배상하여야 한다. 물론 이러한 경우 손실은 Bank L/G에 의해 은행 또는 수하인에게 구상하거나 현금공탁액에서 회수하게 된다.

상환증권 : 상환증권이란 증권과 상환하지 않고는 채무의 이행을 할 필요가 없는 증권을 말하며, 증권과 상환하지 않고도 권리행사를 할 수 있는 비 상환증권(예 : 주권)과 대칭되는 개념이다.

상법 제129조는 증권과 "상환하지 않으면 운송물의 인도를 청구할 수 없다"고 규정하여, 수하인이 인도를 청구하는 경우에는 증권과 상환해야 하는 것으로 하고 있다. 서유기(西遊記)에 나오는 손오공은 뒤쪽 머리에 있는 자기의 털을 뽑아 분신을 만들어 크게 활약시켰다. 그러나 그 분신을 필요로 하지 않게 되면 그는 반드시 그 털을 회수하였다. 선하증권도 이와 비슷하여 운송물과 불가분의 관계에 있는 분신이다. 따라서 유통보호의 견지에서도 그것이 필요 없게 된 때에는 반드시 회수(redeem)하여야 한다. 물론 운송인이 증권과 상환하지 않고 운송물을 인도한 후에 정당한 선하증권 소지인이 나타나 운송물의 인도청구를 해오면 운송인은 손해배상책임을 지지만, 그 선의의 소지인이 운송물 그 자체를 입수할 수는 없기 때문이다.

처분증권 : 처분증권은 증권상 표시된 물품에 관한 처분(양도 등)을 하는 데에는 반드시 증권으로써 하여야 하는 것을 처분증권이라고 한다. 상법 제132조는 "화물상환증을 작성한 경우에는 운송물에 관한 처분은 화물상환증으로서 하여야 한다."고 규정하고, 이것을 선하증권에도 준용하고 있다(동제820조). 이것은 선하증권이 인도증권이라는 점에서 당연히 파생되는 성질이다. 인도증권성은 증권의 인도를 물품 자체에 인도를 의제하는 것이지만, 그것만으로는 불충분하다. 가령 증권을 제쳐두고 물품 자체로서의 인도가 행해진 경우를 생각하면 선하증권에 의해 매매 등에 응한 상대방은 뜻하지 않는 손해를 입게 되고 손해배상청구소송을 제기하지 않으면 안 된다. 따라서 선하증권이 발행된 이상, 거기에 표시된 물품의 법적 처분은 반드시 선하증권에 의해 행해져야 하고, 물품 자체에 의해 행해져서는 안 된다는 것이 처분증권성을 부여한 취지이다.

지시증권 : 지시증권이란 증권상 지정된 자 또는 이렇게 지정된 자가 다시 증권상에서 지정하는 자를 증권이 표창하는 권리의 정당한 행사주체로 인정하는 유가증권이다. 지정하는 방식은 배서(endorsement)이고, 지시증권은 지시 문구에 의해 피 지정자(피 배서인, endorsee)를 지정하고, 지시인(배서인, endorser)이 서명하여 양도함으로써 유통될 수 있다. 지시증권으로서의 성질은 원래 지시 문구에 의해 생기는 것이지만, 그 기재 유무에 불구하고 법률의 규정에 의해 당연히 지시증권이 되는 것이 있다. 전자를 '선택적 지시증권'이라 하고, 후자를 '법률상 당연한 지시증권'이라고 한다.

상법 제130조는 "화물상환증은 기명식인 경우에도 배서에 의하여 양도할 수 있다. 그러나 화물상환증에 배서를 금지하는 뜻을 기재한 때에는 그러하지 아니한다."고 규정하고, 이를 선하증권에도 준용하고 있다(상법 제820조). 따라서 선하증권은 어음·수표·창고증권 등과 같이 증권면에 배서를 금지하는 뜻의 문구가 없는 한, 당사자에 의한 지시 문구 기재의 유무를 불구하고 법률의 규정에 의하여 당연히 지시증권이 되는 이른바 '법률상 당연한 지시증권'이다.

■ 법정 기재사항

- 운송품의 명세(description of commodity)
- 중량, 용적 및 개수(weight, measurement, number of packages)
- 화물의 기호(marks & number)
- 선적항(port of shipment)
- 양륙항(port of destination)
- 송화인(name of the shipper)
- 수화인(name of the consignee)

- 선박명과 국적 및 톤수(name of the ship nationality and ton)
- 선장명(name lf the master lf vessel)
- 선하증권의 작성부수(number of B/L issued)
- 운임(freight)
- 작성시 및 작성 연월일(place date of B/L issued)

■ **임의적 기재사항**

- 본선항해번호(voyage No.)
- 통지처(notify party)
- 운임지급지
- 선하증권의 번호(B/L No.)
- 면책조항(general clause or exception)
- 스탬프약관(stamp clause)
- 적요(remarks)

■ **선하증권의 발행절차**

- 송화인은 운송인에게 신용장의 사본, 상업송장, 포장명세서, 선적요청서(shipping request) 등을 각각 3부 작성하여 제출하고 1부는 운송인의 서명을 득하여 선적예약을 확인하고 선적증권을 발행할 때에 이와 대조
- 운송인은 등록검량회사에서 검량한 후 검량회사의 증명서를 수령
- 운송인은 적하예약목록을 작성하여 본선과 선적업자에게 통지
- 운송인은 선적업자나 송화인에게 선적지시서(Shipping Order : S/O) 교부
- 선적 완료시 송화인은 본선에서 본선수취증(Mate's Receipt : M/R)을 수취하여 운송인에게 제출
- 운송인은 본선수취증에 근거하여 송화인에게 선하증권 교부
- 송화인은 환어음을 발행하여 선하증권을 포함한 선적서류를 갖추어 거래은행을 통해 환어음의 매입 및 대금추심절차를 이행
- 송화인의 거래은행은 선적서류를 신용장 개설은행으로 송부, 대금추심 요청
- 신용장 개설은행은 수화인에게 선적서류의 도착을 통지하고 대금결제과정을 필한 후, 서류를 인도
- 수화인은 선적서류를 운송인에게 제출한 후 화물을 인수

◆ **선하증권의 기재사항**(복합운송서류를 중심으로 설명)

① Shipper/Exporter : 송화인/ 수출업자
- 송화인(수출업자)의 성명 또는 상호를 기재
- 혼동이 예상될 때는 주소를 명기

② Consignee : 수화인
- T/T 방식이나 D/P, D/A 방식 : 수입상의 상호 및 주소가 기재
- 신용장방식 : 신용장상에 표시된 문구에 따라 to order, to order of shipper, to order of 개설은행명 등(상업송장상의 Consignee와 일치시켜야 함)

③ Notify Party : 통지처
- 화물이 도착될 때 연락처는 신용장에서 Notify Accountee라고 표시
- 신용장 개설의뢰인 즉 수입업자 EH는 수입업자가 지정하는 대리인을 기재

④ Place of Receipt : 화물의 인수장소
- 송화인으로부터 운송인이 화물을 수취하는 장소로 "Busan CY", "Busan CFS" 등으로 표기

⑤ Ocean Vessel : 선박명
- 화물을 운송하는 해상운송 선박명을 기재

⑥ Voyage No. : 항해번호
- 운송선박의 운송회사나 선박회사가 임의로 정한 일련번호
- 1항차 : 출발항에서 목적항으로 거쳐 출발항까지 회항하는 것
- 수출 · 수입을 구별하기 위하여 East, West, South, North 등으로 표시

⑦ B/L No. : 선하증권 번호
- 선사가 임의로 규정한 표시번호
- 통상 선적항과 양륙항의 알파벳 두 문자에 일련번호로 표기
  (예) "BO-5021" : Busan-Osaka, "HMBU-8031" : Hamburg-Busan

⑧ Flag : 선박의 국적
- 해상 사고 시에는 국제적 관례인 기국주의 채택

⑨ Port of Loading : 선적항
- 화물을 선적하는 항구명 및 국가명 표시
  (예) "Busan, Korea", "Incheon, Korea"

⑩ Port of Discharge : 양륙항
- 화물의 양륙항 및 국명을 기재

⑪ Place of Delivery : 화물의 인도장소
- 운송인이 책임지고 운송하여 수화인에게 인도하여 주는 장소 표시

⑫ Final Destination : 최종 목적지
- 일반적으로 화물의 최종 목적지를 표시
- 선하증권에 운임이 계상되어 있지 않는 경우는 단지 참조사항에 불과
- 복합운송이 아닌 경우에는 공란으로 처리

⑬ Container No. : 컨테이너 번호
- 화물이 적재되는 Container No.를 표기

⑭ Seal No. : 봉인 번호
- Container에 적재된 화물에 봉인을 한 Seal No.를 표기

⑮ No. & Kinds of Containers or Packages : 컨테이너 및 포장의 개수
- 컨테이너 숫자나 기타 포장 개수를 기재
  (예) 2 CONT(컨테이너)

⑯ Description of Packages and Goods : 상품 및 포장명세서
- 포장명세서(packing list) 및 송장에 기재된 상품의 내용을 열거 기재하며 B/L No. 도 표시

⑰ Gross Weight, Measurement : 총중량 및 용적
- 등록 검량회사에서 검측된 중량 및 용적을 명기
- 포장명세서나 송장과 일치되지 않는 경우 Remark를 부기
- 수출입의 경우 포장명세서와 B/L이 상이한 통관불가(주의하여 작성)

⑱ Freight and Charges : 운임
- 상품의 운송에 따른 제반비용의 명세서

⑲ Revenue Tons : 총중량(용적)
- 중량과 용적 중에서 운임이 높게 계산되는 편을 택하여 표시
- 총중량과 총용적에 각각의 운임단가를 곱하여 총중량의 운임이 총 용적보다 클 경우는 "K/T"를 총용적이 클 경우는 "CBM"으로 표시

⑳ Rate : 비율
- Revenue Ton 당의 운임단가 및 CFS Charge, Wharfage, BAF, CAF의 percent 등을 표시
- Wharfage의 경우 국내에서는 1톤 이하는 무조건 올림으로 산정
  (예) 7,001 CBM = 8 CBM으로 계산

㉑ Per : 용적단위 표시
- 용적단위 또는 중량단위로 표시하고 Full Container의 경우는 Van 단위로 표시

㉒ Prepaid Collect : 운임선불(후불)
- CIF 조건의 수출일 경우는 Prepaid 란에, FOB 조건의 수출일 경우는 Collect 란에 운임을 계산하여 표시
- 운임의 지불조건은 Description of Goods 란에 "Freight Prepaid", "Freight Collect"라고 표시
- 생략되는 경우도 있으므로 구별하여 해당 위치에 기재함이 바람직 함
- 복합운송의 경우는 각 운송구간마다의 운임을 계산하여 표시

㉓ Freight Prepaid At : 운임선급의 지급장소
- CIF 수출조건인 경우에는 운임이 지불되는 장소를 표시
  (예) 화물이 부산에서 선적되고 서울에서 운임이 지불되는 경우에 "Freight Prepaid At Seoul, Korea"라고 기재
- Freight Prepaid의 경우 운임이 지불되지 않으면 선사는 일반적으로 B/L을 발행 교부하지 않음

㉔ Freight Payable At : 운임후불의 지급장소

- FOB 조건으로 화물을 수출할 경우에 운임이 수화인 부담일 때에 수화인의 운임 지불 장소가 Freight Payable At 다음에 기록됨
- 운임이 지불되지 않으면 운송인 또는 대리점은 화물인도지시서(Delivery Order : D/O)를 발행 교부하지 않음

■ **서식(Bill of Lading)**

① Shipper/Exporter A&C Trading Co. Ltd. 233-43 Sadang-Dong, Dongjack-Ku, Seoul, KOREA	⑦ B/L No. ; BO-5021
② Consignee TO ORDER OF KOGMIN BANK	
③ Notify Party LAPAK IMPORT CORP. P.O.BOX 1, NEW YORK, USA	

Pre-Carrage by	④ Place of Receipt BUSAN CY, KOREA	
⑤ Ocean Vessel SARANG-2	⑥ Voyage No. 1234E	⑧ Flag KOREA

⑨ Port of Loading Busan, KOREA	⑩ Port of Discharge LA, USA	⑪ Place of Delivery LA, USA	⑫ Final Destination(For the Merchant Ref.) LA, USA

⑬ Container No. ⑭ Seal No. Marks & No	⑮ No. & Kinds of Containers or Packages	⑯ Description of Goods	⑰ Gross Weight	Measurement
ISCU1104	2 CONT	LIGHT BULBS (64,000 PCS)	5000 KGS	6,000 CBM
Total No. of Containers or Packages(in words)				

⑱ Freight and Charges	⑲ Revenue tons	⑳ Rate	㉑ Per	㉒ Prepaid Collect

㉓ Freight prepaid at	㉔ Freight payable at	㉗ Plce of Issue INCHEON KOREA
Total prepaid in	㉕ No. of original B/L	
㉖ On board date and issue Nov. 15, 2007		㉘ Hanjin Shipping Co. Ltd. as agent for a carrier, aaa Liner Ltd. Signature

주) 이 장에서 소개되는 대부분의 무역서식은 www.kita.net의 무역실무 도우미 4.0을 활용하여 서식을 다운 받아 이를 응용 설명하였다.

㉕ No. of Original B/L : 원신용장의 발행통수
- 원신용장은 통상 3통을 한 세트로 발행되나 그 이상 발행도 가능
- 원신용장이 3통으로 발행되었을 경우에는 "Original", "Duplicate", "Triplicate" 등으로 표시되며 은행에 매입의뢰를 위해 "Negotiable"이라고 표시
- 원신용장이 3통으로 발행되었다 해도 그 중 1통이 회수되면 나머지는 유가증권으로서의 효력을 상실
- 유가증권으로서의 효력이 없고 단지 참조적인 서류에 불과한 부본(B/L Copy)은 "Copy Non-Negotiable"이라고 표시

㉖ On Board Date and Issue : 선적 및 선하증권의 발행일자
- B/L의 선적일이 표시되며 일반적으로 선적일과 선하증권의 발행일은 동일함.
- B/L의 발행일이 선적일보다 늦을 수는 있으나 빠른 경우는 선적선하증권(Shipped B/L)이 아니고 수취 선하증권(Received B/L)이므로 신용장 조건에 따라 은행에서 매입을 거절할 수 있어 주의 필요
- On Board의 하단에는 B/L 발행자의 서명을 표시

㉗ Place of Issue : 선하증권의 발행 장소

㉘ Carrier Name : 선하증권발행자의 서명
- 선하증권의 발행자는 먼저 은행의 그의 서명을 등록한 후 사용

② 항공화물운송장(Airway Bill)

항공화물운송장(Airway Bill : AWB)은 항공사가 화물을 항공으로 운송하는 경우, 송화인과 항공 시간에 운송계약의 체결을 증명하는 서류로 육상의 운송장(waybill)과 화물상환증(carriage note), 또는 해상의 선하증권(B/L)에 해당하는 기본적인 운송서류이다. 운송계약은 화주 또는 그 대리인이 운송장에 서명하거나 해당 항공사가 인정한 항공화물대리점이 서명하여 발행한 순간부터 유효하며 운송장에 명시된 수화인(consignee)에게 화물이 인도되는 순간 종료되게 된다.

항공화물운송장의 기본적인 성격은 선하증권과 같으나 선하증권이 화물의 수취를 증명하는 동시에 유가증권적 성격을 가지고 유통되는 반면, 항공화물운송장은 단순히 화물의 수취를 증명하는 영수증에 불과하며 유통이 불가능하다는 점에서 근본적인 차이가 있다. 항공화물운송장은 화물의 운송계약 체결 및 송하인으로부터 화물의 영수와 유통을 보장하는 기본적인 증거서류이다. 이것으로 화물은 그 운송거리에 관계없이 또는 운송에 참여하는 항공사의 수에 관계없이 출발지에서부터 목적지까지의 운송을 보장받게 된다.

표 3-21 · 선하증권과 항공운송장의 차이점

구 분	선하증권(B/L)	항공화물운송장(AWB)
성 격	유가증권	유가증권이 아닌 단순한 화물운송장
유 통 성	유통성(negotiable)	비유통성(non-negotiable)
발행방법	지시식(무기명식)	기명식
발행시기	본선 선적 후 발행(선적식)	창고에서 수취하고 발행(수취식)
작 성 자	선박회사가 작성	송화인이 작성

■ **운송장이 갖는 기능**

① 송화인으로부터의 화물수취를 증명하는 화물수취증(evidence of receipt of the goods)
② 송화인과 항공운송인 간의 항공운송 계약의 성립을 입증하는 운송계약서(contract of carriage)
③ 운임, 요금의 청구를 나타내는 요금계산서(freight bill)
④ 송화인이 화주보험에 가입한 경우 보험가입증서(certificate of insurance)
⑤ 통관시 항공운임, 보험료의 증명자료로서 세관신고서(customs declaration)
⑥ 항공화물의 취급, 중계, 배달 등에 대한 화물운송지침서(instruction of routing)
⑦ 수화인에 대한 화물인도증서(certificate of delivery of the goods)

항공화물운송장은 화주가 작성한 화물운송화주 지시서(shipper's letter of instruction), 신용장, 상업송장, 포장명세서 등에 따라 화물전량을 인수 후, 항공사나 항공사의 위임을 받은 대리점에 의하여 발행된다. 작성된 운송장의 내용은 근거 서류의 내용과 일치하여야 한다.

이러한 운송장은 원본(original) 3통을 1조로 하여 작성해 화물과 함께 운송인에게 교부하여야 하며(바르샤바협약 제6조 1항), 제1원본은 운송인용 (for the carrier)으로 송하인이 서명하며, 제2원본은 수하인용(for the consignee)으로서 송하인 및 운송인이 서명하여 화물과 함께 이를 도착지에 송부하여야 하고, 제3원본은 송하인용으로서 화물을 인수한 후, 운송인이 서명하여 송하인에게 교부하여야 한다(제6조2항). 운송인의 서명은 화물 인수시에 이루어져야 하며(제6조3항), 스탬프(stamp)로 대체될 수 있고, 송하인의 서명 역시 인쇄 또는 스탬프로 대체될 수 있다(동조4항).

항공화물운송장은 서명됨으로써 발행이 완료되고 완전한 운송장으로 성립된다.

항공화물운송장에 기록되는 문자와 숫자는 라틴문자와 아라비아 숫자를 사용한다. 따라서 사용문자는 영어, 불어, 스페인어를 사용하는 것이 원칙이다. 라틴문자 외에 다른 문자를 사용하는 경우 영어를 병기하는 것이 바람직하다.

작성된 항공운송장의 내용을 수정하거나 추가할 때는 원본과 사본 전체에 대해서 수정 또는 추가해야 한다. 화물이 운송되는 도중이나 목적지에서 이와 같은 수정이나 추가 사항이 발생하였을 경우에는 잔여분에 대한 수정이나 추가 내용이 반영되어야 한다.

◆항공화물운송장의 기재 방법

① AWB Number : 항공화물운송장의 번호
- 항공화물운송장 번호는 상단 좌우와 하단 우측에 명기
- IATA Carrier 3 Digit Code와 7단위의 일련번호 그리고 7진법에 의한 Check Digit 등 11 단위로 표시

예 180 - 1234567 5

- 180 → IATA Carrier 3 Digit Code
- 1234567 → 일련번호
- 5 → Check Digit(7진법 사용)

② Shipper's Name and Address : 송화인의 주소, 성명
- 송화인의 이름, 도시주소 및 국가, 전화, 텔렉스 및 팩스 번호 등을 기재

③ Shipper's Account number : 송화인의 계정번호
- 항공화물운송장 발행 항공사가 임의로 기재

④ Issuing Carrier's Name and Address : 발행항공사명 및 주소
- 발행항공사의 로고 이름 및 본사의 도시 주소 및 국명을 기재

⑤ Reference to Original : 원본에 대한 참고사항

⑥ Consignee's Name and Address : 수화인의 주소 성명
- 수화인의 성명, 주소, 도시, 국명 등을 기재
- 수화인을 대신하여 은행이나 대리점이 수화인 되는 경우에는 Handling Information난에 기재
- 이때 화물 인도항공사는 은행이나 대리점을 정당한 수화인으로 간주하며, 이 수화인으로부터의 지시가 없이는 타인에게 화물을 인도하지 않음

⑦ Consignee's Account Number : 수화인계정번호
- 고객의 분류를 위해 항공사 임의로 필요사항 기재

⑧ Reference to Conditions of Contract : 운송약관에 대한 참고사항

⑨ Issuing Carrier's Agent, Name and City : 항공화물운송장 발행대리점의 이름과 도시명

⑩ Agent's IATA code : 대리점의 IATA 코드

⑪ Issuing Carrier's Agent, Account Number : 발행항공사 임의로 사용

⑫ Accounting Information : 회계처리에 관한 필요사항
- 특별히 회계처리에 관한 내용이 있을 경우 이를 기록
  (예) 운송료 지불방법(현금, 수표)이나 GBL번호, 기타 필요한 내용 기록

⑬ Airport of Departure(address of first carrier) and Requested Routing : 출발지 공항(제1 운송인의 주소)과 운송구간

⑭ Routing and Destination : 목적지와 항로
- 예약에 의한 첫 구간의 도착지와 운송 항공사명을 Full Name으로 기재
- 최종목적지까지 2개 이상의 항공사가 개입되는 경우에는 경유지와 운송항공사명을 코드별 기재
- 만약 한 도시에 2개 이상의 공항이 있을 경우는 도착지 공항의 3-Letter Code를 기입

⑮ Currency : 지불화폐
- AWB을 발행한 국가의 적용화폐의 ISO 3글자 코드를 기입
- AWB에 나타난 모든 금액은 본란에 표시되는 화폐단위와 반드시 일치
  (단, 'Collect Charges in Destination Currency'란에 표시되는 금액은 제외)

⑯ Charge Code : 요금 코드
- 항공사 임의로 필요사항 기재

⑰ Weight/Valuation Charge-Prepaid/Collect : 운임지불방법
- 운임지불방법에 따라 해당란에 ×자로 표시
- 화물운임의 지불방식에 따라 선불(PPD) 또는 착지불(COLL)란에 '×'자로 표시
- 화물운임과 종가요금은 둘 다 모두 선불 또는 착지불이어야 하며 화물운임은 선불, 종가요금은 착지불 등의 형태는 불가능

⑱ Other Charges at Origin-Prepaid/Collect : 기타 운임의 지불방법
- 화물운임과 종가요금을 제외한 출발지에서 발행한 기타 요금의 지불방법에 따라 선불 또는 착지불 란에 '×'자로 표시
- 출발지에서 발생한 모든 기타 요금은 전부 선불 또는 전부 착지불에서 선택

⑲ Declared Value for Carriage : 송화인의 운송신고가격
- 송화인의 운송 신고가격을 기재
- 화물분실이나 파손시 손해배상의 기준, 이 금액을 기준으로 종가요금 산정
- 가격신고 방법은 일정한 금액을 신고하는 것과 무가격 신고(No Value Declared : NVD)의 2가지 방법 중 화주가 임의로 선택 가능

⑳ Declared Value for Customs : 세관신고가격
- 세관통관을 위한 송화인의 신고가격을 기재

㉑ Airport of Destination : 최종 도착지 공항
- 최종 목적지의 공항이나 도시 명을 Full Name으로 기록

㉒ Flight/Date : 항공편과 날짜
- 화주가 부보하고자 하는 보험금액을 기재
- 본 란에 기록된 날자는 Flight가 확정된 것임을 의미하지는 않음

㉓ Amount of Insurance : 보험금액
- 화주가 부보하고자 하는 보험금액을 기재
- 보험금액은 대체로 운송신고가격과 일치하며 보험에 가입하지 않을 경우에는 공란 처리

㉔ Handling Information : 화물취급에 관한 정보
- AWB 상 다른 란에 표시할 수 없는 각종 사항을 기록
- 여백 부족시 별도 용지 첨부 가능
- 일반적으로 본란에 기입되는 사항
  화물의 포장방법 및 포장표면에 나타난 식별부호, 번호
  - 필요시 수화인 외에 화물도착 통보 할 사람의 주소, 성명
  - AWB이 첨부되어 있는 서류명
  - 불인도(Non-Delivery)로 인한 화물의 경우, 최초의 AWB 번호 기입
  - 기타 화물운송과 관련된 제반 지시 또는 참고사항 등

㉕ Consignment Details and Rating : 화물요금에 대한 세부사항
- 화물의 수량, 요율결합지점, 실제무게, 무게단위, 화물요율별 해당코드, 품목번호, 요금중량표시, Kg당 또는 Lb당 적당요율, 화물품목 등과 요금과 관련되는 세부 사항 기재
- Number of Pieces : 화물의 개수 기입, 총 개수는 하단 합계란 표시
- RCP(Rate Combination Point) : 요율결합지점을 표시해 줄 필요가 있을 경우 해당도시 3-Letter Code를 기입
- Actual Gross Weight : 화물의 실제무게 기입, 합계중량은 하단에 표시
- Kg/Lb : 무게단위 기입(Kg : K, Lb : L로 표시)
- Rate Class : 화물요율에 따라 규정된 Code 사용
  (예) P : Small Package Service, Y : Unit Load Device Discount
- Commodity Item Number : 상품번호
  - 일반 화물요율(SCR)이 적용될 경우 품목번호 기재
  - 특정 품목할인요율(CCR)이 적용될 경우 해당 비율(%) 표시
  - BUC(Bulk Unitization Charges)를 적용했을 경우 ULD의 Rating Type 표시
- Chargeable Weight : 중량에 따른 운임
  - 화물의 실제중량과 부피중량 중 높은 쪽의 중량 기입(소수점은 절사)
  - 최저운임(minimum charges)이 적용될 경우는 기재할 필요가 없다.
  - BUC를 적용했을 경우에는 해당 ULD의 운임적용 최저 중량을 기입한다.

• Rate/Charge : Kg당 또는 Lb당 적용요율 기입
  - 최저 운임 적용시는 최저 운임 기입
  - BUC를 적용했을 경우에는 해당 ULD의 운임적용 최저중량을 기입한다.
  - 화주소유 ULD에 대한 ULD 할인금액 기입
  - Over Pivot Rate 기입
• Total : 운임적용중량
  - (-vii)×요율(-viii) 금액을 기입
  - 서로 다른 요율이 적용되는 품목이 둘 이상의 경우 : 총합계 금액은 하단 빈칸에 기입
• Nature and Quantity of Goods(Include Dimensions or Volume)
  - 화물 품목 기입(필요시 상품의 원산국을 기입)
  - 부피중량 적용시 화물포장 치수 : 최대가로×최대세로×최대높이 순으로 표시
  - BUC 적용시 사용된ULD의 IATA Code를 기입
  - 본 란의 여백이 부족할 경우 'Extension List' 사용가능

㉖ Weight Charge(Prepaid/Collect) : 종량요금지불방법
• 운임 지불방법에 따라 선불 또는 착지불 란에 해당화물운임을 기입

㉗ Other Charges : 기타 요금
• 화물운임 및 종가요금을 제외한 기타비용의 명세 및 금액을 기입
• 명세를 표시하기 위해서는 다음 Code를 금액 앞에 표시
(예) AC(Animal Container),PU(Pick Up), AS(Assembly Service Fee) 등
• 상기 제 비용들의 귀속 여부를 확실히 하기 위해 항공사 몫일 경우 C, 대리점 몫일 경우 A로 표시
• 'A' 또는 'C'의 표시는 비용 Code와 금액 사이에 기재한다.
(예) PU 'C' : 35.00)

㉘ Valuation Charge(Prepaid/Collect) : 종가요금지불방법
• 화주의 가격신고에 따라 부과되는 종가요금을 지불방법에 따라 해당 란에 기재

㉙ Total Other Charges Due Agent(Prepaid/Collect) : 대리점의 총기타비용
• AWB 발행수수료가 대리점 몫일 경우 여기에 그 내용이 기입
• 기타 출발지에서 징수되는(선불) '대리점 몫'의 제비용은 기입할 필요가 없으며 본란에 표시되는 '대리점 몫'의 비용 중 착지불 금액만 표시

㉚ Total Other Charge Due Carrier(Prepaid/Collect) : 항공사의 총기타비용
• 운임이나 종가요금을 제외하고 본란에 표시되는 비용 중 '항공사 몫'에 해당하는 비용을 선불 또는 착지불 란에 기재

㉛ Shipper's Certification Box : 송화인 EH는 대리인의 서명

㉜ Total Prepaid : 총선불 금액
• 운임, 종가요금, 기타 제비용(항공사 몫, 대리점 몫 포함) 중 선불 란에 표시된 금액의 합계를 기입

㉝ Total Collect : 총 후불금액
- 운임, 종가요금, 기타 제비용 중 후불 란에 표시된 금액의 합계를 기재

㉞ Carrier's Execution Box : 항공운송인의 기재란
- 항공화물운송장 발행일자, 장소, 항공사 또는 대리인의 서명을 표시
- 월의 표시는 전체나 약자로 표시하며 숫자로는 미기입

③ 복합운송 서류(Combined Transport Document)

복합운송은 여러 형태의 운송수단을 이용하여 화물을 지정 목적지까지 운송하는 것으로 전 운송구간에 걸쳐 모든 책임을 부담하는 복합운송인에 의하여 화물의 운송이 이행된다. 이때 복합운송인이 물품의 인수와 계약 조건의 이행을 증명하기 위한 서류를 발행하는데, 이를 복합운송서류(Combined Transport Document : CTD, Combined Transport Bill of Lading : CT B/L, Mutimodal Transport Document : MTD)라 한다.

복합운송서류는 발행자인 복합운송인이 운송물의 인수를 증명하고 서류상에 기재된 종류, 수량 및 상태의 화물을 인수지로부터 목적지까지 운송하기 위하여 자기의 지배 하에 수리하였음을 증명하고, 운송서류의 발행 전에 이미 성립된 계약의 내용과 조건을 구체적으로 명시하는 운송계약의 증거서류이다. 또한, 유통성 복합운송서류는 수화인이 배서 또는 교부에 의해 화물을 처분할 수 있는 운송물에 관한 권리증권(document of title)으로서 유가증권의 성격을 가지는 운송서류를 말한다.

(2) 보험 서류

① 보험증권(Insurance Police)과 보험증명서(Insurance Certificate)

보험서류는 보험자가 보험기간 중에 화물 운송시 보험목적물의 손해가 발생하는 경우, 그 손해를 전보할 것을 약속하고 보험자는 그 대가로 보험료를 지불하여 발행되는 증서이다. 보험서류에는 보험증권과 보험증명서가 있다.

보험증권(Insurance Policy : I/P)은 보험계약자의 신청에 의해 보험자인 보험회사가 승낙하여 보험계약이 성립된 후, 보험자가 보험계약의 성립 증거로서 발행하는 증서를 말한다. 보험증서는 보험자가 피보험자의 청구에 의하여 교부하는 것으로 유가증권이 아니며, 단지 증거 증권에 속하고 배서 또는 인도에 의하여 양도된다.

현재 우리나라에서 사용되는 보험증서는 1983년에 개정된 협회적하약관(Institute Cargo Clause : ICC)에 따라 국제적으로 사용되고 있는 새로운 형태의 보험증권의 양식을 사용하고 있다.

보험증명서(insurance certificate)는 일정 기간 동안 대량적이고 반복적인 수출입 거래의 경우, 수출자가 보험회사와 일정 조건의 예정보험계약을 체결하여 예정보험증권(open policy)을 교부받고 실제 물품이 선적되어 확정보험사실이 발생할 때마다 동 증권을 근거로 보험회사로부터 발급받는 증명서로 시간과 비용이 절약되고 수수료가 저렴하여 일반화되고 있다.

보험증권은 양도가 가능한 유가증권의 성질을 가지며, 통상 2통을 발행하여 1통이 수리되면 나머지 한통은 효력을 상실한다.

❖ 보험증권의 요건 ❖

- 선하증권 또는 송장에 기재된 상품위험 담보
- 보험청구권은 은행에 양도
- 부보금액은 신용장금액의 110% 부보 가능
- 보험의 부보일자가 선하증권 상의 선적일자 이전 표시

◆보험증권의 기재 방법

① Assured(s) : 피보험자(또는 보험계약자)명
- 수출입상사의 상호를 기재
- CIF계약의 수출 : 피보험자에 대하여 별도의 약정이나 지시가 없으면 수출업자 자신을 피보험자로 하여 수출환어음 매입시에 백지배서(blank endorsement)에 의해 양도
  (예) 에이엔피상사

② Certificate No. : 보험증권 번호
- 보험자가 피보험자에게 보험증권을 교부할 때 붙이는 일련번호 기재
  (예) 001234A5678

③ Claim, if Any, Payable At : 보험금의 지불장소
- 일반적으로 수출의 경우에는 화물의 최종 목적항이 기재되고 수입의 경우에는 당해 보험자명을 기재
  (예) GELLATLY HANKEY MARINE SERVICE, NORTH AMERICA, 195 BROADWAY, 20TH FLOOR NEW YORK 10009 Tel(212)881-9412

④ Ref. No. : 참조번호
- 보험자가 업무상 참조하기 위한 번호
- 통상 수출의 경우에는 신용장 또는 수출허가서의 번호를, 수입의 경우에는 상업송장 또는 수입허가서의 번호를 기재
  (예) 송장번호 : NC3100HC2700, 신용장번호 : M1234 606Vs00018

⑤ Amount insured : 보험금액

- 보험계약자가 부보한 금액으로, 보험사고가 발생하였을 때 보험자가 그 손해보전을 위해 피보험자에게 지불하는 최고한도액의 보험금(Loss or Claim Paid)
- 보험금액은 일반적으로 당사자의 합의에 의하여 결정되나 그 금액은 보험가액과 같거나 적은 범위 내에서 체결
  - 전부보험 : 보험금액과 보험가액이 동액, 대부분 해상보험은 이에 해당
  - 일부보험 : 보험금액이 보험가액의 일부
  - 초과보험 : 원칙적으로 무효, 해상보험에서는 10%(CIF가격)의 희망이익 인정
  - 표시통화 : 신용장상에 별다른 명시가 없는 한, 신용장과 동일한 통화로 표시
- 보험료(보험율=R)=1.1R(C+F)/1-1. 1R

⑥ Survey should be approved by : 손해사고 통지처

- 피보험 화물에 손해발생 시 통지할 곳
- 수출 : 최종 목적항에 있는 보험자의 대리점의 상호 및 주소를 기재
- 수입 : 보험자명 기재

(예) ③과 동일

⑦ Conditions : 보험조건

- 보험조건의 선택은 보통 수출입계약 체결시 화물의 종류, 포장, 운송방법, 예상 항해기간 등을 감안하여 매매 당사간의 합의에 의해 결정되며 그 내용은 매매계약서나 신용장에 기재

(예) ICC B조건

⑧ Local Vessel or Conveyance : 국내운송수단

⑨ From(Interior Port or Place of Loading) : 출하항 또는 출하지

- 화물의 출하지와 선적지가 다른 경우에 출하지로부터 선적지까지의 운송화물에 대한 부보시 ⑧번과 ⑨을 기재

⑩ Ship or Vessel : 선박명

(예) SARANG-HO, V-10

⑪ Sailing On or About : 선박의 출항 또는 출항예정일

- 적재선박이 선적항을 출항하는 연월일 또는 예정 연월일을 기재
- 수출 : 선하증권상의 내용과 일치

(예) 20××년 11월 11일

⑫ At and From : 선적항

(예) 부산항

⑬ Transshipped At : 환적항

⑭ Arrived At : 도착항(양륙항)

(예) NEW YORK항

⑮ Thence To : 최종 목적지와 운송수단

- 최종 목적지가 내륙지방에 있어 양륙강과 목적지가 서로 상이한 경우에는 운송약관에 따라 양륙항에서 최종 목적지까지의 운송화물에 대하여 보험을 부보할 때 최종목적지와 운송수단을 기재

  (예) 양륙항이 부산항이고 최종 목적지가 서울일 경우 화물자동차를 이용하여 운송한다면, thence to Seoul by truck이라고 기재하고, 운송수단이 불분명할 경우에는 land conveyance 또는 any conveyance라고 기입

⑯ Goods and Merchandise : 피해보험 화물의 명세

- 화물의 품명, 수량, 화인 등을 신용장이나 선하증권의 기재내용 대로 기입

  (예) 황산염 3,00MT(질소가 최소 21% 이내, 습기가 최대 0.5% 이내)

⑰ Place and Date Signed In : 보험증권의 발행지와 발행일

- 보험증권의 발행일 : 선하증권 발행일 이전 날짜

  (예) 20××년 11월9일 서울에서 발행

⑱ No. of Certificates Issued : 보험증권의 발행매수

보통 2통이 발행되는데 보험자가 1통에 대하여 변제하면 나머지 1통은 무효

⑲ Body Clauses : 본문 약관

- 본문약관은 약인약관(consideration clause), 타 보험약관(other insurance clause), 선서약관(attestation clause), 영국 재판관할약관(english jurisdiction clause) 등으로 구성
  - 약인약관 : 계약당사자가 약속에 대해 주고받는 권리, 이익, 손실, 책임 또는 이들의 약속
  - 선서약관은 보험계약의 인수의 증거로서 보험회사의 책임자가 서명한다는 것과 보험증권의 효력에 대해 언급한 약관

⑳ Assurer's Signature : 보험자의 서명

- 해상보험증권은 보험자 또는 보험자의 대리인에 의하여 서명, 보험자가 법인인 경우에는 법인의 인장으로도 가능
- 우리나라 : 일반적으로 보험회사의 해상보험 부문의 책임자가 서명

㉑ Marginal Clause : 난외약관

- 종전 양식에 있던 이탤릭 서체 약관과 대치된 것으로써 Important Clause(중요사항약관)라 하는 클레임 발생시에 피보험자가 취해야 할 각종 조치 및 절차 등을 일괄적으로 규정

■ 서식(LG Insurance Co., Ltd.)

CERTIFICATE OF MARINE CARGO INSURANCE

<table>
<tr><td colspan="3">① Assured(s), etc THE HAINEUNG CORPORATION</td></tr>
<tr><td colspan="2">② Certificate No.
001234A5678</td><td>④ Ref. No. Invoice No. NC3100HC2700
L/C No. M1234 606VS00018</td></tr>
<tr><td colspan="2">③ Claim, if any, payable at :
MCLARENS TOPLIS, NORTH AMERICA, 195 BROADWAY, 20TH FLOOR NEW YORK 10009
Tel(212)881-9412
Claims are payable in</td><td>⑤ Amount insured
USD 55,000-
(USD 50,000 × 110%)</td></tr>
<tr><td colspan="2">⑥ Survey should be approved by
THE SAME AS ABOVE</td><td rowspan="6">⑦ Conditions
* INSTITUTE CARGO CLAUSE(B) 1982
* CLAIMS ARE PAYABLE IN AMERICA
IN THE CURRENCY OF THE DRAFT.

subject to the following Clauses as per back hereof institute Clauses Institute War Clauses(Cargo)
Institute War Cancellation Clauses(Cargo)
Institute Strikes Riots and Civil Commotions Clauses
Institute Sir Cargo Clauses(All Risks)
Institute Classification Clauses
Special Replacement Clause(applying to machinery)
Institute Radioactive Contomination Exclusion Clauses
Co-Insurance Clause Marks and Numbers as</td></tr>
<tr><td>⑧ Local Vessel or Conveyance</td><td>⑨ From(interior port or place of loading)</td></tr>
<tr><td>⑩ Ship or Vessel called the SARANG-HO V-10</td><td>⑪ Sailing on or about
NOV. 11, 2016</td></tr>
<tr><td>⑫ at and from
PUSAN, KOREA</td><td>⑬ transshipped at</td></tr>
<tr><td>⑭ arrived at
NEW YORK</td><td>⑮ thence to</td></tr>
<tr><td colspan="2">⑯ Goods and Merchandise
3,000MTS OF AMMONIUM SULPHATE
(N-21% min, MOISTURE-0.5% max)</td></tr>
<tr><td colspan="3">⑰ Place and Date signed in SEOUL, KOREA NOV. 9, 2007 ⑱ No. of Certificates issued. TWO
⑲ This Certificate represents and takes the place of the Policy and conveys all rights of the original policy holder (for the purpose of collecting any loss or claim) as fully as if the property was covered by a Open Policy direct to the holder of this Certificate.
This Company agrees losses, if any, shall be payable to the order of Assured on surrender of this Certificate.
Settlement under one copy shall render all others null and void.
Contrary to the wording of this form, this insurance is governed by the standard from of English Marine Insurance Policy.
In the event of loss or damage arising under this insurance, no claims will be admitted unless a survey has been help with the approval of this Company`s office or Agents specified in this Certificate

SEE IMPORTANT INSTRUCTIONS ON REVERSE
⑳LG Insurance Co., Ltd.

AUTHORIZED SIGNATORY

This Certificate is not valid unless the Declaration be signed by an authorized representative of the
Assured.</td></tr>
</table>

(3) 상업송장(Commercial Invoice)

상업송장(commercial invoice)은 물품의 거래가 원격지 간에 행해지는 경우 매도인이 매수인 앞으로 해당 물품의 특성과 내용명세를 상세하고 정확하게 작성하여 송부하는 선적화물의 계산서 및 내용명세서를 말한다.

■ 서식(COMMERCIAL INVOICE)

<table>
<tr><td colspan="2" rowspan="2">① Shipper/Seller KRGIATRA122INC

IEE JU TRADING CO., LTD.
122, SONG RIM-DONG, DONG-KU,
INCHEON KOREA</td><td>⑦ Invoice No. and date
8905 BK 1007 NOV. 20. 2016</td></tr>
<tr><td>⑧ L/C No. and date
54321 DEC. 7. 2007</td></tr>
<tr><td colspan="2" rowspan="2">② Consignee
TO ORDER OF SINHAN BANK

③ Departure date
NOV. 20, 2016</td><td>⑨ Buyer(if other than consignee)
UCLA TRADING CO., LTD.
5200 ANTHONY WAVUE DR.
DETROIT, MICHIGAN 48203
U. S. A</td></tr>
<tr><td>⑩ Other references
COUNTRY OF ORIGIN :
REPUBLIC OF KOREA</td></tr>
<tr><td>④ Vessel/flight
F R E E D O M</td><td>⑤ From
BUSAN, KOREA</td><td rowspan="2">⑪ Terms of delivery and payment
FOB BUSAN
L/C AT SIGHT</td></tr>
<tr><td colspan="2">⑥ To
DETROIT, USA</td></tr>
<tr><td colspan="3">⑫Shipping Marks ⑬No.&kind of packages ⑭Goods description ⑮Quantity ⑯Unit ⑰ Amount price

MON/T
DETROIT
LOT NO
C/NO.1-53
MADE IN KOREA NYLON OXFORD 60,000M
420 DP × 420D 1208,06KGS
MATERIAL. US$1.00/M US$60,000
AS PER MONARCH PRODUCTS
INDENT NO. T. 858

⑱ Signed by</td></tr>
</table>

상업송장은 무역거래상의 필수서류로서 모든 신용장에서 요구하고 있으나 유가증권인 선하증권이나 보험증권과 같이 그 자체가 청구권이 있는 서류가 아니므로 때로는 구 거래계약의 존재 및 이행의 사실을 입증하는 자료로서 또는 수입물품의 정확성 및 진실성을 입증하기 위한 세관 신고의 증명자료로 활용되고 있다.

① 상업송장의 주요기능

■ 국제무역에서의 구매서 역할

- 거래물품의 주요사항인 계약상품의 정확한 규격(specification of goods) 및 개수, 포장상태 및 화인(cargo marks) 등을 상세하게 표시

■ 특정 거래계약의 존재 및 이행의 사실을 입증하는 증거자료

- CIF나 CFR의 경우 선하증권이나, 보험증권이 계약과 일치되었음을 증명

■ 매매계약서 및 대금청구서

- 계약 상품의 순단가, 부대비용, 할인료, 지불방식, 지불시기 등 구체적으로 명기
- 송장상의 발행금액은 환어음(bill of exchange)의 발행금액과 일치

■ 화환어음의 담보물권 서류에 송장 첨부

- 수출지 은행에서 환어음을 매입할 때나 수입지 은행에서 대도(T/R)로 수입물품을 수입업자에게 인도할 시

■ 과세표준액 산정에 가장 중요한 자료

- 수입지에서 화물수취 안내서와 세관신고시의 과세표준액 산정시
- 수입통관의 경우 수입업자에게 불이익이 초래되지 않도록 정확하게 작성

■ 상업송장의 작성 방법

① Shipper/Seller : 송화인(수출업자)

- 수출업자 개인 또는 법인의 이름과 주소를 기재
- 미국 : 외국상품에 대한 수입동향 감시를 위해 수입상품의 통관시 수출업체의 고유코드(Manufacturer's I.D. Code)를 상업송장 우측 상단에 기재하도록 규정
- MID Code는 송장상의 Seller란의 우측 상단에 기재하되 영문 대문자로 띄어 쓰기 없이 알기 쉽게 기록
- 국명(최대한 2자) : 국제표준화기구(ISO)에서 제정한 기준에 따라 기재, 우리나라의 경우는 "KR"로 표시

• 제조업체명(최대한 6자) : 업체명의 처음 2단어(영문)에서 각각 최초의 3자를 인용하여 작성, 업체명이 1단어일 경우 3자로만 작성

(예) KOREA TRADING Co. : KORTRA
AIDPUBLICATION TRADING CO. : AIDTRA

• 주소(최대한 4자) : 거리명 또는 사서함 번호가 있는 주소 중 가장 큰 숫자를 찾아 4번째까지의 아라비아 숫자를 인용하여 작성

(예) Dongjagu 1234의 경우는 1234로, 주소에 숫자가 없을 경우는 생략

• 도시명(최대한 3자) : 도시명의 처음 3자를 인용하여 작성

(예) SEOUL은 SEO, BUSAN은 BUS, INCHEON은 INC로 작성

<기타 유의사항>

- 본사가 지방에 있고 서울사무소에서 모든 수출입 업무를 담당하는 경우에는 지방 본사의 MID Code를 기재
- 대행 수출시 대행사인 수출상의 MID Code를 기재
- MID Code 작성시 모든 구두점과 띄어쓰기, 한 글자로 된 영문 머리글자와 정관사, 부정관사, 전치사, 접속사 등은 생략
- 코드번호는 총 15자를 이내로 작성
  (예) AIDPUBLICATION TRADING CO. 220 SADANG DONG DONGJACK-GU, SEOUL, KOREA → KRAIDTRA220INC

② Consignee : 수화인

• 선하증권상의 수화인과 상업송장상의 수화인은 동일.

• 신용장 조건에 표시되어 있는 내용에 따라 다음가 같이 표시

- Bill of Lading made out to order : to order
- Bill of Lading made out to order of shipper : to order of shipper
  to our order로 되어 있으면 to order of 다음에 개설은행명을 기재

③ Departure date : 출발일

• 화물을 적재한 선박이나 비행기가 출발하는 년, 월, 일을 기재

• 통상 선하증권이나 AWB상의 선(기)적일자와 일치

④ Vessel/Flight : 선박/비행기의 명칭

• 화물을 운송하는 선박/비행기 명칭을 기재

• 여러 가지 운송수단을 사용하는 경우에는 주된 운송수단을 기재

⑤ From : 출발지 항구나 공항 명

- 화물을 운송하기로 예정된 항구나 공항 등의 명칭 기재
- 신용장에 또는 계약서상의 선적지(place of loading)와 일치

(예) Busan Korea, Kimpo Korea

⑥ To : 도착지 항구나 공항 이름

- 도착지 항구나 공항 등의 명칭 기재
- 신용장 또는 계약서상의 도착지와 일치

⑦ Invoice No. and Date : 송장번호 및 발행일

- 수출업자(seller)가 상업송장에 부여한 참조번호 및 송장의 발행일을 기재

⑧ L/C No. and Date : 신용장번호 및 발행일

⑨ Buyer(if other than consignee) : 수입업자의 주소, 성명

- 상품을 수입한 개인 또는 법인의 이름과 주소를 기재
- 신용장방식일 경우 신용장 개설의뢰인이 Buyer가 되며 Buyer와 Consignee가 같은 경우에도 Buyer의 이름과 주소를 다시 기재

⑩ Other References(또는 Remarks) : 기타 참조사항

- 거래 상대방이 신용장이나 계약서에서 별도로 요구한 사항을 기재
- 원산지표시(country of origin), 관련계약서의 오퍼번호나 발행일자 등을 기재
- 미국 : 상업송장상에 원산지 기재를 의무화(미국 수출 송장 작성시 : 본란에 Country of Origin을 명기한 다음 Korea 표기)
- 송장 작성자가 서명 란에 서명하고 작성자를 서명자와 별도로 기재하고자 하는 경우에는 서명란 dhlsWHr에 작성자의 이름과 직책을 기재
- 지불조건은 INCOTERMS와 같은 정형화된 조건을 사용하여 정확하게 기술하고 사용통화도 US$ 등으로 명확히 표기

(예) FOB Busan, At sight L/C in USD ~

⑫ Shipping Marks : 화인

- 화인은 관련서류와 포장 상품의 대조 점검을 용이하게 하고 화물을 도착지까지 신속하고 안전하게 운송할 수 있도록 간단하게 표시

⑬ No. & Kinds of Pkgs : 포장의 종류와 개수

- 포장 종류 당 포장화물의 개수와 각 물품의 포장 형태를 drum, bale, box, case, bundle 등으로 기재

⑭ Goods description : 상품명세서

- 규격(specification), 품질(quality), 등급(grade)등 해당물품에 대한 정확한 명세를 신용장

상의 표현과 완전히 일치하게 기재

- 상업송장 이 외의 기타 서류에는 일반적인 용어(general term)로 표시 가능

⑮ Quantity : 수량

- 송장금액 계산의 기초가 되는 최소 단위 당 수량을 기재하며 수량의 계산 단위는 일반적으로 다음과 같이 개수 혹은 도량형에 의하여 계산

개수	상품수	개수(Piece), 조(Set), 다스(Dozen) 등
	포장수	상자(Case), 포(Bale), 부대(Bag) 등
도량형	중 량	톤(Ton), 파운드(Lb, Libra), 킬로그램(Kg) 등
	용 적	입방피트(Cubic feet : CFT), 용적톤(Measurement Ton : M/T) 등
	길 이	야드(Yard), 미터(Meter) 등
	면 적	평방피트(Square Feet : SF) 평방미터(Square Meter : SM) 등

- 수량결정시기(선적수량 조건 및 양륙수량 조건)와 과부족용인 조건(more or less clause)에 유의
- 클레임 방지를 위해 가능한 구체적이고 정확한 문언으로 표시

⑯ Unit Price : 단위당 가격

⑰ Amount : 총금액

- 단위당 단가 × 수량 = 총금액
- 제반 비용과 할인 등이 있을 경우 그 비용을 가감하여 실채무액 표시.
- 신용장의 금액은 상업송장에 기재될 수 있는 최고 금액
(초과한 금액 발행 상업송장의 수리 거절)

⑱ Signed By : 서명

- 송장 작성자가 서명란(signed by)에 서명
- 서명방법 : 실서명(jandwriting), 스탬프 날인 서명 등도 가능

2. 부속 서류

(1) 원산지증명서(Certificate of Origin)

원산지 증명서(certificate of origin)는 화환어음의 부대서류로서 수출물품의 원산지를 증명하는 국적증서의 성격을 가진 문서이며, 적성국이나 생산국 등에 관한 판별목적으로 이용되기도 한다.

원산지 증명서는 양허 세율 적용의 기준으로 이용되고 있으며, 현재 국제적으로 통용되고 있는 원산지 인정기준은 당해 국가 영역에서 생산 및 제조된 다음과 같은 물품으로 하고 있다.

① 광산물, 농산물 및 식물성 생산물
② 번식 및 사육한 산동물과 이들로부터 채취한 물품
③ 수렵, 어로로 체포한 물품
④ 선박에 의해 체포한 어획물, 기타 물품
⑤ 제조, 가공 중에 발생한 분말
⑥ 생산자재를 사용하여 제조, 가공한 물품
⑦ 가공에 의해 새로운 상품적 부가가치가 발생한 물품

◆원산지증명서의 기재 방법

① Consigned From(exporter's business name, address, country) : 수출업자의 상호, 주소, 국가
② Goods Consigned To(consignee's name, address, country) : 수화인의 상호, 주소, 국가
③ Means of Transport and Route(as for as known) : 경로와 운송수단
• 선적지 및 양륙지의 도시명, 항해일자, 선박명 등을 기재

(예) FROM : BUSAN, KOREA
TO : KAOSIUNG, TAIWAN
BY : SEA
ON BOATD DATE : 20××, 11, 11

■ 서식(Certificate of Origin)

<table>
<tr><td colspan="3">① Consigned from (Exporter`s business name, address, country)
NAMHAE CHEMICAL CORP.
C.P.O. BOX 3259, 60-1 3-GA CHUNG MU-RO
CHUNG-GU SEOUL, KOREA</td><td colspan="3" rowspan="2">④ Reference No

GLOBAL SYSTEM OF TRADE PREFERENCES
CERTIFICATE OF ORIGIN
(Combined Declaration and Certificate)

issued in <u>REPUBLIC OF KOREA</u>
(Country)
See Notes overleaf</td></tr>
<tr><td colspan="3">② Goods consigned to (consignee`s name, address, country)
TO THE ORDER OF FIRST COMMERCIAL BANK</td></tr>
<tr><td colspan="3">③ Means of transport and route(as for as known)

FROM : PUSAN, KOREA
TO : KAOSIUNG, TALWAN
BY : SEA
ON BOARD DATE : NOV. 11, 2016</td><td colspan="3">⑤ official use</td></tr>
<tr><td>⑥ number</td><td>⑦ marks and numbers of packages

800SETS
C/T NO.1-800</td><td>⑧ 7 .Number and kind of packagesof goods

STAINLESS STEEL COOKWARE
WORLD BEST 20 PCS/ 1SET</td><td>⑨ Origin criterion (see notes overleaf)

B40%</td><td>⑩ Gross Weight or other quantity

500TS</td><td>⑪ Number and date of invoice

EWK00 5787

(JUN 24, 2016</td></tr>
<tr><td colspan="3">⑫ by the exporter
The undersigned hereby declares that the above details and statements are correct; that all the goods were produced in
<u>KOREA</u>
----
and that they comply with the origin requirements specified for those goods in the Global System of Trade Preferences for goods exported to

SEOUL, KOREA/JUN. 8, 2015
----
⑭ Place and date, signature of authorized Signatory</td><td colspan="3">⑬
It is hereby certified, on the basis of control carried out, that the declaration by the exporter is correct

----
⑮
Place and date, signature and stamp of cerifying authority</td></tr>
</table>

④ Reference No : 참조번호
• 원산지증명서 발행기관명과 발행일련번호 등을 기재
⑤ Official Use : 발행기관에서 사용
⑥ Number : 번호
⑦ Marks and Numbers of Packages : 포장의 수와 화인
⑧ Number and Kind of Packages of Goods : 상품의 포장종류와 개수
⑨ Origin Criterion(see notes overleaf) : 원기준(표준)
⑩ Number And Date of Invoice : 상업송장의 발행일과 수
⑪ By The Exporter : 수출업자의 원산지에 대한 확약
⑫ 사항에 대한 발행기관의 확인
It is hereby certified, on the basis of control carried out, that the declaration by the exporter is correct
⑬ Place and Date, Signature of Authorized Signatory : 서명권사의 서명과 서명장소 및 날자
⑭ Place and Date, Signature and Stamp of Certifying Authority : 확인자의 스태프 및 서명, 장소 및 날자

(2) 포장명세서(Packing List)

포장명세서는 포장 및 포장 단위별 명세와 단위별 순중량, 총중량, 화인 및 포장의 일련번호 등을 기재함으로써 포장과 운송, 통관상의 편의를 위해 수출자가 수입자 앞으로 작성하는 거래 계약에 대한 부속서류의 일종으로 송장을 보충하는 역할을 한다.

① 포장명세서의 실제 기능

• 수출입통관 절차에서는 심사자료로, 양륙지에서는 물품의 분류 및 판매에 활용
• 개별화물의 사고 발생분에 대한 참조 자료
• 검사 또는 검량업자가 실제 화물과 대조하는 참조자료
• 선박회사와 운송 계약

포장명세서는 여러 가지 품목을 선적하거나 선적물품 각 단위의 수량, 중량, 내용이 상이할 때 상업송장을 보충하기 위하여 사용되므로 대부분의 기재 내용이 상업송장과 일치한다.

■ 포장명세서의 기재사항

① Seller : 송화인(수출업자)
- 상품을 수출하는 개인 또는 법인의 이름과 주소 기재

② Consignee : 수화인
- 수출상품을 인도받을 개인 또는 법인의 이름과 주소를 기재
- 선하증권상 Consignee란과 동일하게 기재

③ Departure Date : 출발일
- 화물을 적재한 선박이나 비행기나 출발하는 년, 월, 일을 기재
- 선하증권이나 AWB상의 선(기)적일자와 일치

④ Vessel/Flight : 화물운송선박 또는 비행기
- 운송수단인 선박이나 비행기 명칭을 기재

⑤ From : 출발예정 항구 및 공항
- 운송수단이 출발하기로 예정된 항구, 공항 등의 명칭을 기재
- 신용장 또는 계약서상의 선적지와 일치

⑥ To : 도착항 및 공항
- 화물이 도착하는 항구, 공항 등의 명칭을 기재하며 신용장 또는 계약서상의 도착지와 일치해야 한다.

⑦ Invocie No. and Date : 상업송장의 번호 및 발행일

■ 서식 (PACKING LIST)

① Seller Gil Dong Trading Co., Ltd.	⑦ Invoice No. and date 8905 HC 3108 NOV. 29, 2016.
② Consignee TO ORDER OF SINHAN BANK	⑧ Buyer(if other than consignee) Nisso Shoji Co., Ltd. Wakamatsu Bldg., 3-4-5 Nihonbashi-Honcho, Chuo-Ku Tokyo Japan

<table>
<tr><td colspan="3">③ Departure date NOV. 20, 2016.</td><td colspan="3" rowspan="3">⑨ Other references
Country of Origin:
Republic of Korea</td></tr>
<tr><td colspan="3">④ Vessel/Flight ⑤ From
FREEDOM-2 BUSAN, KOREA</td></tr>
<tr><td colspan="3">⑥ To OSAKA, JAPAN</td></tr>
<tr><td>⑩ Shipping Marks</td><td>⑪ No.&kind of packages</td><td>⑫ Goods description</td><td>⑬ Quantity or net weight</td><td>⑭ Gross Weight</td><td>⑮ Measurement</td></tr>
<tr><td>MON/T
Bulawayo
LOT NO
C/NO.1-53
Made In Korea</td><td>4200D×420D
Material,
As per Monarch
products
Indent No T.858</td><td>Nylon Oxford</td><td>600,000M</td><td>1.317kgs</td><td>24.5CBS</td></tr>
<tr><td colspan="6">⑯ Signed by</td></tr>
</table>

⑧ Buyer(if other than consignee) : 수입업자의 주소, 성명

- 상품을 수입한 개인 또는 법인의 이름과 주소를 기재
- 신용장방식 : 신용장 개설의뢰인이 매수인
- 수입업자와 수화인이 동일인 : 수화인 이름과 주소 다시 기재
- 수입업자와 수화인이 다른 경우에는 수입업자의 이름을 별도로 기재

⑨ Other References(또는 Remarks) : 기타 참조사항

- 거래 상대방이 신용장이나 계약서에서 원산지, 계약서 번호 등과 같이 별도로 요구하는 사실을 기재

⑩ Shipping Marks : 화인

- 관련서류와 포장 상품의 대조 점검을 용이하게 하고 화물을 도착지까지 신속하고 안전하게 운송할 수 있도록 간단하게 표시
- L/C 상에 화인에 관한 언급이 있으면 이를 준수
- 언급이 없는 경우 : 포장명세서의 작성자가 임의로 결정 가능
  (Packing List를 비롯한 제반 화인 관련 서류들의 표시와 일치)
- 표준화인 사용을 통해 비용절약, 신속한 대조점검, 안전한 운송 달성

⑪ No. & Kind of Pakgs : 포장의 종류와 개수

- 포장 종류당 화물의 개수를 기재하며, Case, Bundle, box 등 각 물품의 포장 형태를 표기

⑫ Goods Description : 상품명세서

- 규격(specification), 품질(quality), L/C No. 별 Model No. 별로도 정확하게 기재하여 해당 물품에 대한 성격별로 명확하게 구분
- 신용장에서 언급하는 범위 내에서 가능한 한 일목요연하게 구분
  (예) 신용장이나 계약서상에서 'Full details Packing List'나 Size & Color Assortment' 를 요구하는 경우 : 규격과 색상을 별도로 정확히 분류하여 작성
- L/C 상에서 포장 방법을 지정시 그 내용을 반드시 포장명세서 상에 명기

⑬ Quantity or Net Weight : 수량 또는 순중량

- 물품의 수량을 각 포장 단위마다 구분하여 상업송장에서와 같이 기재

⑭ Gross Weight : 총중량

- 순중량 + 외부 포장재료(또는 포장용기) = 총중량(B/L상의 중량과 일치)
- 톤(무계표시)도 양적으로 상이한 총중량과 순중량을 구분 명시

⑮ Measurement : 용적

- 선적물품의 부피를 나타내며 B/L 상의 용적과 일치
- 용적의 계산단위 : CBM(Cubic Meter)
  (1M/T(Measurement Ton) = 40 cubic feet)
- 용적은 총중량 합계 및 순중량 합계와 함께 하단에 기재
- 운송계약 체결이나 운임 결정에 기본적인 자료

⑯ Signed By : 서명

(3) 검사증명서(Inspection Certificate)

검사증명서(inspection certificate)는 수출입계약이나 신용장 조건에 따라 수출상품의 품질, 분석, 위생 및 검역 등을 저명한 국제검사기구나 수입자가 지명한 검사인의 검사를 필하고 수출자가 이를 증명하기 위해 첨부하는 부속서류이다.

① 품질증명서(certificate of quality) : 농수산물 등의 수출품에 대하여 품질을 증명하는 서류

② 분석증명서(certificate of analysis) : 광산물 등의 품위와 순도 및 의약품 등의 원료구성을 분석하여 증명하는 서류

③ 위생증명서(certificate of health) : 식료품, 화장품, 약품 등의 수출품에 대해 병균 오염여부를 검사기관이 확인하여 증명하는 서류

④ 검역증명서(certificate of quarantine) : 수출하는 동식물에 대해 검역기관에서 검역한 후, 발행해 주는 검역 증명 서류

■ 서식(CERTIFICATE OF INSPECTION)

DATE :

AS PER L/C NO.

SHIPPED BY
OF
TO

THIS IS TO CERTIFY THAT OUR QUALITY CONTROLLER ATTENDED FOR INSPECTION OF THE CAPTIONED SHIPMENT AT

AND SAMPLES TAKEN AT RANDOM FROM THIS SHIPMENT WERE INSPECTED AND APPEARED TO BE SUCH AS TO WARRANT THE ISSUE OF THIS AUTHORIZATION.

THE ISSUE OF THIS CERTIFICATE OF INSPECTION TO SHIP THESE GOODS DOES NOT IMPLY THAT THE GOODS ARE IN ACCORDANCE WITH THE CONTRACT AND DOES NOT IN ANYWAY RELIEVE THE SELLERS OF THEIR RESPONSIBILITY TO SUPPLY THE GOODS TO BE SHIPPED HEREWITH IN ENTIRE ACCORDANCE WITH THE CONTRACT.

MERCHANDISE INSPECTED BY :

QUALITY CONTROLLER :

____

Authorized signature

3 기타 서류

1. 무역업고유번호 신청서

우리나라의 대외무역법에서는 무역업의 신고 제도를 채택하여 왔으나 규제완화 차원에서 이를 폐지하고 2000년 1월 1일부터 무역통계 작성을 위하여 무역업 고유번호제를 실시하고 있다. 따라서 무역업을 하고자 하는 자는 산업통상자원부장관에게 무역업 고유번호신청서에 사업자등록증 사본을 첨부하여 무역고유번호를 신청하고 이를 부여받아야 한다. 현재 이 권한은 한국무역협회장에게 위임되어 있으며 무역업자는 관세법에 의해 수출입신고를 할 경우 의무적으로 무역업 고유번호를 수출신고서에 기재하여야 한다.

표 3-22 › 한국무역협회 무역업고유번호 부여 신청장소

신청장소	소재지 및 전화번호
회원서비스센터	서울 강남구 삼성동 159-1(트레이드 타워 1층) 02-6000-5334/8
부산지부	부산 중구 중앙로4가 87-7(부산무역회관 7층) 051-462-5166/9
대구경북지부	대구 동구 신천4동 299-2(국제오피스텔 7층) 053-753-7531/30
광주전남지부	광주 광산구 우산동 1589-1(광주무역회관 5층) 062-943-9400/1
대전충남지부	대전 유성구 장동 23-14(중소기업지원센터 4층) 042-864-4620/2
인천지부	인천 남구 주안동 989-1(르네상스타워 11층) 032-420-0011/3
강원지부	강원 춘천시 중앙로1가 9(공영빌딩 3층) 033-256-3067/8
충북지부	충북 청주시 흥덕구 가경동 1508-1(중소기업지원센터 5층) 043-236-1171/3
전북지부	전북 전주시 덕진구 팔복동 1가 337-2(중소기업지원센터 5층) 063-214-6991/2
경남지부	경남 창원시 용호동 7-4(경남무역회관 5층) 055-282-4115/6
경기지부	경기 수원시 권선구 권선동 1246(경기지방공사 4층) 031-221-7781/3
울산사무소	울산 남구 신정3동 589-1(울산상의 4층) 052-257-6747

■ 서식(대외무역관리규정 별지 제1-1호)

무역업고유번호신청서

APPLICATION FOR TRADE BUSINESS CODE

처리기간(Handling Time)
즉　　시(Immediately)

<table>
<tr><td colspan="2">① 상호
(Name of Company)</td><td></td><td>② 무역업고유번호
(Trade Business Code)</td><td colspan="2"></td></tr>
<tr><td colspan="2">③ 주소
(Address)</td><td colspan="2"></td><td>④ 업종
(Business Type)</td><td></td></tr>
<tr><td rowspan="2">⑤</td><td>전화번호
(Phone Number)</td><td></td><td>⑥ 이메일 주소
(E-mail Registry Number)</td><td colspan="2"></td></tr>
<tr><td>팩스번호
(Fax Number)</td><td></td><td>⑦ 사업자등록번호
(Business Registry Number)</td><td colspan="2"></td></tr>
<tr><td colspan="2">⑧ 대표자 성명
(Name of Rep.)</td><td></td><td>⑨ 주민등록번호
(Passport Number)</td><td colspan="2"></td></tr>
</table>

대외무역법 시행령 제30조 제1항 및 대외무역관리규정 제3-5-1조의 규정에 의하여 무역업고유번호를 위와 같이 신청합니다.

I hereby apply for the above-mentioned trade business code in accurdance with Article 3-5-1 of the Foreign Trade Management Regulation.

신청일 :　　　　년　　　월　　　일
Date of Application Year Month Day
신청인 :　　　　　　　(서명)
Applicant　　　　　　　Signature

사단법인 한국무역협회 회장

Chairman of Korea International Trade Association

유의사항 : 상호, 대표자, 주소, 전화번호 등 변동사항이 발생하는 경우 변동일로부터 20일 이내에 통보하거나 무역업 데이터베이스에 수정 입력하여야 함.

■ 무역업 고유번호신청서 기재요령

② 무역업고유번호(Trade Business Code)

- 한국무역협회 심사 후, 무역업고유번호를 부여할 경우 기재

③ 주소(Address)

- 사업자등록증 상의 본사 주소지를 기재

④ 업종(Business Type)

- 업종을 기재(사업자등록증 상의 업태 및 종목을 기재)

⑤ 전화 번호(Phone Number) 및 FAX 번호

- 본사 소재지 전화번호를 기재, 무역부 사무실이 별도로 설치되어 있는 경우에는 무역부 사무실을 명시하고 그 전화번호를 같이 기재

⑥ E-mail 주소 및 Homepage 주소

- 본사의 E-mail 주소와 회사 Homepage 주소를 기재.

⑦ 사업자등록번호(Business Registry Number)

- 사업자등록증 상에 기재되어 있는 사업자등록번호를 기재.

⑧ 대표자 성명(Name of Rep.)

- 사업자등록증 상의 대표자의 성명을 기재

⑨ 대표자 주민등록번호(Passport Number of Rep.)

- 사업자등록증 상에 등재되어 있는 대표자의 주민등록번호를 기재한다.

2. 수출입승인(신청)서

(1) 수출승인(신청)서

수출승인이란 수출입공고, 별도공고, 수입선다변화공고 등에 의해 수출이 제한되는 물품을 적법하게 수출할 수 있도록 하는 제도로서 산업통상자원부장관이 그 승인권을 가지고 있으나 현재에는 아래 표와 같이 각 품목별로 공고에 의해 고시되어 있는 협회나 조합 등의 단체에게 그 권한의 대부분이 위임되어 있다.

신용장을 접수한 수출업자는 수출승인 대상물품을 수출하고자 할 경우에는 매개약건별로 관련서류를 첨부하여 승인기관에 수출승인을 받아야 하며 승인대상 품목이 아닐 경우는 별도의 수출승인을 받을 필요가 없다.

따라서 수출업자는 물품을 수출하려고 할 때에는 먼저 수출물품이 수출승인 대상품목에 적용되는지 그 여부를 먼저 수출입기별공고상의 H·S 번호를 근거하여 확인해야 한다.

그러나 대외무역법 이외의 50여개의 개별법에 의해 제한되는 물품은 수출입 통합공고를 확인하여 해당 개별법에 정하고 있는 요건에 따라 확인을 받아 곧 바로 수출입신고를 이행하고 수출입을 할 수 있으므로 수출입 승인대상에는 포함되지 않는다.

표 3-23 · 수출승인기관

기관명	대상 품목	기관명	대상 품목
• 대한어망공업협회	· 어망, 끈류	• 한국섬유직물 수출조합	· 직물류(미국, EU 등)
• 농림부	· 채소종자	• 한국의류산업협회	· 의류(미국, EU 등)
• 한국농림수산식품수출조합	· 배, 사과(대만)	• 한국기계산업진흥회	· 산업설비수출
		• 한국수출입은행	· 산업설비수출(연불금융대상)
• 한국골재협회	· 모래, 자갈 등		
• 한국생사수출조합	· 견사(일본)	• 한국의약품수출입협회	· 의약품
• 한국자동차공업협회	· 승용차(대만)		

■ 수출승인서의 기재내용

① 수출업자(상호, 주소, 성명 : Name of firm, Address, Name of Rep.), 무역업 신고번호(Notification No.)
- 수출업자의 상호, 주소, 성명 및 무역업고유번호를 기재

② 위탁자(Requester), 사업자 등록번호(Business No.)
- 일반적인 수출의 경우에는 수출업자와 동일
- 수출대행의 경우에 위탁자(화주)의 상호, 주소, 대표자, 성명 및 사업자등록번호를 별도로 기재

③ 원산지(Origin)
- 수출물품의 원산지 기재
- 수출물품의 원산지가 우리나라인 경우 : R. O. K로 기재

④ 구매자 또는 계약당사자(Buyer or Principal of Contract)
- 수출승인신청의 근거서류인 수출신용장상의 개설의뢰인(name of the applicant for the credit) 또는 기타 거래인 경우 계약당사자(수입자)를 기재
- 수출승인서 발급 근거서류인 수출신용장 또는 계약서와 일치

⑤ 신용장 또는 계약서번호(L/C or Contract No.)
- 신용장 방식 : 신용장 번호(number of the credit) 기재
- 무신용장 방식 : 계약서 번호를 기재
- 동 번호는 수출승인 신청시 첨부되는 신용장 또는 계약서 번호와 일치
- 신용장상 환어음 표시문언인 Crawn Under Documentary Credit No.~의 부분에도 기재, 모든 선적 서류에 명시

⑥ 금액(Total Amount)
- 수출승인신청의 근거서류에 있는 금액을 통화와 함께 표시

⑦ 결제기간(Period of Payment)
- 신용장 조건 또는 무신용장 조건에 따라 다음과 같이 기재
  - 화환신용장(documentary credit)에 의한 거래 : At Sight L/C, Usance L/C(at~days arter sight, date of B/L)
  - 무신용장(추심결제방식)에 의한 거래 : D/P, D/A
  - 송금방식에 의한 수출
  - 기타 위탁한 수출, 현지인도 수출 등은 계약서 또는 신용장 상의 대금결제방식에 의거 결제기간 및 금액을 각각 기재

⑧ 가격 조건(Terms of Price)
- INCOTERMS 2000에 따른 가격 조건을 기재

⑨ 도착항(Port of Arrival)
- 통상 신용장(또는 계약서)상에 Shipment from~to~로 기재되는 문구 중에서, to 다음의 도착지(Port of Destination)를 기재

⑩ HS 부호(HS Code)
- 우리나라는 수출입공고의 품목분류는 HS품목 분류를 채택
- 수출품목의 HS 분류는 HS상품 분류상의 분류(10단위)와 반드시 일치

⑪ 품명 및 규격(Description/Size)
- 수출신용장(또는 계약서) 상의 품목명세와 일치하도록 기재

⑫ 단위 및 수량(Unit/Quantity)
- 수량의 계산단위는 상품의 종류에 따라 분류
- 상품의 수량은 개수 혹은 도량형에 의하여 표시

⑬ 단가(Unit Price)
- 해당 수출물품의 단가를 기재

⑭ 금액(Amount)
- ⑫항×⑬항으로 계산하여 수출상품 금액을 기재

⑮ 승인기관 기재란(Remarks to be filled out by an Approval Agency)
- 승인기관에서 기재하는 란으로 수출입공고상 수출 제한품목을 승인할 때 필요한 경우 승인조건을 기재

⑯ 유효기간(Period of Approval)
- 수출승인 유효기간은 원칙적으로 1년이나 다음과 같은 특정한 경우에는 1년 이내 또는 20년의 범위 내에서 이를 조정 가능
  - 산업통상자원부장관이 물가안정 또는 수급조정을 위하여 1년 이내로 유효기간의 단축이 필요하다고 인정하는 경우
  - 물품의 제조· 가공기간이 1년을 초과하는 경우 등, 물품의 선적 또는 도착기일을 감안하여 1년 이내에 물품의 선적이나 도착이 어려울 것으로 수출입승인기관의 장이 인정하는 경우
  - 수출· 수입이 혼합된 거래로서 수출입승인기관장이 부득이하다고 인정하는 경우

⑰ 승인번호(Approval No.)
- 승인기관에서 승인번호를 기재

⑱ 승인기관 관리번호(No. of Approval Agency)
- 승인기관이 자체적으로 부여한 관리번호를 기재

■ 서식(별지 제 3-1호)

수출승인(신청)서
Export License(Application)

<table>
<tr><td colspan="6" align="right">처리기간 : 1일
Handling Time : 1Day</td></tr>
<tr><td rowspan="2">① 수출자
(Exporter)</td><td rowspan="2">무역업고유번호
(Notification No.)</td><td>671110</td><td colspan="3" rowspan="2">④ 구매자 또는 계약당사자
(Buyer or Principal of Contract) Onmillion Industry Ltd.n
Rm 503-4 Singga comm. centre,
144-151 Connaught Rd. W., Honkong</td></tr>
<tr><td></td></tr>
<tr><td colspan="3">상호, 주소, 성명
(Name of firm, Address, Name of Rep.)
(주) 이주무역
인천 연수구 송도동 9 - 5번지 (서명 또는 인)
대표이사 이 주 섭 (Signature)</td><td colspan="3">⑤ 신용장 또는 계약서 번호(L/C or Contract No.)</td></tr>
<tr><td>② 위탁자
(Requester)</td><td>사업자등록번호
(Business No.)</td><td></td><td colspan="3">⑥ 금액(Total Amount)
US$ 19,500</td></tr>
<tr><td colspan="3" rowspan="2">상호, 주소, 성명
(Name of firm, Address, Name of Rep.)

(서명 또는 인)
(Signature)</td><td colspan="3">⑦ 결제기간(Period of Payment)
AT SIGHT</td></tr>
<tr><td colspan="3">⑧ 가격조건(Terms of Price)
FOB BUSAN</td></tr>
<tr><td colspan="3">③ 원산지(Origin)
ROK</td><td colspan="3">⑨ 도착항(Port of Arrival)
CHICAGO</td></tr>
<tr><td>⑩ HS부호
(HS Code)</td><td colspan="2">⑪ 품명 및 규격
(Description/Size)</td><td>⑫ 단위 및 수량
(Unit/Quantity)</td><td>⑬ 단가
(Unit Price)</td><td>⑭ 금액
(Amount)</td></tr>
<tr><td></td><td colspan="2">SYNTHETIC HAIRGOODS
1) Style : 3001 ; WT : 15GR
2) Style : 3001 ; WT : 21GR
Total</td><td>3,000PCS
4,000PCS
7,000PCS</td><td>$2.50
$3.00</td><td>7,500
12,000
19,500</td></tr>
<tr><td colspan="6">⑮ 승인기관기재란(Remarks to be filled out by an Approval Agency)</td></tr>
<tr><td colspan="6">⑯ 유효기간(Period of Approval)</td></tr>
<tr><td colspan="6">⑰ 승인번호(Approval No.)</td></tr>
<tr><td colspan="6">⑱ 승인기관 관리번호(No. of Approval Agency)</td></tr>
<tr><td colspan="6">위의 신청사항을 대외무역법 제14조 제2항 및 동법 시행령 제26조 제1항의 규정에 의하여 승인합니다.
(The undersigned hereby approves the above-mentioned goods in accordance with Article 14(2)of the Foreign Trade Act and Article 26(1) of the Enforcement Decree of the said Act.)
년 월 일
승인권자 (인)</td></tr>
<tr><td colspan="6">※승인기관이 2이상인 경우 (15)~(18)의 기재사항은 이면에 기재하도록 합니다.
※이 서식에 의한 승인과는 별도로 대금결제에 관한 사항에 대하여는 외국환거래법령이 정하는 바에 따라야 합니다.</td></tr>
</table>

2812-281-01611민 210mm×297mm
'98.1.12. 승인 일반용지 60g/㎡

(2) 수입승인(신청)서

대외무역법상 수출입공고, 통합공고 등에 의해 수입이 제한되는 물품을 수입할 경우에는 당해 물품을 관장하는 기관에서 수입승인을 받아 수입하여야 한다. 수입승인에 관한 권한은 원칙적으로 산업통상자원부장관에게 있으나 실제로는 대부분 당해 물품을 관장하는 기관에게 위탁되어 있으며, 승인사항에 변경에 관한 권한 역시 위탁되어 있다. 또한, 결제방법 등이 외국환거래 법령에 의하여 인정된 거래이어야 하고, 정상거래 형태가 아닌 경우에는 대외무역법 상 특정거래 인정을 받아야 한다.

표 3-24 · 위탁기관

기관명	대상품목	기관명	대상품목
농 림 부	완제 동물약품, 양곡류, 비료, 주요 농산물 종자, 종축, 과수묘목	시·도지사	외화획득용 쇠고기
		식품의약품안전청	고추장
농수산물유통공사	외화획득용 쌀, 기타 곡분, 초코렛 코코아 제품	한국동물약품협회	동물용 의약품 등
		한국의약품수출입협회	북한산 한약재, 의약품
한국유가공협회	외화획득용 유장, 맥아엑스, 변성유장	통일부	복한산 한약재
		문화관광부	영화, 외국간행물, 음반, 비디오물
축산물유통사업단	쇠고기		
축산업협동조합중앙회	소		

수입승인을 받은 후 수입자는 수입승인 유효기간 내에 수입대금을 지급하고 당해 물품을 수입하여야 하지만, 상대방과의 계약변경이나 기타 사유로 인하여 승인내용을 변경할 필요가 있을 경우에는 변경승인 신청으로 수입승인 사항을 변경할 수 있다.

수입승인 절차가 끝나면 수입승인기관의 장은 수입승인 내용에 따라 이행하였는지 여부를 사후 관리하게 된다.

수입승인이란 수출입공고, 수출입별도공고, 수입선 다변화 품목공고 등에서 수입이 제한되는 품목을 수입이 가능하도록 하는 절차를 말한다. 1996년 말까지는 수출입 행위에 대해 매 계약건별로 물품의 이동과 대금결제를 연결하여 수출입승인을 받도록 하는 개념으로 그 성격이 변모하였다.

수입승인기관장이 수입승인을 할 때, 다음 요건의 합당 여부를 판단한 후 수입승인을 하여야 한다.

- 수입자가 승인을 얻을 수 있는 자격보유 유무
- 수입물품이 수출입공고 등과 대외무역 관리규정에 의한 제한 요건을 충족한 물품인지 여부
- 수입품목의 품목분류번호(HS) 적용의 적절성 여부

■ 수입승인서의 기재내용

① 수입업자(Importer), 무역업고유번호(Notification No.)
- 수입업자의 상호, 주소, 성명 및 무역업고유번호를 기재
- 수입업자는 무역업고유번호를 받은 자라야 한다.

② 위탁자(Requester), 사업자등록번호(Business No.)
- 위탁자의 상호, 주소, 성명 및 사업자등록번호를 기재
- 무역업고유번호를 받은 자라도 특수 제품이나 특정 거래에 있어서 전문적인 지식 및 경험이 있는 자에게 대행시키는 것이 유리할 경우에는 대행을 위탁 가능
- 수입대행 계약서를 구비하고 대행위탁자(실수요자)를 이 위탁자 란에 기재한 후, 인지 첨부

③ 원산지(Origin)
- 당해 수입물품의 원산지 기재
- 원산지 기준은 수출승인신청서 참조.

④ 선적항(Port of Loading)
- 계약서나 Offer Sheet상의 Port of Shipment를 기재

⑤ 송화인(Consignor)
- 물품매도확약서(Offer Sheet)나 계약서상의 수출상(Seller or Exporter)를 기재
- 신용장 조건인 경우, 일반적으로 수익자(beneficiary)는 제품을 수출한 송하인(shipper)이다.

※ '⑥ 금액(Total Amount)'부터 '⑰ 승인기관 관리번호(No. of Approval Agency)'는 수출승인서의 기재내용과 동일(수출승인신청서 참조)

■ 서식(별지 제3-2호 서식)

수입승인(신청)서
Import License(Application)

처리기간 : 1일 Handling Time : 1Day

<table>
<tr><td>① 수입자
(Importer)</td><td>무역업고유번호
(Notification No.)</td><td>671110</td><td colspan="3" rowspan="2">⑤ 송화인(Consignor)
상호, 주소, 성명
(Name of firm, Address, Name of Rep.)
SMITH & JONES INC.,
1070, Park AVE.,N.Y.,N.Y.,10060 U.S.A</td></tr>
<tr><td colspan="3">상호, 주소, 성명
(Name of firm, Address, Name of Rep.)
(주) 이주무역
인천 연수구 송도동 9 - 5번지 (서명 또는 인)
대표이사 이 주 섭 (Signature)</td></tr>
<tr><td>② 위탁자
(Requester)</td><td>사업자등록번호
(Business No.)</td><td></td><td colspan="3">⑥ 금액(Total Amount)
US$300,000</td></tr>
<tr><td colspan="3" rowspan="2">상호, 주소, 성명
(Name of firm, Address, Name of Rep.)
(서명 또는 인)
(Signature)</td><td colspan="3">⑦ 결제기간(Period of Payment)
USANCE at 30days after sight</td></tr>
<tr><td colspan="3">⑧ 가격조건(Terms of Price)
C.I.F BUSAN</td></tr>
<tr><td colspan="3">③ 원산지(Origin)
U.S.A.</td><td colspan="3">④ 선적항(Port of Loading)
L.A. Port</td></tr>
<tr><td>⑨ H.S부호
(H.S Code)</td><td colspan="2">⑩ 품명 및 규격
(Description/Size)</td><td>⑪ 단위 및 수량
(Unit/Quantity)</td><td>⑫ 단가
(Unit Price)</td><td>⑬ 금액
(Amount)</td></tr>
<tr><td>4301200000</td><td colspan="2">Raw Rabbit Fur Skin
Total</td><td>3,000PCS
3,000PCS</td><td>US $100
US $100</td><td>US $300,000
US $300,000</td></tr>
<tr><td colspan="6">⑭ 승인기관기재란(Remarks to be filled out by an Approval Agency)</td></tr>
<tr><td colspan="6">⑮ 유효기간(Period of Approval)</td></tr>
<tr><td colspan="6">⑯ 승인번호(Approval No.)</td></tr>
<tr><td colspan="6">⑰ 승인기관 관리번호(No. of Approval Agency)</td></tr>
<tr><td colspan="6">위의 신청사항을 대외무역법 제14조 제2항 및 동법 시행령 제26조 제1항의 규정에 의하여 승인합니다.
(The undersigned hereby approves the above-mentioned goods in accordance with Article 14(2)of the Foreign Trade Act and Article 26(1) of the Enforcement Decree of the said Act.)
년 월 일
승인권자 (인)</td></tr>
<tr><td colspan="6">※승인기관이 2이상인 경우 ⑭~ 의 기재사항은 이면에 기재하도록 합니다.
※이 서식에 의한 승인과는 별도로 대금결제에 관한 사항에 대하여는 외국환거래법령이 정하는 바에 따라야 합니다.</td></tr>
</table>

2812-281-01711민 210mm×297mm
'98.1.12. 승인 일반용지 60g/㎡

3. 수입화물 선취보증서

수입화물을 선박회사로부터 인수하기 위해서는 선하증권 원본을 제시하여야 한다. 그러나 우편의 지연 또는 운송서류 작성 및 은행이 매입하는 절차에서 시간이 걸리기 때문에 화물이 도착되었으나 운송서류가 내도하지 않는 경우가 있다.

이러한 경우 운송서류가 도착되기 이전에 수입업체와 신용장 개설은행이 연대하여 보증한 서류를 운송회사에 선하증권 대신 제출하여 수입화물을 인도받을 수 있도록 하는 서류가 수입화물선취보증서(Letter of Guarantee : L/G)이다.

L/G는 선하증권 원본이 신용장 발행은행에 도착하면 선박회사에 원본 전통을 제출하겠다는 것과 이로 인한 위험과 책임 및 비용(미납부 운임, 창고료, 양륙비 등)은 신청인이 부담하겠다는 내용으로 되어 있다.

L/G의 발급은 운송서류의 원본을 인도하는 것과 동일한 효과가 있다. 그리고 신용장 조건과 일치하지 않는 서류가 내도하여도 화물이 이미 수입업자에게 인도되었고 L/G에 의해 선하증권의 원본을 운송회사에 제시하기로 하였으므로, 수입업자는 매입은행에 대해 수입어음의 인수 또는 지급을 거절할 수가 없다.

이러한 L/G는 본·지사 간의 거래 등에 있어서 수출자가 금융을 제공하기 위한 수단으로 사용되고 있다.

L/G 신청서의 기재 내용은 B/L 상에 기재되어 있는 내용과 동일하며 그 방법은 다음과 같다.

■ L/G 신청서 기재방법

① Shipping Co : 선박회사
- 당해 수입물품의 국제운송업자

② Shipper : 송화인
- 당해 물품을 선적한 자

③ Invoice Value : 상업송장금액
- 당해 물품의 가격으로 B/L에 표시된 물품의 가격
- 수입업자가 물품을 우선 선취하기 위해서 은행이 L/G를 발행하는 것이므로, 이 상업송장금액은 수입업자가 제출한 상업송장의 금액과 반드시 일치해야 한다.

④ Nos. & Marks : 화물표시 및 번호
- 수입물품의 포장표시

- 수입업자가 L/G를 받기 위해서 제출한 상업송장, 포장명세서, B/L상의 Nos. & Marks와 동일

⑤ Packages : 포장개수

⑥ Number of Credit : 신용장번호
- 당해 물품의 수입을 위하여 발행된 신용장의 고유번호 기재
- D/P나 D/A의 경우에는 해당계약서의 번호 기재

⑦ L/G No. : 수입화물선취보증서의 번호
- 은행의 L/G 발행에 대한 참조번호로서 L/G 사후관리에 필요
- 이 번호는 수입업자가 기재하는 사항이 아니고 은행에서 부여

⑧ Number of B/L : 선하증권의 번호
- B/L의 고유번호로서 이 번호를 L/G신청서 상에 기재

⑨ Vessel Name : 선박명
- 화물이 선적된 선박의 명칭

⑩ Arrival Date : 도착일

⑪ Voyage No. : 항해번호
- 화물을 선적한 선박의 항해번호

⑫ Port of Loading : 선적항
- 화물을 선적한 항구

⑬ Port of Discharge : 도착항
- 화물이 도착되는 국내의 항구

⑭ Description of Goods : 상품명세서
- 상품의 명세는 제반 서류상의 기재내용과 동일하며, L/C에서 요구한 상품인가를 확인
- 만일 L/C의 표시된 상품과 불일치할 경우에는 L/C를 반드시 수정

■ 서식(수입화물선취선보증신청서)

<table>
<tr><td colspan="3" rowspan="2">수입화물선취선보증신청서
(Application For Letter of Guarantee)</td><td>계</td><td>대리</td></tr>
<tr><td></td><td></td></tr>
<tr><td colspan="2" rowspan="2">① 선박회사명 (Shipping Co)
Korea Shipping co.</td><td>⑥ 신용장(계약서)번호(Number of Credit) : M1701905NS06260</td><td colspan="2">⑦L/G번호(L/G Number)</td></tr>
<tr><td>⑧ 선하증권번호(Number of B/L)</td><td colspan="2">74343043</td></tr>
<tr><td colspan="2" rowspan="3">② 송화인(Shipper)
KYNZA CO., LTD
TOKYO, Japan</td><td>⑨ 선박명(Vessel Name)</td><td colspan="2">Freedom-7</td></tr>
<tr><td>⑩ 도착(예정)일(Arrival Date)</td><td colspan="2">Nov.24,2007</td></tr>
<tr><td>⑪ 항해번호(Voyage No.)</td><td colspan="2">NYPU013</td></tr>
<tr><td colspan="2" rowspan="2">③ 상업송장금액(Invoice Value)
¥300,000</td><td>⑫ 선적항(Port of Loading)</td><td colspan="2">TOKYO</td></tr>
<tr><td>⑬ 도착항(Port of Discharge)</td><td colspan="2">PUSAN</td></tr>
<tr><td>④ 화물표시 및 번호
(Nos. & Marks)</td><td>⑤ 포장수
(Packages)</td><td colspan="3">⑭ 상품명세(Description of Goods)</td></tr>
<tr><td>WOOJIN
PUSAN
P/NO.1
Made in Japan</td><td>1set</td><td colspan="3">Weather Facsimile Receiver
Model : FAX-108
Maker : Furno Electric Co.
Complete set</td></tr>
</table>

본인은 위 신용장등에 의한 관계 선적서류가 귀행에 도착하기 전에 수입화물을 인도받기 위해 수입화물 선취보증을 신청하며 본인이 따로 제출한 수입화물 선취보증서(LETTER OF GUARANTEE)에 귀행이 서명함에 있어 다음 사항에 따를 것을 확약합니다.

1. 귀행이 수입화물 선취보증서에 서명함으로써 발생하는 위험과 책임 및 비용은 모두 본인이 부담하겠습니다.
2. 본인은 귀행의 요청이 있으면 언제든지 위 수입화물을 귀행에 인도하겠습니다.
3. 본인은 위 수입화물에 관한 관계 선적서류를 제3자에게 담보로 제공하지 않았음을 확인하며, 또한 귀행의 서면 동의 없이 이를 담보로 제공하지 않습니다.
4. 본인은 위 수입화물에 관한 관계 선적서류가 도착할 때에는 신용장 조건과의 불일치 등 어떠한 흠에도 불구하고 이들 서류를 반드시 인수하겠습니다.

20××년 11월 17일

<table>
<tr><td colspan="2">신청인 이 주 섭 인</td><td colspan="2"></td><td></td></tr>
<tr><td colspan="2">주 소 인천 연수구 송도동 9 - 5</td><td></td><td></td><td></td></tr>
<tr><td colspan="2">TEL. 010 - 5555 - 4235</td><td></td><td>인감대조</td><td></td></tr>
<tr><td colspan="2"></td><td></td><td></td><td></td></tr>
<tr><td colspan="2"></td><td></td><td></td><td></td></tr>
<tr><td>주식회사</td><td>은행 앞</td><td></td><td></td><td></td></tr>
</table>

870912136-5513(1)B-6 (210×297)

■ 서식(LETTER OF GUARANTEE)

LETTER OF GUARANTEE

Date:

<table>
<tr><td colspan="2" rowspan="2">① Shipping Co.
Korea Shipping co.</td><td colspan="2">⑥ Number of Credit
M1701905NS06260</td><td>⑦ L/G No</td></tr>
<tr><td>⑧ Number of B/L</td><td colspan="2">74343043</td></tr>
<tr><td colspan="2" rowspan="3">② Shipper
KOVNACK CO., KTD
TOKYO, Japan</td><td>⑨ Vessel Name</td><td colspan="2">Freedom-7</td></tr>
<tr><td>⑩ Arrival Date</td><td colspan="2">Nov. 24, 2016</td></tr>
<tr><td>⑪ Voyage No.</td><td colspan="2">NYPU013</td></tr>
<tr><td colspan="2" rowspan="2">③ Invoice Value
¥300,000</td><td>⑫ Port of Loading</td><td colspan="2">TOKYO</td></tr>
<tr><td>⑬ Port of Discharge</td><td colspan="2">PUSAN</td></tr>
<tr><td>④ Nos. & Marks</td><td>⑤ Packages</td><td colspan="3">⑭ Description of Goods</td></tr>
<tr><td>WOOJIN
PUSAN
P/NO.1
Made in Japan</td><td>1set</td><td colspan="3">Weather Facsimile Receiver
Model : FAX-108
Maker : Furno Electric Co.
Complete set</td></tr>
</table>

In consideration of your granting us delivery of the above mentioned cargo which we declare has been shipped to our consignment, but Mills of Lading of which have not boon received, we hereby engage to deliver you the said Bills of Lading as soon as we receive them and we further guarantee to indemnify yourselves and/ or the owners of the said vessel against any claims that may be made by other parties on account of the aforesaid cargo, and to pay to you on demand any freight or other charges that may be due here or that may have remained unpaid at the port of shipment in respect to the above-mentioned goods.

In the event of the Bills of Lading for the cargo herein mentioned being hypothecated to any other bank, company, firm or person, we further guarantee to hold you harmless from all consequences what so ever arising therefrom and furthermore undertake to inform you immediately in the event of the Bills of Lading being so hypothecated.

Yours faithfully

Party claiming right of delivery

We hereby guarantee to surrender to you the corresponding Bills of Lading. Kindly be advised that this guarantee shall be automatically null and void upon your acknowledging receipt of the corresponding Bills of Lading which are to be endorsed and presented to you bank for the only purpose of the redemption of this letter of guarantee.

Authorized Signature

Bank.

870912136-5513(1)B-6 (210×297)

4. 수출입신고서

(1) 수출신고서

물품을 수출하고자 하는 자는 당해 수출물품에 대하여 원칙적으로 무서류 신고(paperless)인 EDI 방식으로 당해 물품의 제조공장 등을 관할하는 세관에 수출신고를 하고 신고필증을 교부받아야 한다.

그러나 무서류 신고방식 적용 배제 물품이나 무서류 신고 대상 품목이라 하더라도 관세청 시스템에 우범성 화물로 등록된 경우에는 서류로 제출하여야 한다.

관세법상 수출입 신고를 할 수 있는 자는 화주, 관세사, 통관법인, 관세사법인 등이며 이들은 각자 자신의 명의로 수출신고를 할 수 있으나 무환수출물품의 신고자는 화주 본인이 되며, 대부분의 유환수출물품의 신고자는 관세사, 통관법인과 관세사법인 등이다.

특히 수출입실무, 관세 환급실적 등을 감안한 일정기준 이상의 화주는 관세사를 채용하여 신고할 수 있도록 되어있다.

■ 수출신고서의 기재요령

① 신고자 상호, 제출번호
- 신고자 상호와 대표자 성명을 기재
  - 화주의 직접신고로서 관세사명의로 수출신고의 경우 : ○○회사 (주) 관세사 ○○○으로 기재
  - 상호가 없는 기타(개인)의 경우 : 성명만 기재
- 제출번호란
  - 통계부호표를 참고 신고자부호, 연도 및 신고서 작성 일련번호를 기재
  - 상호가 없는 기타(개인)의 경우 : 제출번호 기재를 생략
    (예) 신고자 부호가 12345이고 자체 신고서 일련번호가 12인 경우
    12345 - 07 - 0000120

② 수출자 상호, 부호
- 수출자의 상호 : 수출자의 상호 또는 성명을 기재
- 부호 : 무역업고유번호를 기재(맨 뒷자리에 다음과 같은 영문자를 표시)
  (예) 무역업고유번호가 12345678이고
  - 수출자가 제조자와 동일한 경우 → 12345678 A
  - 수출자가 수출대행만을 한 경우 → 12345678 B
  - 수출자가 완제품 공급을 받아 수출한 경우 → 12345678 C

③ 제조자 주소, 상호, 성명, 통관고유번호 및 사업자등록번호
- 제조자주소 : 수출물품을 제조·가공한 자의 주소 기재
- 상호 : 수출물품을 제조·가공한 자의 상호 기재
- 성명 : 수출물품을 제조·가공한 자의 성명 기재
- 통관고유번호 : 국세청장이 부여한 사업자등록번호를 기재
- 사업자등록번호 : 국세청장이 부여한 사업자등록번호를 기재
  - 사업자등록번호가 없는 개인 : 주민등록번호 또는 여권번호(외국인 경우)기재

  (예) · 사업자등록번호가 112-29-66062인 경우 : 112-29-66062
  · 사업자등록번호가 없는 개인의 경우 : 801212-1141813(주민등록번호)
  · 외국인으로 여권번호가 12345678인 경우 : F12345678

④ 구매자상호 및 부호
- 구매자상호 : 송장에 명시된 외국의 구매회사 이름을 영문 26자 이내로 기재
- 부호 : 수출자 또는 관세사가 신청한 부호관리 시스템에서 부여하는 해외 공급자 코드 기재

  (예) 구매자 국가가 일본, 상호가 JINCO CO.이며 일련번호가 0001 A인 경우 : JAP KOSTA 0001 A

⑤ 환급신청인
- 수출물품이 환급대상인 경우 환급신청을 수출자와 제좌 중에서 해당 란에 “○”를 표시
- 수출자와 제조자가 동일한 경우 : 환급신청인을 제조자란에 표시

⑥ 환급기관 및 부호
- 환급기관 : 수출물품이 환급 대상인 경우 환급기관명을 한글 10자 이내로 기재

  (예) 환급기관이 인천세관인 경우 : 인천세관
- 부호 : 수출물품이 환급대상인 경우 통계부호표상의 환급기관부호 기재

  (예) 환급기관이 서울세관인 경우 : 010

⑦ 신고번호
- 통계부호표를 참조 통관지세관 부호 및 과부호, 연도 기재
- 일련번호 및 체크디지트는 세관 접수창구에서 부여(기재 불필요)

  (예) 2010년 서울세관 통관과로 신고 된 수출신고의 경우 : 010-21-10-

⑧ 신고일자
- 신고자가 신고서를 접수하는 날짜를 6단위(년월일)로 기재

  (예) 2010년 12월 15일인 경우 : 101215

⑨ 신고부분

※다음의 통계부호를 참조하여 해당코드를 기재

< 수출신고 구분부호 및 검사구분 부호 >

신고 구분	부호	검사 구분	부호
• Paperless 수출신고	H	• 수출검사생략	A
• 서류제출 수출신고	J	• 수출 C/S에 의한 검사	B
• 출항 후 수출신고	L	• 검사생략을 세관장 직권 검사대상으로 변경 시, 특별법 등에 의한 검사(수출통관 사무처리고시 2-2-3조 제3항 제1호 물품)	C
• 반송신고(중계무역포함)	M		
• 기타	O	• 기타(2-2-3조 제3항 2호 내지 5호 물품)	D
• 간이통관 수출신고	S	• 검사 대상을 세관장 직권으로 검사생략으로 변경한 경우	E

⑩ C/S구분
- 세관에서 기재

⑪ 거래부분
- 통계부호표를 참조하여 그 해당 코드를 기재
  (예) 일반형태의 수출(11), 외국인투자업체의 수탁가공수출(21)
  일반업체의 수탁가공수출(22)...등

⑫ 수출종류
- 다음과 같은 종류에 따라 그 통계부호를 기재
  - 일반수출(A), 보세공장으로부터 수출(B), 수출자유지역으로부터 수출(C), 우편수출(국제우체국 면허분 : C), 공해상에서 체포한 수산물의 현지수출(D), 선상수출(E)

⑬ 결제방법

통계부호표를 참조하여 해당 부호를 기재

(예) COD or CAD(CD), D/A. D/P, 기한부 LC(LU), 일람출급 LC(LS)

⑭ 목적국
- 수출물품의 최종 도착국가에 대한 약어(7가지)와 ISO국가코드(2자리)를 통계부호표를 참조하여 기재

⑮ 적재항
- 수출물품이 적재되는 항구, 공항명과 해당코드를 통계부호표를 참조하여 기재

⑯ 운송형태
- 운송수단과 운송용기에 따른 코드를 통계부호표 참조하여 기재
- 운송용기는 다음과 같은 약호로 표시
  Container(CN), Pallet(PA), Rope(RO), Movable panel(MPA), ULD(Unit Load Device, UL), Bulk(BU), Etc(ETC)
  (예) 컨테이너 해상수출 : 10CN, 컨테이너 항공수출 : 40CN

⑰ 제조완료일(검사희망일)

- 수출물품에 대한 세관검사 희망일자를 연월일로 기재
- 제조 전 수출신고인 경우 : 제조완료예정일 이후의 세관검사 희망일자를 기재
  (예) 2010년 11월 1일 경우 : 101101

⑱ 물품소재지

- 수출물품이 장치되어 있는 소재지와 그 우편번호(앞 3자리)기재
- 물품소재지가 2개소 이상인 경우 : 대표적인 소재지의 우편번호 기재

⑲ L/C번호

- 신용장 방식에 의한 수출 : L/C 번호 기재
- 그 외의 경우 : 계약서의 송장번호 기재

⑳ C/S변경

- 세관에서 기재

㉑ 조사란

- 수출신고시 항목이외의 필요한 자료를 기재하기 위한 예비항목으로서 별도 기재방법에 따라 기재

㉒ 품명·규격

- 송장의 품명 및 규격 기재

㉓ 관세사 실적

- 최근 1개월 이내 제조자에 대해 당한 관세사 등의 수출신고 건수 기재

㉔ 세번부호

- 관세율표에 기재된 세 번을 10 단위까지 기재

㉕ 제품코드

- 상업송장번호를 12자 이내에서 기재

㉖ 신고가격

- FOB 기준의 원화 가격을 원 단위까지 기재

㉗ 순중량

- 물품의 포장용기를 제외한 순중량을 기재하되 관세율표에 표시된 당해 물품의 중량 단위로 환산하여 기재
- 중량 단위가 kg인 경우에는 용기를 포함한 중량을 기재하고 소수점 이하는 반올림하여 기재

㉘ 수량

- 관세율표에 기재된 수량단위로 환산하여 소수점 이하는 반올림하여 기재
- 관세율표에 중량단위만 있고 수량단위 부호가 없는 것은 중량만 기재

㉙ 포장개수/종류

- 해당 물품의 외포장 개수를 기재하고 통계부호표를 참조하여 수출물품의 해당 포장 종류 코드를 기재

㉚ 총란수

- 수출신고된 총란수를 기재

㉛ 총중량

- 수출신고된 물품의 용기의 무게가 포함된 총중량을 소수점 이하는 반올림하여 기재하고 단위는 K(kg) 또는 T(ton)으로 환산하여 표시

㉜ 총포장개수

- 포장명세서상의 총 외포장 개수를 기재(팔레트의 숫자 등으로 표기하지 않음)

㉝ 총신고가격

- 원화 : 수출신고가격의 합계를 원 단위이하는 절삭하여 기록
- 미화 : 총신고가격을 관세청고시 수출환율을 적용 계산하고 $ 이하는 반올림

㉞ 결제금액

- 수출승인서, 송품장의 내용에 근거하여 인도조건, 통화코드, 금액 순으로 기재

㉟ 운임

- 결제금액의 운임이 포함된 경우 운임을 원화로 기재

㊱ 보험료

- 결제금액에 보험료가 포함된 경우 보험료를 원화로 기재

㊲ 수출승인 번호/발급일자

- 수출 승인시 부여된 수출승인번호와 발급일자를 기재
- 수출승인면제 물품 : 대외무역관리 규정의 해당 사유 항목을 기재
- 수출승인번호 : 수출입구분(1), 은행부호(4), 허가연월(3), 일련번호(4), Check Digit(1), 제한 사항(3) 등 총 16자

㊳ 수출추천번호/발급일자

㊴ 검사증번호/발급일자

㊵ 검역증번호/발급일자

㊶ 전략물자 수출허가서

- 전략물자 수출허가를 받을 때 부여받은 전략물자 허가번호나 전략물자로 판정되지 않을 경우에는 비해당 판정번호와 발급일자를 기재

㊷ 기타

㊸ 보세운송신고인

- 보세운송신고인의 상호와 성명을 한글 15자 이내로 기재

㊹ 보세운송기간

- 보세운송 신고수리일자와 종료예정일자를 연월일로 기재

㊺ 세관기재란

㊻ 신고수리일자

■ **서식(수출신고서)**

수 출 신 고 서	계약번호: (통 계 용)	※ 처리기간 : 즉시	

① 신고자 상호		제출번호	⑦ 신고번호	⑧ 신고일자	⑨ 신고구분	⑩ C/S구분
② 수출자 상호		부 호				
③ 제조자 주소		⑪ 거래구분		⑫ 종 류		⑬ 결제방법
상 호		성 명	⑭ 목적국		⑮ 적재항	
통관고유부호		사업자 등록번호	⑯ 운송형태		⑰ 제조완료일 (검사희망일)	
④ 구매자 상호		부 호	⑱ 물품소재지			
⑤ 환급신청인	수출자	제조자	⑲ L/C번호			
⑥ 환급 기관		부 호	⑳ CS변경		㉑ 조사란	

㉒ 품 명·규 격			
	㉓ 관세사실적		
	㉔ 세 번 부 호		
	㉕ 제 품 코 드		
	㉖ 신고가격(FOB)		
	㉗ 순 중 량		KG
	㉘ 수 량		U
	㉙ 포장개수/종류		CT
	세 번 부 호		
	제 품 코 드		
	신고가격(FOB)		
	순 중 량		KG
	수 량		U
	포장개수/종류		CT

㉚ 총란수 ( )란	㉛ 총중량	단위 KG	㉜ 총포장개수	㉝ 총신고가격	\\ $

관련서류	㊲ 수출승인서			㉞ 결제금액			
	㊳ 수출추천서			㉟ 운 임(\\)		㊱보험료(\\)	
	㊴ 검 사 증			㊺ 세관기재란			
	㊵ 검 역 증						
	㊶ 전약물자수출허가서						
	㊷ 기타						
보세운송	㊸ 운송신고인			㊻ 신고수리일자(/)			
	㊹ 기간 / 부터 / 까지						

471-00122민	(1) 수출신고일로부터 30일이내 선(기)적하지 아니할 때에는 수출신고수리의 취소 및 벌금이 부과되므로 선(기)적 사실을 확인하시기 바랍니다.(관세법 제66조, 제14조의3, 제188조) (2) 수출신고필증의 진위여부는 수출입통관정보시스템에 주회하여 확인하시기 바랍니다. (http://kcis.ktnet.co.kr)	210×297mm NCR지55g/㎡

(2) 수입신고서

수입하고자 하는 물품이 보세구역에 반입되거나 타 소장치장에 장치되면 그 반입일 또는 허가일로부터 30일 이내에 세관장에게 통관을 위한 수입신고를 하여야 한다. 수입신고는 보세구역에 반입된 물품을 수입하겠다는 의사를 세관장에게 표시하는 것이다.

수입신고는 자가통관허가를 받은 자기명의 신고업체나 자기명의 통관업체의 경우, 화주가 직접 신고할 수 있으나 자가통관허가를 받지 못한 업체의 경우에는 관세사, 통관법인 또는 관세사법인의 명의로 하여야 한다.

수입신고의 효력발생 시점은 전송된 신고자료가 통관 시스템에 접수되어 그 접수결과를 신고인에게 통보한 시점이다.

■ **수입신고서 기재요령**

① 신고번호
- 신고번호는 신고자의 부호, 연도, 일련번호 및 구분으로 기재
- 신고자부호가 없는 개인인 경우 : 세관에서 접수시에 신고자의 부호를 부여

② 신고일
- 수입신고하는 연월일을 기재

③ 세관, 과
- 통계부호표 Ⅱ 의 (1)를 참조하기여 수입신고하는 통관지 세관과 과부호 기재

④ B/L(AWB)번호
- House B/L번호를 20자 이내로 문자와 숫자를 병행하여 기재
- 수출자유지역이나 보세공장으로부터 국내로 반입되는 경우 : 공란

⑤ 화물관리번호
- House B/L 단위의 식별번호를 기재(보세화물 입출항하선하기 및 적재에 관한 고시 참조)

⑥ 신고자
- 신고자의 상호와 대표자 성명을 다음과 같은 방식으로 기재
  - 관세사 : 신고자 상호와 대표자 성명 기재
  - 자가통관업체 : ○○회사(주) 관세사 ○○○으로 기재
  - 자가신고업체 : 신고자 상호와 대표자 성명 기재
  - 기타 개인 : 성명만 기재

⑦ 수입자
- 수입자의 상호나 성명을 기재하고 무역업고유번호를 병기
- 정부기관, 정부투자기관의 경우에는 관세청에서 부여한 번호를 기재

(예) 수입자와 납세의무자가 동일하고(A) 무역업고유 번호가 12345678일 때는 12345678A로, 수입자와 납세의무자가 상이할 때(B)에는 12345678B라고 기재.

⑧ 납세의무자
- 납세의무자의 주소, 상호, 성명 기재

⑨ 무역대리점
- 상호 기재

⑩ 공급자
- 관세청장이 지정한 해외공급자의 부호를 기재하며, 당해물품이 수입승인 면제품목일 경우에는 다음과 같은 방법으로 기재
  - 수입신고 첨부서류인 상업송장에 명시된 외국의 공급회사 이름을 영문으로 기재하고 마지막 2자리는 국가코드(ISO 코드) 2자리를 기재
  - ISO 국가코드 포함 28자 이내(회사의 상호가 26자 초과 시 26자까지만)로 기재하고 마지막 2자리는 항상 국명을 ISO코드로 기재
- 다음과 같이 약어를 사용하여 기재(국명 : ISO 코드)
  - International : INTI, Trading : TRAD, Limited : LTD
  - Enterprise : ENTE, Corporation : CORP, Company : CO

⑪ 통관계획
- 통계부호표상의 표시된 다음과 같은 통관계획 부호를 기재하며, 특급 탁송화물 및 간이통관 대상은 이를 생략
  - 출항 전 신고 : A
  - 입항 전 신고 : B
  - 보세구역 도착 전 신고 : C
  - 보세구역장치 후 신고 : D

⑫ 신고구분
- 다음과 같은 신고내용에 따라 그 부호를 표시
  - 일반 P/L 신고 : A
  - 일반서류 신고 : B
  - 간이P/L 신고 : C
  - 간이서류 신고 : D
  - 간이자동수리 신청 : E

⑬ 거래구분
- 다음과 같은 통계부호표에 표시되어 있는 거래내용에 따라 그 부호를 기재
  - 일반형태수입 : 11
  - 외국인투자업체의 수탁가공목적 수입 : 21
  - 일반업체의 수탁가공 목적 수입 : 22
  - 위탁가공(국외가공)후 수입 : 29
  - 수탁판매용 수입 : 51
  - 임차방식수입(소유권이전 조건) : 53
  - 상계원재료 : 61
  - 무상반입 상품의 견품 및 광고용품 : 87
  - 무역거래원활을 위해 수입하는 물품 중 수입승인면제물품의 수입 : 92

⑭ 종류
- 다음과 같은 수입종류에 따라 그 통계부호를 기재
  - 외화획득용 수입 : A
  - 우편물품(국제우체국 면허분) : P
  - 외국으로부터 보세공장 반입물품 : B
  - 내수용 보세공장 반입물품 : U
  - 신고수리 전 반출승인분(외화획득용) : L
  - 내수용 수입 : K
  - 신고수리 전 반출승인분(내수용) : M

⑮ 입항일
- 수입물품을 적재한 선박 및 항공기의 국내 최초 입항날짜를 기재
- 예정 신고시에 입항일자는 입항 예정일을 표시

⑯ 반입일
- 수입물품의 장치장 반입날짜를 기재

⑰ 원산지 증명서 유무
- 원산지 증명서의 유·무를 Y·N의 해당 난에 표시

⑱ 가격신고서 유무

⑲ 국내도착항
- 수입물품을 적재한 선박 및 항공기의 국내 도착 항구·공항을 기재

⑳ 징수형태
- 통계부호표의 해당 징수형태코드 기재, 접수통보 후 징수형태의 변경은 불가

㉑ 총중량
- 신고 된 물품의 용기를 포함한 총중량을 소수점이하 반올림 하여 기재
- 단위는 K(kg) 또는 T(ton)으로 환산하여 표시

㉒ 총포장 개수
- 해당 물품의 외포장 개수를 기재

㉓ 운송형태
- 수출신고서 작성요령과 동일

㉔ 적출국
- 수입물품을 수출한 국가명을 ISO 국가코드 및 약어로 기재
- 보세공장, 수출자유지역의 경우에는 한국(KR)으로 표시

㉕ 선·기명
- 수출물품을 적재한 선(기)명을 기재하며, 국적은 선(기)명 다음에 ISO 국가코드를 기재

㉖ MASTER B/L 번호
- MASTER B/L 번호를 20자 이내로 기재

㉗ 운수기관부호
- 화물을 운송하는 기관의 부호 기재

㉘ 검사(반입)장소
- 수입물품이 반입된 장치장과 장치번호 기재

㉙ 품명
- 당해 물품을 나타내는 보통명사로서 표준 품명을 기재

㉚ 거래품명
- 상관습상 통용되는 품명 기재
- 거래품명과 표준품명이 같은 경우에는 거래품명 미표기

㉛ 상표
- 상표명이 있는 물품은 상표명 기재

㉜ 모델·규격
- 수입물품에 대한 설명 중에서 관세율표상의 심사에 영향을 미치는 모델, 타입, 상태, 등급, 규격, 용도 등의 사항을 기재

㉝ 성분
- 구성요소의 비율이 당해 물품의 중요한 요소가 되는 물품은 이를 반드시 표기

㉞ 수량, ㉟ 단가, ㊱ 금액

㊲ 세 번부호
- 관세율표에 기재된 세 번을 HS 10단위로 기재

㊳ 과세가격(CIF)
- 해당품목의 과세금액을 CIF 가격기준으로 원화 및 미화로 표시

㊴ 순중량
- 수출신고서 기재요령과 동일

㊵ 수량
- 관세율표상 수량단위를 소수점 이하는 반올림하여 기재

㊶ 환급물량
- 환급물량이 있을 경우 기재.

㊷ C/S 검사
- 세관에서 전자문서로 통보한 C/S 검사 결과를 통계부호표를 참조하여 그 부호를 기재

㊸ 검사변경
- 세관직원에 의해 C/S 검사방법이 변경되었을 EO 변경된 검사방법 변경부호를 통계부호표를 참조하여 기재

㊹ 원산지표시
- 원산지와 원산지 표시방법을 기재

㊺ 사후확인기관, ㊻ 특수세액

㊼ 수입요건확인
- 식품검역 등 해당 승인 등에 관한 번호를 기재

㊽ 세종
- 관세와 각종 내국세의 종류를 다음과 같은 약어로 기재

- 관세 : 관	- 특소세 : 특	- 교통세 : 통	- 주세 : 주
- 교육세 : 육	- 농특세 : 농	- 부가세 : 부	

㊾ 세율(구분)
- 세종에 해당하는 세율의 구분과 세율을 다음과 같은 방법으로 기재
- 관세 세율 : 당해품목에 대하여 ( )에 관세율 종류를 약어로 기재하고 그 말에 세율을 기재.
  - 내국세 세율 : ( )에 내국세 구분 부호를 기재하고 그 밑에 세율을 기재
  - 종량세 : 세율대신에 단위당 세액을 기재

㊿ 감면율
- 세종에 해당하는 감면구분 및 감면율을 기재

- 관세 : 감면을 기재하고 그 외는 세종별 감면구분 부호를 기재

㉛ 세액
- 각 품목별 해당 세액을 원미만은 절사하여 기재하고, 관세의 면세가 있을 경우에는 면세액을 관세액 아래에 기재
  - 신고수리 또는 반출승인된 물품은 확정되지 않은 경우라도 계산액을 기재
  - 보세공장 및 수출자유지역에서 사용신고 또는 반입신고시 산출된 세액을 기재

㉜ 감면분납부호
- 감면세, 분할납부 등의 부호를 통계부호표를 참조 기재

㉝ 결제금액
- 송장의 내용에 근거하여 인도조건, 통화종류, 금액, 결재방법 순으로 기재

㉞ 환율
- 통화종류에 대한 관세청 고시환율을 기재
- 결제금액이 없는 경우에도 해당 환율은 기재

㉟ 총과세가격
- 신고서 총 과세금액을 원화와 미화로 동시에 기재

㊱ 운임
- 운임에 대한 통화종류 및 금액 기재
- 운임은 실제 지급한 운임을 원화로 환산하여 "KRW"로 표시

㊲ 보험료
- 보험료에 대한 통화종류 및 금액 기재
- 보험료는 실제 지급한 보험료를 원화로 환산하여 기재

㊳ 가산금액
- 품목전체에 영향을 미친 가산금액을 원화로 환산하여 기재

㊴ 공제금액
- 품목전체에 영향을 미친 공제금액을 원화로 환산하여 기재

㊵ 납부번호, ㊶ 부가가치세과표

㊷ 세종과 세액
- 해당 세종과 세액을 10단위 미만은 절사하여 각각 그 합계액을 기재
- 신고지연 가산세 : 화물을 장치장에 반입 한 후에 관세법 137조 3항에 의한 기한 내에 수입신고를 하지 않은 물품에 대해서 부과하는 가산세액을 의미

㊸ 총 세액합계, ㊹ 관세사기재란

㊺ 세관기재란
- 세관에서 필요한 사항을 기재하는 란이다. 만약 세관에서 통보한 전자문서에 심사자 부호가 있는 경우 세관 기재란 우측 상단에 기재한다.

㊻ 담당자, ㊼ 접수일시, ㊽ 수리일자

■ 서식(수입신고서)

수 입 신 고 서			(신고필증)	
① 신고번호	② 신고일	③ 세관·과	⑮ 입항일	※처리기간 : 3일
④ B/L(AWB)번호	⑤ 화물관리번호		⑯ 반입일	⑳ 징수형태

⑥ 신 고 자 ⑦ 수 입 자 ⑧ 납세의무자 (주소) (상호) (성명) ⑨ 무역대리점 ⑩ 공 급 자	⑪ 통관계획	⑰ 원산지증명서 유무	㉑ 총중량
	⑫ 신고구분	⑱ 가격신고서 유무	㉒ 총 포장 개수
	⑬ 거래구분	⑲ 국내도착항	㉓ 운송형태
	⑭ 종류	㉔ 적출국	
		㉕ 선·기명	
	㉖ MASTER B/L 번호		㉗ 운수기관부호
㉘ 검사(반입)장소			
● 품명·규격(란번호/총란수:)			
㉙ 품 명 ㉚ 거래품명		㉛ 상 표	

㉜ 모델·규격	㉝ 성분	㉞ 수량	㉟ 단가(USD)	㊱ 금액(USD)

㊲ 세번부호		㊴ 순중량		㊷ C/S검사		㊺ 사후확인기관	
㊳ 과세가격 (CIF)	$	㊵ 수량		㊸ 검사변경			
	₩	㊶ 환급물량		㊹ 원산지표시		㊻ 특수세액	
㊼ 수입요건확인 (발급서류명)							

㊽ 세종	㊾ 세율(구분)	㊿ 감면율	51 세액	52 감면분납부호	감면액	*내국세종부호

53 결제금액						54 환 율	
55 총과세가격	$	56 운 임		58 가산금액		60 납부번호	
	₩	57 보험료		59 공제금액		61 부가가치 세과표	

62 세 종	세 액	64 관세사기재란	65 세관기재란
관 세			
특소세			
교통세			
주 세			
교육세			
농특세			
부가세			
신고지연가산세			
63 총세액합계		66 담당자	67 접수일시 / 68 수리일자

업태: 종목: 세관·과: 신고번호: Page:

*수입신고필증의 진위여부는 수출입통관정보시스템(KCIS)에 조회하여 확인하시기바랍니다.(http://kdis.ktnet.co.kr)

*본 수입신고필증은 세관에서 형식적 요건만을 심사한 것이므로 신고내용이 사실과 다른 때에 신고인 또는 수입화주가 책임을 져야 합니다.

5. 수출환어음 매입(추심)신청서

수출입계약에 따라 대금결제 조건을 신용장조건의 Usance(기한부) 조건으로 체결하였을 경우, 수출업자는 계약 상품의 선적 완료 후, 계약에 따라 지금까지 설명한 서류 중에서 기본서류와 부속서류, 신용장 원본 그리고 수출환어음을 첨부하여 외국환은행에게 수출대금의 추심을 의뢰하게 된다.

의뢰를 받은 외국환은행이 이를 심사한 후 당해 서류를 매입(Nego)하는데 이때 환어음 및 선적서류를 외국환은행과의 기 약정한 바에 의해 매입해 줄 것을 수익자 즉, 수출업자가 외국환은행에 의뢰하는 신청서를 수출환어음 매입신청서라 한다.

수출환어음 매입신청서의 의뢰는 사전에 외국환은행이 동 신청서를 접수하고 선적서류를 매입하게 된다.

■ 수출환어음 매입신청서의 기재사항

① 매입번호(Nego No.)
- 외국환은행(nego bank)이 매입 의뢰를 받은 선적서류를 매입할 경우, 당해 선적서류에 대해 고유의 매입번호를 부여하여 관리하는데 사용
- 매입번호는 외국환은행이 선적서류의 매입부터 신용장 개설은행으로부터 매입대금을 회수하여 수출입이 완료될 때까지 참고하는 번호를 말함.

② Beneficiary(수익자)
- 일반적으로 수출업자가 선적서류의 매입을 의뢰하여 수출대금을 회수하기 때문에 L/C 상의 수익자를 기재
- 양도가능신용장(transferable L/C) : 신용장을 타인에게 양도할 경우에는 양수자가 외국환은행에 매입을 의뢰하므로 양수자가 수익자로서 기재

③ Commodity(상품명)
- 수출상품명을 기재하는 곳으로 상업송장의 품명과 동일

④ Advice No.(통지번호)
- 신용장이 통지은행을 통해 통지될 경우 통지은행의 통지번호를 기재
- 이 통지번호는 첫머리가 A로 시작(예 : A-0562-302-01234)

⑤ Export Licence No.(수출승인번호)
- 수출승인 대상품목의 경우 수출승인 번호를 기재

⑥ Issuing Bank(신용장 발행은행)
- 개설은행(opening bank)이라고도 하며, 신용장을 발행한 은행명을 기재

⑦ Accountee(신용장 개설의뢰인)
- 또는 Applicant라고도 하며, 신용장개설의뢰인의 상호를 기재

⑧ Invoice Value(송장가격)

⑨ Shipping Expiry(선적기일)

• 상품의 선적이 완료되는 시점을 기재

⑩ Credit Expiry(신용장 유효기일)

• 이 유효기간 이내에서 외국환은행에 선적서류의 매입의뢰

⑪ 처리내역

• 매입의뢰 한 선적서류를 외국환은행이 매입할 경우 그 대금의 처리방법 기재

• 매입의뢰인의 필요에 따라 외화 당좌예금 또는 외화 정기예금 등의 외화로 대체할 수도 있고 매입 의뢰금액의 일부 또는 전부를 원화로 지급 가능

⑫ Nego Amount(매입금액)

⑬ 무역어음 대출

• 수출업자가 신용장을 근거로 무역금융을 받았을 경우에 회수한 수출대금으로 무역금융의 금액을 상환

- 무역금융을 받았을 경우 : 수출대금 상환 시 이를 차감, 잔액을 수익자에게 지급
- 무역금융을 이미 상환했을 경우도 반드시 동 사항을 확인받아야 함

⑭ 매입 의뢰일

• 매입 의뢰인이 외국환은행에 선적서류 매입을 의뢰하는 날짜 기재

⑮ 매입 의뢰인의 상호 및 인감

• 선적서류의 매입의뢰자 상호와 인감을 기명날인

• 매입의뢰인은 ②항에 수익자와 동일인이고, 매입은행과 수출화환어음 약정을 체결한 자

• 상호와 인감은 약정 체결시 제출한 상호신고서 상의 상호와 인감과 동일

⑯ 결제조건

• 매입 의뢰하는 선적서류의 결제조건 기재

- 일람출급 : at sight
- USANCE : ×× days after sight 또는 ×× days after B/L date

⑰ 환율

• 일반적으로 매입일의 외국환은행 고시 전신환 매입율(T/T Buying rate)에서 일정한 (at sight : 10일) 기간의 환가료를 차감한 일람출금 환어음 매입률을 적용

⑱ 매입실행일자

• 수익자의 의뢰에 의해 외국환은행이 선적서류의 매입을 실행하는 날짜를 표시

⑲ 각서

• 선적서류가 신용장 조건을 충족시키지 못할 경우, 수익자는 동 하자(discrepancy)로 인하여 발생되는 모든 은행의 불이익에 대하여 보상하겠다는 내용의 각서에 기명날인 후, 외국환은행에 매입의뢰

• 외국환은행은 이를 심사 후 중대한 하자 사항 이외에는 동 각서를 취득한 후 제시된 서류 매입

the point note

Part 4

운 송

Part 4

01 해상운송

1 해상운송의 개요

1. 해상운송의 의의

해상운송(marine transportation : carriage of sea)은 해상에서 선박이라는 운송수단을 사용하여 사람이나 화물을 운송하여 그 대가인 운임을 획득하는 상행위를 지칭한다.

즉, 운송은 국제간에 교환경제가 형성됨에 따라 인간과 재화의 공간적 거리 극복과 장소적 이전을 가능하게 하는 서비스를 말하며, 국제운송은 그 운송방식의 차이에 따라 해상운송, 항공운송, 철도운송, 도로운송 그리고 복합운송 등으로 구분하는데, 그 중에서 국제물류를 주도하는 국제운송의 형태가 해상운송이다.

2. 해상운송의 형태

해운업은 선박의 운항형태에 따라 정기선박 운송과 부정기선박 운송으로 대별된다.

(1) 정기선박 운송

선박회사가 동일항로에 정기선(liner)으로, 정기적으로 선박을 운항할 경우를 정기선박 운송이라 한다. 특징으로는 ① 사전에 작성 공표된 운항일정(sailing schedule)에 의해서 특정한 항로(항만)만을 왕복운항하며, ② 불특정다수 화주의 소량화물, 여객,

우편물 등의 수송을 주요 대상으로 하고, ③ 고정된 항로(route), 운임(tariff) 등에 의하여 평등한 서비스를 제공하는 것이다.

(2) 부정기선박 운송

정기선의 경우는 화물이 선박을 찾아가야 하지만, 부정기선(tramper)은 선박이 화물을 찾아간다고 할 수 있다. 이의 특징은 ① 고정된 운항일정과 항로가 없으므로 항로의 자유선택이 가능하며, ② 대량의 살물(bulk cargo) 등의 수송을 주요 대상으로 하고, ③ 운임이 그 당시의 수요와 공급에 의한 완전 경쟁으로 운임을 결정하게 된다는 것이다.

표 4-1 › 정기선과 부정기선의 특징

구 분	정기선(liner)	부정기선(tramp, tramper)
수송 대상 화물	· 단위당 가격은 고가 · 운임의 비중이 낮음 · 다양한 화물을 수송	· 중량, 용적에 비해 낮은 가격 · 운임의 비중이 높음 · 주로 살물(bulk cargo) 수송
서비스 요구수준	운임보다는 신속성이나 규칙성이 중요함	신속성이나 규칙성 보다는 운임이 상대적으로 저렴함
수요 측면	지리적/시간적으로 규칙적/안정적이며, 전체 수요도 연속적임	지리적/시간적으로 불규칙적이며 불안정하고 수요전체는 단속적임
공급 측면	특정항로에서 반복적/규칙적으로 운항됨	수요발생의 순서에 따라 수시로 항로가 변경됨
자본투자 측면	막대한 투자비용 요구	비교적 투입 자본이 적음

편의치적(Flag of Convenience : FOC)

선주가 자국에 선박을 등록할 경우, 받게 되는 세금 등과 같은 경제적 규제를 탈피하고 엄격한 선원 고용 조건 등을 회피함으로써 이윤을 극대화함과 동시에 비용을 최소화하고자 선주의 선박을 자기가 거주하고 있지 않은 제3국에 등록하는 것을 말함.

2 해상운송 계약

무역업자가 수출입 상품을 운송하기 위하여 신용장 등에 기재된 선적기일 내에 적당한 선박을 찾아서 선사와 운송 계약을 체결하는 것은 대단히 중요하다. 송화인은 화물의 성질, 수량 및 선적기일에 따라 정기선 또는 부정기선 중에서 선택을 하고 정기선에 의한 개품운송을 할 것인가 또는 부정기선에 의한 용선운송을 할 것인가를 판단하여 적당한 선복(ship's space)을 찾아서 운송계약을 체결하여야 한다.

1. 개품운송 계약에 의한 운송

(1) 개 요

개품운송 계약(contract of affreightment)에 의한 운송은 개개의 물품을 대상으로 계약하는 운송으로 일정한 항로에 따라서 운항하는 정기선(liner)에 의한 운송은 거의 이러한 운송 방식에 의한다.

(2) 운송 계약

하주가 선적요청서(S/R)를 선박회사에 제시함으로써 화물의 운송을 신청하고 운송인이 이것을 수락하면 운송계약이 성립되는데 별도의 계약서는 작성하지 않고 그 대신 선박회사가 운송계약의 존재를 확인하기 위하여 선적 후에 하주에게 선하증권(B/L)을 발급해 준다.

2. 용선운송 계약에 의한 운송

용선(charter)이란 선주나 운송업자가 선박을 이용하는 자(용선자)를 위하여 선박의 일부 또는 전부를 빌려 주어 이용할 수 있게 하는 것을 말한다. 용선계약은 다음과 같이 항해용선, 정기용선, 나용선 으로 구분된다.

(1) 항해용선 계약(Voyage Charter=Trip Charter)

① 특정항 구간까지의 화물수송을 위하여 화주(용선자)와 선박회사(선주) 간에 운송계약 체결한다.

② 운송에 대한 보수는 통상 톤당 금액으로 결정한다.
③ 선주가 선장을 임명하고 지도 · 감독한다.
④ 용선자는 재용선자에 대해 감항담보의 책임이 없다.
⑤ 용선료를 제외한 일체의 비용은 선주가 부담한다.

(2) 정기용선 계약(Time Charter)

① 선복에 화물을 적재할 수 있는 설비 및 용구를 갖추고 선원을 승선시켜 장기간 운항할 수 있는 선박을 용선자가 일정기간 용선하는 계약으로, 항해를 특정하지 않고 일정한 항구 구역 내에서 일정기간 물건을 운송한다.
② 중요한 선박의 특질(속력, 연료소비량 등)에 대해서는 선주가 담보한다.
③ 선주가 선장을 임명하고 지도 · 감독한다.
④ 용선자는 재용선료 외에 연료비, 입항세, 운항비 등을 부담한다.
⑤ 선박의 수도 및 반선 시기나 장소는 계약의 규정에 따른다.
⑥ 정기 용선료는 기관고장 등으로 용선료가 지급 중단되지 않는 한 지급된다.

(3) 선박임대차 계약 = 나용선 계약(Bareboat Charter=Demise Charter)

① 선주 : 선박만을 일정기간 임차인에게 대여한다.
② 임차료는 기간을 기초로 하여 결정된다.
③ 임차인이 선장을 임명하고 지휘 · 감독한다.
④ 임차인은 선장, 승무원, 선용품, 연료 등에 대하여 책임을 부담(임차인은 선장을 통하여 선박을 점유 지배하고, 일시적으로 선주의 지휘 · 획득)한다.
⑤ 용선기간 : 장기간(1~3년 정도)
⑥ 내항능력 : 본선 인도시-선주, 인도 이후-선박임차인 부담, 용선 종료시-원상으로서의 반선
⑦ 수도시의 선적검사(나용선의 경우 일반적으로 이루어짐)
⑧ 본선 인도시-선주, 반선시-용선자(검사결과 손상이 있으면 검사 당사자 부담)
⑨ 검사 및 수선 : 계약기간 중 임차인이 부담(자연소모 및 그 결과로 발생한 비용은 선주 부담)한다.
⑩ 선박보험 : 임차인이 자신의 비용으로 체결한다.
⑪ 재용선 : 선주의 승낙이 필요하다.

■ 해상운송 절차

절차	내용
운송수단과 운송인의 (복수)선택	
↓ 구체적인 선적내용 협의	• 언제, 어디서, 어떤 물품을 얼마나, 어디까지, 누구에게, 언제까지 등
↓ 선적요청서(S/R : Shipping Request) 제출	• 수화인(수입자), 선적항, 도착항, 수출물품 명세 등의 운송정보 기재
↓ 화물포장과 출고준비	• 운송수단에 적합한 포장방법 선택 • 여유 있는 출고준비
↓ 컨테이너 적입(stuffing)	• 수출업자 자신 또는 운송회사 • 세관검사 및 봉인(seal)
↓ 출고 및 육상운송	• 보세화물 운송업자
↓ 화물 입고 및 인도	• 컨테이너 화물 : CY 인도 재래선화물 : 지정창고 입고 • 부두수취증(DR : Dock Receipt) 본선수취증(MR : Mate's Receipt)
↓ 선하증권 발행(B/L : Bill of Lading)	• 화물인수 사실과 운송 약속을 기재한 선하증권을 선박회사가 발행
↓ 선하증권 기재내용 체크와 수취	• 확인 및 정정 요구(필요시) • 수출대금 회수준비

[그림 4-1] 해상운송 절차 흐름도

3 해운동맹(Shipping Conference)

1. 해운동맹의 의의

특정의 정기항로에 배선하고 있는 선박회사가 부당한 경쟁을 배제하여 경영의 안정을 꾀할 목적으로 결성하는 일종의 국제 카르텔(cartel)로서, 동일 항로에서 경쟁을 제한하는 선주 간의 공식 또는 비공식의 모든 협정을 말한다. 해운동맹에서 선사 상호간의 관계는 계약관계에 불과하며, 의무의 이행과 행동통일은 특정 항로에 대해 제한적으로 이루어진다.

2. 해운동맹의 종류

(1) 개방동맹

개방동맹(open conference)은 주로 미국식 개방적 해운동맹을 지칭한다. 미국의 독점금지법 또는 해운법에 의해 폐쇄동맹은 인정되지 않는다(배선할 의사를 가진 선사의 가입을 거부할 수 없도록 규정).

① 맹외선 배제조치 및 화주 구속조치가 아주 제한적임
② 가맹선사 간의 단결력이 약함
③ 항로가 항상 불안정적임(저 코스트선이라는 동맹 외의 선박이 존재)
④ 주로 운임협정만을 체결

(2) 폐쇄동맹

폐쇄동맹(closed conference)은 일정 자격과 실적이 있는 선사만 가입이 가능하다. 가맹선사의 전원 동의가 필요하고, 대내경쟁에 대한 규제력이 강하며, 외부경쟁에 대한 회원 상호간 단결력이 강하다.

(예) 구주항로, 호주항로 등

3. 해운동맹의 규제

해운동맹은 동맹내부의 경쟁을 방지하고, 동맹에 가입하지 않고 당해 항로에 배선하고 있는 동맹 외의 선주에 대항하고 계약화주를 동맹에 구속시키기 위하여 다음과 같은 대내외적 규제방법을 활용하고 있다.

(1) 대내적 규제

① 신규 가맹의 제한
② 운임협정(rate agreement)
③ 배선수의 결정(sailing agreement)
④ 공동계산(pooling agreement)
⑤ 공동경영(joint service)
⑥ 해운동맹 간의 협정 등

(2) 대외적 규제

① 계약운임제(Contract Rate System)

자기의 적화 전부를 동맹선에 선적하기로 계약한 화주(계약화주)에게는 비계약 화주에게 부과하는 일반 운임률(비계약운임률)보다도 저렴한 운임률(계약운임률)을 적용하는 것을 말한다. 이를 이중운임제(dual rate system)라고도 하며, 운임 격차는 보통 9.5~15% 정도의 수준이며, 이는 화물의 종류에 따라 다르다.

② 충실보상제(Fidelity Rebate System)

해운동맹의 화주에 대한 구속수단의 하나로 일정기간(예를 들면, 6개월) 화물을 동맹선에만 선적한 화주에 대하여 그 기간 내에 지급한 운임의 일부(계약 운임률에 의한 총운임액의 2.5% 정도)를 유보기간을 두지 않고 일정기간 경과 후에 반환하는 제도를 말하며, 운임연환급제와의 차이는 유보기간이 없다는 점이다.

③ 운임연환급제/운임기말환급제(Deferred Rebate System)

일정기간(보통 6개월) 화물을 동맹선에만 선적한 화주에 대해서 그 기간에 계속되는 일정기간(유보기간 : deferred period)도 동맹선에만 선적할 것을 조건으로 그 기간이 경과한 후에 전자의 기간에 지급한 운임의 일부(보통 10% 정도)를 환급하는 제도이다. 이는 화주에 대한 구속력이 가장 강한 것이 특징이다.

④ 대항선(Fighting Ship)

동맹에 소속한 선박 중에서 특정 선박을 선정하여 동맹선 외의 선박 기항지를 동일한 일시에 따라 다니며, 채산성을 무시한 저운임으로 경쟁하여 동맹선 외의 선박으로 하여금 동맹 항로에의 배선을 단념하게 하는 맹외배제 수단이다.

⑤ 협의협정(Discussion Agreement)

동맹 간의 협의에 의하여 운임률을 결정하는 형태로, 동맹선사와 비 동맹선사 간에 체결된다.

국적선출취항증명서
수출입 화물운송에 자국선을 이용하도록 하는 자국선 보호주의의 한 형태로서 자국선박이 취항하지 않는 지역, 혹은 취항 중이라도 선적 당시 취항 선박이 없을 경우에 이를 증명하기 위하여 발급되는 증명서이며 이 증명서 없이는 외국선박의 화물을 실을 수 없다.

02 컨테이너 운송

Global Entrepreneurship In Action

1 컨테이너 운송 개요

1. 컨테이너 운송의 의의

컨테이너(container)란 화물의 단위화(unitization)를 목적으로 하는 운송도구로서 화물의 운송·보관·포장·하역 등의 모든 과정을 가장 합리적으로 일괄 수송할 수 있는 혁신적인 운송도구이다. 컨테이너 운송은 항만에서의 불필요한 비용을 줄일 수 있고, 선박의 회항시간을 단축할 수 있으며, 운송화물의 단위당 비용을 줄일 수 있어 선복 이윤을 증대시킬 수 있다.

2. 컨테이너 운송의 장단점

(1) 컨테이너 운송의 장점

① 선주의 입장

- 항만에 체항하는 시간을 단축시킴
- 선박의 가동률이 높아 선복 생산성을 개선시킴

① 화주의 입장

- 포장비를 줄일 수 있음.
- 철도, 트럭 등 내륙운송비를 줄일 수 있음.

- 운송기간 단축으로 재고비용을 줄일 수 있음.
- 선박 운항일정에 맞추어 재고관리가 용이함.
- 수출환어음매입을 신속하게 할 수 있어 자금회전이 빠름.
- 화물의 손상을 방지함.

(2) 컨테이너 운송의 단점

- 컨테이너화를 위한 막대한 자본과 기술적 지원이 필요함.
- 컨테이너에 적입하거나 운송하는데 곤란한 화물들이 있음.
  (예) 철강제품, 자갈이나 모래 등
- 컨테이너 화물의 적재가 갑판 상에 적재되는데 따른 할증보험료율이 적용되고 컨테이너 취급상의 대인· 대물배상 책임보험도 보험료 증가요인이 됨.
- 개도국의 항만 노동자 실업문제 및 국제 간의 컨테이너 운송 관련 법체계나 제도의 수용상 어려움이 있는 나라들도 많음.

2 컨테이너 화물 운송형태

1. CY / CY(FCL / FCL)

① 컨테이너 운송의 장점을 최대한 이용
② 단일의 송하인과 단일의 수하인 관계
③ 컨테이너 만재화물(FCL)을 그대로 일관운송
④ Door to Door 서비스

2. CY / CFS (FCL / LCL)

① 단일의 송하인과 다수의 수하인 관계
② 만재화물 상태로 운송되어 다수의 수하인을 위해 CFS에서 해체하여 인도하는 운송형태
③ Door to Pier 서비스

3. CFS / CY (LCL / FCL)

① 다수의 송하인과 단일의 수하인 관계

② 선적항에 있는 선박회사의 지정 CFS에서 다수의 송하인의 화물을 혼재하여 목적지 수하인에게 인도하는 운송형태

③ Pier to Door 서비스

4. CFS / CFS (LCL / LCL)

① 컨테이너 운송의 장점을 제대로 살리지 못함.

② 다수의 송하인과 다수의 수하인 관계

③ 선적항 CFS에서 소량화물들을 혼재(consolidation)하여 목적항의 CFS에서 화물을 해체(devanning)하여 인도하는 운송형태

④ Pier to Pier 서비스

⇨ **FCL 화물**(Full Container Loaded cargo) : 컨테이너 용기 1개에 단일 화주물로 채울 수 있는 화물

⇨ **LCL 화물**(Less than Container Loaded cargo) : 컨테이너 용기 1개에 단일 화주화물로 채워지지 않는 소량화물

⇨ **컨테이너 야적장**(Container Yard : CY) : 컨테이너의 집적, 보관, 장치, 수도를 하는 장소로서, 컨테이너의 관리, 이동, 본선으로의 적재 및 양화가 CY에 있는 CY Operator에 의하여 이루어짐

⇨ **컨테이너 화물조작장**(Container Freight Station : CFS) : LCL 화물을 컨테이너에 혼재(consolidation)하여 적입(vanning)하거나 컨테이너로부터 해체(davanning) 작업을 행하는 장소

⇨ **내륙 컨테이너 기지**(Inland Container Depot : ICD) : 컨테이너 화물을 효율적으로 운송하기 위해 내륙지점에서 컨테이너의 보관, 수리, 집결지로서의 역할을 하는 장소

⇨ **부두수취증**(Dock Receipt : D/R) : 컨테이너 화물에 대한 선박회사의 화물수령증으로 재래선의 경우 본선수취증(M/R)에 상당하는 서류로서, 화주는 이를 선박회사에 제출함으로써 선하증권을 발급받을 수 있다.

⇨ 본선수취증(Mate's Receipt : M/R) : 재래선에 의한 물품 운송의 경우 본선에 물품 선적 완료 후, 본선의 일등항해사(chief mate)가 화주에게 발행하는 서류로서, 화주는 이를 선박회사에 제출함으로써 선하증권을 발급받을 수 있음

⇨ 컨테이너 터미널(Container Terminal : CT) : 컨테이너 시설과 장비 일체를 갖추고 컨테이너 하역작업을 행하는 장소

⇨ 기기수도증(Equipment Receipt : E/R) : 공 컨테이너 대출시 CY Operator가 트럭 기사를 통하여 화주에게 전달하는 서류

⇨ 컨테이너 내적치표(Container Load Plan : CLP) : 컨테이너 내에 적치된 화물 명세와 적치를 나타내는 서류로서, FCL 화물의 경우 화주 또는 그 대리인에 의하여, LCL 화물의 경우 CFS Operator에 의하여 작성됨

3 컨테이너와 컨테이너선의 분류

1. 컨테이너

(1) 용도에 따른 분류

① **건화물 컨테이너(dry container)** : 전자제품, 의류 등의 일반잡화를 적재할 수 있는 컨테이너

② **냉동 컨테이너(reefer container)** : 육류, 어류, 과일 등 냉동이 필요한 화물을 적재할 수 있는 컨테이너

③ **팬 컨테이너(pen container)** : 가축 또는 동물들을 운송하기 위하여 통풍과 먹이를 주기에 편리하고, 과일이나 야채 등이 호흡할 수 있게 통풍구가 설치되어 있는 컨테이너

④ **오픈 탑 컨테이너(open top container)** : Wire 등 장척물이나 기계류 등을 적재 운송하기 적합한 천장 개방식 구조로 되어 있는 컨테이너

⑤ **프랫 랙 컨테이너(flat rack container)** : 기계류, 목재, 플랜트 등 중량 장척물을 운송하기 위하여 바닥과 네 개의 기둥만이 있는 형태의 컨테이너

⑥ **탱크 컨테이너(tank container)** : 액체 상태의 유류, 주류, 화학 제품 등을 적재할 수 있는 컨테이너

⑦ **행거 컨테이너(hanger container)** : 정장, 실크, 밍크 등의 고급의류가 구겨지지 않게 옷걸이(hanger)를 걸어 놓는 형태의 컨테이너

⑧ **Solid Bulk 컨테이너** : 천정에 3개의 맨홀을 설치하여 맥아, 소맥분 가축사료 등의 운송에 적합하게 제조된 컨테이너

(2) 재질에 따른 분류

① **Steel 컨테이너** : 견고하고 재료비가 싸지만 무겁고 부식되기 쉽다.

② **Aluminium 컨테이너** : 가볍고 유연하나 재료비가 비싸고 손상되기 쉽다.

③ **FRP 컨테이너** : 스틸프레임과 합판의 양면에 FRP를 부착하여, 결로현상이 없으나 무겁고 재료가 비싸다.

2. 컨테이너선

(1) 선형에 따른 분류

① **세미 컨테이너선(semi-container ship)** : 재래선에 특정 선창을 개조하여 컨테이너를 적재할 수 있도록 한다.

② **컨테이너 전용선** : 대량의 컨테이너만을 적재할 수 있도록 전용화된 선박

③ **래시선(Lighter Aboard Ship : LASH)** : 컨테이너의 변형으로 규격화된 전용부선(lighter)을 갠트리크레인(gantry carne)으로 하여금 선미로부터 끌어올려 화물을 적재한 채로 부선을 선박에 적입하여 수송하도록 설계된 선박

(2) 하역 방식

① **RO/RO(Roll On/Roll Off) 방식** : 본선의 선수, 선측 또는 선미에 설치된 개

구부를 통하여 선내경사로를 이용해 컨테이너 트레일러나 자동차가 굴러들어 갈 수 있도록 수평으로 적·양화할 수 있는 하역방식

② **LO/LO(Lift On/Lift Off) 방식** : 선상이나 육상의 크레인을 이용하여 수직으로 적재 또는 양화할 수 있는 방식

③ **FO/FO(Float On/Float Off) 방식** : 부선(barge)에 화물을 적재하고 컨테이너 대신 크레인으로 바지선을 적재 또는 양화하는 LASH선과 같은 하역방식

TEU : Twenty-foot Equivalents Unit의 약자로서, 컨테이너 단위의 기준이 된다.

컨테이너 길이가 20피트(feet)인 Twenty footer container의 경우, 용적은 약 25CBM 정도이며, 길이가 40피트인 forty footer container의 경우, 용적은 약 55CBM 정도이다. 따라서 화물의 용적이 25CBM 정도인 경우에는 FCL 화물이 될 수 있고, Door to Door 서비스가 가능하게 된다.

4 컨테이너 터미널의 Layout

1. 컨테이너 터미널

컨테이너 시설과 장비 일체를 갖추고 컨테이너 하역 기능을 담당하는 곳으로 충분한 수심과 안벽 시설이 갖추어져 있어야 하고, 하역에 필요한 기기 및 시설이 비치되어 있어야 하며, 양화한 컨테이너와 컨테이너 야드를 출입하는 화차 등이 용이하게 유통할 수 있는 편리한 위치에 도로운송, 철도운송의 연결이 쉬운 곳에 컨테이너 터미널이 있어야 한다.

2. 안벽(Berth)

컨테이너를 접안시키는 곳으로 간만의 차에 관계없이 수심유지가 절대 필요하며 선박의 동요를 막기 위한 용선주가 있어야 한다.

3. 에이프런(Apron)

안벽에는 갠트리 크레인용 철로가 가설되고 그 철로 위에는 하역을 위해서 갠트리 크레인이 2~3대 이동한다. 이러한 지역을 에이프런이라 한다.

4. 마샬링 야드(Marshalling Tard)

선적을 위한 컨테이너를 목적지별 또는 선내의 적치계획에 따라 미리 정렬해 두는 넓은 면적을 말한다. 배열의 편리를 위하여 구획선을 표시하며 이 구획선을 슬롯(slot)이라 한다.

5. 컨테이너 야드(Container Yard : CY)

컨테이너를 인도하고 보관할 수 있는 곳을 말한다.

6. 컨테이너 화물조작장(Container Freight Station : CFS)

소량화물(LCL)을 여러 송하인으로부터 인수하여 같은 목적지로 운송되는 화물들을 한 컨테이너에 적입하여 포장하거나 또는 반입된 혼재화물을 해체하여 소량화주에게 분산 인도하는 창고형 작업장이다.

❖ 컨테이너 화물조작장의 방식 ❖

- **피기백(piggy-back)** : 컨테이너를 적재한 트레일러를 철도의 무개화차에 싣고 운송하는 방식
- **피시백(fishy-back)** : 컨테이너를 선박에 싣고 운송하는 방식
- **버디백(birdy-back)** : 컨테이너를 항공기에 싣고 운송하는 방식

the point note

03 항공운송과 포워더

1 항공운송

1. 항공운송의 의의

항공운송이란 항공기에 의해 운송되는 승객의 수화물(baggage)과 우편물(mail)을 제외한 화물을 항공화물운송장(air waybill)에 의해 항공으로 운송되는 것을 말한다. 항공운송은 오늘날 국제무역에 있어서 중요한 수송수단의 역할을 담당하고 있으며, 상업적인 수송수단으로서의 위치를 차지하고 있다.

항공운송은 안전도가 해운에 비해 높으며 포장비도 싸다는 등의 장점을 가지고 있다. 따라서 항공운송은 소량 고가화물의 장거리 수송에 적합하다.

또한, 항공에 의해 화물의 적기인도(just-in time delivery)를 통해 재고비용과 자본비용의 절감은 물론, 도난과 손상 방지에도 효과를 가져 올 수 있다.

2. 항공화물의 유통과정

화주가 항공화물 포워더(forwarder)에게 운송을 의뢰하면 포워더는 하주를 대신해서 화물을 픽업하여 공항창고에 장치시킨 후, 통관에 필요한 제반 서류를 구비하여 관세사에 통관을 의뢰하고 운송업자인 항공사를 대신해서 운송장(Air WayBill : AWB)을 작성한다.

항공사는 화물의 특성과 항공기의 제한된 화물탑재 공간 및 운항루트의 조건에 따라 최대 탑재를 위한 사전계획을 세워 화물청사(cargo terminal) 내의 작업원에게 작업지시를 한다.

항공화물의 운임은 IATA(국제항공운송협회)의 결정에 따라 모든 항공사가 일률적으로 적용하고 있는데, 항공기 운임과 공항 및 발착 하주 간에 지상운송요금의 합계로 구성된다.

3. 항공화물운송장(AWB : Air Waybill)

항공화물운송장은 항공회사가 화물을 항공으로 운송하는 경우에 발행하는 화물수취증으로서 해상운송에서의 선하증권(B/L)에 해당되며 항공운송장 또는 항공화물수취증이라고 부른다.

기본적인 성격은 선하증권과 같으나 선하증권이 화물의 수취를 증명하는 동시에 유가증권적인 성격을 가지고 유통이 가능한 반면, 항공운송장은 화물의 수취를 증명하는 영수증에 불과하며 유통이 불가능하다는 차이점이 있다.

운송계약은 항공화물운송장을 발행한 시점, 즉 화주 또는 그 대리인이 AWB에 서명하거나 항공사 또는 해당 항공사가 인정한 항공화물 취급대리점이 AWB에 서명한 순간부터 유효하며, AWB 상에 명시된 수화인(consignee)에게 화물이 인도되는 순간 소멸된다.

표 4-2 › 항공화물운송장과 선하증권의 차이점

항공화물운송장(AWB)	선하증권(B/L)
• 유가증권이 아닌 단순한 화물운송장	• 유가증권
• 비유통성(non-negotiable)	• 유통성(negotiable)
• 기명식	• 지시식(무기명식)
• 수취식(창고에서 수취하고 발행)	• 선적식(본선선적 후 발행)
• 송화인이 작성	• 선사가 작성

2 포워더(Forwarder)

1. 포워더의 의의

포워더(forwarder)란 일반적으로 운송수단을 직접 소유하지 않은 채 고객을 위하여 화물운송의 주선이나 운송행위를 수행하는 계약운송인(contracting carrier)을 말하며, 선박, 기차, 항공기 등의 운송수단을 자신이 직접 보유하지 않고 자기는 다만 계약운송인으로서 복합운송을 책임지는 것으로 이에는 해상운송 주선업자(ocean freight forwarder), 항공운송 주선업자(air F.F), 통관업자 등을 들 수 있다. 이들의 공통적이고 기본적인 기능을 화주와 운송인 사이에서 화주에게는 운송인의 대리인이 되고 운송인에게는 화주의 입장이 되는 것이다.

미국에서는 NVOCC(Non Vessel Operating Common Carrier)라 하여 미국 신해운법에 "자기가 직접 선박을 운항하지 아니하는 운송인(means a common carrier)"이며 "화주에 대하여는 해상운송인(ocean common carrier)"이라고 명시, 포워더형 복합운송인을 법제화하고 있다.

2. 포워더의 기능

프레이트 포워더(freight forwarder)의 전통적 기능은 하주의 대리인으로서 적절한 운송수단을 선택하여 이들을 유기적으로 결합하고, 운송에 따르는 일체의 부수업무를 처리해 주는 기능을 말하며, 이와 관련된 업무로는 다음과 같은 것들이 있다.

(1) 전문적인 Advice

수출업자 또는 송하인의 요청에 따라 화물의 전 운송구간에 걸쳐 적절한 운송 Route에 관하여 조언해 준다. 또한 그 운송수단, 운송로에 적합한 화물의 포장형태 및 목적국의 각종 운송법규와 무역관행 등을 조언한다.

(2) 운송의 수배

수출업자 또는 송하인을 대신하여 전 운송구간에 걸쳐 운송수단(예를 들면, 선박, 항공기, 트럭, 열차 등)에 대해 필요한 스페이스(space)를 확보하고, 이들 운송수단에 화물을 인도하거나 목적지의 사무소 또는 대리점에 연락하여 화물이동 상태를 체크한다.

(3) 운송관련 서류작성

운송관련 서류로 가장 중요한 선하증권(Bill of Lading) 또는 RIATA Combined Transport B/L, 선복예약서(Shipping Request : S/R), 부두수령서, 보험증권 등의 서류를 포워더가 직접 작성해 주거나 하주가 작성하는 것을 효율적으로 도와주고 있다.

(4) 통관 대행

수출입 화물의 운송 및 부수되는 서비스를 종합적으로 수행하기 위하여 주요한 항만이나 지점에 사무소를 두고 통관 업무를 대행하거나 관세사를 위촉하여 하주를 위한 통관절차를 대행해 준다.

(5) 포장 및 창고 보관

포워더는 운송수단 또는 적합한 포장 시설을 소유하고, 직접 포장 서비스를 하거나 화물의 포장 방법에 관해서 하주에게 적절한 조언을 한다.

또한, 창고 또는 자체의 CFS를 운영하거나 임대하여 수출지에서 화물의 혼재, 통관, 선적, 수입지에서 화물의 양하, 통관, 분배하는 과정에서 화물의 손상· 분실 등을 최대한 방지한다.

04 복합운송

Global Entrepreneurship In Action

1 복합운송이란?

복합운송(multimodal transport)이란 특정 화물을 육상·해상·내수·항공·철도·도로 운송 중에서 적어도 두 가지 이상의 다른 운송형태를 복합적으로 결합하여 출발지에서 목적지까지 운송 구간을 일관 운송하는 것을 말한다.

복합운송의 등장 전에는 통운송(through transport)이란 개념을 사용하였는데, 통운송에서는 운송 방식의 결합형태가 동종 또는 이종 운송수단에 관계없이 각 운송 구간마다 운송인이 분할하여 책임을 부담하면서 통선하증권(through B/L)이 발행된다는 특징이 있다.

1. 복합운송의 목적 및 효용

국제복합운송의 궁극적인 목적은 규격화 및 표준화된 컨테이너의 연계 또는 일관운송을 통해서 문전에서 문전(door to door service)까지 목적화물을 운송하는 것으로 물류 관리상 많은 경비절감의 효과를 가져 오게 된다. 다음의 복합운송 효용에 대해 살펴보자.

(1) 화물유통의 신속성 제고

국제복합운송 방식을 채택함으로써 인도지연의 회피 및 통관절차의 간소화, 화물혼재의 간소화 등으로 수송기관의 접점에서 발생하는 작업 비용의 절감, 작업 흐름의 원활화 및 하역 생산성의 향상 등이 가능하다.

(2) 화물유통의 안전성 제고

수송 중, 화물 손상의 감소, 밀수품의 감소 및 인도 불능으로 인한 클레임의 회피 등을 들 수 있다.

(3) 화물유통의 저렴성 확보

상품매입 가격의 인하, 포장비의 절감, 해상보험료의 저렴화, 서류작성 및 화인 등에 필요한 비용 절감 등의 이점이 있다.

(4) 운송서류의 간소화

컨테이너화에 의한 수송 수속 등의 절차 간소화로 화물과 서류의 체크, 서류의 단순화가 가능하며, 일관운송으로 인한 운송서류 등의 작성 및 확인하는 데의 소요시간 감소 등으로 시간과 비용을 절감할 수 있다.

(5) 운송책임의 일원화

복합 운송자에 의한 일관운송 업무의 수행으로 운송책임의 일원화가 가능하게 됨으로써 그에 따라 클레임의 처리도 일원화로 처리가 가능해졌다.

(6) 운송비 절감 및 화물추적 용이

복합운송으로 인하여 운송비의 감소 및 하역의 신속화 등을 이룰 수 있다. 또한 단일의 복합운송인에 의해 취급되므로 화물추적 시스템화(cargo tracing system)가 용이하다.

2 국제복합운송과 루트

국제복합운송은 최초 1960년대부터 주로 해상 컨테이너의 발전에 따라 Sea/Land 서비스인 선박과 철도 및 자동차의 조합에 의해 시작된 Door to Door Service가 그 시초이다.

복합운송의 주요 경로 종류는 대표적으로 ① 선박 · 항공기(sea & air)에 의한 경로, ② 해륙일관운송(land bridge)에 의한 경로가 있다.

1. 선박 · 항공기에 의한 경로

선박 · 항공기(sea & air)에 의한 복합운송의 이점은 ① 해상운송에 비해 소요 일수의 대폭적인 축소, ② 항공수송에 비해 소요운임의 절감기능, ③ 전 구간 해상 운송에 비해 재고 투자와 창고료의 절감이라는 종합물류비용의 절감을 기할 수 있다는 점이다.

2. 해륙 일관운송에 의한 경로

랜드브릿지(land bridge)란 해상 · 육상 · 항공에 의한 복합운송이 일관운송으로 실현됨에 따라 해상-육상-해상으로 이어지는 운송 구간 중, 중간구역이 육로로 연결된 운송 구간을 말하며, 대륙횡단을 위한 철도 및 육로 운송 방식을 이용하여 매개 운송을 구간화 함으로써 육상과 해상을 잇는 해륙복합운송을 위한 교량(bridge)의 역할을 하고 있다. 형태에 따라 2구간, 3구간 Land Bridge로 구분된다.

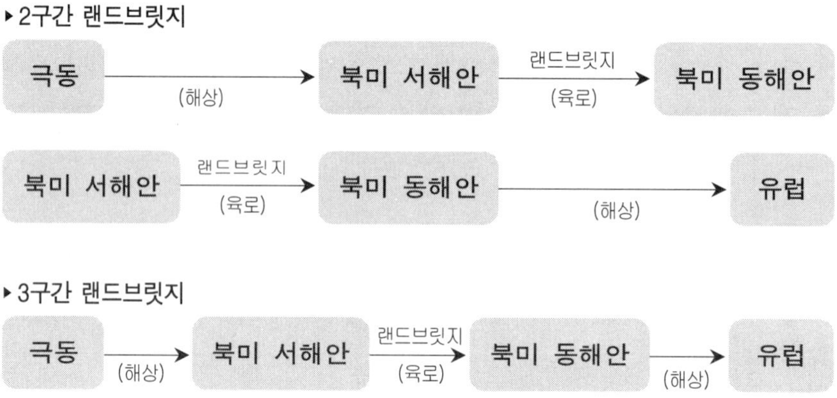

[그림 4-2] 랜드브릿지의 일반적 형태

3 복합운송인의 유형과 책임

1. 복합운송인의 유형

(1) 캐리어 형 복합운송인

자신이 직접 보유하고 있는 선박, 항공기, 트럭 등을 이용하여 복합운송을 수행하는 실제 운송인을 말함.

(2) 포워더 형 복합운송인

일반적으로 운송수단을 직접 소유하지 않은 채 고객을 위하여 화물운송의 주선이나 운송행위를 수행하는 자를 말함.

(3) NVOCC 형 복합운송인

해상운송에서 자기 스스로 선박을 직접 운항하지 않으면서 해상운송인에 대하여 화주의 입장이 되는 비 선박운항업자를 말함.

2. 복합운송인의 책임체계

여러 가지 운송방식의 결합으로 이루어지는 복합운송의 전 구간에 대해 책임을 지는 복합운송인의 책임을 어떠한 방식으로 정할 것인가 하는 문제는 중요하다.

여기에는 3가지 책임, 즉 이종책임 체계(network liability system), 단일책임 체계(uniform liability system), 절충식책임 체계(flexible liability system)가 있다.

(1) 이종 책임체계

① 운송물의 멸실 또는 손상이 생긴 운송구간을 아는 경우, 운송인의 책임은 운송물의 멸실 또는 손상이 생긴 운송구간에 적용될 국제조약 또는 강행적인 국내법에 따라서 결정된다.

② 운송물의 멸실 또는 손상이 생긴 운송구간을 알 수 없는 경우나 아는 경우라도 그 구간에 적용할 조약이나 강행법규가 없는 경우에는 기본 과실 책임의 일반원칙을 두고 복합운송인이 책임을 질 경우의 배상금액 산정기준 또는 멸실, 손상된 운송물의 중량당 일정액의 책임 한도금액을 두는 방식을 적용한다.

③ 기존의 운송조약과 조화가 잘 되어서 복합운송 상의 기준과 기존의 다른 운송방식에 의한 운송 기준과의 충돌도 방지할 수 있다.

※ 복합운송증권에 관한 UNCTAD/ICC 규칙과 그리고 RIATA(국제복합운송주선인협회), BIMCO(발틱국제해운동맹) 등에서 공표한 복합운송증권은 이종책임 체계에 따른 것이다.

(2) 단일 책임체계

① 복합운송인은 물품의 멸실이나 손상 등의 손해가 발생한 운송구간이나 운송방식의 여하를 불문하고 동일한 책임 원칙이 적용된다.

② 책임체계가 간단명료하기 때문에 당사자들 사이에서 분쟁을 줄일 수 있는 것으로 평가된다.

③ 이 시스템에서는 복합 운송인이 여전히 실제 운송인에게 구상을 해야 하는 문제가 남아 있고, 오히려 절차가 복잡하여 비용이 증가한다는 반론이 있다.

④ 실무적인 견지에서는 이종 책임체계가 현실적인 것으로 평가되고 있으며, 오늘날 사용되고 있는 컨테이너 선하증권 내지 복합운송증권 상의 책임제도가 거의 모두 이종 책임체계에 따르고 있다.

(3) 절충식 책임체계

① 복합운송인의 책임체계에 대해서는 일률적인 책임원칙을 따르고 책임의 정도와 한계는 손상이 발생한 구간의 규칙에 따르는 방식이다.

② 일반적으로 선진국은 'Network System'을, 개도국과 일부 선진국은 'Uniform System'을 선호하고 있다.

Part 5

전자무역

Global Entrepreneurship In Action

Part 5

01 전자무역 전략

1 전자무역의 개요

1. 전자무역의 개념

전자무역(e-Trade)란 무역을 수행하는 과정에서 정보의 송수신은 물론 업무의 처리가 전자적으로 이루어지는 무역을 말한다. 즉 마케팅, 상담, 계약, 원자재조달, 운송, 대금결제 등의 제반 무역업무를 가상공간(cyber space)을 통해 시간과 공간의 제약 없이 처리하는 무역거래 형태를 말한다.

우리나라에서는 전자무역이라는 용어가 한때 사이버무역, 인터넷무역 등과 혼용되기도 하였다. 그러나 2000년 말 대외무역법의 개정과 함께 법률적 용어로 전자무역이 사용되고 있다.

대외무역법에서는 전자무역을 "무역의 전부 또는 일부가 컴퓨터 등 정보처리 능력을 가진 장치와 정보통신망을 통해 이루어지는 거래"라고 정의하고 있다.

아직까지 전자무역의 활성화에는 여러 가지 기술적, 제도적, 물리적 장애요인이 상존하고 있다. 그럼에도 불구하고 무역비용의 획기적인 절감을 가져올 것으로 기대되는 전자무역은 거래규모 측면에서도 향후 전세계 무역의 30%를 점유하게 될 것으로 예측될 만큼 잠재력을 가진 새로운 흐름으로 평가되고 있다.

우리나라의 경우 해외시장정보와 영업망이 취약한 중소기업들이 이러한 전자무역의 활용에 적극적인 관심을 기울이고 있다.

2. 전자무역의 특징

기존의 무역과 비교할 때 전자무역은 무역거래의 진행순서에는 큰 차이가 없다. 그러나 무역거래의 구체적 수단과 방법에는 상당한 차이가 있다.

일반적으로 전자무역은 다음과 같이 다섯 단계로 구분할 수 있다.

① 제품, 시장, 거래업체에 대한 정보수집과 홍보를 위한 마케팅
② 거래당사자 간에 거래조건에 대한 의견을 교환하고 매매계약의 법률적 근거를 마련하게 되는 거래협상 및 계약체결
③ 거래와 관련한 대금결제
④ 상품의 운송 및 유통과 관련한 물류과정
⑤ 지속적인 거래관계구축을 위한 고객서비스와 분쟁해결

◆ 기존 무역거래와 전자무역거래의 차이를 분석해 보면 다음과 같다.

[기존 무역거래]		[전자무역 거래]
직접 방문, 광고, 전시회 등	정보수집/마케팅	거래알선 사이트 홈페이지, 유즈넷 등
국제전화/팩스, 우편, 출장 등	협상 및 계약체결	전자우편, 인터넷, 국제전화, 팩스 등
신용장, D/A, D/P 등	대금결제	무역카드, 볼레로, Identrus 등
포워더, 해운, 항공운송	물류운송	온라인 선복수배, 화물추적, 물류 e-마켓플레이스 등
클레임과 중재, 소송 등	사후관리	전자거래 약정, 온라인 분쟁해결, 콜센터, DB마케팅 등

(1) 글로벌 마케팅과 정보수집 용이

기존의 무역에 있어 거래선에 대한 정보수집과 마케팅을 위해서는 직접 해외출장을 가거나 카탈로그, 홍보매체 등을 이용하였다.

그러나 전자무역에서는 중소기업도 인터넷 홈페이지 개설, 외국 웹 사이트 검색, 배너광고 등을 통해 손쉽게 글로벌 마케팅을 할 수 있다. 이는 해외정보의 수집이나 마케팅능력이 없어 무역을 할 수 없었던 중소업체에서는 획기적인 기회이며, 사실상 내수기업과 수출기업간의 장벽이 무너져 가고 있다.

(2) 효율적 협상 및 계약체결

효율적인 커뮤니케이션 수단으로 인터넷을 이용한 사이버 협상(Cyber Negotiation)이 전자무역에서 점차 큰 비중을 차지하게 될 것이다. 지금도 전화, 팩스 등을 통해 무역협상을 하기도 하지만, 가장 일반적인 방법은 역시 해외출장이었다.

그러나 인터넷의 발달로 인터넷을 이용한 무료 국제전화와 인터넷 팩스 서비스는 물론 거래관련 자료나 화상을 전자우편으로 전송하거나 채팅 방식으로 사이버 공간에서 직접 얼굴을 맞대고 무역상담을 하는 것도 가능해졌다.

(3) 새로운 대금결제

대금결제분야에도 커다란 변화가 일어나고 있다. 즉, 전자화폐와 무역카드(Trade Card), BOLERO, 아이덴트러스(Identrus) 등을 이용한 새로운 대금결제 방식과 물류관련 서류처리방식의 출현으로 앞으로 은행을 통한 신용장(L/C)이나 D/P, D/A 방식의 거래비중은 점차 감소할 것이다.

(4) 물류운송비용 절감

물류운송 분야에 있어서도 물류 e-마켓플레이스의 개설로 온라인 선복수배와 함께 경매 또는 역경매 방식의 운임협상이 가능해졌다.

또한, 전세계적인 종합물류정보 네트워크의 구성을 통해 화물의 이동을 항상 확인할 수 있게 되면서 기업은 효율적이고 재고관리는 물론 물류비용을 대폭 절감할 수 있게 되었다.

(5) 분쟁해결 등 사후관리 철저

고객서비스와 분쟁해결 측면에서도 전통적인 클레임 서한 대신에 온라인 콜센터 또는 온라인 고객지원 서비스가 보편화되고 있다.

또한, 기본 무역계약 외에 전자무역에 따른 새로운 분쟁에 대비하여 전자거래 약정을 추가적으로 체결하는 것이 보편화되고 있으며, 신속한 분쟁해결을 위하여 인터넷을 이용한 상사중재신청 및 화상회의 시스템을 이용한 사이버 알선과 원격중재제도도 활용되고 있다.

3. 전자무역의 기본요건

전자무역을 성공적으로 추진하기 위해서는 기업의 수용태세 및 활용능력이 매우 중요하다. 다시 말해 회사차원의 정보화 전략과 인터넷 마케팅전략이 필요할 뿐만 아니라 하드웨어, 소프트웨어, 통신망, 홈페이지, 전자우편 등의 인터넷 하부구조와 무역실무능력, 인터넷 활용능력을 갖춘 전문인력 등이 필요하다. 또한 언어, 시간, 무역 관련 법률, 조세, 환율, 문화적 차이 등에 대한 기본적인 지식이 필요하다.

(1) 인터넷 활용 전략 및 마케팅 전략 수립

회사 및 상품 홍보, 거래선 발굴, 국제통신비용 절감 등 구체적인 인터넷무역의 목표설정과 함께 회사 전체의 통합마케팅 전략차원에서 기회선점의 적극적인 자세가 필요하다. 그것은 인터넷이 단순한 컴퓨터 통신망이 아니라 전세계 기업 및 소비자에게 신속하게 직접 다가갈 수 있는 인터넷 마켓의 근간이기 때문이다.

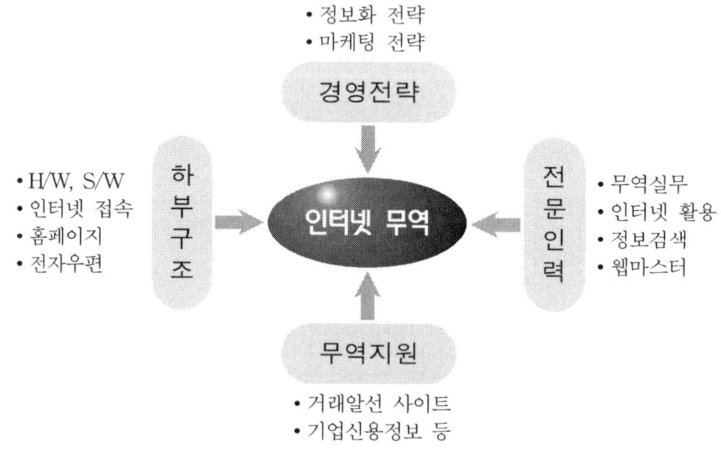

[그림 5-1] 전자무역의 기본요건

(2) 홈페이지 제작 및 전자우편 이용 활성화

전자상거래 시대에는 홈페이지가 회사의 브로슈어(brochure)나 상품 카탈로그(cataloge)의 역할은 물론, 고객지원과 의견수렴의 통로로서 중요한 역할을 한다.

이러한 홈페이지는 많은 비용을 들여 전문업체에 의뢰하여 제작할 수도 있지만, 중소기업의 경우 현재 한국무역정보통신, 중소기업진흥공단 등에서 제공하는 무료 서비스를 이용할 수도 있다. 이때 이용자의 접속환경(통신 속도)을 고려하여 디자인과 내용을 구성해야 하며, 최신정보를 지속적으로 업데이트해야 한다. 또한 우편, 팩스, 전화로 처리해 왔던 각종 의사교환과 거래협상 업무를 전자우편을 통해 신속하고 저렴하게 처리할 수 있다.

(3) 전자무역에 적합한 내부시스템 확립

전자무역에 적합한 신제품의 개발과 함께 효과적인 주문처리, 고객관리 및 대금결제 등을 위한 내부체제를 갖추어야 한다. 이것은 기업 내부는 물론, 외부와의 정보교환과 업무를 인터넷 상에서 통합적으로 처리할 수 있는 인트라넷(Intranet)의 구축과 함께 업무방식의 혁신을 강화해야 한다는 것을 의미한다.

(4) 전문인력의 양성

거래선 발굴과 각종 무역관련 정보의 신속한 입수 및 활용 등을 위해서는 정보검색 능력을 갖춘 인터넷을 잘 아는 실무자의 양성이 매우 중요하다. 이를 위해서는 외부교육이나 세미나 등에 적극 참가하고, 필요하다면 외부전문가의 자문을 받도록 한다. 현재 전자상거래지원센터(ECRC), 민간연수원 등에서 이러한 전문인력 양성교육과정을 무료 또는 유료로 개설하고 있다.

(5) 인터넷 마케팅과 웹 프로모션

무역거래 알선사이트, 검색엔진, 유즈넷 등에 등록 및 조회하고 명함, 서류, 홍보물 등에도 홈페이지와 전자우편 주소 등을 기재하는 등, 온라인 및 오프라인 상에서의 마케팅 활동을 강화해야 한다. 특히, 국내 및 해외의 거래알선사이트를 적극 활용해야 한다.

이러한 거래알선사이트를 이용할 경우, 업체와 상품에 대한 검색은 물론 오퍼 등록 및 조회 등을 통해 매우 효과적으로 해외홍보와 거래선 발굴 등을 할 수 있다.

대부분 무료로 이용할 수 있는 국내 거래알선사이트 뿐만 아니라 유료인 해외 거래알선사이트도 적극 활용할 필요가 있다.

웹 프로모션 전략의 필요

홈페이지만 갖고 있는 업체가 바이어의 눈에 들어오기란 '하늘의 별따기'이다. 인터넷을 이용하여 바이어의 눈에 띄어서 거래를 성사시킬 수 있는 첫 번째 작업이 일단고객을 끌어 모으는 작업이다. 이러한 것을 '웹 프로모션'(Web Promotion)이라고 한다.

웹 프로모션은 검색엔진등록, 해외 마켓 플레이스 등록 등의 소극적인 방법에서부터 시작하여 해외 벼룩시장 게재, 메일링 리스트 등록 및 게재, 제품별 해외 수출입상 전자메일 발송, 해외 전시회에서의 사이트 홍보, 해외 출판물 발간, 해외 매스컴 보도 및 사이버 무역전시장 이용 등 적극적인 방법에 이르기까지 매우 다양하다.

2 전자무역의 수단과 비즈니스 모델

1. 전자무역의 수단

전자무역의 주요 수단으로는 전자우편, 메일링 리스트, 유즈넷, 검색엔진, 홈페이지와 FTP, 일반 DB, 전문 DB, e-Marketplace 등이 있다.

(1) 전자우편

전자우편(E-mail)은 기존의 우편, 팩스, 전화 등의 역할을 대체하며 언제 어디서나 신속 정확하고, 저렴하게 각종 정보 및 서류 교환이 가능하고, 거래상담 내역의 정리, 정보의 재전송 등 다양하고 편리한 기능이 있다.

(2) 홈페이지

홈페이지(Homepage)는 판매상품에 대한 홍보와 직접적인 마케팅, 기업홍보, 고객과의 접촉을 통한 정보의 수집, 새로운 시장의 개척을 위한 수단으로서 큰 의미를 갖는다. 홈페이지는 직접 구축할 수도 있고, 전문업체에 의뢰하여 만들 수도 있다.

홈페이지는 무료 및 유료 홈페이지를 이용하며, 수정 관리를 위해서는 FTP를 사용한다. FTP는 WS-FTP가 가장 많이 쓰이는 소프트웨어 중의 하나이다.

(3) 검색엔진

검색엔진을 이용한다. 검색엔진은 국내외 여러 개가 있다. 바이어를 검색하기 위해서는 국외 검색엔진을 사용한다. 이에 따라 바이어를 검색하기 위하여 Yahoo.com과 같은 검색엔진을 이용하여 특정지역의 정보를 검색할 수 있다. 그리고 자사의 홈페이지를 해외 검색엔진에 등록할 수 있다.

(4) 메일링 리스트

메일링 리스트는 유료 및 무료 사이트를 이용한다. 무료보다는 유료로 이용하는 것이 신뢰성이 높다. 이것은 Listz.com과 같은 메일링 리스트 전문검색엔진을 활용하여 거래선을 확보한다.

(5) DB 활용

전문 DB 활용은 바이어 리스트를 확보할 수 있으며 추가적인 바이어를 지속적으로 업데이트할 수 있다. 대표적으로 Kompass가 유명하다. 이러한 DB는 일대일 마케팅 실현, 각종 정보검색 및 자사제품 홍보가 가능한 것이다.

일반 DB를 활용하여 바이어 리스트를 확보할 수도 있는데, 대표적으로 Yellow Page가 있다. 또한, 일반 DB로서는 전시회 정보를 제공하는 사이트가 많다. 그 중에서도 EXPOGUIDE를 이용하면 유익한 전시정보를 확보할 수 있다.

(6) 무역거래 알선사이트 및 유즈넷 활용

무역거래 알선사이트(e-Marketplace)를 이용하여 바이어 선정과 수출입 물품 홍보 등, 다양한 하이퍼 텍스트, 멀티미디어 정보를 제공받는다. 우리나라의 4대 거래 알선사이트는 EC21, BUYKOREA, ECPLAZA, GOBIZKOREA 등이 있다.

또한, 뉴스그룹(Usenet)을 이용하여 공통의 관심을 가진 사람들의 토론게시판을 활용한다. Usenet은 인터넷 서비스 중에서 이용도가 높은 서비스의 하나이며, 규모면에서 범세계적인 수준으로 좋은 정보교환 장소가 되고 있다.

따라서 Usenet에 올려진 자료를 검색하여 활용할 수도 있고, 자신이 제공하고자 하는 정보를 이에 올릴 수도(Posting) 있다.

2. 전자무역 비즈니스 모델

전자무역의 비즈니스 모델이란 "국제무역에 있어 인터넷, 전자문서 교환(EDI) 등의 각종 정보기술을 활용하여 어떻게 수익을 창출할 수 있을 것인가와 관련된 사업모델"이라고 할 수 있다.

전자무역을 포함한 전자상거래 비즈니스 모델들은 너무 다양할 뿐만 아니라 기존의 모델들이 조금씩 변형되고 여러 모델이 서로 결합되면서 새로운 모델들이 나타나고 있어 구분이 쉽지는 않다. 그럼에도 불구하고 다음과 같이 몇 가지로 분류해 볼 수 있다.

(1) 비즈니스 참여자

일반적으로 전자상거래의 비즈니스 모델은 참여자가 누구이냐에 따라 기업과 기업간(B2B), 기업과 정부간(B2G), 기업과 소비자간(B2C), 그리고 소비자간(C2C) 전자상거래로 구분할 수 있다. 상대적으로 거래규모가 크고 위험이 많이 따르는 전자무역의 경우에는 주로 기업과 기업간 전자상거래인 B2B와 기업과 정부간 전자상거래인 B2G가 해당이 된다.

(2) 수익의 원칙

전자상거래의 비즈니스 모델은 수익의 원천이 무엇이냐에 따라 매출형, 광고형, 수수료형, 이용료형, 회비형 등으로 구분되기도 한다.

전자무역의 경우 특정 기업이 자사의 홈페이지를 이용하여 직접 전세계를 대상으로 판매가 이루어진다고 하면 매출형에 해당된다. 그러나 양 당사자의 중간에서 거래를 중계해 주는 무역거래 알선사이트와 e-마켓플레이스 등의 경우에는 회비형 내지 광고형에 가깝다고 말할 수 있다.

반면에 전문무역정보, 신용조회, 무역자동화 서비스 등을 제공하는 경우에는 수수료형 내지 이용료형이 많다고 말할 수 있다

(3) 거래당사자의 상호작용

전자상거래 비즈니스 모델은 거래에 참여하는 당사자들의 상호작용 형태에 따라 일 대 일, 일 대 다수, 다수 대 다수로 구분할 수도 있다. 전자무역과 관련하여 무

역거래 알선사이트와 e-마켓플레이스 등은 다수 대 다수 모델이라고 할 수 있다. 반면 전문무역정보, 신용조회, 무역자동화 서비스 제공 및 전자조달(e-Procurement)의 경우에는 일 대 다수의 모델에 해당된다.

(4) 상품과 판매방식의 결합

일반적으로 전자상거래의 비즈니스 모델은 상품과 판매방식의 결합에 따라 물리적 상품 중심형, 디지털 상품 중심형, 서비스 중심형 등으로 구분할 수 있다.

전자무역의 경우 물리적 상품 중심형은 자사의 홈페이지나 무역거래 알선사이트, e-마켓플레이스 등을 이용한 기존의 물리적 상품을 사고파는 경우를 말한다. 이에 반해 디지털 상품 중심형은 데이터베이스화된 자료를 바탕으로 한 전문무역정보, 신용조회 서비스 등을 제공하는 경우를 말한다.

그리고 서비스 중심형은 무역관련 서류를 전자문서의 형태로 수고받을 수 있도록 하는 EDI방식의 무역자동화 서비스와 무역대행 서비스 등이 대표적인 예다.

(5) 기존사업의 연장 또는 신규사업

일반적으로 전자무역의 비즈니스 모델은 순수한 인터넷에서만 가능한 새로운 비즈니스 모델과 기존의 사업이 인터넷에 이식된 모델로 구분할 수 있다. 전자무역의 경우 e-Marketplace와 무역자동화 서비스 등은 순수 온라인 비즈니스 모델이 가깝다고 할 수 있다.

반면, 홈페이지를 이용한 제품판매와 전문 무역정보, 신용조회, 전자무역 관련 온라인 원격교육 서비스 제공 등은 기존의 사업이 인터넷에 이식된 모델이라고 말할 수 있다.

3 인터넷무역의 창업

1. 인터넷무역 창업절차 및 개요

창업의 예비절차로 사이버무역을 위한 창업과정은 일반적인 창업과정과 큰 차이는 없지만, 사업 장소로서 인터넷 웹 사이트를 구축하고 인터넷을 이용한 마케팅을 구사한다는 것이 가장 일반적인 차이점이다.

우선 사이버무역을 위한 창업은 기업가정신과 사업가적 능력을 겸비하고 있는지와 인터넷의 기술적, 비즈니스적 특성 및 활용방안에 대해 기본지식이 있어야 하며, 그리고 창업 아이템과 규모, 기업형태, 구성원 및 조직을 결정하여야 한다.

사이버무역의 창업은 사업의 준비기간이 여타 도소매업이나 서비스업에 비해 다소 많은 시간이 소요되고 수익창출 기간도 마케팅에 따라 많은 차이가 난다. 따라서 자신이 감당할 수 있는 범위 내에서 결정할 필요가 있다.

■ **창업절차**

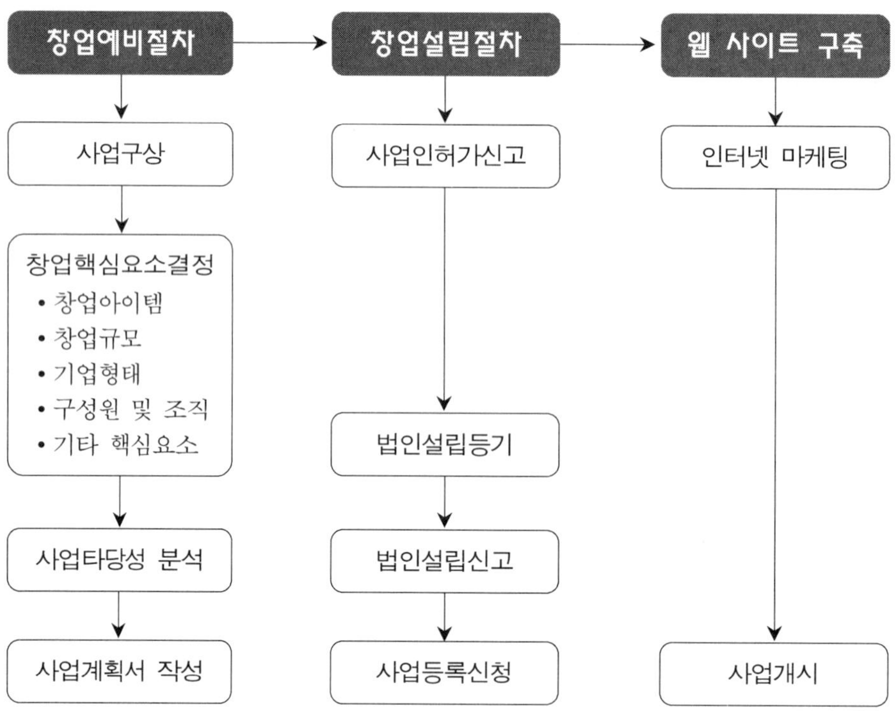

[그림 5-2] 인터넷무역의 창업

2. 인터넷무역 창업의 세부절차

창업은 규모나 업종에 관계없이 모든 창업자는 사업을 시작한 날로부터 20일 내에 구비서류를 갖추어 관할세무서 민원봉사실에 사업자등록을 신청하여 사업자등록증을 교부받아야 한다. 사업등록을 할 때, 굳이 별도의 사무실을 얻을 필요는 없다.

자신의 집 주소를 그대로 신고해도 무방하며 업태란에도 사이버무역의 특성상 부가통신 외에 필요에 따라 통신판매, 도소매, 무역업, 도서출판업 등 자신이 하고자 하는 사업의 업태와 종목을 기재하면 된다.

인터넷을 이용한 무역업창업은 대외무역법에 따라 한국무역협회에 무역업고유번호신고를 해야 한다.

3. 웹 사이트 구축

웹 사이트 구축은 먼저 홈페이지의 주소라고 할 수 있는 도메인 네임을 결정한 후 마케팅 전략과 정보기술이 효율적으로 조화를 이룰 수 있도록 작성 운영한다.

도메인 네임은 '국제인터넷홍보센터'나 '한국인터넷정보센터' 등과 같은 비영리 망 관리기관에 인터넷 상에서 등록하고 인터넷 주소를 부여받을 수 있다.

- 국제인터넷홍보센터 : www.internic.org
- 한국인터넷정보센터 : www.krnic.or.kr

웹 사이트 설계는 표적시장에의 접근이 용이하고 갱신이나 조정이 쉬우며 특이하고 전문화된 내용을 담고 있어야 한다. 또한, 고객 상호작용이 가능하도록 그래픽과 텍스트를 잘 조화시켜야 한다.

4. 창업 정보시스템 활용

창업에 관한 정보를 활용하여 사이버무역 거래를 할 수 있다. 그 중에서 비즈인포(http://www.bizinfo.go.kr)는 중소기업청이 중심이 되어 창업에 대한정보를 자세히 제공하고 있다.

비즈인포(http://www.bizinfo.go.kr)는 정부부처 및 지원기관들의 국내기업 지원방법에 대해서도 자세히 알 수 있으며, 무역기업 활동에 필요한 정보와 창업, 자금, 인력, 기술 등에 대한 기업의 민원 및 애로사항을 신속하게 해소할 수 있는 종합적인 기업지원 시스템이다. 중소기업이나 벤처기업에 대한 경영활동 지원을 위해 분야별 전문 데이터베이스를 구축하여 체계적으로 제공하고 있다. 따라서 경영 활동에서 부딪치기 쉬운 법적인 문제에 대해서도 전문가들의 자문을 쉽게 구할 수 있는 곳이다.

이러한 지문의 형태를 e-메일이나 동아리모임을 통해 비공개적인 상담과 정보교환도 할 수 있다. 이것은 이용자등록을 하면 모든 기능을 무료로 이용할 수 있도록 등록승인과정은 특별한 사유가 없는 한 대략 하루 정도면 충분히 처리가능하다. 특히 창업과 관련하여 절차, 관련법, 지원제도 뿐만 아니라 창업시의 애로사항에 대해서도 관련기관에 문의할 수 있다. 이에 대한 활용방법으로는 우선 INNONET의 초기화면에서 '창업' 이라는 항목을 선택하면 여러 가지 창업과 관련된 정보가 준비되어 있다. 많은 정보가 데이터 베이스화되어 있기 때문에 원하는 정보를 쉽게 찾아볼 수 있다.

5. 무역업고유번호 취득

앞서 언급을 하였지만 무역을 통해 기업활동을 하려면 무역업고유번호 부여를 받아서 활동을 해야 한다. 이러한 무역업고유번호 부여를 받기 위해 가이드 역할을 하는 사이트가 무역협회(www.kita.net)의 무역가이드 부분을 참고하면 자세히 알아볼 수 있다.

무역가이드에서는 무역업창업과 관련하여 신청절차와 신청할 때 필요한 서류, 전국의 무역업 신청기관에 대한 연락처 등 유용한 정보를 볼 수 있다.

※ 초기화면에서 무역가이드를 선택하면 무역업고유번호 신청에 대하여 알 수 있다.

6. 인터넷무역 거래과정

인터넷무역의 이행은 두 가지 측면에서 살펴볼 수 있다. 하나는 처음부터 인터넷을 통한 무역을 행할 것을 목적으로 창업하는 경우이고, 다른 하나는 기존의 무역업체가 전통적인 방법에 의해 수행하여 온 무역과정을 인터넷에 의한 무역으로 전환하는 경우이다.

인터넷무역을 목적으로 창업하는 경우에는 인터넷으로 거래하기에 유망한 품목을 선정하고, 컴퓨터와 인터넷 접속 프로그램을 준비한 다음, 인터넷 주소 등을 확보하면 사업을 시작할 수 있다.

기존의 무역업체가 인터넷무역으로 전환하는 것은 인터넷에 의하는 정보통신기술을 기존의 무역과정에 적용하여 업무절차를 변경하는 것이다.

(1) 시장정보 수집

인터넷을 통해 시장에 대한 정보를 여러 가지 방법으로 수집할 수가 있다. 먼저 각종 언론기관의 데이터베이스를 이용하는 방법이다. 국내외의 각종 일간지, 시사 잡지, TV방송 뉴스 등의 기사를 데이터베이스로 구축하고 있는 사이트는 무수히 많다. 따라서 검색엔진을 통하여 직접 필요한 자료를 수집할 수가 있다.

웹 사이트 가운데는 이러한 언론매체의 기사를 모두 모아 가공하여 제공하는 곳도 있다. 또 다른 방법으로는 특정 분야의 전문적인 자료를 수집하여 공급해 주는 서비스를 이용하는 것이다.

서비스 가운데는 특정 토픽(Topic)뿐 아니라 특정 기업에 관한 정보를 이용자가 원하는 대로 제공하는 맞춤 서비스를 제공하는 곳도 많이 있는데, 유료도 있고, 무료도 있다. 이러한 정보수집을 통하여 목표시장의 선정과 분석이 가능해진다.

(2) 거래관련 정보검색

① Usenet의 이용

Usenet은 뉴스그룹별로 이에 참여하는 이용자들에 의해 자랑스럽게 만들어진다. Usenet은 인터넷 서비스 중에서 이용도가 높은 서비스의 하나이며, 규모 면에서 범세계적인 수준으로 좋은 정보교환 장소가 되고 있다. 따라서 Usenet에 올려진 자료를 검색하여 활용할 수도 있고, 자신이 제공하고자 하는 정보를 이에 올릴(Posting) 수도 있다.

② Web Site 검색

인터넷에 존재하는 사이트 중 무역관련 사이트를 찾아 필요한 정보를 검색하는 것이다. 무역관련 사이트들은 무수히 많은데 이들은 회사별로 된 것도 있고, 품목별 · 산업별, 또는 국가별로 되어 있는 것도 있다.

이러한 웹 사이트의 검색을 통해 거래와 관련한 정보를 입수할 수 있다. 또 웹 사이트 중에는 무역거래를 중계하는 사이트들도 많이 있다. 이 사이트들은 대부분 수출입 오퍼리스트, 디지털 상품 카탈로그, 국내외 수출입 관련정보, 수출입 알선서비스 등을 제공하고 있다.

③ 검색엔진(Search Engine)의 이용

Altavista나 Yahoo, Lycos, 심마니와 같은 검색엔진에 trade lead, buy, sell, offer 등의 무역관련 단어를 입력하여 필요한 정보를 검색하는 것이다. 검색엔진에는 주제별 검색엔진, 단어별 검색엔진, 통합검색엔진 등이 있다.

④ Mailing List의 이용

Mailing List는 Usenet과 유사한 면이 있지만 가장 큰 차이점은 일단 한번 가입하면 탈퇴하지 아니하는 한 계속적으로 메일이 들어온다는 것이다. 이를 이용하면 한 번의 메일 또는 포스팅(Posting)을 통해 그 리스트에 가입한 모든 가입자에게 메일을 보낼 수 있다. 따라서 거래상품 홍보의 수단으로 활용될 수 있다.

(3) 거래상담과 신용조사

유스넷(Usenet)이나 우편목록(Mailing List), 기타 무역게시판 등을 통하여 걱정하다고 판단되는 거래상대가 물색되거나, 상대방으로부터 문의(Inquiry)가 오게 되면 E-Mail, Fax, 전화 등의 통신수단을 통해 거래조건 등에 대한 상담을 진행한다.

상담이 성숙단계로 진입하면 계약체결에 앞서 거래상대방에 대한 신용조사가 이루어져야 한다. 이러한 신용조사의 방법은 여러 가지가 있겠으나 아직까지는 전통적인 무역에서와 같이 전문 신용조사기관을 이용하거나 출장 등을 통해 이루어지고 있다. 최근 인터넷을 통한 무역거래가 늘어나면서 이를 악용하는 사기사례도 많이 발생하고 있으므로 거래의 규모가 클수록 신중한 신용조사가 요망되고 있다.

(4) 구매를 권유하는 권유장 발송

신규 거래처를 발굴한 후 거래처에서 구매를 권유하는 권유장(Circular Letter)을 발송한다. 인터넷을 이용하는 무역의 경우, 권유장 발송은 전자메일이나 인터넷 팩스 등을 이용하여 보내면 된다. 선진국 시장을 진입하겠다는 목표로 권유장을 보내는 경우, 대부분 기업들이 전자메일 주소를 가지고 있으므로 권유장에 대한 답장을 빨리 받을 수 있다.

전자메일로 수출입 상담을 한 후, 확정오퍼를 교환한 다음 무역계약을 체결하면 된다. 그 뒤 무역계약서에 따라 거래방식에 따른 후속조치(전통적인 무역절차와 같음)를 취하면 된다. 인터넷에 자사의 홈페이지를 갖고 있어야 수입자에게 신뢰감을 줄 수 있으므로 홈페이지를 제작해야 한다.

7. 조 회

조회(Inquiry)를 받게 되는 경우를 대비하여 권유장을 보낼 때에는 자사의 웹 주소와 전자메일 주소를 기재하여야 한다. 조회를 받게 되면 무역계약을 하기 전에 인터넷을 이용하여 해당 기업의 웹 사이트를 방문하여 기업에 대해 분석하고 수입업체의 신용을 조사하여 거래할 때에 문제점이 없는지 살펴보아야 한다.

8. 청약 및 승낙

인터넷을 통하여 수입자에 대한 신용을 조사한 후 조회에 대한 오퍼(Offer)를 전자메일(E-Mail)로 보내면 된다. 오퍼에 대하여 전자메일로 상담을 하다가 확정오퍼(Firm Offer)가 정해지면 무역계약을 체결하면 된다.

그러나 인터넷무역에서 해결해야 할 최대 과제인 전자메일에 의한 청약(Offer)과 승낙(Acceptance)이 법적효력이 없다는 문제가 있다. 이러한 과제가 해결되지 않으면 인터넷 무역은 성장 한계가 있다. 그러므로 인터넷에 의하여 무역계약을 체결하기 위해서는 수입자와 수출자가 서로 신뢰할 수 있어야 하는데 현실적으로 외국의 수입자와 수출자 간에 서로 신뢰할 수 없다.

9. 무역계약 체결 후 사후관리

인터넷을 이용한 무역은 아주 신속하게 업무가 처리되나 상대방을 신뢰할 수 없다는 것이 단점이다. 인터넷무역은 계약 체결을 하기는 쉬우나 상대방을 쉽게 믿을 수 없다. 그러므로 사후관리를 잘 하여야 하는데, 웹 사이트의 지속적인 자료 수정 및 변경된 사항에 대한 통보 등으로 수출입자 간에 신뢰할 수 있어야 한다.

그러나 수출입자에 대하여 정기적으로 신용을 조사했을지라도 수입자가 갑자기 자금사정이 나빠졌거나 시황이 나빠지면 마켓클레임(Market Claim)을 일으키거나 사취하려고 사기극을 연출하므로 주의하여야 한다. 그러므로 상대방에 대하여 지속적인 신용상태를 조사하여 분쟁 및 사기를 예방하여야 한다.

다음의 [그림 5-3] 인터넷무역 흐름도에서 '계약경로', '유통경로', '서류경로'를 알아보자.

계약경로	유통경로	서류경로
해외시장 정보 (인터넷 홈페이지 방문)	주문품 제조/수주 (인트라넷, 내부시스템/EDI)	신용장 수취/수출승인 서류 (전자문서/EDI이용)
거래선 발굴 (무역거래 알선사이트 방문)	포장 (인트라넷, 내부시스템 이용)	내국신용장 수취 (전자문서/EDI이용)
신용조회 (마크부여 : 제3공인기관 이용)	확인 (인트라넷, 내부시스템 이용)	수출신고 신청서류 (전자문서/EDI이용)
오퍼발행/거래협상 (전자우편, 웹팩스)	재고관리 (인트라넷, 내부시스템 이용)	운송/보험 청약서류 (전자문서/EDI이용)
오퍼 수락 (전자우편, 웹팩스)	운송관리 (인트라넷, 내부시스템 이용)	매입의뢰 (전자문서/EDI이용)
매매계약 체결	통관/선적	수입신고서류 전송

[그림 5-3] 인터넷무역 흐름도

4 전자무역의 수출절차

1. 수출절차 흐름도

❶ 무역업 고유번호 신청 → ❷ 홈페이지(웹 사이트 구축) → ❸ 국내외 무역거래 알선 웹 사이트 및 검색엔진 등록

❹ 수출시장조사 수출마케팅 → ❺ 수출상품 및 거래처 선정 신용조사 → ❻ 수출교섭

❼ 수출계약 체결 → ❽ 수출신용장 수취 → ❾ 운송 및 보험 계약체결

❿ 수출통관 → ⓫ 수출대금결제 (화환어음 매입 의뢰)

2. 수출절차의 주요내용

(1) 무역업고유번호 신청

2000년 1월 1일부터 무역업신고제도가 폐지됨에 따라 무역업을 하고자 하는 자는 무역업고유번호를 한국무역협회장으로부터 부여받아야 한다. 무역업 고유번호의 신청은 우편, FAX, EDI 등의 방법으로 할 수 있다.

(2) 홈페이지(Home Page, Web Site) 구축

대한무역투자진흥공사(KOTRA), 한국무역협회(KITA), 한국무역정보통신(KTNET), 중소기업진흥공단에서 중소업자의 홈페이지 구축을 지원하고 있다. 자사 홈페이지를 직접 구축할 수 없는 경우 전문업자에게 의뢰하면 된다.

(3) 국내외 무역거래알선 웹 사이트 및 검색엔진 등록

국내외 무역거래알선 웹 사이트에 등록하면 해외 바이어들이 홈페이지를 방문하여 수출조건을 조회(inquiry)하는 E-mail을 보내온다.

국외무역 거래알선 사이트에는 세계무역센터협회(WTCA), 국제연합(UN), Trade Leads, Access-Trade, GEIS 등이 있고 국내무역거래 알선사이트에는 EC KOREA의 www.eckorea.net, EC21의 www.ec21.net, KOTRA의 www.buykorea.or.kr, 그리고 SBC의 www.gobizkorea.com 등이 있다. 국외검색엔진에는 Yahoo, Altavista, Infoseek, Lycos 등이 있다.

[국내외 주요 웹 사이트]

단체명	웹 사이트 주소	단체명	웹 사이트 주소
EC Korea	www.eckorea.net	EC21	www.ec21.net
KOTRA	www.buykorea.net	KITA	www.tradekorea.com
ICES	www.icesine.com	중소기업진흥공단	www.gobizkorea.com
ATN World	www.atnworld.com	ETO	www.unicc.org/untpdc/eto/info/aout.html
Asian Source On-Line	www.asiansources.com	Trade Post	www.tradepost-chat.com

The Trade Zone	www.tradezone.com/tz/trdzone.htm	NAFTA NET Buy/Sell	www.nafta.net/buysell.htm
WTC Network	www.wtca.org	Swiss Info Import-Export Bulletin Board	trade.swissinfo.net
Trade Compass	www.tradecompass.com	Trade Match	www.tradematch.com
Bepop	www.bepop.it/trade	Trade Point USA	www.tpusa.com
Asia Trade	www.asiatrade.com	Trade Leaders	www.tradeleaders.com
Trade Compass	www.tradecompass.com/mktplace	Access Trade	www.access-trade.com

(4) 수출시장조사와 수출마케팅

① 수출시장조사

국제무역거래에 있어서 상품을 수출하고자 할 때는 우선 목표시장을 선정하고 진출전략을 수립하는 것부터 시작해야 한다. 이러한 전략을 수립하기 위해서 수출상품에 대한 해외시장조사가 선행되어야 한다. 인터넷을 이용하면 해외시장을 쉽게 조사할 수 있다. 수출대상국의 수출입통계, 무역관리제도, 통관절차 등의 정보는 수출대상국의 정부기관, 무역거래알선기관 및 개인의 사이트를 방문하면 쉽게 얻을 수 있다.

② 수출마케팅

무역거래를 성공적으로 수행하려면 거래상대방에 대한 철저한 분석이 이루어져야 한다. 이러한 일련의 활동을 해외마케팅 또는 수출마케팅이라고 한다. 과거 이러한 마케팅 활동을 오프라인에서 수행하였으나 인터넷이 확산된 현재는 다양한 웹 사이트를 활용하여 정보를 수집하고 가공하여 전략을 세우는 것이 가능하게 되었다.

사이버무역에서는 전세계를 대상으로 한 광고 및 마케팅을 최소비용으로 수행할 수 있는데, 특히 그림, 음성, 동화상 등으로 다양하게 자기회사나 제품을 소개할 수 있다. 또한 사이버무역은 소비자와 제품생산자를 직접 연결하는 Direct Marketing, 즉 Interactive Marketing을 활용할 수 있다. 이러한 Interactive Marketing은 자사의 웹 사이트를 방문한 바이어에게 직접 상품과 서비스에 대한 정보를 제공할 수 있고 제품에 대한 질문이나 상품주문 등을 실시간으로 처리할 수 있게 된다.

인터넷을 이용한 해외시장조사
인터넷을 활용하여 해외 마케팅활동을 한다고 할지라도 사전 철저한 시장조사를 수행해야 하는 것은 변화가 없다는 점을 인식하는 것이 매우 중요하다. 시장의 고객욕구 만족과 자원의 효율적인 배분을 사전에 인지하여야 하고 그 시장의 인구통계, 문화적 특성 및 지리적 기준 등도 고려해야 한다. 이러한 시장세분화는 인터넷에서 제공하는 각종 국가정보, 통상정보 등을 통하여 가능하다.

(5) 수출상품 및 거래처의 선정

사이버무역에서는 저렴하고 신속하게 수출상품 및 거래처를 선정할 수 있다. 각국 정부, 무역관계기관, 개별기업의 웹 사이트, WTO, UN, OECD 등의 국제기구의 웹 사이트를 방문하면 수출상품과 거래처를 쉽게 선정할 수 있다.

국제시장에서 공개된 네트워크를 통해 무역정보 및 국가정보를 수집하여 거래처를 확보하는 경우가 많아지고 있다. 우선 각 사이트별로 지역의 경기 동향에 대한 분석을 여러 경제지표들과 함께 기술하고 있다. 또한 경제지표들만 소개하는 것이 아니라 국가별 사회경제에 영향을 미칠 수 있는 정책, 노사관계, 금융시장의 변화 등에 대한 내용을 함께 분석, 중·단기 경기를 예측할 수 있는 유용한 정보를 제공하고 있다.

① 국내외 무역거래알선 웹 사이트 및 검색엔진 등록

국내외 무역거래알선 웹 사이트를 등록하면 해외바이어들이 Home Page를 방문하여 수출조건을 조회(inquiry)하는 E-mail을 보내온다. 국외 및 국내 거래 알선사이트는 다음과 같다.

【국외거래 알선사이트】	【국내거래 알선사이트】
‣ 세계무역센터협회(WTCA) ‣ 국제연합(UN) ‣ Trade Leads ‣ Access-Trade ‣ GEIS 등	‣ EC21 ‣ TradeKorea ‣ Buykorea ‣ go-bizkorea 등

※ 국외검색엔진에는 Yahoo, Google, Altavista, Infoseek 등이 있다.

② 국내외의 무역전문 웹 사이트

- 한국무역정보통신 KTNET(http;//www.utradehub.or.kr)
- 한국무역협회 KITA(http://www.tradekorea.com)
- 대한무역투자진흥공사 KOTRA(http://www.buykorea.org)
- 중소기업진흥공단 SBC(http://www.gobizkorea.com)
- 이씨이십이 EC2(http://www.EC21.com)
- 매경바이어가이드(http://www.buykorea21.com)
- 콤파스(http://kr.kompass.com)
- 이씨플라자(http://www.ecplaza.net)
- 코리안소스(http://www.tpage.com)
- 알리바바닷컴코리아(http://www.alibaba.e-sang.net)

② 해외무역전문 웹 사이트

- 세계무역센터협회 WTCA(http://www.wtea.org)
- 글로벌소시스(http://www.globalsources.com)
- Trade leads(http://www.tradeleads.com)
- Asiannet(http://www.asiannet.com)
- Access-trade(http://www.access-trade.com)
- Chaostrade(http://www.chaostrade.com)
- bayreis(http://www.bayreis.com)
- Global Sources(http://www.globalsources.com)
- IMEX(http://www.imex.com)
- Trade Easy(http://www.tradeeasy.com)
- BC Trade Network(http://www.bc-trade.net)
- Global trade center(http://www.tradezone.com)

(6) 권유장 및 조회

① 구매를 권유하는 권유장 발송

신규 거래처를 발굴한 후 거래처에게 구매를 권유하는 권유장(circular letter)을 발송한다. 전자(인터넷, 사이버)무역의 경우에는 이메일이나 인터넷 팩스 등을 이용하면 된다.

선진국시장으로 진입하겠다는 목표로 권유장을 보내는 경우 대부분의 기업들이 이메일 주소를 가지고 있으므로 권유장에 대한 답장을 빨리 받을 수 있다. 이메일로 수출입상담을 한 다음, 확정 오퍼를 교환한 후 무역계약을 체결하면 된다. 그 뒤 무역계약서에 따라 거래방식에 따른 후속조치(전통적인 무역절차와 같음)를 취한다. 인터넷에 자사의 홈페이지를 제작하는 것은 수입자에게 신뢰감을 주므로 매우 중요하다.

② 조 회

조회(Inquiry)를 받는 경우에 대비하여 권유장을 보낼 때는 자사의 웹 주소와 이메일 주소를 기재하여야 한다. 조회를 받게 되면 무역계약을 하기 전에 인터넷을 이용하여 해당 기업의 웹 사이트를 방문하여 기업에 대해 분석하고 수입업체의 신용을 신용조사기관(한국무역보험공사, 신용보증기관, 수출입은행, 대한무역투자진흥공사, 상공회의소 등) 등을 통하여 면밀히 조사하여 거래할 때에 문제점이 없는지 살펴보아야 한다.

거래처를 발굴하기 위해서는 시장조사와 그 지역에 잘 팔리는 상품을 파악하는 일 등 아주 기본적인 자료를 갖고 하여야 하는데, 인터넷을 이용하면 시간과 노력이 많이 절약된다.

(7) 청약 및 승낙

인터넷을 통하여 수입자에 대한 신용을 조사한 후, 조회에 대한 오퍼(offer)를 이메일로 보낸다. 오퍼에 대하여 이메일로 상담을 하다가 확정 오퍼(frim offer)가 정해지면 무역계약을 체결하면 된다.

그러나 전자(인터넷, 사이버)무역의 최대 과제인 이메일에 의한 청약과 승낙이 법적 효력이 없다는 문제가 있다. 이것이 해결되지 않으면 인터넷무역은 성장한계가 있다.

그러므로 인터넷에 의하여 무역계약을 체결하기 위해서는 수입자와 수출자가 서로 신뢰할 수 있어야 하는데, 현실적으로는 많은 거래가 이루어진 후에야 그것이 가능해진다는 것을 유의해야 한다.

다음의 기존방식과 사이버무역의 무역계약 체결과정을 살펴보자.

◆ 무역계약 체결과정 비교(기존과 인터넷)

<기존>	단계	<인터넷>
• 통계 등 각종 정보 • 국내공급업체 확보	1 아이템 선정	• 통관정보시스템(KCIS) • KOTIS 등 • 언론사이트(무역일보 등)
• 거시적 상황(시장성) • 미시적 상황(경쟁력)	2 해외시장 조사	• 국가별 통계 사이트 • 무역유관기관 사이트 • 시장조사기관 사이트
• 홍보매체 광고 • 전시회 등 참가	3 해외홍보/마케팅	• 홈페이지 • 거래알선 사이트 • 유즈넷
• 무역유관기관 활용 • 해외지사 방문 등	4 거래선 발굴	• 거래알선 사이트 • 유즈넷 • 언론사이트(무역일보 등)
• 거래제의 서신 • 우편, 팩스 등 이용	5 거래제의	• 전자우편 • 인터넷 팩스
• 신뢰성 파악 • 무역보험공사 등	6 신용조사	• 신용조사기관 사이트 • 기업/신용DB 사이트
• 가격, 품질, 결제 등 • 청약 및 승낙	7 거래조건 협상	• 전자우편 • 인터넷홈팩스 • 인터넷 화상회의
• 계약서 작성 • 우편, 해외출장 등	8 무역계약 체결	• 전자우편

(8) 무역계약의 체결

인터넷을 이용하는 무역계약(전자계약)은 일정한 법률 효과의 발생을 목적으로 하는 둘 이상 당사자의 전자적 의사표시의 합치에 의하여 성립하는 법률행위이다. 이는 매수인으로부터 금전을 대가로 매도인이 매수인에게 소유권을 이전하거나 이전하기로 약정하는 구속력 있는 합의이다. 그러나 인터넷을 이용하는 전자무역계약에는 아직 상당한 문제점이 있다. 우선, 전자무역계약에서는 전자적 의사표시가 해당 전자장비만이 이해할 수 있는 일정한 전자적 신호로 이루어진 특수 언어로 구성되므로 인간의 인식 가능성이란 측면에서 장애가 발생할 가능성이 높은 것이 문제가 된다.

그 외에도 ① 계약의 성립시기, ② 무능력자 또는 무권한자에 의한 의사표시와 같은 하자 있는 의사표시의 효력, ③ 시스템 장애로 인한 전송의 위험부담, ④ 네트워크 운영자의 책임 등이 문제점으로 지적되고 있다. 따라서 기업과 기업(B2B) 간의 비교적 규모가 큰 무역거래에서는 인터넷을 통하여 계약을 체결하기보다 아직까지 전통적인 방식에 의한 계약서의 작성으로 계약 체결을 하는 경우가 대부분이다.

(9) 수출신용장 수취

신용장결제 방식에 의한 수출거래의 경우, 수출자는 수입자가 개설한 수출신용장을 수취하고 수출계약서와 일치하는가를 점검한다. 신용카드로 결제하는 경우, 수입자의 신용을 KOTRA 해외무역관, 한국무역보험공사 및 국내외 신용조사기관을 통하여 조사해야 한다.

(10) 운송 및 보험계약 체결

CFR 및 CIF 조건의 경우 수출자가 운송계약을 체결하고 FOB 조건의 경우, 수입자가 운송계약을 체결한다. 보험계약은 FOB 및 CFR의 경우 수입자가, CIF 조건의 경우 수출자가 체결한다. 사이버무역에서 소량화물은 DHL 등 국제특송업자에게 운송을 의뢰한다.

(11) 수출통관

DHL 등으로 운송하는 경우 국제우체국에서 간이 통관절차를 밟는다. 일반화물의 경우 관세사나 자신이 직접 EDI로 수출통관을 의뢰한다. 수출통관의 경우 100% 무역자동화가 이루어지고 있다.

(12) 수출대금결제(화환어음의 매입의뢰)

수출결제방법은 송금결제방법, 추심결제(D/P, D/A)방법, 신용장결제방법이 있다. 신용장결제방법의 경우, 선적서류를 첨부한 화환어음을 매입은행에 매입을 의뢰한다.

5 전자무역의 수입절차

1. 수입절차 흐름도

❶ 무역업 고유번호 신청 →	❷ 홈페이지(웹 사이트 구축) →	❸ 국내외 무역거래 알선 웹 사이트 및 검색엔진 등록
❹ 수입시장조사 수출마케팅 →	❺ 수입상품 및 거래처 선정 →	❻ 수입교섭
❼ 수입계약 체결 →	❽ 수입신용장 수취 →	❾ 운송 및 보험 계약체결
❿ 수입대금 결제 →	⓫ 수입통관 →	⓬ 수입화물 인수

2. 수입절차의 주요내용

(1) 무역업고유번호 신청

무역업을 하고자 하는 자는 무역업고유번호를 한국무역협회장에게 신청하여야 하고 한국무역협회장은 접수 즉시 신청자에게 고유번호를 부여한다.

(2) 홈페이지(Home Page, Web Site) 구축

대한무역진흥공사(KOTRA), 한국무역협회(KITA), 한국무역정보통신(KTNET), 중소기업진흥공단(SBC) 등에서 중소업자 등의 홈페이지 구축을 지원하고 있다. 자사가 직접 홈페이지를 구축할 수 없는 경우 전문업자에게 의뢰할 수 있다.

(3) 국내외 무역거래 알선 웹 사이트 및 검색엔진 등록

국내외 무역거래 알선사이트에 등록하여 offer to buy, inquiry를 올리면 해외 수출업자, 제조업자들이 홈페이지를 방문하여 수입조건을 조회하는 E-mail을 보내온다.

(4) 수입시장조사와 수입마케팅

인터넷을 이용하면 해외시장을 쉽게 조사할 수 있다. 수입대상국의 수입통계, 무역관리제도, 통관절차 등의 정보는 수입대상국의 정부기관, 무역거래 알선기관 및 개인의 사이트를 방문하면 쉽게 얻을 수 있다.

사이버무역에서는 그림, 음성, 동화상 등으로 보다 다양하게 자기 회사나 제품을 소개할 수 있으며, 이로 인하여 전세계를 대상으로 한 광고 및 마케팅을 최소의 비용으로 수행할 수 있다.

(5) 수입상품 및 거래처의 선정

사이버무역에서는 저렴하고, 신속하게 수입상품 및 거래처를 선정할 수 있다. 각국 정부, 무역 관련기관, 개별기업의 웹 사이트, WTO, UN, OECD 등, 국제기구의 웹 사이트를 방문하면 수입상품과 거래처를 쉽게 선정할 수 있다.

(6) 수입교섭

수입업자의 홈페이지를 방문한 해외수출업자가 판매오퍼를 보내오고 이 오퍼를 승낙하면 무역계약은 성립된다. 검색엔진에 의하여 검색한 해외의 Shipping Mail에 접속하여 수입하고자 하는 상품을 E-mail이나 On-Line으로 주문한다.

또한, 해외수출자의 홈페이지를 방문하여 Offer to Sell을 보고 조회를 보내면 수출자로부터 Offer가 E-mail로 보내온다. 이 Offer를 승낙하면 무역계약은 성립된다.

(7) 수입계약 체결

수입계약이 성립되면 수입계약서를 작성하여 수입계약을 체결한다. 보안상 수입계약서는 E-mail로 보내지 않고 FAX로 보내야 한다.

(8) 수입신용장의 개설

신용장결제방식을 통한 수입의 경우 수입자는 신용장개설은행에 수입신용장의 개설을 의뢰한다. 추심결제방식을 통한 수입의 경우 D/P 및 D/A 방식으로 결제한다. 소량화물의 경우, 신용카드로 결제하는데 1인당 신용카드 사용액의 한도가 있어 주의를 요한다.

(9) 운송 및 보험계약 체결

CFR 및 CIF 조건의 경우 수출자가 운송계약을 체결하고 FOB 조건의 경우, 수입자가 운송계약을 체결한다. 보험계약은 FOB 및 CFR의 경우 수입자가, CIF 조건의 경우 수출자가 체결한다. 사이버무역에서 소량화물은 DHL 등 국제특송업자에게 운송을 의뢰한다.

(10) 수입대금결제

수입대금 결제방법에는 송금결제방법, 추심결제방법(D/P, D/A)과 신용장에 의한 대금결제방법이 있다. 소액결제나 Shipping Mail에서 주문하는 경우 신용카드로 결제한다.

(11) 수입통관

관세사나 자신이 직접 수입통관 자동화시스템을 통해 수입통관을 의뢰하고 관세 및 내국세를 납부한다. 현재 수입통관도 100% 자동화가 이루어지고 있다.

(12) 수입화물의 인수

수입신고필증을 세관에게 제시하고 보세구역에서 수입화물을 인수한다.

02 무역자동화 시스템

Global Entrepreneurship In Action

1 무역자동화의 개요

1. 무역자동화 개념

무역자동화란 무역업무처리에 있어서 서류문서를 전통적인 방법, 즉 인편, 우편, Fax 등에 의해 전달하지 않고 전자파일의 한 형태로 하여 데이터 통신망을 통해 전달함으로써 서류 없는 무역(paperless trade)이 이루어지는 시스템을 말한다.

즉, 무역자동화는 무역과 관련되는 수많은 기관이나 단체, 또는 기업간 업무처리가 종이로 된 문서가 아닌 표준화된 전자자료를 주고받는 EDI(Electronic Data Interchange)로 이루어진다는 것을 의미한다.

다시 말해, 수출입에 관련된 각종 행정 및 상거래 서류를 컴퓨터가 읽을 수 있는 표준화된 전자문서의 형태로 바꾸어 컴퓨터로 주고받음으로써 궁극적으로는 서류가 없이 거래 내역을 전달하는 무역(paperless trade)을 실현하는 것을 의미한다.

무역관련 업무처리방식의 변천과정을 살펴보면 초기에는 무역서식, 무역거래 조건 및 용어 등의 표준화가 추진된 데 이어 무역절차 간소화가 UN 등 국제기구의 주관 하에 적극 추진되었으며, 1980년대 이후 EDI를 이용한 무역업무의 자동화에 세계 각국의 관심과 노력이 집중되고 있다.

※ 현재 무역부분의 자동화는 국제 교역량의 증가 및 관련 분야의 전산화와 더불어 국제교역의 필수사항이 되었으며, EDI 방식을 이용하지 않고서는 수출상대국에 의해 불이익을 받게 될 정도로 국제 무역환경은 급격하게 변화하고 있다. 이와 같은 무역자동화는 미국, 일본, EU

등 선진국에서는 이미 보편화되고 있고 우리나라와 유사한 무역환경을 가진 호주, 뉴질랜드, 싱가포르, 대만 등도 활발히 이용하고 있다.

2. 무역자동화의 필요성

(1) 국내적인 요인

① 기존의 수작업에 의한 무역업무 처리의 한계

무역규모 및 무역거래 건수는 연평균 13% 이상 증가하고 무역거래 한 건당 적게는 50개, 많게는 150여개 서류가 통용되고, 이 같은 복잡한 무역절차로 4주일 정도의 기간이 소요되어 비용과 시간에 많은 문제점을 내포하고 있다.

② 국제경쟁력 유지, 강화의 시급성

심각한 항만화물 적체 및 교통체증으로 직·간접 손실이 급증하고 신속한 업무처리 및 소량 다품종 수출요구가 증대되고 있어 이러한 무역환경에 신속한 대응처리를 필요로 하고 있다.

(2) 대외적인 요인

① 무역자동화의 국제적인 추세

미국, EU 등의 구미 각국은 물론 일본, 싱가포르, 대만 등의 경쟁국도 무역자동화를 추진중이며 실제 거래시에 EDI로 거래를 희망하여 그 필요성이 증대되고 있었다. 또한 유엔(UN), 관세협력이사회(CCC : Customs Cooperation Council) 등 국제기구들도 EDI의 이용을 적극지원하고 있어 그 이용이 계속적인 증가추세이다.

② EDI에 의한 무역업무 처리요구 대응

세계 여러 나라 중 무역자동화 추진국가에 대한 우리나라 총수출은 그 액수에 있어 약 80%를 차지하고 있으며, 미국의 경우 서류제출은 4~5일이 소요되는데 반해, EDI 방식으로 처리시 당일 통관이 가능하다.

③ 새로운 변화에 따른 Incoterms의 개정

국제상공회의소는 현행 무역조건을 보다 명확히 하고 현행 무역실무절차를 간소화하며, EDI방식의 유통운송서류를 수용하고 새로운 수송기법의 변화에 대응하기 위하여 1990년에 Incoterms를 개정하였다.

개정의 주요 목적은 EDI(Electronic Data Interchange)의 사용증가에 따라 무역조건에 EDI를 적용시키는데 있다. 1990년 개정으로 상업, 통관, 인도증명서류, 즉 운송서류를 EDI로 활용할 수 있게 되었다. 또한 Incoterms 2000, 2010을 개정하면서 기존에 불필요한 조건들을 삭제하였다.

3. 무역자동화 관련 국내외 법제

(1) 전자거래기본법

전자거래기본법은 1999년 7월 1일부터 발효된 것으로 거래의 안전성 확보와 매수인 보호를 위한 기본규정을 제외하고는 경쟁의 원리에 따라 민간주도에 맡기고 있으며, 매수인 보호를 위한 기반을 더욱 공고히 하고 있으며, 분쟁조정위원회의 설립근거를 두어 큰 비용부담 없이 신속한 분쟁해결 절차를 마련하고 있다.

또한, 정부의 역할과 민간주도 원칙간의 조화를 위해 정부로부터 인정받은 공인인증기관과 민간이 자유롭게 운영하는 인증기관으로 이원화하였다.

전자거래기본법은 다른 법령에 특별한 규정이 있는 경우를 제외하고는 전자문서에 대하여 서면에 의한 문서와 동일한 효력을 부여하고, 전자서명 역시 서면상의 서명 또는 기명날인으로 보도록 하고 있다.

전자거래기본법의 특징은 EDI만이 아니라 전자거래 전반에 걸쳐 포괄적인 규정을 하고 있는 법으로서 민법이나 상법에 대하여는 특별법적 지위에 있지만, 전자서명법과 같은 법에 대하여는 일반법적 역할을 하게 되며, 조항별로 당사자의 합의에 의해 변경적용이 가능하다고 하지만 일부조항의 위반에 관해서는 처벌을 받는 강행법적 성격도 지닌다.

(2) 전자무역 촉진에 관한 법류

1991년 12월 31일 법률 제4479호로 제정 공포된 이 법률은 이듬해인 1992년 7월 1일 발효되었고 1993년 3월 6일 법률 제4541호로 개정된 바 있다. 이법은 제정 당시 세계 최초로 EDI를 법제화한 성문법으로 주목을 받았다.

그리고 국내외에 이 분야 입법에 많은 기준을 제공하였다는 점에서 그 의미가 있으나 무역업무 분야에 대한 특별법이기 때문에 다른 모든 분야에 대한 전자거래의 일반적 기준으로는 한계가 있어 다른 특별법들이 양산되는 발단을 제공하였다는 지적이 있다.

(3) Bolero와 TradeCard System

무역업무의 자동화는 미국, 일본, EU 등에서는 이미 보편화되어 있고, 호주, 싱가포르, 대만 등에서도 활발히 이루어지고 있다. 국제적으로는 1990년 국제해사위원회(CMI)에 의해 전자식 선화증권에 관한 CMI규칙(CMI Rules for electronic bills of Lading)이 제정되고, 1996년에는 UNCITRAL(United Nations Commission on International Trade Law : 유엔국제통상법위원회)에서 전자상거래 모델법(UNCITRAL Modal Law on Electionic Commerce)을 제정하는 등 범세계적으로 전자거래에 대한 법적 환경이 정비되어 왔다. 또한 이를 상업적으로 이용하려는 노력도 계속되어 왔다. Bolero Projuct와 Trade Card Projuct가 대표적이다.

Bolero(Bill of Lading Electronic Registry Organization)는 SWIFT와 TT Club(Through Transport Club)이 합작으로 세운 Bolero Operation Ltd,에 의해 선화증권을 포함한 무역서류 전반에 걸친 전자화 Project를 추진해 왔다. Bolero Projuct는 1995년 7월부터 3개월간 법적, 기술적 타당성검토를 위한 테스트를 거쳤으며, 이후 우리나라를 포함한 전세계 18개 무역권에 대한 법률분석을 완료하고 1999년 9월부터 업무를 개시하였다.

Bolero와 TradeCard System은 국제적인 무역자동화 노력의 대표적인 사례로서 양자 모두 현재까지 출현한 최선의 기술과 표준을 채택하고 있으며, 궁극적으로 모든 무역서류의 전자화와 그 중계 역할을 수행한다는 목표도 동일하다. 다만, 제공하고자 하는 서비스의 방향에서는 차이가 있다.

4. 무역업무의 기존방식과 EDI방식의 비교

(1) 전통적인 무역업무 처리체계

지금까지의 전통적인 무역업무 처리체계는 무역업계와 세관, 항만, 선사, 은행 등 무역유관기관이 마치 거미줄과 같이 복잡하게 얽혀 있어서 인력과 시간의 낭비가 많았다. 따라서 거래 당사자들은 독자적인 전산망을 구축하거나 사람이 서류를 가지고 일일이 다니면서 무역절차를 밟아야만 했었다.

※ 무역자동화 이전에는 무역거래 1건 처리를 위해 평균 27개 무역유관기관과 업체가 서류 40여 개를 공공 및 민간 서식을 교환하였다. 그리고 평균 200여개의 데이터 항목을 기재해야 하며, 30여개 데이터 항목은 20회 이상 반복 사용하였다. 또한, 제품원가의 7~15%가 사무비용이며, 외부 자료의 70%를 재입력해서 사용해야 했다.

따라서 무역업체가 종전의 형태로 문서를 주고받는다면 외국환은행, 세관, 보험사, 선사, 육송업체, 항공사, 항만, 창고업자 등에 직접 다니며 거래하지 않으면 안되었다. 이에 따라 물류비의 과다한 상승, 수작업에 의한 무역업무 처리의 한계 등, 문제점을 해결하고 무역자동화의 국제적 요구, 기업의 수도권 집중현상 완화 등에 대비하기 위해 무역자동화 사업의 필요성이 제기되었다.

(2) EDI에 의한 무역업무 처리체계

무역자동화 시스템은 무역자동화 사업자(KTNET)가 수출입 절차 전반에 걸쳐 중앙에서 무역업체와 무역유관기관을 유기적으로 연결하여 무역관련 각종 전자문서와 무역정보를 24시간 Non-stop으로 중계, 전송하게 된다.

이와 같은 무역자동화 시스템은 전자문서와 통신방법에 관한 국제표준을 따르고 있기 때문에 컴퓨터 기종에 상관없이 거래상대방과 정보교환이 가능할 뿐만 아니라 국가기간 전산망, 기존의 민간 VAN은 물론, 국제무역망과도 연결이 용이하다. 따라서 무역업체와 무역유관기관은 지역이나 시간에 제약받지 않고 국내는 물론 외국과의 무역업무를 컴퓨터에 의해 신속 정확하게 처리하는 것이 가능하게 되는 것이다.

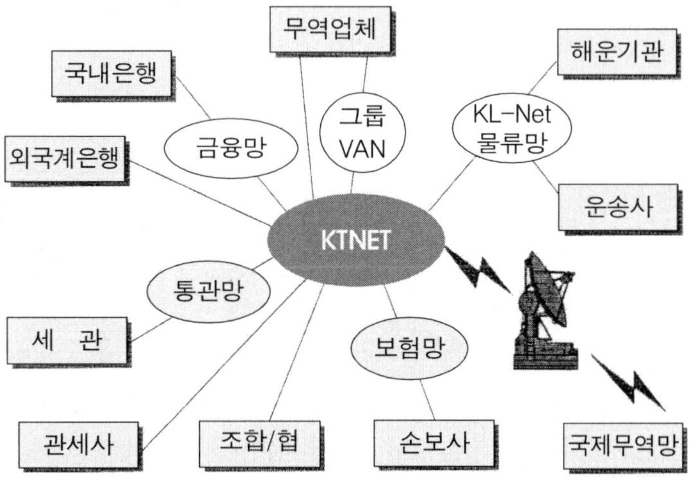

[그림 5-4] 무역자동화망 구성도

2 무역자동화 서비스 유형

무역자동화 서비스 유형은 크게 무역 EDI 서비스, 통관 EDI 서비스, 물류 EDI 서비스로 구분하여 살펴보도록 한다.

1. 무역 EDI 서비스

무역 EDI란 수출입에 관련된 각종 행정 및 상거래 서식을 컴퓨터가 인식할 수 있는 전자문서로 바꾸어 컴퓨터로 주고받음으로써 서류 없는 무역절차를 실현하는 것을 의미한다. 다시 말해 종전처럼 사람이 서류를 직접 들고 은행, 조합, 세관 등을 일일이 다니거나 우편, FAX 등을 통해 무역업무를 처리하는 대신 컴퓨터를 이용한 전자문서교환방식(EDI)을 통해 사무실에서 빠르고 간편하게 무역업무를 처리하는 것을 말한다.

(1) 은행업무

① 수출신용장 통지 업무

신용장은 우편, 텔렉스, SWIFT 등을 통해 통지되고 있으며, 현재 국제은행간 통신망인 SWIFT를 통해 가장 많이 이루어지고 있다. KTNET은 SWIFT(Society For Worldwide Interbank Financial Telecommunication)에 의한 신용장 통지업무를 EDI 방식으로 서비스하고 있다.

<개념도>

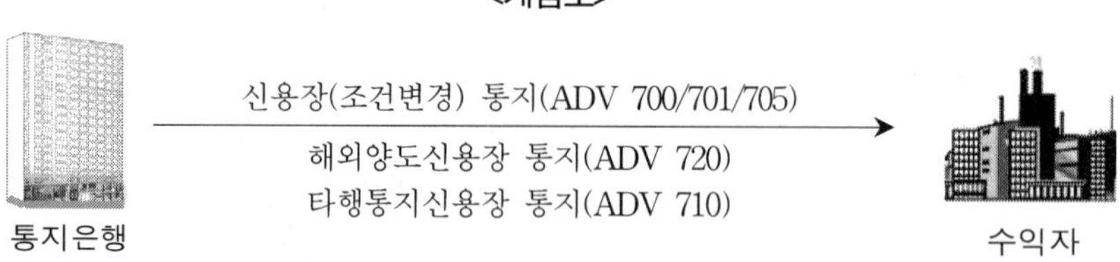

업무절차는 국내 통지은행은 해외 개설은행으로부터 수신한 SWIFT 전문을 전자문서로 변환하여 국내 수익자(수출자)에게 송신하고, L/C 개설수수료처럼 통지수수료도 자동이체 또는 익월 일괄 후취의 방법으로 은행에 납부한다.

② 수입신용장 개설 업무

수입신용장의 개설은 개설의뢰인, 즉 수입자의 요청과 지시에 따라서 개설은행이 신용장을 개설하는 것을 말하는데 지급보증 행위의 일종이므로 개설은행은 개설의뢰인의 신용상태 및 담보능력을 고려하여 개설해 준다. KTNET은 수입신용장 개설 업무를 EDI방식으로 서비스하고 있다.

업무절차는 개설의뢰인은 APP700(또는 APP707) 전자문서를 개설은행에 보내면 개설은행은 국내 개설의뢰인에게 INF700(또는 INF707) 전자문서로, 해외 통지은행에게는 SWIFT 전문으로 전송한다.

<개념도>

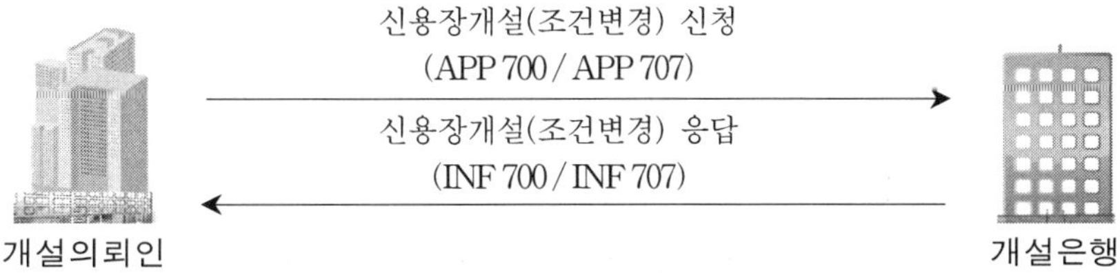

효과는 개설은행을 방문하지 않고도 L/C 개설이 가능하고 첨부서류를 따로 제출할 필요가 없어 시간 및 비용이 절감된다. 개설은행의 이중입력이 거의 배제됨에 따라 해외 수익자까지의 통지기일이 통상 2일 내지 3일 단축된다.

③ 은행의 각종 통지업무

[선적서류 내도 통지 및 내국신용장어음 도착 통보]

환어음 및 선적서류를 매입(추심의뢰)은행으로부터 접수한 개설(추심)은행은 신용장조건과 일치하는 선적서류인가를 검토한 후, 수입자(구매자)에게 선적서류 도착사실 및 결제를 요청하는 업무를 말한다.

<개념도>

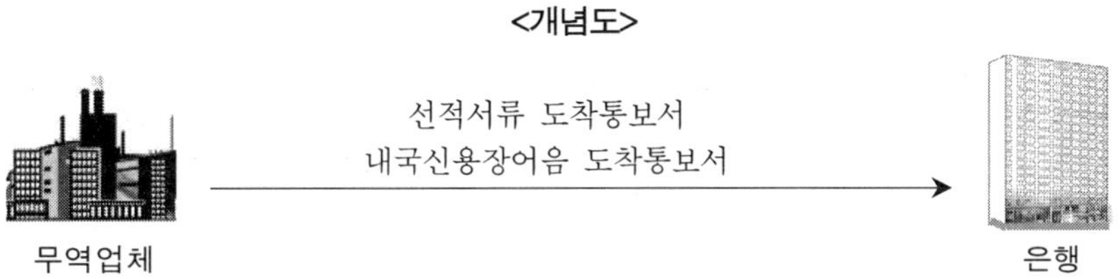

업무절차는 수출자가 거래은행에 추심 또는 매입의뢰를 하면 매입(추심)은행은 선적서류를 개설은행(또는 추심은행)에 종전의 방식으로 서류를 송부하고, 개설은행(또는추심은행)은 수입자(구매자) 앞으로 선적서류 내지 통지를 전송한다. 통지대상 업무는 L/C방식의 수입서류, D/P, D/A 수입서류, 내국신용장에 의한 서류 등이다.

[수출환어음 처리결과 통보]

수출업체는 매입은행에서 NEGO를 마쳤다 하더라도 지급은행으로부터 입금이 되어야만 해당 수출 건이 완료되었다고 볼 수 있다. 일람조건의 경우 입금통지로서 입금사실을 통보하며, 기한부조건의 경우는 수입자의 어음 인수 또는 거부 여부를 본 통보서를 통해 수출업체에 통보한다.

(2) 승인 및 요건확인 업무

① 수출입 승인업무

1997년 1월 1일 개정 시행된 대외무역법은 제한승인품목에 대해 수출입승인을 받도록 규정하고 동 제한품목은 해당조합 등 수출입 승인기관에서 승인하도록 위임하고 있다. KTNET은 1994년 1월부터 조합 등 승인기관과의 수출입 승인업무를 EDI 방식으로 서비스하고 있다.

<개념도>

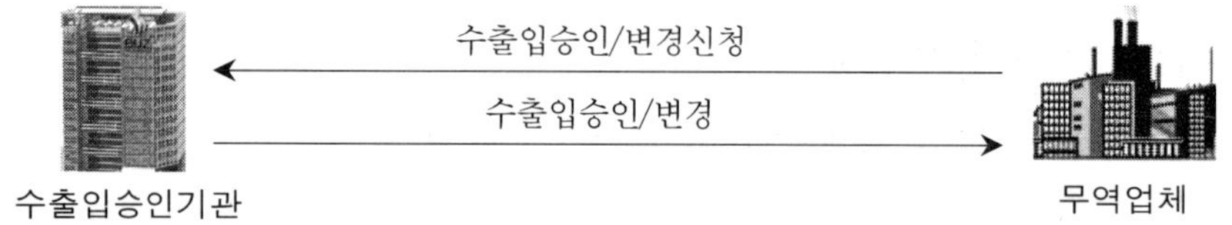

업무절차는 무역업체는 수출입 승인(변경)신청 전자문서를 승인기관(조합, 협회 등)에 전송하고, 섬유관련 3개 조합에서 승인받는 경우 쿼터 등의 문제로 L/C, 조견표 등을 첨부해야 한다.

승인 기관은 승인업무를 처리하여 무역업체로 전송하며, 승인서는 업체가 출력하여 적색 고무인을 날인하여 첨부서류를 필요로 하는 유관기관에 제출한다.

② VISA 발급 업무

미국, 캐나다, 유럽 등의 국가들은 우리나라의 특정 수출품(섬유류 등)에 대해 쿼타를 적용하여 수입을 제한하고 있다. 해당국 세관에서는 이들 물품의 수입시 수출국이 발행한 VISA를 징구한다. VISA 발급은 지식경제부가 해당 수출조합에 그 권한을 위임하고 있다.

<개념도>

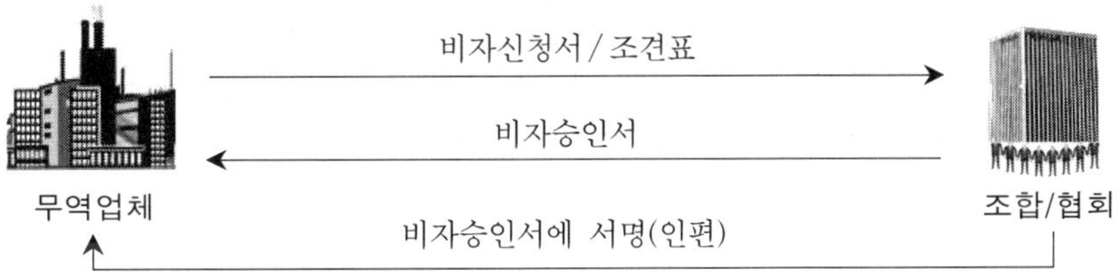

업무절차는 무역업체는 VISA 발급신청 전자문서를 해당 조합·협회에 전송한다. 발급된 VISA 전자문서를 조합·협회로부터 미리 수령한 발급권자의 날인이 되어 있는 VISA 양식에 출력하여 사용한다. 조합의 서명이 되어 있는 VISA 양식을 미리 수령할 수 없는 경우에는 승인 내용을 비자양식에 출력한 후, 조합을 방문하여 발급권자의 서명을 받는다.

현재 EDI방식으로 VISA 발급업무가 가능한 조합·협회는 한국섬유직물수출조합, 한국의류산업협회, 한국생활용품수출조합 등이다. EDI방식으로 발급되는 VISA는 미국비자, 캐나다비자, EU/노르웨이비자 등이다.

(3) 보험업무

물품인도조건에 따라 CIF, CIP 등으로 수출하는 경우에는 국내의 수출자가 보험을 부보하고 EXW, FAS, FOB, CFR 등으로 수입하는 경우에는 국내의 수입자가 보험을 부보한다.

적화보험의 부보시점은 수출의 경우 통상적으로 선적전에, 수입의 경우 L/C개설시점에 부보하며, 적화보험서류는 수출시 Nego용 및 수입시 세관통관용으로 사용한다. KTNET은 보험개발원과 MHS시스템을 이용하여 무역업체와 보험사 간의 적화보험업무를 EDI방식으로 서비스 중이다.

<개념도>

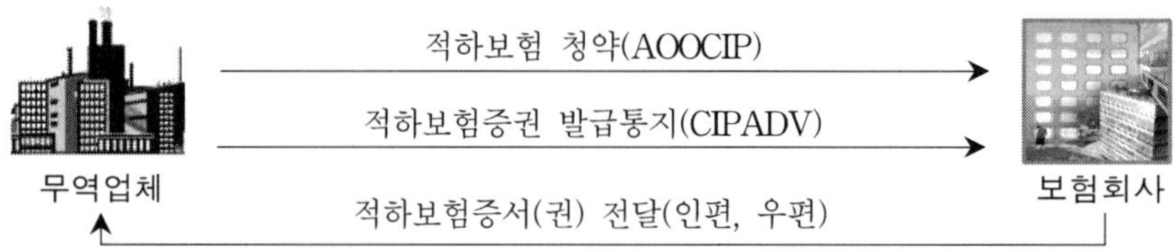

업무절차는 무역업체는 적화보험청약서를 작성하여 보험회사에 EDI방식으로 전송한다. 보험회사는 내부업무 처리 후, 보험증권 전자문서를 무역업체에 전송한다. 무역업체는 사전에 수령한 보험증권 양식에 부보사항을 출력하여 사용한다.

보험증권을 무역업체에서 출력할 수 없을 경우에는 종전처럼 보험증권을 인편 등의 방법으로 전달한다.

2. 통관 EDI 서비스

(1) 수출통관업무

무역업체가 내국물품을 외국으로 반출시 관세법에 의한 제반 통관서류를 처리하는 업무를 말한다.

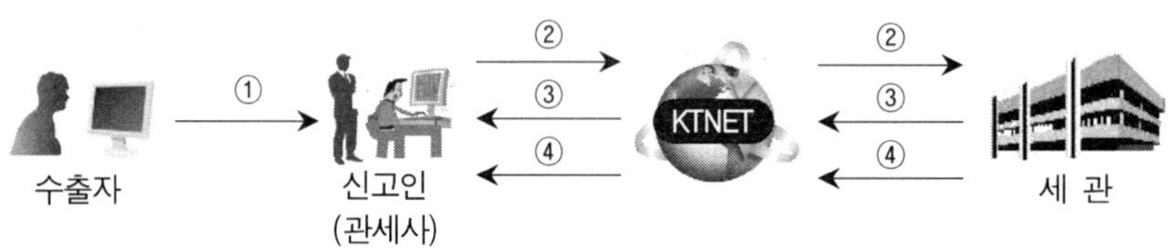

① 수출자는 EDI방식, FAX, 인편 등을 통하여 수출신고서류를 관세사 등에 전달한다.

② 신고인(관세사 등)은 수출신고서류를 참조하여 수출신고서(CUSDEC)를 작성한 후 EDI방식으로 세관에 전송한다.

③ 세관시스템은 수신된 수출신고를 검증하여 오류가 발생한 신고 건에 대해서 오류통보(CUSRES) 전자문서를 신고인에게 전송하고, 신고인은 오류사항을 정정한 후 동일 제출번호로 최초 전송과 동일하게 전송한다.

④ 세관원이 단말기에 신고 건을 조회 확인 후 수리 KEY를 입력하면, 세관

시스템에서 자동으로 수리통보(CUSRES)를 신고인에게 전송하고, 신고인은 수출신고필증을 출력하여 신고인의 확인도장을 날인하여 수출신고필증으로 사용한다.,

(2) 수출신고 의뢰업무

무역업체가 수출신고대행자(관세사 등)에 EDI방식으로 수출통관을 의뢰하고, 신고수리정보를 제공받는 업무를 말한다. 처리절차는 다음과 같다.

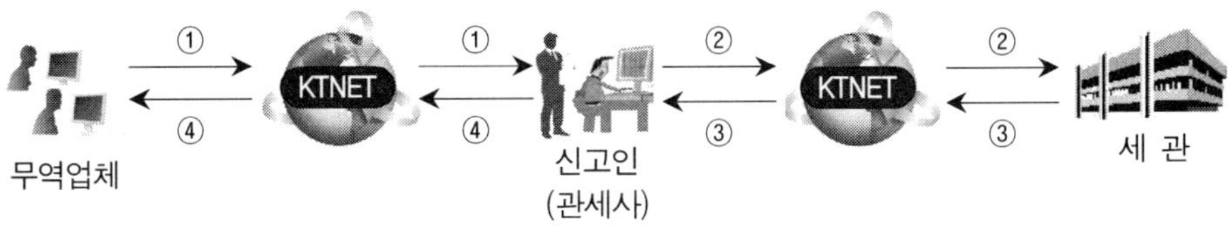

① 무역업체는 수출신고 의뢰사항을 전자문서(EXPREQ)로 작성하여 신고인(관세사 등)에 전송한다.

② 신고인(관세사 등)은 수출신고의뢰 전자문서자료를 이용하여 수출신고서(CUSDEC)를 작성, 세관에 수출신고한다.

③ 세관시스템은 수신된 수출신고서를 접수후, 심사 등 세관 내부업무 처리 후 관세사에 신고수리필(CUSRES) 통지한다.

④ 신고인(관세사 등) 은 수출신고 및 수리정보 전자문서(EXPRES)를 무역업체에 전송한다.

(3) 수입통관업무

무역업체가 외국으로부터 물품을 국내로 반입시 관세법에 의한 제반 통관 서류를 처리하는 업무를 말한다. 처리절차는 다음과 같다.

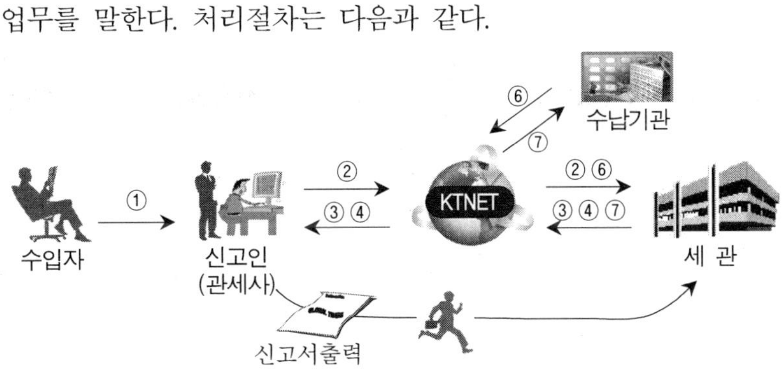

① 수입자는 EDI방법, FAX, 인편 등을 통하여 수입신고서류를 관세사 등에 전달한다.

② 신고인(관세사 등)은 수입신고서류를 참조하여 수입신고서(CUSDEC)를 작성한 후 세관에 EDI방식으로 제출한다.

③ 세관시스템은 수신된 수입신고를 검증하여 오류가 발생한 신고 건에 대해서 오류통보(CUSRES) 전자문서를 신고인에게 전송하고, 신고인은 오류사항을 정정한 후 동일신고번호로 최초 전송과 동일하게 전송한다.

④ 세관은 해당 신고 건에 대한 시스템 오류검증 후 기재사항에 이상이 없을 경우 접수통보(CUSRES)문서를 신고인에게 전송한다.

⑤ 접수통보를 받은 신고인은 수입신고서를 출력하여 첨부서류와 함께 세관에 제출한다.

⑥ 신고인이 해당 신고건의 납부고지서를 출력하여 국고수납기관에 관세 등을 납부하고, 관세 등을 수납한 수납기관은 세관에 수납사실을 통보하는 영수필 통지(CREADV)를 전송한다.

⑦ 세관은 수납기관이 전송한 영수필통지를 검증하여 정상/오류 여부(GENRES)를 통지한다.

⑧ 세관은 심사/검사 등 내부처리절차를 수행하여 신고수리요건이 되면 수납사항이 확인되는 즉시 신고필증을 발급한다.

(4) 수입신고 의뢰업무

무역업체가 수입신고대행자(관세사 등)에 EDI방식으로 수입통관을 의뢰하고, 신고수리정보를 제공받는 업무를 말한다. 처리절차는 다음과 같다.

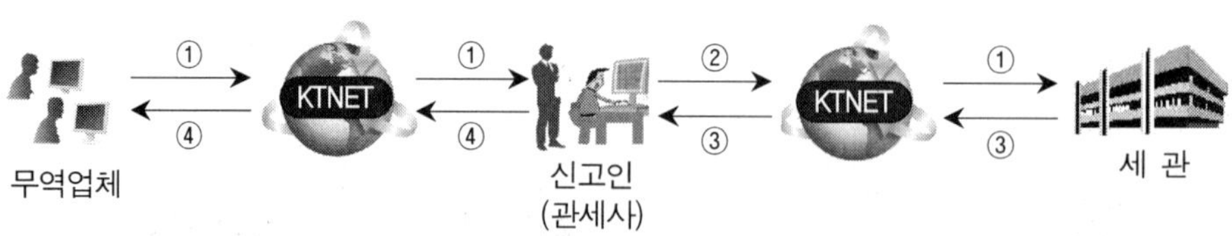

① 무역업체는 수입신고 의뢰사항을 전자문서(IMPREQ)로 작성하여 신고인(관세사 등)에 전송한다.

② 신고인(관세사 등)은 수입신고의뢰 전자문서 자료를 이용하여 수입신고서(CUSDEC)를 작성, 세관에 수입신고한다.

③ 세관시스템은 수신된 수입신고서를 심사 등 세관 내부업무 처리 후 신고인(관세사)에게 신고수리필(CUSRES)을 통지한다.

④ 관세사 등은 수입신고 수리정보 전자문서(IMPRES)를 무역업체에 전송한다.

(5) 수출입신고별 정보제공

무역업체가 세관에 요청하여 본인 명의로 신고 수리된 수출입신고필 정보를, 관세청으로부터 직접 수신하여 내부의 무역관리 시스템에 활용하는 업무를 말한다. 처리절차는 다음과 같다.

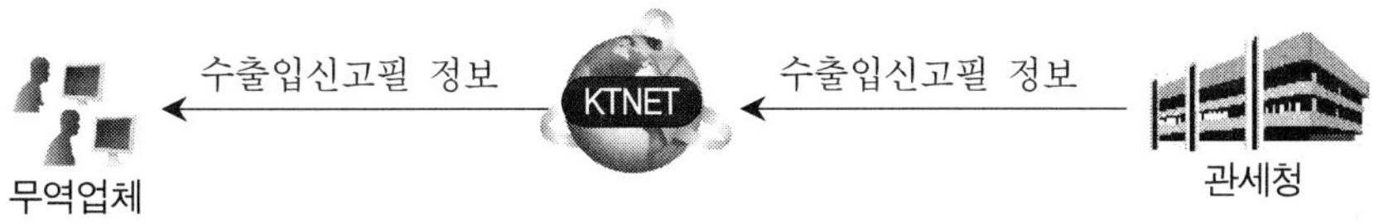

① 무역업체가 직접 신고 또는 관세사 등을 통하여 세관에 신고하여 수리된 건의 수출입신고수리 정보(CUSDEC)를 관세청에서 일괄 취합하여 신고수리 익일 오전에 무역업체에 전송한다.

② 신고방법(종이서류 또는 EDI 방식)에 상관없이 해당 무역업체가 신고한 모든 건에 대한 신고필 정보를 제공한다.

③ 무역업체가 여러 개의 사업장(제조자)을 가지고 있는 경우에도 본사에서 일괄적으로 수출입 실적집계가 가능하다.

(6) 관세환급 업무

관세환급은 외국에서 원재료를 수입할 때 내수용 및 수출용을 불문하고 일단 관세 등을 징수하고 수입한 원재료로 생산한 제품을 수출한 경우, 그 원재료를 수입할 때 납부한 관세 등을 되돌려 주는 제도이다.

이 제도는 수출품목에 대한 관세부담을 수출이행 후에 제거하여 수출가격 경쟁력을 제고하는 수출지원제도이다. 처리절차는 다음과 같다.

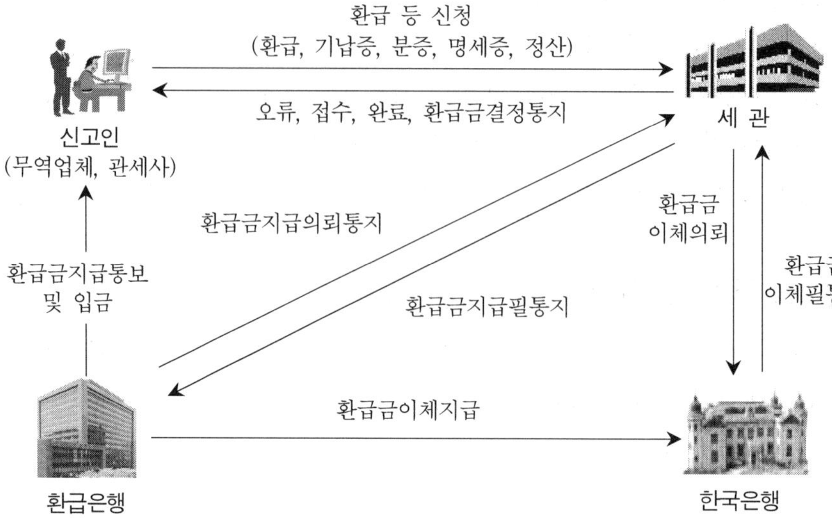

① 무역업체(관세사)는 환급신청서 등의 전자문서(CUSDRW)를 KTNET를 경유하여 관세청에 전송한다.

② 관세청은 수신한 신청서의 기본적인 입력사항을 체크하여 오류가 발생되면 오류통보(CUSAPE)를, 정상이면 내용심사 후 접수통보(CUSRES)를 접수번호 및 심사담당자 등 내용과 함께 환급업체에 전송한다(현재 간이정액 환급 및 기납, 분증인 경우 PAPERLESS 시행중이며 대상은 관세사 및 자율발급업체임).

③ 환급업체는 접수통보 수신 후 3일내 신청서류를 해당 세관 심사담당자에게 제출한다.

④ 세관 심사담당자는 전산자료와 서류를 확인한 후 담당자 결재 처리한다.

⑤ 신청건에 대한 결재후 환급금 지급결정 통지(CUSRES) 또는 제증명신청의 경우 완료통보(CUSRES) 전자문서를 신청업체에 전송한다.

⑥ 환급금 지급이 결정되면 관세청은 즉시 지급은행에 KTNET을 통하여 지급의뢰(CREADV) 통지를 전송하고 일마감후 한국은행에는 F/T 방식으로 환급금 이체의뢰 내역을 전송한다.

⑦ 지급은행은 환급업체 통장에 환급금을 지급한 후 관세청에 환급금지급필(DEBADV)통지를 전송하고, 한국은행은 자금이체후 이체필 내역을 관세청에 전송한다.

3. 물류 EDI

CARGOPASS(수출입화물 유통정보)는 무역업체와 물류업체를 위한 통합정보 네트워크로서 일종의 한국형 CCS(Cargo Community System)이다.

(1) CARGOPASS 서비스

① MFCS(Manifest Consolidation System) 서비스

- 포워더와 항공사/선사가 EDI로 전송한 적화목록의 취합기능.
- 수출입화물정보 서비스 : 화물입출항 정보, 화물추적 정보(Cargo Tracing).

② 수출입 화물 물동량 및 수출입 통계정보 서비스

- KCIS(통관정보시스템)서비스 : 수출입신고수리정보 제공.
- EDI/FAX/ARS/ACS/DB/INTERNET/E-Mail 등의 정보전달 서비스.
- 외국환취급은행과 연계 EDI 인도승낙서(D/O) 서비스.

③ 화주 연계 서비스

- KTNET 가입 4,000여개 무역업체와의 선(기)적요청 및 B/L(AWB)정보 교환.
- 대화주 Arrival Notice/On Board Notice 제공.

④ 해외망 연계 서비스

- 해외 파트너와의 B/L(AWB) 적화목록, 정보(Manifest) Shipping Information 교환.
- SAVfax, SAVphone, SAVedi를 이용한 통신비 절감.

(2) 운 송

① 해상수출업무

수출업자는 수출물품에 대한 정보를 선사 · 포워더에 제공하고, 선사 및 포워더는 선적화물에 대한 정보를 B/L발급통지 형태로 제공한다. 또한, 수출업자는 수출면허 내역을 선사 · 포워더에 제공하고, 선사 · 포워더로부터 화물반출입 및 선적여부 등을 수신 받는다.

<개념도>

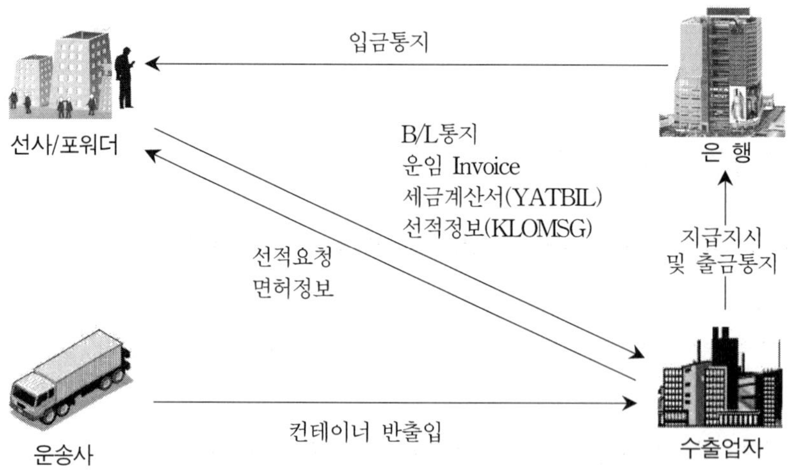

업무절차는 수출업자는 선사 · 포워더에 Shipping Request를 전송하면, 선사 · 포워더는 선적요령 Data를 근거로 B/L Data를 생성하여 수출업자에게 통보하고 아울

러 운임 Invoice와 세금계산서 Data도 전송한다. 수출업자는 수출면허를 받은 후 선사·포워더에 면허 내역을 송신하면 선사·포워더는 GATE 반출입에 활용하고 선적정보를 수출업자에게 전송한다.

또한, 육상운송사는 GATE In-out 등과 관련된 컨테이너 정보를 수출업자에게 제공하며, 수출업자와 선사·포워더는 선적운임을 거래은행을 통해 자동이체시킨다.

② 해상수입업무

수입업자는 수입물품에 대한 도착통보와 화물인도지시를 선사·포워더로부터 선박입항 전에 제공받고, 필요절차를 거쳐 장치화물을 반출한다. 또한, 수입업자는 수입화물에 대한 운임 및 수수료 등을 선사·포워더와 거래은행을 통해 자동입출금시킨다.

<개념도>

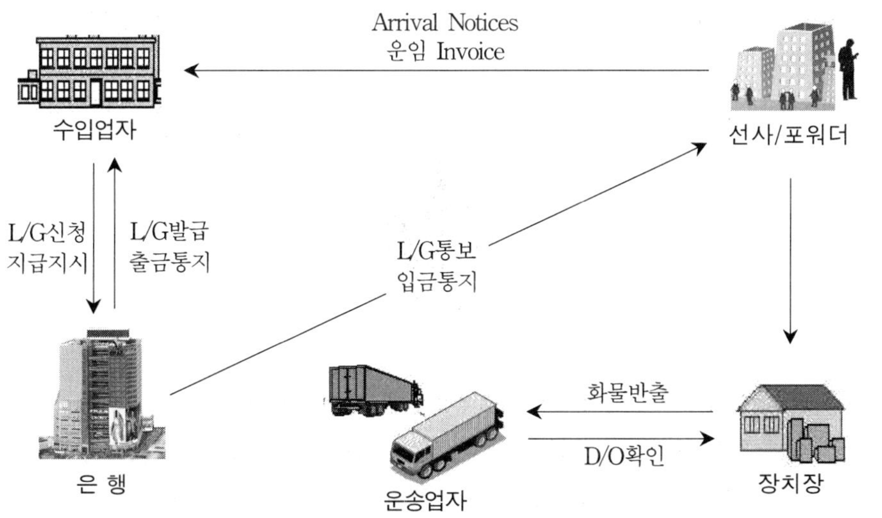

업무절차는 수입업자는 선사·포워더로부터 화물도착 전에 화물과 운임내역을 통보받고 개설은행에 L/G를 신청하면, 개설은행은 L/G를 발급하여 수입업자에게 송신하는 동시에 선사·포워더에 L/G 내역을 통보한다. 선사·포워더는 은행으로부터 접수된 L/G를 근거로 장치장에 D/O를 송부하면, 수입업자가 직접 또는 운송업자에게 위탁하여 화물을 반출한다.

또한, 수입업자는 선사·포워더에 지급할 운임을 지시토록 거래은행에 요청하면,

거래은행은 수입업자의 계좌에서 해당 운임을 인출하고 출금내역을 통지하고 아울러 선사・포워더의 계좌에 자동이체한 후 입금내역을 통지한다.

③ 항공수출업무

수출업자는 수출물품을 제조, 생산하여 수입업자의 요구나 화물인도가 급박한 경우에는 포워더에게 항공편으로 화물을 기적 요청하게 되고, 포워더는 AWB과 운임청구 Invoice 및 세금계산서를 발급하여 수출업자에게 인도하는 동시에 운임 입출금 내역을 거래은행을 통해 수행한다.

<개념도>

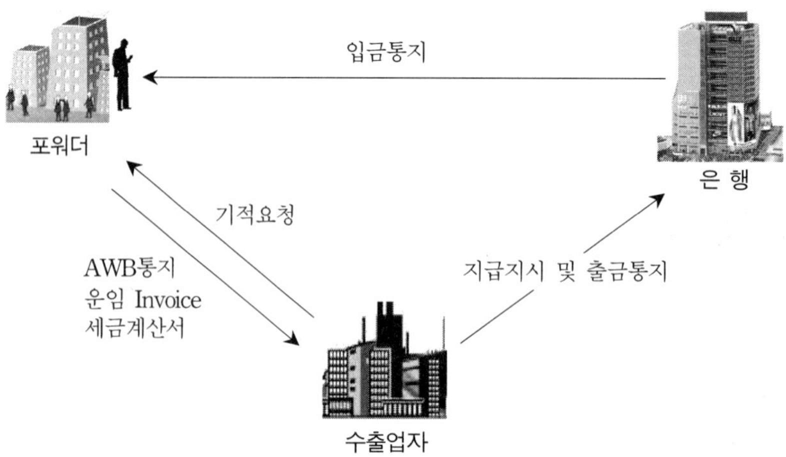

업무처리는 수출업자는 포워더에 Shipping Request, Commercial Invoice, Packing List 등을 송신하여 기적요청하면 포워더는 기적요청 Data를 통해 AWB Data를 생성하며 수출업자의 요구에 따라 C/I, P/L 등을 출력한 후 수출업자의 사인방을 날인하여 원본으로 활용할 수 있다.

수출업자는 포워더로부터 AWB Data를 수신받아 포워더로부터 사전에 받은 화주용 AWB 원본에 Data를 출력하고 포워더의 사인방을 날인, ON-BOARD 도장을 날인함으로써 전한 서류원본이 되어 Nego은행에 가서 Nego업무를 수행한다.

수출자는 포워더에 지급할 운임을 거래은행을 통해 자동이체하도록 은행에 지급지시하면, 거래은행은 수출업자의 계좌에서 운임을 인출함과 동시에 포워더의 계좌에 자동이체하면서 수출자에게 출금통지, 포워더에게 입금통지를 한다.

④ 항공수입업무

수입업자는 신용장 개설후 L/C 내용을 포워더에 송부하면 포워더는 수출지에서의 기적정보를 수입업자에게 신속히 제공함과 아울러 보세운송업자에게 기적정보를 송신함으로써 보세운송 면허정보를 입수한다. 또한, 수입화물에 대한 운임 내역도 EDI로 제공 받음으로써 거래 포워더와의 운임결제 업무도 가능하다.

<개념도>

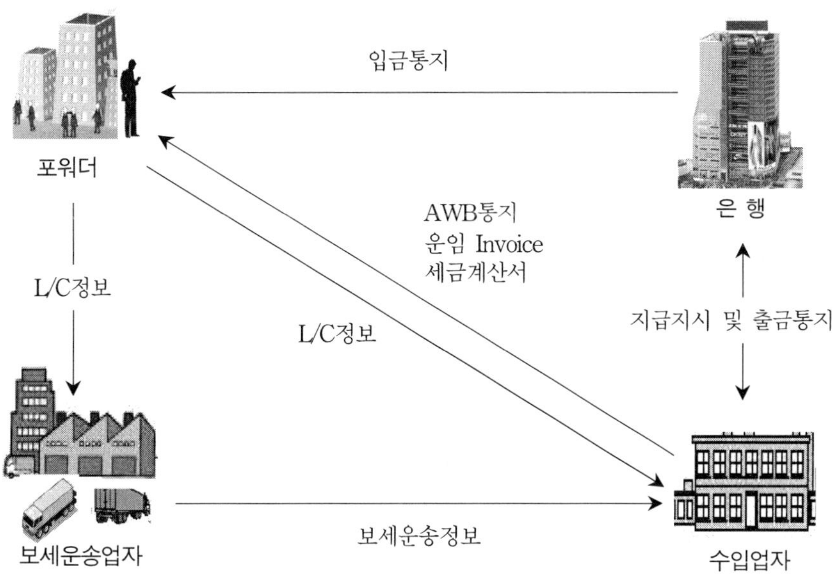

업무절차는 수입업자는 신용장 개설후 L/C 내용을 국내 포워더에 송부하면, 국내 포워더는 해외 파트너에게 동 내용을 통보하는데, 해외 포워더는 화물 기적 후 AWB 발급내용을 다시 국내 포워더에게 송신한다. 아울러 보세운송업자는 국내 포워더로부터 AWB정보를 수신하여 동 기적 내용을 근거로 보세운송 면허를 필한 후 수입업자에게 보세운송 내역에 대한 정보를 화물도착 전에 사전에 제공한다.

수입업자는 포워더로부터 운임내역을 수신받음과 동시에, 해당 운임을 포워더의 계좌에 자동이체토록 거래은행에 지급을 지시함으로써 운임 입출금업무를 처리한다.

the point note

03 개인수출입 전략

1 개인수출입이란?

개인수출입은 해외통신판매를 통하여 이루어지는 비즈니스를 말한다. 해외통신판매는 크게 나누어 개인수출과 개인수입으로 구분되며, 개인수출은 카탈로그를 이용하거나 인터넷을 통해 이루어진다. 물론, 최근에 와서는 인터넷을 통한 개인수입이 젊은 층을 주축으로 실시되고 있으며, 그보다는 훨씬 앞선 기법이면서 또 그 분야가 광범위한 카탈로그를 이용한 개인수입이 여전히 많은 편이다.

통신판매라 함은 무점포판매의 한 방법으로 크게 나누어 인쇄매체를 통한 판매방식과 전파매체를 통한 판매방식으로 구분된다. 이는 해외통신판매의 경우에도 크게 다를 바 없다. 그 중에서도 현재 가장 소비자로부터 사랑받고 있으며 통신판매의 핵심이랄 수 있는 카탈로그를 이용한 통신판매는, 특히 많은 소비자들에게 오래전부터 상당한 인기를 누려왔다.

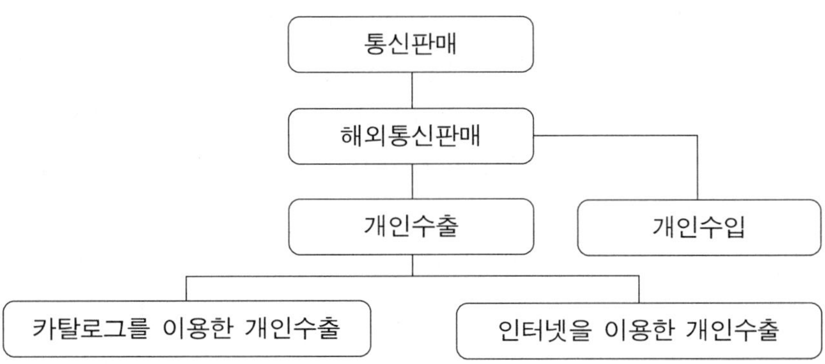

소규모 개인수출입업은 소호무역

소규모 자영업을 일컫는 용어로서, 소호(SOHO, Small Office Home Office)란 작은 사무실(Small Office)과 자택 사무실(Home Office)을 거점으로 하는 근무형태로서 특별한 사무실 없이 자신의 집을 사무실로 활용하는 데서 시작한 개념이다. 즉, 자택에서 컴퓨터 네트워크를 활용하여 근무하기 때문에 사무실 근무와는 다른 새로운 근무의 형태의 재택근무이다. 자택에서 근무하는 비즈니스 스타일은 이전부터 존재하였으나, 소호는 인터넷을 활용하여 자기 자신의 비즈니스를 주체적으로 전개하는 지적 사업의 소규모 사업장이라고 할 수 있다.
바야흐로 재택근무를 통한 소규모 무역업이 바로 소호무역이다.

소호무역에 대한 거부감이 없는 것도 아니다. 사업을 하려면 제대로 해야지 집과 사무실을 구분하지 못할 정도로 자본력이 영세하다면 거래 상대방에게 신뢰감을 주지 못할 것이라는 게 가장 큰 걸림돌이다. 그러나 최근에는 소호무역은 무역업 초심자가 반드시 거쳐야 할 당연한 창업코스로 인정받는 단계에 와 있다. 여러 가지 이점이 있으면서 비즈니스 위험이 거의 없기 때문이다.

소호무역의 가장 큰 장점은 저렴한 비용으로 창업할 수 있다는 것이다. 사업초기에 가장 큰 비중을 차지하는 사무실임대 및 유지비용이 필요 없고 각종 비품도 기존 제품을 활용하거나 중고품을 구입해 최소화할 수 있다. 필요시 가족 등 친인척을 아르바이트 형태로 활용할 수 있다는 잇점도 있다.

소호무역의 장점이 단순히 비용만 절감할 수 있다는 데만 있는 것은 아니다. 먼저 출퇴근에 따른 시간 및 비용 낭비가 심하지 않아 많은 시간을 업무에 투입할 수 있다. 오전과 한밤중에는 해외 세일즈에 집중할 수 있다. 또 집(사무실)을 비우는 일이 드물기 때문에 24시간 근무체제가 갖춰지는 장점도 있다. 특히, 근무시간이 우리와 정반대인 중남미와 거래할 때 집에서 모든 업무를 처리할 수 있다는 것은 커다란 장점이 될 수 있다.

2 개인수출

개인수출은 사업자가 수출하는 것이 아니라, 수출상을 거치지 않고 개인 수출업자가 인터넷에 의한 해외통신판매를 이용하여 해외에 수출하는 것을 말한다. 인터넷을 통해 비즈니스를 하는 경우 시공간의 제약이 없으며, 고객이 원하는 상품이나 서비스를 고객의 요구에 맞춰 신속하게 수출할 수 있는 다품종 소량의 맞춤형 수출이 가능하다. 인터넷으로 할 수 있는 비즈니스는 매우 다양하지만, 그 중에서도 인터넷을 이용한 통신판매이다. 인터넷을 이용한 통신판매란 비교적 사업화하기에 쉬울 뿐 아니라 다른 사업과 비교해 봐도 적은 비용으로 가상공간 점포인 '전자점포'를 개설할 수 있기 때문이다. 결국, 통신판매가 가능한 시스템만 갖추어 준다면 이런 전자점포를 창구로 하여 세계적으로 비즈니스 활동을 할 수 있는 것이 인터넷 통신판매이다. 인터넷 통신판매는 카탈로그를 이용한 통신판매와는 달리 카탈로그를 인쇄해야 하는 부담이 없다는 것에서도 큰 차이가 있다.

1. 개인수출 절차

개인수출은 통신판매를 통해 해외에 상품을 판매하는 일반적인 무역관행을 통한 수출 형태와는 다르며, 대개 다음과 같은 절차를 거치게 된다.

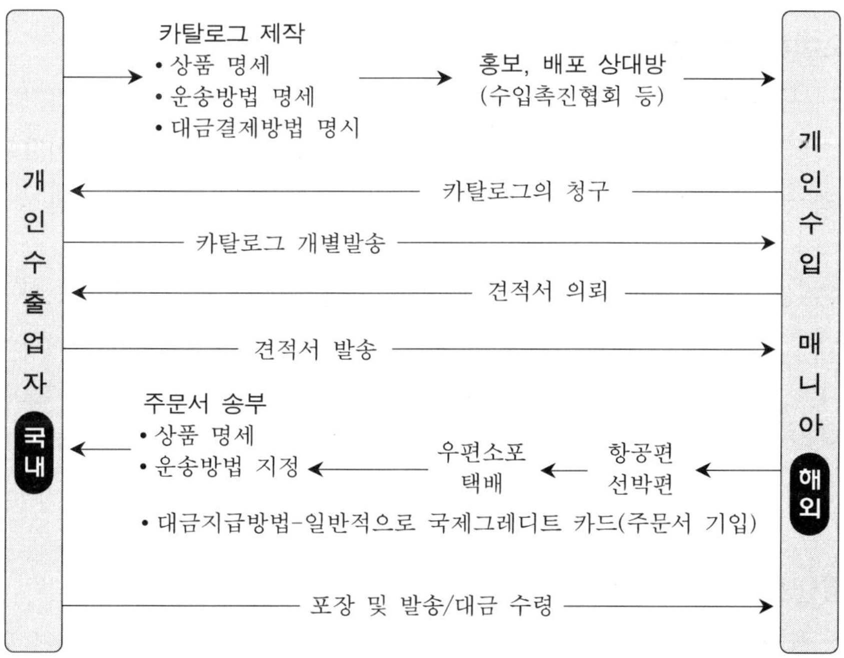

[그림 5-5] 개인수출 절차

(1) 통신판매에 의한 유통방식

오늘날 무점포판매의 한 장르로서 새롭게 시장이 확대되어가고 있는 통신판매 사업은 이제 단순한 틈새시장 공략의 차원을 넘어 당당한 하나의 유통기법으로 자리매김하고 있다.

일반적으로 우리보다 십여 년은 앞서 있다고 일컬어지는 일본에서의 통신판매 사업도, 전체적인 유통구조가 우리와 비슷한 양상을 띠고 있기에 초창기에는 우리와 마찬가지로 많은 시행착오와 어려움이 있었던 것이 사실이다. 그러나 일본의 경우는 1980년대 이후 급속히 시장규모가 확대되었다.

그동안 전통적인 유통구조와 흔히 소매업으로 분류되는 백화점, 슈퍼마켓, 재래시장 등, 길거리 어디서나 쉽게 눈에 띄는 수많은 점포를 통한 직접판매가 그 주류를 이루어 왔다. 그러나 모든 사업이 그러하듯이 통신판매 사업도 하나의 유통방식으로 인식되어 발전되고 있다. 이렇게 통신판매 시장이 성장하게 된 데에는 인터넷 등 정보통신 매체를 결합시킨 새로운 무역형태의 출현과 경제, 유통과 소비자의 라이프 스타일의 변화 등 여러 요인을 들 수 있다.

① 소비측면의 변화

통신판매를 이용하여 상품을 구매하는 소비자층은 어느 나라를 막론하고 여성층이 압도적으로 우세하다. 사회로의 진출을 통하여 경제적으로 많은 자신감을 얻게 된 여성들이 문화활동이나 사회활동에 적극적으로 참여하는 기회가 많이 늘어나게 되었다.

또 다른 중요한 변화로서, 핵가족화에 의해 자기 스스로가 생활에 필요한 정보를 얻을 수밖에 없었다는 점을 들 수 있다. 결국 시간적 편의성, 구매의 편리함에 대한 소비자 욕구, 여성을 위한 시장의 확대, 카탈로그 정보에의 친밀감, 또 "보다 좋은 상품을 보다 싸게 구매한다"는 선택 소비욕구의 상승 등으로 이어진 변화야말로 통신판매 시장이 급속도로 확대될 수밖에 없었던 시대적 배경이 되었던 것이다.

② 통신판매 기업측의 변화

오늘날 통판업계가 발전하게 된 배경에는 소비자 욕구의 변화와 통신판매업자들의 지대한 노력들이라 할 수 있다. 통신판매업자들이 철저하게 통신판매에 걸맞는 상품을 선정하고 저가격전략과 합리적이고도 상세한 카탈로그를 포함한 판촉전략, 광고전략, 및 고객의 불만을 해소시킬 수 있는 서비스전략, 철저한 사후관리 등을 통해 그들의 욕구에 대응하였다.

성공한 기업들은 이와 같은 전략을 바탕으로 적극적인 시장 확보에 주력하고 있으며, 이러한 전략들이야말로 통신판매에서의 핵심과제라 할 수 있는 고객의 신용, 고객 수, 매출액 등을 급속도로 끌어올리는 기폭제가 되었다.

(2) 일반유통 시스템과 통신판매 시스템의 차이점

기존의 유통 시스템과 통신판매 시스템의 가장 큰 차이점을 설명하고자 하는데, 이는 상품의 가격결정에 중요한 요인이기도 하며, 또 소비자에게 싼 가격에 상품을 공급할 수 있는 통신판매의 핵심과제라고도 할 수 있다.

아래의 그림을 보면 알 수 있듯이 전통적인 일반유통 시스템인 경우에는 도매상 등의 중간 유통매체가 존재하며, 소비자가 구매하는 상품의 가격에는 이들의 판매관리비 및 마진이 포함되어 높은 가격에 소비자가격이 산정될 수밖에 없다.

반면에 통신판매의 경우에는 이러한 중간 유통과정이 생략됨으로써 같은 상품이라도 보다 싼 가격에 소비자에게 공급될 수 있는 것이다. 이런 면에서 통신판매는 다이렉트 마케팅의 일종으로서, 고객에게 직접 싼 가격으로 상품을 제공할 수 있는 장점을 가진 유통기법으로 현재에 이르게 되었다.

최근의 업체동향을 살펴보면, 유수한 통신판매회사는 고객의 주문, 시장정보 등을 기초로 적극적인 소비자 욕구분석, 판촉분석 및 상품개발 등에 나서고 있다.

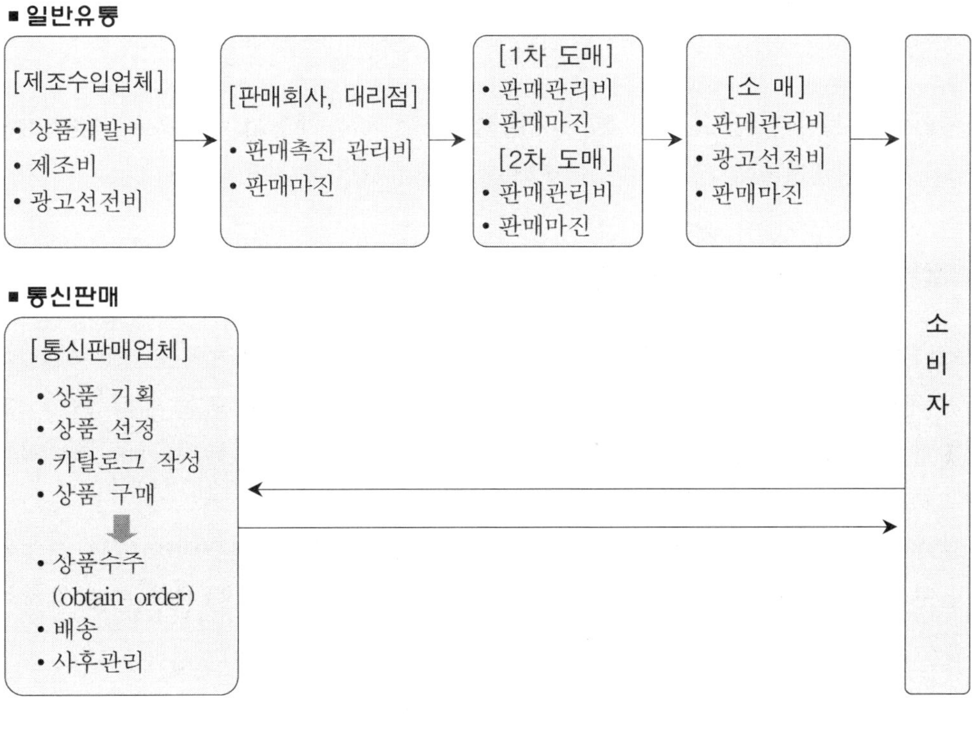

[그림 5-6] 일반유통 시스템과 통신판매 시스템

(3) 통신판매를 통해 유통되는 상품

통신판매를 영위하는 기업이라면, 소비자가 필요로 하는 상품을 개발하고 이를 체계화시킨 업무라인을 구축하여 소비자에게 접근해야 함은 두말할 나위도 없다. 통신판매 시장의 규모가 상당히 커진 지금에 와서도 가장 풀기 어려운 숙제는 "통신판매로 구입할만한 상품이 없다"는 소비자인식이다. 특히, 아직 초창기라 할 수 있는 우리나라의 통신판매업계는 이러한 소비자 욕구를 충족시킬 수 있는 끊임없는 연구와 개발이 이루어져야 한다.

사실 통신판매를 통해 유통시킬 수 없는 상품이란 거의 없다고 보아도 무방하다. 우리나라는 아직 시도되고 있지 않으나 선진국의 경우에는 신선도를 최대한으로 요하는 각종 식품(생선류 판매) 등에까지도 통신판매 기법을 활용하고 있음을 볼 수 있다.

3 인터넷 통신판매 비즈니스의 특징

인터넷 통신판매 비즈니스의 특징은 지역을 불문하고 개업이 가능하며, 적은 비용과 고도의 정보체계에 의해 시간의 제약 없는 국제적인 비즈니스이다.

1. 입지와 무관한 비즈니스

인터넷 통신판매는 다이렉트 마케팅 비즈니스(직접판매 방식에 의한 비즈니스)라는 사업의 특성상, 기본적으로 입지조건의 문제가 없으며, 전국 어느 곳에서라도 상관없이 사업이 가능하다. 대도시에 근거를 둔 회사이든 지방에 근거를 둔 회사이든 평등한 기회를 가질 수 있다는 것이다.

이런 점에서 볼 때, 향후 전국의 모든 기업체가 인터넷 통신판매에 대한 관심을 소홀히 하지 말아야 할 것이며, 자사의 능력에 맞는 영업 전략을 세워 이를 적절히 활용하는 기회로 삼아야 할 것이다.

2. 소자본의 비즈니스

인터넷 마케팅 비즈니스에 가장 중요한 특성이라고 할 수 있는 것이, 사업을 전개하는데 있어 많은 비용이 들지 않는다는 것이다. 이는 기존의 통신판매를 포함한 무점포 비즈니스에서 나타나는 공통된 특징이기도 하며, 이렇게 저비용 구조로서 사업이 전개됨에 따라 보다 싼 가격에 상품을 공급할 수 있는 시스템 구축이 가능하게 된다.

이처럼 인터넷 통판은 무점포임과 동시에 획기적인 판매관리비의 절감에 따른 시스템의 특성으로, 비즈니스를 시작하는 단계에서부터 영업을 해나가는 과정까지 적은 비용으로도 가능한 사업임에 분명하다.

3. 고도의 정보형 비즈니스

인터넷은 컴퓨터가 상호 연계된 네트워크이므로 컴퓨터의 데이터 처리기능을 이용하면 여러 가지의 분석, 서비스가 가능하게 된다.

일반적으로 DBM(Data Base Marketing) 시스템이라 일컬어지는 데이터 분석처리 시스템은 통신판매 비즈니스의 핵이라고도 불리는 것으로서, 종래의 통신판매에도 이 시스템이 활용되어 왔다.

인터넷 통신판매에서도 이 시스템이 중요한 역할을 하고 있는 것이 분명하다. 그런데 이러한 시스템은 대기업에서나 도입이 가능하다는 생각이 지배적이며 이 또한 현실이다.

그러나 실상은 기본적인 시스템 정도라면 작은 기업에서도 만드는 것이 가능하며, 전문가의 도움을 받는다면 소규모 회사라도 초보적인 시스템을 구축하는데 그다지 어려움이 없다.

4. 국제간 비즈니스에 유효

인터넷 통신판매는 국제적으로 오픈되어 있다는데 그 매력이 있다. 이는 기존에 국내에서 판매되던 상품이 해외시장에서도 판매가 가능함을 의미한다. 결국은 수출의 개념이 되는데, 일반적으로 수출이라면 대단한 노하우가 필요한 것으로 인식되고 있는 것 또한 사실이다.

수출에 경험이 없는 회사라면 당연히 이를 기피할 수밖에 없는데, 인터넷을 이용한 통신판매라면 그런 걱정은 할 필요가 없다. 왜냐하면, 카탈로그를 이용한 개인수출의 경우와 거의 대동소이한 과정을 거쳐 상품을 해외로 판매할 수 있기 때문이다. 만약, 어떤 회사가 인터넷에 자사 상품 및 정보에 대한 홈페이지를 개설해 두었다면, 주문에 따른 배송, 대금결제 등의 절차는 이미 설명된 카탈로그를 이용한 개인수출절차와 다름이 없다는 의미가 된다.

4 인터넷 통신판매 사업의 접근방법

1. 기본방침 및 사업계획

어떠한 사업이든 초기에 사업을 실시하기 전에 많은 사전준비를 하게 된다. 인터넷 통신판매 비즈니스도 예외는 아니어서 기본방침이 정해지고 이에 따른 사업계획이 수립되면 사업을 실행하게 된다.

(1) 기본방침 검토

① 인터넷 통판을 실행하기 위한 준비단계로서, 시장분석 및 판매예측에 대해 분석한다.
② 자사의 상품, 체제에 대한 사업의 가능성을 검토한다.
③ 가능한 범위내에서 사업의 각 요소를 검토하고 예측을 해본다.
④ 자신의 능력에 맞는 투자금액, 사업규모, 전략 등을 검토한다.

(2) 기본방침 설정

① 각 요소(물류체계, 대금결제방법 등)에 대한 검토가 끝나면 사업에 대한 기본방침을 결정한다.
② 자신의 능력을 고려해 본격적인 사업으로 시행할 것인가, 아니면 부수입을 올리는 정도의 사업으로 할 것인가에 대해 결정한다.
③ 단기・중기・장기적인 수익성 분석 및 예측을 해 본다.
④ 지속적으로 기본방침에 대해 반복 체크해 보고, 사업개시 후에도 사업연도 단위로 기본방침에 대한 반복체크를 한다.

(3) 사업계획 체크 포인트

① 사업규모에 따른 사업조직, 인원, 시스템 등의 아우트라인을 설정한다.
② 투자금액의 회수계획, 단기·중기의 채산성을 보다 구체적으로 검토한다.
③ 인터넷 통판의 특성에 맞는 상품구성에 대해 보다 면밀히 검토한다.
④ 특히 가격경쟁에 대한 검토가 매우 중요하다.
⑤ 기본방침에 의해 단독 전자점포를 택할 것인가, 전자상점가에 점포를 개설할 것인가를 결정한다. 더불어 어떻게 판촉을 할 것이며, 대금결제방식은 어떤 것으로 할 것인가 등을 중점적으로 체크한다.
⑥ 수주에서 출하에 이르는 물류체계를 결정한다.
⑦ 어떻게 향후 사후관리를 해 나갈 것인가에 대해 검토한다.

2. 인터넷 통신판매 전략

(1) 인터넷 통신판매 시스템

인터넷 통신판매 비즈니스를 실행하고자 하는 경우, 각각의 상황에 알맞은 시스템이 필요하게 되는데, 이러한 시스템에 대해 기술적인 측면까지도 다루게 된다면 너무도 광범위하며, 또 보다 세부적인 시스템 구축에 대한 부분은 전문가의 도움을 받는 것이 좋겠다. 여기서는 인터넷 통신판매 비즈니스를 실행하는 과정에서 없어서는 안될 필요한 시스템에 대해 간단히 소개한다.

① 인터넷 통신판매의 가상점포인 전자점포

전자상거래의 일종으로 일컬어지는 인터넷상의 통판 비즈니스를 실행하기 위해서는 대화창구가 필요하게 되며, 이를 전자점포라 부른다. 이러한 전자점포는 크게 두 가지로 나눌 수 있다.

첫째, 독립형과 전자상점가에의 가맹점형이다. 이 중 독립형의 경우에도 프로바이더(인터넷 접속회사)의 홈페이지(기업, 개인의 정보 페이지) 서비스를 이용한 작은 규모의 형태와 독자적으로 인터넷의 서버(컴퓨터 시스템의 정보제공원)를 구축하여 비즈니스를 실행하는 큰 규모의 형태로 구분된다.

둘째, 전자상점가에 가맹하는 형태에도 홈페이지 렌탈 서비스(rental service) 중심으로 보편적인 상점가에서부터, 고기능의 서비스를 제공하는 높은 가맹비가 수반되는 대규모의 상점가까지 여러 가지 형태로 구분 지을 수 있다. 어느 형태를 취할 것인가에 대해서는 자금력, 사업규모, 사업의 성격에 좌우되지만 모든 선택은 사업자가 신중하게 현재와 미래를 생각하여 선택해야 될 것이다.

② 결제와 물류 시스템

카탈로그 통신판매에서와 마찬가지로 인터넷 통신판매에서도 빼놓을 수 없는 것이 물류 및 결제 시스템이다. 먼저, 물류시스템은 상품조달의 측면과 고객 배송측면이 고려되어야 하며, 무엇보다도 중요한 것이 고객을 위한 배송시스템이다. 이 배송수단에 대해서는 카탈로그를 이용한 개인수입 편에서 자세히 다루었으므로 생략하기로 한다. 이는 양자 간에 특별한 차이가 없기 때문이다.

한편, 결제 수단도 현재까지는 크게 보아, 우편환이나 은행계좌를 통한 송금 및 크레디트 카드를 주로 이용한다는 측면에서 기본적으로는 카탈로그 통신판매에서 다루어진 내용과 크게 다름이 없음을 밝혀둔다.

(2) 수주 및 발주 시스템

카탈로그 통판과 마찬가지로 인터넷 통판을 행하기 위한 중요한 시스템의 하나가 소비자로부터 주문을 받고, 주문받은 상품의 발주에 이르기까지에 필요한 수주·발주 시스템이다. 이 경우에도 앞서 설명한 독립형에서부터 간단한 개인점포형에 이르기까지 다양한 시스템이 존재하는데, 반드시 이러한 시스템을 갖추어야 통신판매가 가능한 것은 아니다.

현재 국내에서는 적은 자본으로도 인터넷 통신판매가 가능하도록 시스템을 구축해 주는 회사들이 많이 존재하므로, 궁금증을 문의하면 많은 도움을 받을 수 있다. 게다가 그들은 시행하고자 하는 회사들의 자금력 등 제반문제들을 감안하여 그에 알맞은 전자점포 등의 시스템을 구축해 주는 것을 자신들의 비즈니스로 삼고 있으므로, 인터넷 통신판매시장에 처음 진출하고자 하는 이들의 노력 여하에 따라서 얼마든지 저렴한 가격으로 협상이 가능하다.

① 크레디트 카드에 의한 주문

인터넷 통신판매에서 현재 가장 많이 사용되고 있는 주문방법이 바로 크레디트 카드 결제에 의한 방법이다. 즉, 온라인으로 주문서에 카드번호를 입력하여 주문하는 경우인데 이러한 방법에는 보안문제가 따르게 된다. 인터넷 정보란에 연결한 서버를 릴레이하여 전송되는 것이기 때문에 어딘가로 정보가 누설될 가능성이 있다.

이러한 문제점을 해결하는 방법으로는 자신이 그레디트 카드회사와 어떤 형태로든 가맹하여 카탈로그 통신판매의 경우에서와 마찬가지로 전화나 FAX를 통해 주문을 받는 방법이 바람직한데 현재는 이런 방법이 가장 널리 쓰이고 있다. 또한, 소비자들도 이러한 결제방식을 가장 선호하고 있다.

② 배송방법

배송수단을 항공편으로 할 것이냐, 만일 항공편을 택한다면 일반 우편소화물로 정할 것이냐, 택배(DHL, F/EXPRESS)편을 택할 것이냐 하는 문제는 여러 가지 상황에 맞추어 선택한다는 면에서 카탈로그 통신판매와 차이가 없다. 다만, 통신판매의 특성상 신용이 무엇보다도 중요하며, 특히 해외주문의 경우라면 신뢰를 위해 더욱 더 세세한 부분까지 신경을 써야 한다.

> 이런 차원에서 보더라도 알맞은 배송업자의 선정에서부터 상품의 품질, 파손, 배송시간 등에 대한 철저한 사전준비가 필요하다. 역시 카탈로그 통신파매의 경우와 마찬가지로 인터넷 통신판매를 처음 실행하고자 하는 경우에도 자사의 상품포장이라든지 발송체계에 대한 정비가 잘 되어 있지 않으면 안된다. 이미 배송부분에 상당한 노하우가 있는 회사라면 몰라도 초기단계에는 주문에 대한 통계조차 나와 있지 않으므로, 어느 정도는 예측을 하여 재고를 확보한다든지 인원에 배치 등에도 소홀함이 없어야 할 것이다.

5 개인수입

개인수입은 개인사업자가 수입을 하는 것이 아니라, 수입상을 거치지 않고 고객이 직접 자신의 손으로 원하는 물건을 해외로부터 입수하는 것을 말한다.

이러한 개인수입은 주로 해외의 백화점, 통신판매회사, 제조회사 등에서 발행하는 카탈로그를 이용하여 이루어진다.

유럽의 경우는 손쉽게 구입하기 어려운 최고급 상품들이 카탈로그에 의해 판매되고 있다. 일본의 경우 한때 '엔고' 현상과 수입품 선호현상이 높아지면서 개인수입

붐이 일기 시작하였다. 하지만, 우리나라의 경우는 카탈로그를 이용한 개인수입이 아직 일반화되어 있지 않다.

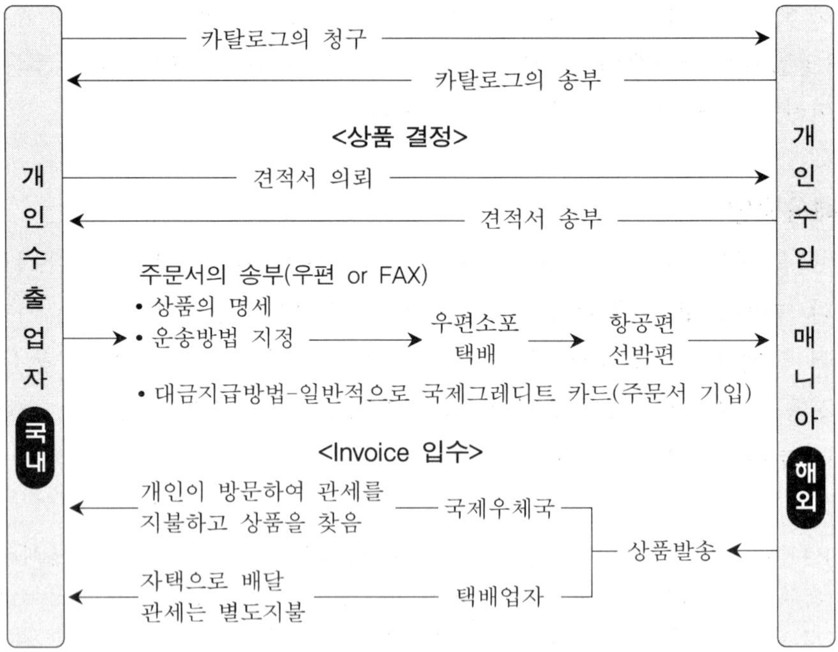

[그림 5-7] 개인수입 과정

1. 개인수입의 절차

개인수입은 대개 카탈로그에 의해서 다음과 같은 절차를 지니게 된다.

(1) 카탈로그 청구

먼저 카탈로그를 청구하는 방법에 대해 카탈로그를 입수하기 위해서는 다음과 같은 방법이 있다.

① 해외 통신판매회사에 편지를 쓴다.

② 한국무역협회나 대한무역진흥공사 등에 가서 해외 메일 오더 리스트를 조사해 편지를 쓴다.

③ 외국의 경우 카탈로그 숍에서 카탈로그를 구입할 수 있지만, 우리나라의 경

우는 아직 일반화되어 있지 않으므로 한국무역협회나 대한무역진흥공사, 상공회의소, 중소기업진흥공단 등 각 기관에 비치된 상품안내서를 보고 구매제의서를 보내거나 카탈로그 청구서신을 보내면 된다.

■ **카탈로그 청구서(예문)**

A. ANDREWS & Co., LTD 50 Libery St. P.O. Box3890 U. S. A.	ABC o., LTD Jamsil-Dong C. P. O. Box7917 SEOUL, KOREA JANUARY. 10. 2017

Dear sirs.

I am very much interested in purchasing your goods and therefore I would appreciate it if you would kindly send me a copy of your lastest catalogue by return mail.
Should there be any cost involved. please let me know the total amount and I will make prompt payment by my visa or master cards.

Thank you for your kind and prompt attention to the above.
your faithfully.

(서 명)
J. S. Lee

(2) 상품결정

카탈로그를 성공적으로 입수했다면, 상품을 결정해야 한다. 즉, 무엇을 살 것인지를 결정하는 것이다. 자신이 원하는 것이 무엇인지, 국내에서 좀처럼 손에 넣기 힘든 것 등등 개인수입의 메리트가 충분히 있는 것으로 신중히 선택하여 결정한다.

해외 통신판매회사들은 제각기 다양한 카탈로그들을 제작하여 배포하므로 카탈로그를 수집하는 것 자체만으로도 또 다른 즐거움을 맛볼 수 있을 것이다.

■ 상품 결정을 할 때의 주의점

① 국내에 같은 상품은 없는가?

- 시간과 노력을 들여 해외에서 수입하는 것이므로 국내에 같은 상품은 없는지 잘 알아보고 확인한 다음 결정한다.

② 관세 등의 세금은 어느 정도인가?

- 상품가격에 비해 관세가 차지하는 비율이 지나치게 크지는 않은지 세금에 대해서도 알아본다.

③ 수입수속에 문제가 있는 상품은 아닌가?

- 카탈로그에 나와 있는 상품은 대개 수입하는데 별 문제가 없지만, 만일의 경우에 대비하여 수입하고자 하는 상품에 대해서 세관에 미리 문의해보는 것이 좋다.

④ 수리나 애프터서비스가 필요한 상품은 아닌가?

- 수입상품은 국내에서 애프터서비스를 받기에 어려움이 있으므로 그러한 상품은 피하는 것이 좋다.

(3) 견적의뢰

카탈로그를 손에 넣게 되면 우선 자신이 수입하고자 하는 물품의 명세서를 정리해 보고 상대편에 견적을 의뢰한다. 카탈로그에는 상품의 가격만 나와 있으므로, 그 외의 경비(수송비, 포장비, 보험료 등)를 확인하는 것이 중요하다. 또 견적을 받는 것은 상품의 재고를 확인한다는 의미도 포함된다.

■ 견적의뢰서(예)

A. ANDREWS & Co., LTD
50 Libery St.
P.O. Box3890
U. S. A.

ABC o., LTD
Jamsil-Dong
C. P. O. Box7917
SEOUL, KOREA
JANUARY. 10. 2017

Dear sirs.

I would like to have your quotation, for the following goods;

PAGE	ITEM NO.	GOODS	QUANTITY	PRICE	ITEM TOTEL
26	A 060	BACKPACK	2	$72.00	$144.00
27	A 063	SUNGLASS WITH CASE	1	$50.00	$50.00

Sub total : $194.00
Postage : By air parcel post $________
Insurance : To be added $________
Grand total : $
Payment method : Postal money order

I am greatful to you if you could simply fill in the above banks and turn to me by my fax number.
Thank you for your attention with best regards.

(서 명)

(4) 주문

카탈로그를 수집하여 마음에 드는 상품을 골라서 견적의뢰까지 해 보았다면, 이제는 정식으로 주문을 해보자. 그러나 주문을 할 경우에 다음의 몇 가지에 유의해서 주문하는 것이 좋다.

주문방법은 카탈로그에 첨부되어 있는 주문서(Order Sheet)에 필요사항을 기입하는 것이다. 이때는 다음의 내용에 주의하도록 하자.

■ **주문기입시 주의사항**

① 상품명을 정확히 기입한다.
② 상품기호를 정확히 기입한다.
③ 숫자를 확실히 기입한다.
④ 발송처의 주소를 정확하게 기입한다.
⑤ 수송방법(항공 또는 선박)을 확실하게 기입한다.
⑥ 송금방법을 확실하게 기입한다.

카탈로그에 표시되어 있는 대로 주문서의 필요한 곳에 기입한다. 기입한 후에는 빠뜨린 곳이나 잘못 기입한 곳은 없는지 여러 번 확인한다. 그리고 상품의 발송처는 반드시 영문으로 정확히 기입한다.

개인수입으로 한 상품을 선물용으로 사용할 경우에는 상대를 충분히 배려해야 하므로 다음과 같은 점에 주의하도록 하자.

① 상대방의 주소와 이름을 정확히 기입했는지 확인한다.
② 나라마다 사이즈의 표시가 다른 경우가 있으므로, 사이즈가 적당한지 잘 알아보아야 한다.
③ 관세 등은 수취인이 지불하게 되므로 주의를 해야 한다.

(5) 송금수속

주문서를 쓴 다음, 송금수속을 한다. 대금결제방법으로는 다음의 3가지 방법이 있다.

① 은행 송금수표 이용
② 외국 우편환어음 이용
③ 크레디트 카드 이용

■ 상품주문서

VOCTORLA'S SECRET
NORTH AMERICAN OFFICE
P.O. BOX 16589
COLUMBUS, OHIO 43216
TEL : 1-624-337-5122
FAX : 1-624-337-5555

ABC o., LTD
Jamsil-Dong
C. P. O. Box3897
SEOUL, KOREA
TEL : 82-2-000-0000
FAX : 82-2-000-0000
YOUR REF. : 0000
JANUARY. 19. 2017

Dear sirs.

Tank you for yoyr quotation dated X/Y. I would like to order following items.

DESCRIPTION	SIZE/COLOR	UNIT PRICE	QTY	TOTEL PRICE
		$	$	
		$	$	
		$	$	

Shipping Handling charge :
Air parcel post(Courier, Surface parcel post) : $
Insurance : $
Total order : $

Please charge to :
Visa(Master card, Amsrican express)
Card # :
Expiration data : Month/Year
Name on card :
Signature(As shown on credet card) :

I look forward to receiving at your earliest convience.

Sincerely.

(6) 수송방법

해외 통신판매회사가 보내오는 상품수송 방법에는 다음과 같은 것들이 있다.

① 우편소포(항공편 또는 선박편)

우편소포를 이용하면 요금도 싸고 통관 수속이 비교적 간단하다. 우편소포를 항공편으로 할지 배편으로 할지는 시간과 발송요금을 고려하여 결정한다.

② 항공회사를 이용하는 항공수송

항공수송은 시간은 적게 걸리지만 요금이 비싸다.

③ 선박회사를 이용하는 해상수송

해상수송은 시간이 많이 걸리지만 요금이 싸다.

(7) 상품의 수취

상품은 송금수속 후 1~2개월 만에 도착한다. Invoice(송장)는 상품의 발송에 앞서 보내주는 경우도 있고, 상품과 동시에 발송하는 경우도 있다. Invoice는 상품이 도착할 때까지 잘 보관해 두어야 한다.

(8) 통관수속

상품을 수취하기 전에 최종적인 절차로 통관수속이 있다. 우편주문을 주로 하는 개인수입의 경우는 국제우편을 이용한 통관수속을 거쳐 상품을 입수한다.

- 세금이 없는 상품의 경우는 우체국으로부터 수취인에게 직접 배달된다.
- 과세품의 경우에는 국제우체국에서 '통관안내서'를 보내오므로 이와 함께 신분증과 도장을 지참하고 국제우체국 창구에 가서 10만원 미만인 상품의 경우는 면세가 되므로 그냥 수취하면 되고, 그 이상의 경우에는 세액을 납부한 뒤 수취하면 된다.

■ **개인수입시 유의할 점 및 요령**

개인수입이 어렵다고 생각할 필요는 없다. 원하는 상품을 구입하는 방법이 한 가지 더 추가된다고 생각하면 된다. 외국상품을 국내의 백화점이나 수입품 점포에서 구입하는 것이 아니라 직접 해외에서 구입한다는 적극적인 자세만 있으면 된다. 따라서 자신이 원하는 상품을 스스로 찾아 외국에 편지를 보내어 주문하고, 상품을 손에 넣기까지의 과정을 직접 해결하는 것이다.

① 직접수입인 경우

- 수입에 대한 전반적인 지식을 갖춘다.
- 어느 정도 자금을 준비한다.
- 수입한 상품의 판매처를 결정해 둔다.
- 상품지식을 숙지하여 알아둔다.
- 시장지식을 익히고 동향을 알아둔다.
- 유행에 민감하도록 노력한다.

② 수입대행인 경우

- 개인수입을 직접 시도할 경우에는 여러 가지 리스크가 있고 예상하지 못한 문제가 발생하기도 한다. 이러한 이유로 스스로 행동에 옮기지 못하는 사람들을 위해서 존재하는 것이 수입대행업자이다.

※ 수입대행업자란 수수료를 받고 고객을 대신해서 고객이 원하는 상품을 찾아 수속하여 수입하여 고객에게 상품이 전달되도록 하는 업자이다.

the point note

Global Entrepreneurship In Action

04 FTA

1 FTA(Free Trade Agreement) 개념

FTA 개념22)은 국가 간 상품의 자유로운 이동을 위해 모든 무역 장벽을 제거하는 협정으로 자유무역협정(free trade agreement)을 의미한다. 즉, 특정 국가 간의 상호 무역증진을 위해 물자나 서비스 이동을 자유화시키는 협정으로, 나라와 나라 사이의 제반 무역장벽을 완화하거나 철폐하여 무역자유화를 실현하기 위한 양국 간 또는 지역 사이에 체결하는 특혜무역협정이다.

WTO는 모든 회원국에게 최혜국대우를 보장해 주는 다자주의를 원칙으로 하는 세계무역 체제인 반면, FTA는 양자주의 및 지역주의적인 특혜무역체제로, 회원국에만 무관세나 낮은 관세를 적용한다. 따라서 시장이 크게 확대되어 비교우위에 있는 상품의 수출과 투자가 촉진되고, 동시에 무역창출 효과를 거둘 수 있다는 장점이 있으나, 협정 대상국에 비해 경쟁력이 낮은 산업은 문을 닫아야 하는 상황이 발생할 수도 있다는 점이 단점으로 지적된다.

1. FTA의 핵심 3가지

FTA의 기본적으로 역외생산, 역외운송, 역외재료를 허용하지 않는다. 즉, 자국에서 생산하고 자국의 배로 운송하며, 자국의 원부자재를 사용하는 것이 기본원칙이다. 이러한 원리를 이해하고 세부적인 사항에 대해서 알아보자.

---

22) 이주섭, 김연동 「무역경영의 이해」 에이드북

(1) FTA 기본원리

① FTA 주요내용 및 대상범위

전통적인 FTA는 상품분야의 관세 인하에 중점을 두고 있는 경우가 많다. 그러나 근래에는 상품의 관세 철폐 이외에도 서비스 및 투자 자유화까지 포괄하는 것이 일반적인 추세며, WTO 체제의 출범(1995년)을 전후하여 FTA의 적용범위도 크게 확대되어 지적재산권, 정부조달, 경쟁정책, 무역구제제도 등, 협정의 대상범위가 점차 넓어지고 있다.

다자간 무역협상 등을 통하여 전반적인 관세 수준이 낮아지면서 다른 분야로 협력 영역을 확대하게 된 것도 이 같은 포괄 범위 확대의 한 원인이라고 할 수 있다.

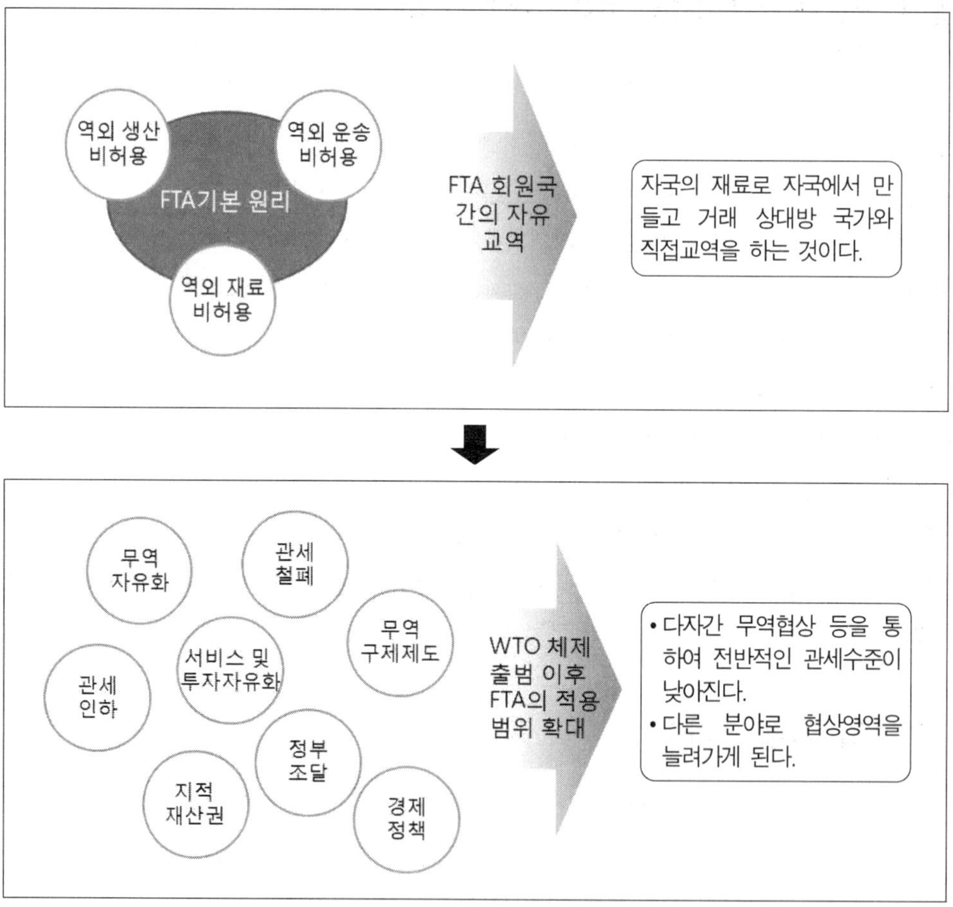

[그림 5-8] FTA 주내용과 대상범위

② FTA 체결현황

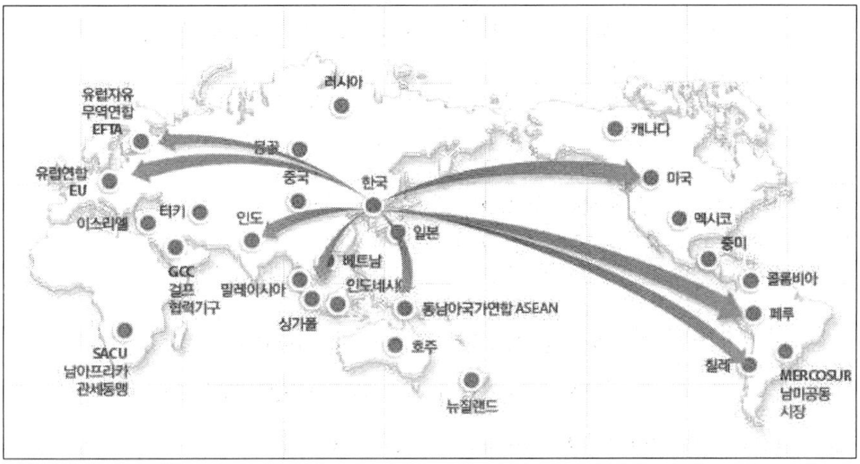

[그림 5-9] FTA 체결국 분포도

표 5-1 · 우리나라 FTA체결현황

구 분		종 류
발효 (45개국)	칠 레	2004. 4. 1 발효
	싱가포르	2006. 3. 2 발효
	EFTA (4개국)	2006. 9. 1 발효(스위스, 노르웨이, 아이슬란드, 리헨슈타인 4개국)
	아세안 (10개국)	말레이시아, 싱가포르(2007.6.1), 베트남(2007.6.29), 미얀마(2007.11.27), 인도네시아(2007.12.7), 필리핀(2008.1.1), 브루나이(2008.7.1), 라오스(2008.10.1), 캄보디아(2008.11.1), 태국(2010.1.1) 발효
	인 도	2009. 8. 7 서명 2010. 1. 1 한-인도 CEPA 발효
	EU (27개국)	2010. 10. 6 서명 2011. 7. 1 한-EU FTA 발효
	페 루	2011. 3. 21 서명 2011. 8. 1 한-페루 FTA 발효
	미 국	2007. 6. 30 협정서명 2011. 2. 10 한-미 FTA 추가협상합의문서 서명 및 교환 2011. 10. 11 한-미 FTA 미국 상원 재무위 통과 2011. 11. 22 한-미 FTA 비준안 국회 통과 2012. 3. 15 한-미 FTA 발효

협상 중 (12개국)	캐나다	2005. 7. 28 1차 협상 개시 2008. 3. 25~28 제 13차 협상(캐나다)
	멕시코	6차례의공동연구 후 전략적 경제상호보완협정(SECA[23]) 체결 합의(2005. 9. 9) 2007. 12월 기존의 SECA를 FTA로 격상 후 제 1차 협상(멕시코시티) 제2차 협상(서울, 2008년. 7월, 2009년. 3월·7월)
	GCC (6개국)	사전협의(2007. 11 .21) 총 3차례 협상(2008. 7월, 2009. 3월·7월)
	호 주 (10개국)	FTA 공종연구 개시 합의(2006. 12) 총 5차례 협상(2009. 5월·9월·12월. 2010. 3월·5월)
	뉴질랜드	FTA 공동연구 진행(2007. 2~2008. 3) 총 4차례 협상(2009. 12월, 2010. 3월·6월·10월, 2011. 10월)
	콜롬비아 (27개국)	총 5차례 협상(2009. 12월, 2010. 3월·6월·10월, 2011. 10월)
	터 키	FTA 협의(서울, 2010. 1. 28~29) 총 3차례 협상 (2010. 4월·7월, 2011. 3월)
협상준비 또는 공동연구 (10건, 17개국)	일 본	2004. 11월 6차 협상 후 중단 2차례 한·일 FTA국장급 협의 개최(2010. 9월, 2011. 5월)
	중 국	신관학 공동연구(2007. 3~2010. 5) FTA정부간 사전협의 제 1차 회의 개최(북경, 2010. 9. 28~29)
	한국·중국·일본	6차례 신관학 공동연구(2010. 5월·9월·11월, 2011. 3월·6월·8월)
	Mercosur (4개국)	제 4차례 공동연구 실시(2005. 5~2006. 12) 무역과 투자의 증진을 위한 공도오협의체 설립 MOU 서명(2009. 7. 23)
	이스라엘	FTA 공동연구 개시(2009. 8) FTA 공동연구 종류(2010. 8)
	SACU	FTA 민간공동연구 개시 합의(2008. 12.9)
	베트남	6차례 FTA 공동작업반 회의 개최(2010. 6월·10월, 2011. 3월·7월·8월·10월)
	몽 골	민간공동연구 개시 합의(2008. 10)
	중 미 (6개국)	공동연구개시 (피나마, 코스타리카, 과테말라, 온두라스, 도미니카공화국, 엘살바도르)
	말레이시아	FTA 타당성 연구 제시(2011. 5.1)
	인도네시아	한·인 CEPA[24] 공동연구 회의 개최(2011. 7월·9월·10월)

23) SECA : 경제보완협정(Strategic Economic Complementation Agreement)
24) CEPA : 포괄적 경제동반자 협정(comprehensive economic partnership agreement)

(2) FTA 활용에 따른 수입 및 수출 시 효과

① 수출시 효과

우리나라 제품을 체결국에 수출할 때 상대국 수입관세가 낮아지므로 수입국 시장에서 상대적으로 FTA를 체결하지 않은 나라로부터의 수출제품에 비해 가격경쟁력이 높아진다.

<FTA를 통한 관세절감 효과액 측정 방법>

관세혜택 = (일반세율 − FTA 협정세율) × 수입금액(CIF)

- FTA 적용 전 한국에서 EFTA 협정국가로 세톱박스 수출시 : 관세 16%
- FTA 적용 후 한국에서 EFTA 협정국가로 세톱박스 수출시 : 관세 0%

② 수입시 효과

체결국에서 수입하는 원자재 및 부품에 대한 관세를 절감할 수 있다.

<FTA를 통한 관세절감 효과액 측정방법>

관세혜택 = (일반세율 − FTA 협정세율) × 수입금액(CIF)

- FTA 적용 전 한국에서 칠레산 구리 수입시 : 관세 3%
- FTA 적용 후 한국에서 칠레산 구리 수입시 : 관세 1.3% FTA 협정관세

2. FTA 원산지증명서

원산지증명서란 물품이 역내산임을 증명하는 문서이고 FTA 체결 국가 간의 원산지증명서는 관세특혜에 따른 협정별로 근거하여 FTA 원산지증명서를 발급한다. 협정체결 국가나 단체에 따라 자율발급과 기관발급으로 나눠서 발급을 하고 있다.

(1) FTA 원산지증명서의 중요성

FTA는 협상체결국 간의 무관세 또는 저율관세를 적용하여 물품의 자유로운 이동을 촉진하고, 양국간 무역 활성화를 통하여 수출입을 확대하는데 목적이 있는 바, 이에 비협상국과의 차별적 수단으로 원산지 증명서의 발급이 요구된다.

FTA 원산지 규정이 비특혜 원산지 규정보다 엄격하고 구체적인데, 이유는 FTA 원산지 규정이 FTA 특혜관세 혜택의 역외유출 내지 제3국 기업에 의한 우회수입을 방지할 필요가 있고, 역내 부품산업을 육성하는 산업정책을 추진할 필요가 있기 때문이다.

따라서 통상적으로 요구하는 원산지증명서가 아닌 FTA 협정세율 적용을 위해 해당 국가의 기관 또는 수출자가 발급한 FTA 원산지증명서를 요구한다. 다시 말해, 원산지증명서를 발급받아 비협상국과의 차별적 수단으로 이용하겠다는 것이다.

(2) FTA 원산지 결정기준 및 확인방법

① 완전생산기준(Wholly Obtained or Produced Criterion)

기초원재료부터 완전히 수출국에서 생산된 제품으로, 100% 원재료를 이용하여 100% 국내생산의 경우에만 해당된다. 원산지 결정기준의 기본 원칙이나 실질적으로 적용이 어렵기 때문에 농수산물, 광물 등에만 적용된다.

② 실질적 변형기준(Substantial Transformation Criterion)

생산과정이 역내와 역외 이상에 걸쳐 이뤄진 물품에 대해 본질적인 특성을 부여하기에 충분한 정도의 실질적 변형이 최종적으로 수행된 국가에 원산지를 부여하는 것이다.

예를 들어, 컴퓨터 본체를 생산하는데 있어 일부 원부자재를 중국이나 일본 등에서 생산한 것을 가공하여 한국에서 생산한 경우이다. 위의 완전생산기준이 충족하기가 어렵기 때문에 적용되는 기준으로 아래의 3개 기준이 각각 적용되거나 결합하여 적용되기도 한다.

■ 세번변경기준(Change in Tariff Classification Criterion)

불완전 생산품에 대한 원산지 결정기준의 한 종류로서 역내 생산과정에서 투입된 비원산지 재료의 세번과 다른 세번의 제품이 생산되면 제품을 원산지 물품으로 인정하는 것이다.

HS코드는 6단위이기 때문에, 류단위 변경기준(2단위), 호단위 변경기준(4단위), 소호단위병경기준(6단위 변경기준)이 있다.

■ **부가가치기준(Value added Criterion)**

완제품을 구성하는 원재료 중, 비원산지재료와 역내산 재료의 비율을 따지는 기준으로서, 일정비율 이상의 원재료가 역내산이면 제품을 역내산으로 인정하는 규정이다.

■ **특정가공공정기준(Specific Manufacturing or Processing Operation Criterion)**

특정한 가공공정이 역내에서 수행되어야 원산지로 인정하는 규정을 말한다. 대개, 실질적인 변형은 있었으나 세번이 변경하지 않는 제품을 보완하기 위해 쓰이는 규정이다. 재료를 기반으로 하는 가공공정기준이나 HS코드의 변형을 기반으로 하는 세번변경기준과는 달리 공정만 따지는 기준이다.

위의 3가지 유형은 품목별 기준이고, 가 협정별로 일반기준이 적용되는데, 역내산으로 인정을 받으려면, 협정별 일반기준과 HS코드별로 구성된 품목별 기준을 모두 만족시켜야 한다.

(3) FTA 원산지증명서 발급방식

① 기관발급제

협정이 정하는 방법과 절차에 따라 원산지 국가의 관세당국 기타 발급권한이 있는 기관이 당해 물품에 대하여 원산지를 확인하여 발급하는 제도로서 우리나라는 상공회의소와 관세청에서 발급을 하고 있다.

② 자율발급제

협정에서 정하는 방법과 절차에 따라 수출자가 당해 물품에 대하여 원산지를 확인하여 작성하고 서명(당해물품의 상업송장 또는 관련서류에 수출자가 원산지 국가를 기재할 것을 포함)하여 사용하는 제도로써 기업이 자율적으로 발급을 하여야 하며, 기업에서 원산지관리 시스템을 보유하지 않은 경우, FTA-KOREA, FTA-PASS를 이용하여 ASP 방식으로 발급을 처리할 수 있다.

표 5-2 · FTA 협정국별 원산지증명서 발급방식

FTA협정국	발급방식	발급기관	증명서 서식	유효기간	사용언어
한·칠레	자율발급	수출자	양국간 통일 증명서식	2년	영어
한·싱가포르	기관발급	세관, 상공회의소, 자유무역관리원	국별 증명서식	1년	영어
한·EFTA	자율발급	수출자	송품장 신고방식	1년	영어
한·아세안	기관발급	세관, 상공회의소 (개성공단 : 세관)	통일 증명서식 -AK서식	6개월	영어
한·미국	자율발급	수출자, 생산자, 수입자	정형화된 양식없음	4년	영어/한글 (요구시 번역본제출)
한·인도	기관발급	세관, 상공회의소	통일 증명서식 -KIN서식	1년	영어
한·EU	자율발급	수출자	송품장 신고방식	1년	한글 · EU 당사국언어
한·페루	기관(5년) 자율발급	세관, 상공회의소, (자율발급시 수출자)	기관(통일증명서식) 자율(송품장신고방식)	1년	영어

<FTA 원산지관리 이행절차>

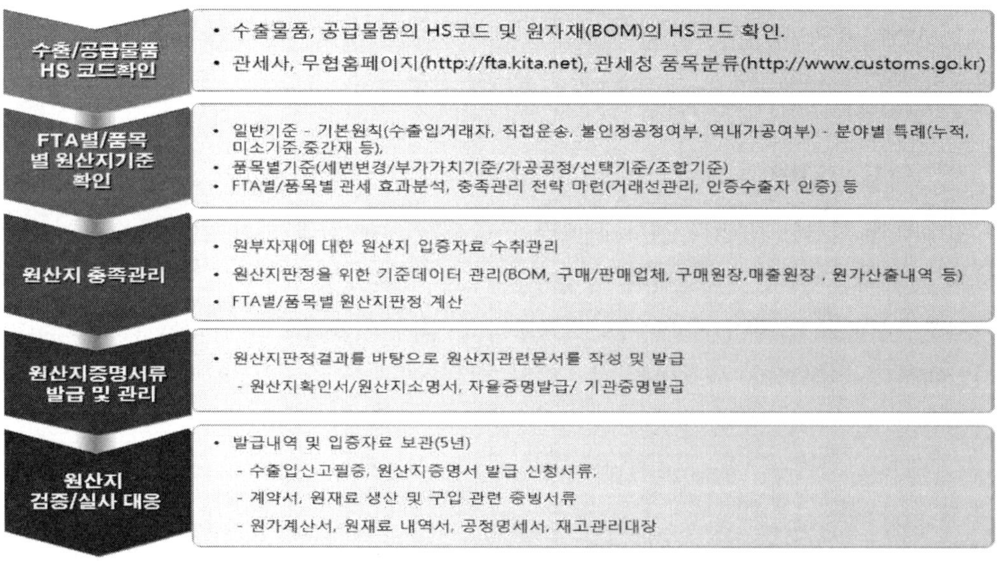

표 5-3 · 인증수출자 협정별 혜택

구 분	인증 전	인증 후
한·아세안 한·싱가포르 한·인도	· 원산지증명서 발급신청서 작성 · 첨부서류 제출 -수출신고필증 사본 -송품장 또는 거래계약서 -원산지소명서 -원산지확인서 (생산자와 수출자가 다른 경우) -그 밖의 원산지 증빙자료 · 현지 확인(필요한 경우)	· 원산지증명서 발급신청서 작성 · 첨부서류 제출 생략 · 현지확인 생략 가능
한·EFTA	· 자율발급 원산지증명서로 (통상 Invoice 신고시) 수출자의 서명 필요 ※전자문서 이용 불가능	· 자율발급 원산지증명서로 (통상 Invoice 신고시) 수출자의 서명 생략 ※전자문서 이용 가능
한·EU	· 6,000유로 초과 물품을 수출할 경우 특혜관세 혜택 불가능 (기관발급도 불가능)	· 6,000유로 초과 물품을 수출할 경우 자율적으로(통상 Invoice 신고시) 원산지증명서 발급 가능 (특혜관세 적용 가능)
한·페루	· 미화 2,000달러 초과 물품을 수출할 경우 원산지증명서 기관발급만 가능	· 미화 2,000달러 초과 물품을 수출할 경우 원산지증명서 기관발급 및 자율발급 모두 가능

■ 인증수출자 인증 심사기준

- 원산지관리를 위한 전산시스템 또는 업무 매뉴얼에 의해 원산지 증명이 가능해야 함.
- 원산지관리 능력을 갖춘 전담 관리자를 지정(자격증 소지자 또는 FTA 교육 이수자)
- 원산지증명서 작성대장 관리 및 원산지 입증서류의 보관(5년)
- 최근 2년간 원산지조사 거부, 서류보관 의무위반 등 처벌 사례가 없어야 함.

3. FTA 원산지증명서 발급 시스템

우리나라 원산지증명서 기관발급 기관은 관세청 및 대한상공회의소이며, 자율발급은 기업이 자율적으로 시스템을 구비하여 발급하는 것이다. 많은 중소기업들은 자율적 시스템 구비가 어려움으로 ASP 서비스 방식(FTA-KOREA, FTA-PASS)을 활용할 수 있다.

표 5-4 · FTA-KOREA, FTA-PASS 비교

구 분	FTA-KOREA	FTA-PASS
서비스 방식	인터넷기반 서비스	PC설치버전('10년) 인터넷기반서비스
운영 주체	국가전자무역기반사업자(uTH, KTNET)	FTA국제원산지정보원(관세청 지원)
지원협정	8개 FTA 협정 지원	8개 FTA 협정 지원
전자문서 송수신	원산지(포괄)확인서, 원산지소명서, 원산지확인요청서,원산지증명서	원산지소명서,원산지확인요청서, 원산지증명서
기초데이터 입력	직접입력, 엑셀업로드, Web 서비스연계	직접입력, 엑셀업로드, API 데이터 송수신
사후검증 대비 자료 관리	전자무역문서보관소 사용	사설 운영서버 이용

(1) 기관발급 시스템

관세청에서 발급하는 시스템은 통관 포털(http://portal.customs.go.kr)을 활용하여 발급한다.

① 발급 프로세스 1 - 관세청 이용

- 전자공인인증서 구입
- 관세청 전자통관포털시스템(Uni-Pass) 가입
- 이용 신청서 작성 - 관할 세관장으로부터 전자민원 사용승인
- Uni-Pass 시스템에 접속하여 FTA 원산지증명서 발행 신청서 내역 입력 후, 첨부서류를 PDF파일 등으로 첨부하여 발급신청

<관세청 이용 발급 프로세스>

※ Off-line(직접) 서류작성-직접 세관방문 제출-발급

※상공회의소에서 발급 받을 경우, 무역인증홈페이지를 이용하여 발급한다.
(http://cert.korcham.net/certweb/index.htm)

② 발급 프로세스 2 - 상공회의소 이용

- 상공회의소에 서명 등록하고 사용자 ID를 발급
- 로그인 후, FTA 원산지증명서 발행 신청서 내역을 입력 후, 첨부서류를 PDF파일 등으로 첨부하여 발급신청

<상공회의소 발급 프로세스>

※ Off-line(직접) 서류작성-직접 상공회의소방문 제출-발급

(2) 자율발급 시스템

기업에서 자율적으로 준비하는 시스템 외에 FTA-KOREA, FTA-PASS를 활용하여 발급하는 것을 알아보자.

① FTA-KOREA

FTA-KOREA는 인터넷 ASP 서비스로 별도의 프로그램 설치나 구축비용이 없으며, 여러 수출회사와 거래관계가 있는 중견/중소기업의 원산지관리에 적합하다.(전자문서에 의한 원산지 판정자료 교환) 또한, uTH의 전자무역업무와 전자무역 문서보관소 활용이 가능하다.

<서비스 구성도>

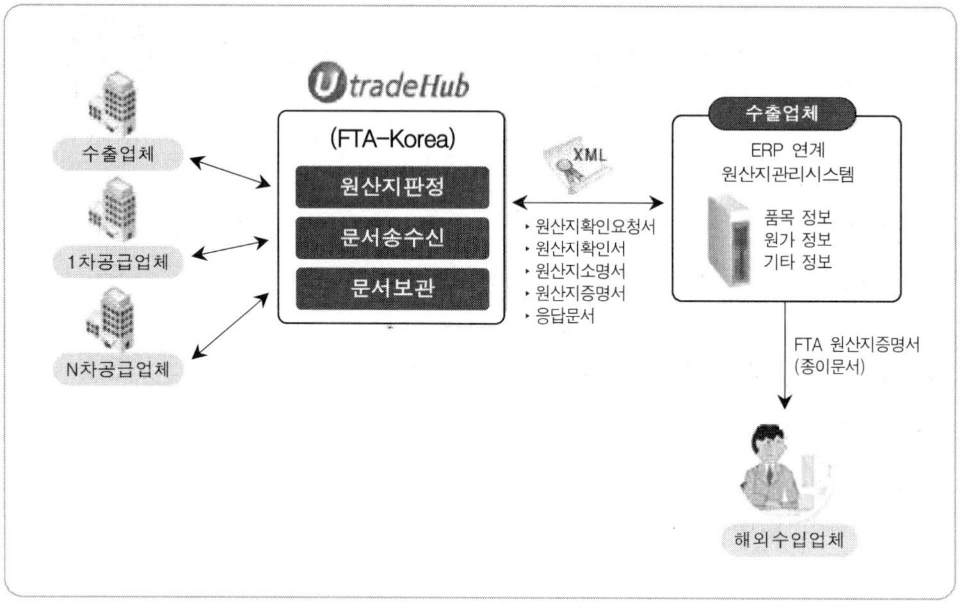

표 5-5 · 주요기능

구 분	내 용
FTA 정보조회 시뮬레이션	• 협정별/지역별 원산지정보 조회 • FTA Rule 관리/HS코드 조회 • 시뮬레이션
기준정보관리	• 회사/사용자/권한 관리 • 품목관리/구매업체관리/판매업체관리/표준 BOM/제조공정관리 • 직접입력, 엑셀 일괄업로드
판정관리	• 원재료 수불부, 제품 수불부, 제품별 원산지 판정대상 • 제품별 원산지 판정/매출별 원산지 판정 • 개별확인서 발급/포괄확인서 발급
전자문서 송수신	• 증명서 출력/발급 ※ 원산지확인서, 원산지소명서/제품원가 산출내역서 • 송수신관리(원산지확인서, 원산지소명서/미결요청서/결과통보서 등)
사후관리	• 서명권자대장, 확인서 수취사항, 발급문서별 이력관리, 기준정보관리 등

수출입 유관기관 및 관련 부대비용

1. 수출입 유관기관

무역업고유번호 신청 및 변경사항

업 무	내 용	이용방법·절차	처리기관	전 화
무역업고유번호 신청 및 안내	• 무역업고유번호 신청서 접수, 고유번호 부여 • 무역업고유번호 신청사항 변경 • 무역협회 회원가입	• 신청서, 사업자등록증 사본 제출 • 고유번호 부여 • 회원가입신청서 -가입비 20만원 -연회비 15만원 납부→회원증교부	• 한국무역협회 본부 및 각 지부 회원서비스팀 • 부산지부 • 경남지부 • 대구경북지부 • 광주전남지부 • 전북지부 • 대전충남지부 • 충북지부 • 인천지부 • 강원지부 • 경기지부 • 울산사무소	02)6000-5334/6 051)993-3301/6 055)282-4115/6 053)753-7531/3 062)943-9400/1 063)214-6991/2 042)864-4620/2 043)236-1171 032)420-0011/3 033)256-3067/8 031)259-7850/3 052)287-3060/1
무역대리업 안내	• 외국의 수출입 업자로부터 위임받은 자가 국내에서 오퍼발행 또는 수출물품의 구매알선 행위를 업으로 하려는 자	• 2000. 1. 1부터 신고제 폐지	• 한국수입업협회 • 한국외국기업협회	02)792-1581/3 02)3462-0505

거래알선 및 해외시장개척

업 무	내 용	이용방법·절차	처리기관	전 화
거래알선	• 해외의 각종 Inquiry를 관련 국내업체에 연결하여 무역거래가 성립토록 지원 • 수출입상 리스트 작성 및 정기적인 정보제공	• Inquiry 정보 열람 및 카탈로그 등을 통한 내방 외국인에 제품소개	• 한국무역협회 고객 서비스팀 • KOTRA 글로벌 수출지원팀 • 한국피혁공업협동조합 • 한국농림식품수출입조합 • 한국외국기업협회 • 바이어가이드 업무부 • 한국신발산업협회 • 전국경제인연합회 • 중소기업중앙회 • 대한상공회의소 • 한국수입업협회	02)6000-5016/7 02)3460-7737 02)2252-7602/3 02)6300-8200/4 02)3462-0505 02)551-2380/3 051)317-5202 02)3771-0114 02)2124-3114 02)6050-3114 02)792-1581
해외홍보	• 홍보매체를 통한 주요 수출상품 및 관련사업에 대한 해외홍보	• 신청→홍보물작성→배포	• KOTRA해외마케팅본부 • 바이어가이드 취재부 • 대한상공회의소 • 중소기업중앙회 • 한국기계산업진흥회 • 한국전자정보통신산업진흥회 • 한국완구공업협동조합 • 한국금속공업협동조합 • 한국전자공업협동조합 • 한국공작기계공업협회 • 한국조선글로벌수출지원팀협회	02)3460-7400 02)551-2830/3 02)6050-3114 02)2124-3114 02)369-8600 02)6388-6000 02)795-9505 02)780-4411 02)597-1010 02)565-2721 02)2112-8181
	• 해외시장조사 및 개척 • 해외시장 개척기금 융자	• 회원가입→조사의뢰→조사자료통보 • 매 분기별 신청접수	• KOTRA • 한국무역협회 국제협력팀	02)3460-7739 02)6000-5196
신용조사	• 거개선의 신용조사	• 신용조사의뢰→신용조사→조사결과 통보	• KOTRA • 신용보증기금 • NICE평가정보	02)3460-7714 02)2067-4117 02)2122-4000

무역제도 및 절차 상담

업 무	내 용	이용방법·절차	처리기관	전 화
무역제도 및 절차상담	• 수출입절차 및 관련 법규 상담(상역, 관세, 금융, 외환, 국제상관습, 세무, 공업소유권, 상품분류) • 무역서식 기재요령 작성지도	• 전화, 서면 및 내방 문의 • 인터넷 상담 (FAQ Q&A)	• 한국무역협회 고객 서비스본부(www.kita.net) 종합무역컨설팅지원단	02)6000-5331
계약서 작성 및 클레임 상담	• 상사분쟁의 사전예방을 위한 상거래계약서 작성지도 -(수출입대행 계약서, 용선계약서, 상품매매 계약서, 기술계약서, 합작투자 계약서, 기타 상거래계약서 등) • 클레임 해결절차 및 관련법규 상담	• 전화, 서면, 내방 문의	• 대한상사중재원	02)551-2001/19

수출입승인 및 쿼터 관리

업 무	내 용	이용방법·절차	처리기관
수출승인	수출입공고 등에 의한 수출승인 품목에 대한 수출승인	E/L 4부 작성신청→즉시처리	해당 조합 및 단체
쿼터관리	쿼터 또는 수출자율규 제품목의 배정, 비자발급 및 양수도	접수→검토→확인→발급	해당 조합 및 단체
수입승인	수출입공고 등에 의한 수입승인 품목에 대한 수입승인	I/L 5부 작성 수입승인 신청	해당 조합 및 단체
할당관세 적용추천	할당 관세품목에 대한 추천	신청→추천	해당 조합 및 단체
외화획득용 원료수입 승인	수입제한 품목을 외화 획득용 원료로 수입하려고 할 때, 수입승인기관에 수입승인 신청	I/L 5부 작성→수입승인 신청	해당 조합 및 단체

무역업고유번호 이외에 자격요건을 갖추어야 하는 물품

업 무	내 용	이용방법·절차	처리기관	전 화
의약품 수입자 확인	원료의약품, 완제의약품, 의약부외품, 화장품, 의료용구, 한약재 등은 동자격을 갖추어 수입 가능	요건구비→신청→확인	각 지방 식품의약품안전청	02)2460-1300
마약취급 업자면허	마약의 경우 동자격을 갖추어야 수출입 가능	요건구비→신청→확인	식품의약품안전청 마약관리과	043)719-2801/13
향정신성 의약품 취급자 면허	향정신성의약품의 경우, 동자격을 갖추어야 수출입 가능	〃	〃	〃
대마 취급자 허가	대마의 경우, 동자격을 갖추어야 수출입 가능	〃	시, 군, 구	〃
동물의약품 등의 수출입업 허가	원료동물약품, 완제동물약품, 동물용위생용품, 동물용의료용구 등은 동자격을 갖추어야 수출입 가능	〃	농림수산검역검사본부	031)467-1700
농약수입업 등록	농약의 경우 동자격을 갖추어야 수입 가능	요건구비→신청	농촌진흥청 (시·도 경유)	031)299-2605
종묘업 허가	종묘의 경우 동자격을 갖추어야 수출입 가능	요건구비→신청→신고	시, 도	
수입식품 판매업 신고	수입식품의 경우 실수요자가 동자격을 갖추어야 통관이 가능	요건구비→신청→신고	시, 군, 구	
주류 수출입업 면허	주류의 경우 동자격을 갖추어야 수출입 가능	요건구비→신청→면허	관할세무서	
담배수입 판매업 등록	담배의 경우 동자격을 갖추어야 수입 가능(외국제조회사와 공급계약서+무역업)	요건구비→신청→등록	기획재정부 출자관리과	02)2150-5176
석유수출입업 신고	석유류의 경우 동자격을 갖추어야 수출입 가능	요건구비→신청→신고	지식경제부 석유산업과	02)2110-4890
외국영화 수입업 신고	외국영화의 경우 동자격을 갖추어야 수입 가능	요건구비→신청→등록(영상물등급위원회→추천)	문화체육관광부 영상콘텐츠산업과	02)3704-9680

2. 수출입 관련 부대비용

(1) 의 의

- 수출입 화물의 통관 및 운송, 대금회수 및 지급 등과 관련한 국내에서의 부대비용이며 주운임 및 보험료는 제외
- 통관 및 운송비용 등은 화물의 특성 및 금액, 대행업체 등에 따라 달리할 수 있으며, 수출입과 관련한 은행수수료도 은행에 따라 약간씩 다름

항공화물

구분		비용 및 수수료 항목	내 용	징수주체	비 고
세관통관비용		세금(관세, 부가가치세, 개별소비세, 농특세 등)	세 금	세관	
세관통관비용		보세구역 외 장치허가 수수료	보세구역 외 장치허가시	세관	
세관통관비용		검사수수료(파출검사료)	자가보세창고 검사에 한함	세관	
세관통관비용		임시개청료(보세운송, 수입, 수출)	세관의 개청시간 외(공무원 근무시간) 통관절차·보세운송을 하고자 하는 경우	세관	
세관통관비용		물품취급시간 외 물품취급 수수료	물품취급시간 외 물품을 취급하는 때	세관	
기타부대비용	하역	조업료	항공기에서 하기장소까지 운송하여 블랙다운하기까지	조업사	
기타부대비용	보관	보관료	보세창고 보관	보세창고업자	
기타부대비용	보관	터미널 핸들링차지(THC)	화물조작료	보세창고업자	
기타부대비용	보관	화물화재보험료	화물화재에 대비한 손보	대한손해보험협회	보세창고가 원천징수, 대한손해보험협회에 납부
기타부대비용	통관	B/L 핸들링차지	B/L 발급비용	포워더	
기타부대비용	통관	검역신청 수수료	정부수입인지대	검역소	검역물품에 한함
기타부대비용	통관	관세사 대행 수수료	관세사에 통관 의뢰한 경우	관세사	
기타부대비용	운송	시외 운송료	하기장소⇒화주지정장소	운송회사	
기타부대비용	운송	시내 운송료	항공사 창고에서 복운창고, 김포까지	운송회사	

해상화물

구분		비용 및 수수료 항목	내 용	징수주체	비 고
세관통관비용		세금(관세, 부가가치세, 개별소비세, 농특세 등)	세 금	세관	
		보세구역 외 장치허가 수수료	보세구역 외 장치허가시	세관	
		검사수수료(파출검사료)	자가보세창고 검사에 한함	세관	
		임시개청료(보세운송, 수입, 수출)	세관의 개청시간 외(공무원 근무시간) 통관절차·보세운송을 하고자 하는 경우	세관	
		물품취급시간 외 물품취급 수수료	물품취급시간 외 물품을 취급하는 때	세관	
기타부대비용	입항	화물입항료(WHG, Warfage)	선박회사가 도착항구에 대신하여 납부	해양수산청	선박회사가 원천징수, 해양수산청에 납부
		터미널 핸들링차지(THC)	선박과 CY간 화물조작료	선박회사	선박회사에서 하역회사에 지급
		컨터지역개발세(CTX)	컨테이너에 대한 지역개발세	부산시	선박회사에서 원천징수 후 대납
		DOC(Document Charge)	선사가 화주에게 제공하는 서류비용을 보전키 위함	선박회사	
	하역	하역료	본선에서 육상으로 하역	하역회사	-컨테이너 : 하역비 없음 -벌크(Bulk)화물발생 -화주가 창고배정 요청시 하역비 발생
		CFS조작비(하차료)	CFS에 반입시	하역회사	
		검수료	검수, 검량 필요시	검정회사	검수한 경우에 한함
	보관	보관료	보세창고 보관	보세창고업자	
		출고상차료	보세창고에서 출고시 화물 적재 때 장비사용	보세창고업자	
		화물화재보험료	화재발생 대비한 손보	대한손해보험협회	보세창고가 원천징수 대한손보협회에 납부
	통관	검사료	세관검사시 CY노무자인건비	CY업체	세관검사/관리대상물품
		검역신청 수수료	정부수입인지대	검역소	검역물품에 한함
		검역 수수료	검역(소독 등)시 화주대신 입회관세사, 포딩사 직원인건비	관세사 포딩회사	〃
		검역 소독비	소독 명령시 소독약품비	보건복지부 지정검역기관	소독물품 검역에 한함
		관세사 대행수수료	관세사에 통관의뢰 경우	관세사	
	운송	시외 운송료	부두/보세창고⇒화주지정장소	운송회사	
		시내 운송료	본선에서 보세창고까지	운송회사	화주가 창고배정 요청시
	기타	Handling Charge	포워더에 화물취급을 의뢰한 경우	포워더	

주요은행 수수료

항 목		은행별	
		K 은행	W 은행
수출	일람불환가료	1개월 LIBOR+1.8% ※매입 취급수수료(건당 2만원) 별도	1개월 LIBOR+1.5% ※매입 취급수수료(건당 2만원) 별도
	기한부(90이) 환가료	3개월 LIBOR+2.7% ※매입 취급수수료(건당 2만원) 별도	개월 LIBOR+2.7% ※매입 취급수수료(건당 2만원) 별도
	양도수수료	• 단순양도 : 건당 2만원 • 조건변경부양도 : 건당 5만원 • 기타 조건변경 : 건당 1만원	• 단순양도 : 건당 3만원 • 조건변경부양도 : 건당 3만원 • 기타 조건변경 : 건당 1만5천원
	통지수수료	• 전신 : 건당 2만원 • 우편 : 건당 2만원 • EDI : 건당 1만원	• 전신 : 건당 2만원 • 우편 : 건당 2만원 • EDI : 건당 1만5천원
	연금지연 이자	• 신용장방식(보증부매입) : -징수당시환가료+15%(중기 1.3%) • D/P -CLEAN매입 : 징수당시환가료율 -보증부매입 : 징수당시환가료 +1.5%(중기 1.3%) • D/A : 징수당시 외화여신연체이율	• 신용장방식(보증부매입) -징수당시환가료(3M)+1.5% • D/P -CLEAN매입 : 징수당시환가료율 -보증부매입 : 징수당시환가료 +1.5% • D/A : 징수당시 외화여신연체이율
	확인수수료	• 3개월마다 0.16~0.36% ※최저 USD 20	• 3개월마다 0.10~0.125% ※최저 USD 40
	추심수수료	• 20,000원(정액)	• 매입금액의 0.1% ※최저20,000원~최고30,000원
수입	개설/증액/기간연장 수수료	• 일반재 : 3개월마다 0.25% • 수출용원자재 : 3개월마다 0.20% ※최저 : 10,000원	• 신용별차등적용 : 0.2~0.3% • 수출용원자재 : 일반재 -0.05% ※최저 : 20,000원
	조건변경수수료	건당 10,000원	건당 10,000원 ※EDI이용시 : 건당 4,000원 (기간연장 증액 제외)
	인수 수수료	• 3개월마다 0.4% ※최저 10,000원	• 3개월마다 0.4% ※최저 8,000원
	수입화물선취보증서(L/C)	• 발급수수료 : 건당 10,000원 • 보증료 : 미공시	• 발급수수료 : 건당 15,000원 • 보증료 : 연 3%
내국신용장	개설/증액/기간연장 수수료	• 3개월마다 0.1% ※최저 10,000원	• 3개월마다 0.1% ※최저 10,000원
	조건변경수수료	건당 10,000원	건당 10,000원
	매입이자율	• 원화대출기중금리+3.0% ※매입취급수수료 : 건당 5,000원	• 원화대출기중금리+4.0% (최저 5,000원)
구매승인서	구매확인발급 수수료	• 건당 7,000원 ※무역자동화에 의한 신청: 건당 3,000원	• 건당 10,000원

the point note

Part 6

무역클레임 및 분쟁

Global Entrepreneurship In Action

Part 6

01 무역클레임 및 분쟁해결

Global Entrepreneurship In Action

1 무역클레임 제기

1. 무역클레임의 개념

우선 "클레임(claim)"이란 계약 당사자 어느 일방이 일종의 법률상 권리를 주장하는 이의신청 또는 이의제기로서, 계약 이행과 관련하여 발생하는 제반 분쟁에 대하여 금전적인 배상을 청구하거나 약정 물품의 대체 또는 그 밖에 다른 구제 조치를 구하는 문서상의 청구나 주장을 의미한다.

한편, 무역클레임은 거래 당사자 간의 무역계약에 따라 그 계약을 이행하면서 그 계약의 일부 또는 전부의 불이행으로 말미암아 발생되는 손해를 상대방에게 청구 할 수 있는 권리를 말한다.

무역클레임 범위는 대금감액, 계약해제, 손해배상청구 등은 물론, 그 이전 단계인 불평, 불만, 의견차이, 논쟁, 분쟁 등으로 확대하여 처리한다. 따라서 향후 무역 분쟁에 대비하기 위해 무역계약의 기본조건 이외 계약이행 후에 발생될 수 있는 클레임과 권리 구제 등에 대해서도 약정해 두는 것이 바람직하다. 예를 들면, 중재조항, 사법관할조항, 준거법조항, 권리침해 등도 약정해야 한다는 것이다.

클레임 조항은 클레임을 제기하기 전에 하자 통지기간과 정식 클레임 제기기간, 클레임 제기근거 및 클레임의 제기 방법 등에 관하여 규정한다.

마켓 클레임(market claim) : 수입업자가 물품 수입과 관련하여 시장가격이 하락함에 따라 사소한(경미한) 하자에도 불구하고 이를 이유로 가격인하 또는 손해배상을 청구하는 고의적인 클레임이다. 주로 품질불량을 이유로 내세우지만, 주 요인은 시장가격의 하락이나 자금난이다.

2. 물품검사와 통지의무

매수인은 수입물품을 인도·수령하기 전에 우선 그 물품이 계약 목적에 합치되는가, 또는 외견상 하자가 없는가를 검사하여 만약, 하자를 발견되었거나 또는 수량이 부족하면 지체 없이 매도인에게 통지하여야 한다. 이러한 검사와 통지는 매수인의 권리이자 의무이다. 이를 게을리 하면 법률적 청구권을 상실한다.

(1) 우리나라 상법

우리나라 상법 제69조는 매수인이 목적물을 수령한 때에는 지체 없이 이를 검사하여야 하며, 하자 또는 수량 부족을 발견한 경우에 즉시 매도인에게 그 통지를 발송하여야 한다. 다만, 매매목적물에 즉시 발견할 수 없는 잠재 하자가 있는 경우에는 6월 이내에 이를 발견하여 통지하도록 규정하고 있다.

(2) 국제물품 매매계약에 관한 UN협약(CISG)

매수인이 그 상황에 비추어 이행 가능한 한 단기간 내 물품을 검사하도록 규정하고 있다(비엔나협약 제38조). 그리고 매수인은 물품의 하자를 발견하면 상당한 기간 내 그 하자 내용을 통지하지 아니하는 경우에는, 그 매수인은 그 물품의 하자를 원용할 권리를 상실한다(비엔나협약 제39조).

(3) 미국통일상법전(UCC)

미국통일상법전(UCC 제2-606조)에서도 "상당한 기간 내(within a reasonable time)"에 제기할 것을 규정하고 있다.

3. 무역클레임 제기기간

(1) 제기기간을 약정한 경우

클레임은 약정기한 내에 제기하여야 한다는 것으로, 그 내용은 일반적으로 ① 하자통지(클레임통지) 및 입증자료 제출기간의 설정, ② 동 기간 내에 클레임을 제기하지 않으면 클레임 제기 권리를 포기한 것으로 본다든지 아니면 동 기간이 경과한 후에 제기되는 클레임은 수락할 수 없다는 등의 면책사항을 명시한다.

사례 1 Any claim by Buyer shall be notified by Buyer to Seller within thirty(30) days after the arrival of the goods at the destination stipulated on the face hereof. Unless such notice, accompanied by proof certified by an authorized surveyor, is sent by Buyer during such above mentioned period, Buyer shall be deemed to have waived any such claim.

사례 2 Claim shall be notified from Buyer to Seller fully by telex or cable in writing within thirty(30) days from actual delivery to Buyer being substantiated by certificate of sworn surveyor or adequate samples, as the case may be. Notwithstanding the foregoing, no claim shall be entertained after processing or change in the state of the goods.

사례 3 Any claims of whatever nature arising under this contract shall be notified to Seller by cable within thirty(30) days after arrival of the goods at the destination specified in the bills of lading. Full particulars of such claim, together with sworn surveyor's report shall be made in writing and forwarded by registered airmail within fifteen(15) days after cabling. Such claim shall be settled amicably as far as possible, and subject to an official approval of Korean Government authorities.

사례 4 Buyer shall give Seller written notice by registered air mail of any claim within thirty(30) days from the arrival of the goods at the port of destination stipulated on the face of this contract. Unless such notice, accompanied by proof certified by an authorized surveyor, is sent by Buyer within such thirty(30) days period, Buyer shall be deemed to have waived all claims. In no case shall Buyer make any claim for indirect or consequential damages.

(2) 무역클레임의 제기절차와 서류

① 무역클레임의 제기절차

- 물품점검(checking) 또는 물품검사(inspection)를 통하여 하자의 개연성을 발견한다.
- 클레임 통지(notice of claim)를 발송한다. 클레임 통지는 정식으로 클레임을 제기함에 앞서 하자가 있는듯하니 정밀한 물품점검을 거쳐 곧 클레임을 제기하겠다는 클레임 예고장이다.

> Notice of Claim
> We have just received the 150 cases of Chinaware you shipped by m.s...on our order No. 689 of October 15, but we regret to inform you that cases No. 3 & 6 are broken and their contents badly damaged through a faulty packing. The details and the amount of claim will be submitted as soon as we will obtain the survey report.

- 공인된 검정인(surveyor)의 물품검정을 받고, 그 결과 하자가 확인되면 검정보고서(survey report)를 교부받는다. 이 경우 Surveyor는 공인된 제3자인 검정인(public third party surveyor)이어야 한다.

판례 : 클레임 제기자(claimant)와 동일한 기업그룹에 속하는 surveyor의 suvey report에 의한 클레임제기는 비록 그 surveyor가 claimant와는 무관한 독립법인이라 할지라도 정당한 클레임으로 인정될 수 없다.

- 클레임 제기장(claim note)을 발송한다.

② 무역클레임의 제기서류

앞에서 설명한 바와 같이 무역클레임은 물품검사 후 클레임을 곧 제기할 것임을 미리 알리는 클레임 통지서(notice of claim)를 발송해 놓고, 그 후 공인된 제3의 검정인에 의한 물품검정 결과에 따라 클레임 제기장을 발송함으로써 정식으로 클레임을 제기하게 되는 것이다.

◆클레임 제기를 위해 발송되는 서류는 다음과 같다.

① 클레임제기장(Claim Note)

여기에는 클레임내용의 개괄과 청구내용(청구금액의 총계)및 조속한 처리를 요구하는 문언 등이 기재된다.

② 첨부서류(enclosures)

클레임명세서(statement of claim, particulars loss sustained), 검정보고서 (suvey report), 차기통지서(Debit Note : D/N)사본, 기타 각종 증명서나 선적서류 사본 등을 Claim Note에 첨부하여 발송한다.

※ 무역클레임을 제기한다는 표현으로는 보통 다음과 같이 표현한다.
- 'file(make, present) a claim on,～'
- 'render a claim against～'
- 'lodge a claim with～'
- 'lay a claim to～'
- 'put in a claim for～'

2 무역클레임 해결방법

무역클레임은 당사자에 의하여 우의적으로 해결되기도 하고, 또는 제3자의 개입을 통하여 해결되기도 한다.

1. 당사자에 의한 해결방법

(1) 클레임 포기(Waiver or Claim)

피해 당사자가 상대방에게 청구권을 행사하지 않거나 또는 제기한 클레임을 스스로 포기하는 것이다. 분쟁해결을 위한 가장 바람직한 방법이다.

(2) 화해(Amicable Settlemet, Composition, Compromise)

당사자 간에 자주적인 교섭과 합의로 타협점을 찾아 해결한다. 그 방법으로는 당사자가 서로 양보할 것, 분쟁을 종결할 것, 그 뜻을 약정할 것 등 3가지 요건을 필요로 한다.

2. 제3자에 의한 해결방법

(1) 알선(Intercession, Recommendation)

당사자의 일방 또는 쌍방의 의뢰에 따라 공정한 제3자(예 : 상사중재원)가 분쟁에 개입하여 타협이 이루어지도록 해결 방안을 제시하거나 조언함으로써 클레임을 해결하는 방법이다.

(2) 조정(Conciliation, Mediation)

당사자 쌍방의 조정합의(submission to conciliation)에 따라 공정한 제3자를 조정인(conciliator)으로 선임하고, 그가 제시하는 조정 방안에 쌍방이 동의함으로써 클레임을 해결하는 방법이다.

조정이 성립되면 화해에 의한 판정방식으로 처리하는데, 중재판정과 동일한 효력이 있으나 이에 실패하면 30일 내에 조정절차는 자동 폐기되며 중재규칙에 의한 중재인을 선정하여 중재절차가 진행된다. 그러나 30일의 기간은 당사자의 약정에 의하여 기간을 연장할 수 있다.

(3) 중재(Arbitration)

당사자 쌍방의 중재합의로 법률관계를 법원의 소송절차에 의하지 아니하고 공정한 제3자를 중재인(arbitrator)으로 선정하여 중재판정부(arbitral tribunal)를 구성하고, 그곳에서 내려진 중재판정(arbitral award)에 양 당사자가 무조건 승복함으로써 클레임을 해결하는 방법이다.

중재판정은 법원의 확정 판결과 동일한 효력을 지니며, 외국중재판정의 승인 및 집행에 관한 국제연합협약(the United Nations Convention on the Recognition and Enforcement of Foreign Arbitral Awards : 일명 뉴욕협약)에 따라 각 체약국 내에서는 외국중재판정의 승인 및 집행을 보장받게 된다.

(4) 소송(Litigation)

법관에 의한 법원의 판결, 즉 소송절차에 의하여 클레임을 해결하는 것이다(민사소송법절차).

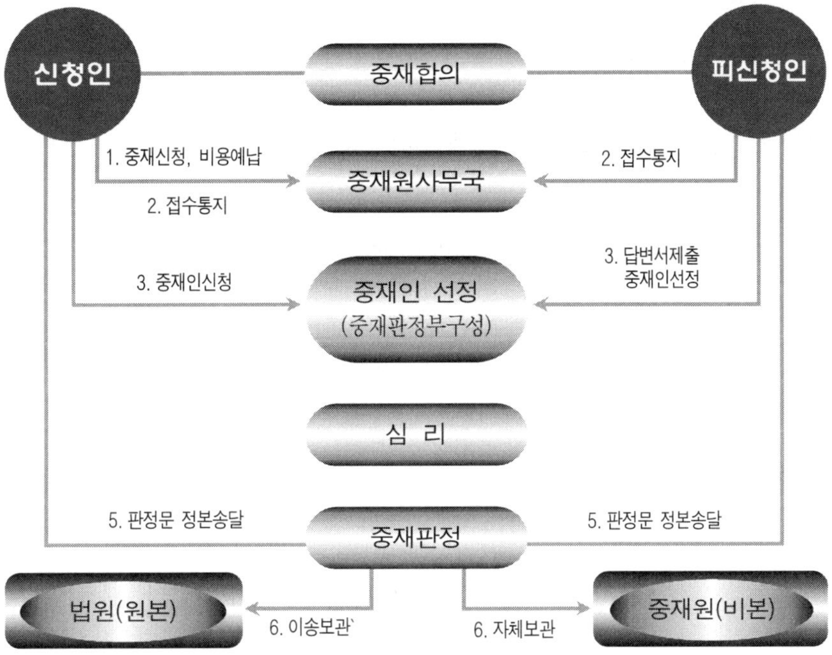

[그림 6-1] 중재절차

the point note

02 상사중재제도

1 상사중재(Commercial Arbitration)

1. 상사중재의 특징과 장단점

(1) 중재의 장점

중재는 다른 해결 방법 특히 재판과 대비하여 다음과 같은 특징 내지 장점을 지니고 있다.

① **자발적인 분쟁해결 방법**(voluntary reference) : 중재는 중재 합의(arbitration agreement)가 있을 경우에 한하여 가능하다.

② **편안한 분위기와 절차**(peaceful atmosphere and informal procedure) : 중재는 민간인의 중재인에 의하여 진행되므로 호의적인 절차이다.

③ **중재인의 전문성**(expertness of arbitrator) : 중재에 의하면 무역실무, 국제무역법, 무역관습 등에 정통한 전문가에 의한 판단으로 공정한 해결을 도모할 수 있다.

④ **신속한 해결**(speediness of settlement) : 중재는 재판과는 달리 단심제이므로 신속한 분쟁 해결을 도모할 수 있다. 우리나라의 경우에는 심리(hearing)의 종결일로부터 30일 이내에 판정함을 원칙으로 하고 있다.

대 상 : 신청금액이 2천만 원 이하인 국내중재(국내에 주된 영업소나 주소를 두고 있는 당사자 간의 중재) 또는 당사자 간에 신속절차에 따르기로 하는 합의가 있는 국내외 중재

진 행 : 신속절차는, 1인의 중재인이 판정하며 심문 전에 쟁점을 정리하여 판단하다. 또한 1회의 심문을 원칙으로 하며 심문 후 10일 이내에 판정을 한다.

중재비용 : 신청금액이 2천만 원 이하인 신속절차의 경우 US$ 100을 초과하는 관리 요금은 1/2감액한다.

⑤ **낮은 비용(low costs)** : 중재는 절차가 신속하고 변호사 선임을 요하지 않기 때문에 그 비용이 적게 든다.

⑥ **중재절차의 비공개(closed proceedings)** : 중재진행절차는 재판과는 달리 공개되지 않는다. 따라서 당사자의 상업상 비밀이 유지되고 보장된다.

⑦ **외국에서의 강제집행(enforcement of foreign arbitral award)** : 중재 판정의 결과는 재판에서의 판결과는 달리 항상 외국인을 구속하므로 중재판정의 내용은 외국법원에 의해서도 그대로 강제집행 된다. 이것이 중재가 지니는 가장 중요한 장점으로, 중재판정에 이러한 효력을 부여한 것이 곧 "New York Convention"(United Nations Convention on the Recognition and Enforcement of Foreign Arbitral Awards, 1958) 이다.

(2) 중재의 단점(한계성)

① **법률문제(matter of law or question of law)** : 중재는 법률 전문가가 아닌 사람으로서 판정부가 구성될 때가 있으므로 사실 문제(matter of facts, question of facts)가 아닌 법률 문제에는 판정에 불완전성이 있을 수 있다고 주장한다.

② **판정결과에 대한 예견 가능성의 문제(problems of predictability)** : 중재인의 자의주관에 의하여 좌우될 위험성이 있으므로 예견 가능성이 결여되어 있다는 설과 중재인은 업계의 윤리와 상식을 갖추고, 사리에 맞는 실제성을 갖고 있으므로, 예견 가능성이 있다는 설과 사실 및 법률문제 모두가 중요하므로 중재판정부의 구성을 조화 있게(법률전문가, 업계 및 학계의 각 1인)하면 위험성이 없다는 설 등이 있다.

그러나 이러한 문제는 중재인을 선정할 때에 즉, 중재판정부(arbitral tribunal)를 구성할 때에는 당해 사안에 비추어 적절한 중재인을 선정함으로써 충분히 극복할 수 있을 것이다.

2 중재합의

1. 중재합의의 의의와 형태

중재합의(arbitration agreement)란 일정한 법률관계에 관하여 당사자 간에 이미 발생하였거나 장래에 발생할 수 있는 분쟁이 전부 또는 일부를 중재에 의하여 해결하도록 하는 당사자 간의 합의를 말한다.

중재는 법관이 아닌 민간인의 중재인으로 구성되는 중재판정부의 판정에 당사자가 구속되는 제도이므로 그 구속력의 근거로서 중재합의가 필수적으로 요구되는 것이며, 이것은 곧 사법자치의 원칙 내지 당사자 자치 원칙의 반영이라 하겠다.

다시 말하면 분쟁을 중재에 붙이기 위해서는 반드시 중재합의가 있어야 하며 따라서 이를 근거로 당사자 일방이 중재 신청을 하게 되는 것이며, 중재합의가 없으면 절대로 중재가 성립될 수 없다. 중재합의는 현존하는 분쟁을 대상으로 할 수도 있고, 장래에 일어날 수 있는 분쟁을 대상으로 할 수도 있다.

분쟁이 발생한 후에 그 분쟁을 중재에 의하여 해결하기로 하는 합의, 즉 현존분쟁에 대한 중재합의(사후합의)를 Submission Agreement라 하고, 앞으로 분쟁이 발생되면 그것을 중재에 의하여 해결하도록 하는 합의, 즉 장래분쟁을 대상으로 하는 중재합의(사전합의)를 Agreement to Refer라 하는데, 사전 중재합의는 일반적으로 거래관계개설약정서인 Agreement on General Terms and Condition of Business나 Sales Contract에 중재조항(arbitration clause)을 설정함으로써 이루어진다.

2. 중재합의의 대상과 요건

(1) 중재합의의 대상

① 사법상의 분쟁(행정 또는 형사사건은 제외)으로 인한 불법행위에 의한 것도 가

능하다고 본다.

② 일정한 분쟁이고, 당사자가 처분할 수 있는 것이어야 한다. 분쟁의 특정(즉, "이 계약으로부터" 등)이 있어야 하며, 비송사건 또는 가사심판사건 등은 당사자가 처분할 수 없는 분쟁이므로 제외된다.

③ 분쟁이 현존하거나 장래의 것도 가능하며, 또한 분쟁의 일부이든 전부이든 무방하다.

(2) 중재합의의 요건

중재합의의 요건은 중재합의의 법적 성질을 보는 측면에 따라 달라질 수 있겠으나 "사법상의 계약설"의 입장에서 보면 다음과 같이 설명될 수 있다.

① 중재계약의 성립요건

중재계약의 성립(전제)요건은 사법상의 계약 성립요건을 말하며, 당사자가 권리능력 내지 행위능력이 있고, 중재의사에 하자가 없으며 계약내용이 적법하고 사회적 타당성이 있으며, 실현 가능성이 있어야 한다.("New York Convention, 1958" 제5조 참조).

② 중재계약의 유효요건

중재합의가 제대로 효력을 발생하기 위해서는 중재합의의 3요소가 모두 명시되어야 하는데 일반적으로 중재합의의 3요소는, ① 중재지(심문장소 또는 중재장소와는 구별됨), ② 중재기관(중재를 관할할 기관의 명칭), ③ 준거법(governjng law, proper law) 등을 열거한다.

③ 기타 절차진행 요건

이상의 성립요건 및 유효요건을 갖추면 중재계약은 유효하다. 그러나 중재는 본질상 당사자가 모든 절차를 중재계약 또는 기타 특약으로 미리 약정할 수 있으며, 이 약정은 준거법상의 규정보다 우선하여 적용된다.

절차진행 요건으로 명시될 수 있는 내용을 살펴본다면, 중재인수, 중재인 선정방법, 중재비용 부담방법, 중재절차 진행기간, 심문방법 등이 있을 수 있다. 그러나 이들에 관하여는 중재 규칙(준거법)에서 규정을 두고 있으므로 이에 따르면 된다.

3. 중재합의의 형식

(1) 표준중재 합의문

중재합의의 형식적 성립요건은 서면주의이다. 즉, 중재계약은 구두로는 불가능하고 반드시 문서에 의하여야 한다는 것이다.

우리나라 중재법에서도 "중재합의는 서면으로 하여야 한다."고 규정하고 있으며, 독립된 합의, 즉 계약과 별도의 중재합의서를 작성하거나 계약서에 중재조항을 설정함으로써 중재합의를 하여도 좋도록 하고 있으며, 상사중재규칙에서 ① 계약 중의 중재조항으로 또는 ② 현존하는 분쟁을 중재에 의하여 해결하기로 하는 합의로 할 수 있도록 중재법의 규정과 일치시키고 있다.

또한, 상사중재 규칙은 중재 신청시에 반드시 중재의 합의를 인증하는 서면을 제출하도록 의무화하고 있으며, 영국의 중재법과 New York Convention(1958)에서도 서면주의의 원칙이 규정되어 있다.

우리나라 중재법에 의하면 ① 당사자들이 서명한 문서에 중재합의가 포함된 경우, ② 서신, 전보, 전신, 및 모사전송 기타 통신수단에 의하여 교환된 문서에 중재합의가 포함되어 있는 경우, ③ 일방 당사자가 당사자 간에 교환된 문서의 내용에 중재합의가 있는 것을 주장하고 상대방 당사자가 이를 다투지 아니하는 경우, 등은 모두 서명에 의한 중재합의로 본다고 규정되어 있다.

또한, 계약이 서면으로 작성되고 중재 조항을 그 계약의 일부로 하고 있는 경우에는 계약이 중재 조항을 포함한 문서를 인용하고 있는 경우에는 중재합의가 있는 것으로 본다.

✣ STANDARD ARBITRATION CLAUSE ✣

> All disputes, controversies or differences which may arise between the parties, out of or in relation to or in connection with this contract, or for the breach thereof, shall be finally settled by arbitration in Seoul, Korea in accordance with The Arbitration Rules of The Korean Commercial Arbitration Board and under the Laws of Korea. The award rendered by the arbitrator(s) shall be final and binding upon both parties concerned.

✣ SUBMISSION TO ARBITRATIONE ✣

We, the undersigned parties, hereby agree to submit the below dispute to the Korean Commercial Arbitration Board for arbitration under the Arbitration Rules of the Korean Commercial Arbitration Board with impeccable understanding that the arbitral award to be renderded on the dispute shall be final and binding upon all the parties concerned.

Party(A) :	Party(B) :
Title of Corporation	Title of Corporation
Name of President(or Agent)	Name of president(or Agent)
Signed by__	Signed by__
Date of Signature	Date of Signature

Enclosure : Power of Attorney, in case where the submission is made by an agent one copy

(2) 잘못된 중재 합의문

① 중재기관의 명칭의 기재오류

- Arbitration .... by the Korean Chamber of Committee...
- Any disputes .... by the Commercial Arbitration Institute of Korea
- Any disputes .... by decisions of an internationally recognized trade arbitration board located in Korea.
- Arbitration shall take place in Seoul in accordance with Arbitration Law of Korea and Commercial Arbitration Rules of the Korean Commercial Arbitration Committee.

② 중재기관과 준거법의 결여

> Any disputes arising under the Charter to be referred to arbitration in Seoul(or such other place as may be agreed) one arbitrator to be nominated by owners and the other by Charters, and in case Arbitrations shall not agree then to the decision of an Umpire to be appointed by them. The award of the Arbitrators or Umpire to be final and binding upon both parties. For the purpose of enforcing any award this agreement may be made as a rule of the court.

③ 불평등한 중재계약

> All decisions of "A" with respect to matters relating to a contract shall be final and conclusive except that if "B" submits to "A" within twenty(20) days of the receipt of such decision a formal request for appeal to arbitration with respect to any controversy or claim arising out of or relating to the contract or the breach thereof settlement shall be made by arbitration to be held in Seoul, Korea. The arbitration board is to consist of three persons, one appointed by "A", one by "B" and the third selected and appointed by the other two persons.

4. 중재합의의 효력

(1) 직소금지의 효력

우리나라 중재법에서는 중재합의의 대상인 분쟁에 관하여 소송이 제기된 경우, 그 소송의 피고가 중재합의가 있었음을 들어 "중재합의 존재의 항변"(방소의 항변)을 하면 법원은 그 소를 각하해야 한다고 함으로써, 중재합의가 있는 경우에는 당해 분쟁사건은 반드시 중재에 의하여 해결하여야 하며 법원에 소송을 제기할 수 없다는 "직소금지(prohibition of direct suit)의 효력"을 인정하고 있다.

이러한 중재합의의 "직소금지효력"을 규정한 입법 사례로는 영국의 중재법, 미국의 중재법, New York Convention(1958) 등이 있으나 국제상업회의소 조정 및 중재규칙(Conciliation and Arbitration Rules of ICC)에는 이러한 직소금지의 효력에 관한 규정이 설정되어 있지 않다.

중재합의의 직소금지 효력을 주장하기 위하여 "중재합의 존재의 항변"(방소의 항변)을 하려는 자는 당해 소송의 본안에 대한 최초의 변론을 할 때까지 즉, 그 변론 이전에 해야 하며, 이 시기를 도과하면 항변권을 상실한다는 점에 유의하여야 한다. 즉, 이 항변권은 포기할 수도 있는 것이다.

① **중재인의 절차진행권** : 중재계약에 따라 선정된 중재인은 판정권이 있다. 중재인은 자기의 판정관할권(jurisdiction)에 관하여도 판정권이 있느냐에 대하여 학설(긍정설과 부정설)이 나누어지고 있으나 긍정설이 중재 본질에 맞는다고 본다(중재법 제10조 참조).

② **재산보존조치권** : 대한상사중재원 상사중재규칙 제40조에서는 "중재인은 당사자 일방의 요청"에 따라 재산보존조치를 타방 당사자에게 지시할 수 있다고 규정하고 있다.

③ **중재절차협력의무** : 중재계약에 따른 중재절차가 개시되면 중재 당사자는 중재인의 지시에 따라야 할 의무가 있다.

④ **중재계약의 국제적 효력** : 서면으로 된 중재합의는 계약에 의한 것이거나 아니거나를 불문하고 뉴욕협약(외국중재판정의 승인과 집행에 관한 UN협약)에 따라 승인 및 집행이 인정된다(뉴욕협약 제2조).

3 중재신청과 답변 및 반대신청

1. 중재신청

(1) 중재신청서 제출처

중재법에서는 중재 신청들이 합의한 기간 내 또는 중재판정부가 정한 기간 내에 신청취지와 신청원인 사실을 기재한 중재신청서를 중재판정부에 제출함으로써 중재신청을 하도록 규정하고 있다.

한편, 상사중재규칙은 중재를 신청하고자 하는 자는 대한상사중재원의 사무국에 중재신청서를 제출하고 소정의 중재비용을 납부해야 한다고 규정하고 있다.

(2) 중재신청 제출서류 및 방법

중재신청을 위해서는 ① 중재신청서, ② 중재의 합의를 인증하는 서면 즉 중재합의서, ③ 대리인이 있는 경우에는 위임장 등을 제출하고 이와 함께 중재비용을 납부하여야 한다.

중재신청서에는 ① 당사자가 개인인 경우에는 그 성명 및 주소, 당사자가 법인인 경우에는 그 성명(법인의 명칭)과 주소 및 대표자의 주소, ② 대리인이 있는 경우에는 그 성명 및 주소, ③ 중재신청의 취지, ④ 중재신청의 이유 및 입증방법 등을 기재하여야 한다.

이러한 신청을 변경 또는 보완하려면 중재판정부에 의한 중재절차의 개시 전에는 중재원 사무국에 제출하되 중재절차의 진행 중에는 중재판정부의 허가를 받아 제출해야 한다.

(3) 중재신청서의 접수 및 통지

중재원 사무국은 중재의 신청서를 제출 받으면 즉시 당해 신청서류를 제대로 구비했는지의 여부를 확인하고 적합한 경우에는 이를 접수하게 된다.

중재원 사무국이 중재의 신청을 접수하였을 때에는 쌍방 당사자에게 이를 접수하였다는 접수 통지를 하는데 이 경우에 피신청인에게는 중재신청서 1부를 첨부하여야 한다. 이러한 중재원 사무국의 중재신청서 접수 통지를 피신청인이 수령한 날을 "기준일"이라 하므로, 이 기준일은 중재신청에 대한 피신청인의 답변, 조정의 요청, 당사자의 중재인선정 서류 제출 등에서 그 기한 일의 기산일이 되므로 중재절차상 중요한 의미를 갖는다.

2. 답변(Answer)

중재신청인의 신청 내용에 대하여 피신청인이 이를 변명 또는 거부하거나 그의 입장을 방어하고 밝히는 것을 답변이라 한다.

피신청인은 통지의 수령일, 즉 "기준일"로부터 국내 중재의 경우에는 15일 국제 중재의 경우에는 30일 이내에 그 통지를 한 중재원 사무국에 ① 답변서, ② 답변의 이유를 증명하는 서증이 있는 경우에는 그 서증의 원본 또는 사본, ③ 대리인이 답변하는 경우에는 그 위임장 등을 제출하여 답변할 수 있다.

3. 반대신청(Counter-Claim)

중재신청이 있는 경우, 그 피신청인이 중재신청의 내용을 부인하면서 그것에 그치지 않고 오히려 피신청인이 손해를 보았으니 이를 배상하라는 등의 적극적인 대응 내지 청구를 하는 것을 반대신청이라 한다.

이러한 반대신청은 피신청인이 중재절차 중에 스스로 할 수 있음은 물론이지만, 또한 중재판정부가 앞에서 설명한 피신청인의 답변의 취지나 이유가 반대신청의 내용을 포함하고 있다고 판단할 경우에 피신청인에게 그 부분에 대하여 반대신청을 할 것인지의 여부를 명확히 하도록 요구하는 경우, 그 요구에 따라 신청하기도 한다.

4 중재판정부 구성

1. 중재판정부(Arbitral Tribunal)

중재판정부는 중재절차를 진행하고 중재판정을 내리는 단독중재인 또는 다수의 중재인으로 구성되는 중재인단을 말한다. 이는 법원의 소송에서의 재판부에 해당하는 임시적 기관이다. 법원의 재판부도 단독판사와 합의제 재판부로 구성되는 것과 같이, 중재판정부도 1인의 단독중재인에 의한 중재판정부와 다수의 중재인으로 구성되는 중재인단에 의한 합의제 중재판정부 등, 두 가지 형태로 구성된다.

중재판정부는 분쟁사건의 중요도나 신청금액의 규모에 따라 정한 기준에 의하여 중재원 사무국에서 단독제 또는 합의제를 결정하여 구성되고 있으며, 중재인단에 의한 합의제 중재판정부는 3인으로 구성되는 것이 일반적이다.

합의제인 3인의 중재인단에 의한 중재판정부는 의장중재인과 2인의 기타 중재인으로 편성된다.

2. 중재인(Arbitrator)

중재판정부는 중재인에 의하여 구성되므로 중재판정부의 구성은 곧 중재인의 선정으로 귀결된다. 현행 중재법과 상사중재규칙에 따라 중재인 선정에 관하여 설명하면 다음과 같다.

(1) 중재인의 자격과 선정제한

상사중재규칙에서는 중재의 결과에 관하여 법률적 또는 경제적 이해관계가 있는 자는 중재인이 될 수 없다고만 자격을 두고 있을 따름이며, 이 밖의 특별한 자격제한은 없다. 그리고 이 경우에도 당사자가 중재인에게 이러한 사정이 있음을 알면서도 서면으로 그 중재인을 선정하기로 합의한 경우에는 중재인으로 선정될 수 있도록 예외적 단서 규정을 함께 설정하고 있다.

중재법에서는 당사자 간에 다른 합의가 없는 한, 중재인은 국적에 관계없이 선정될 수 있다고 하고 있다. 한편, 상사중재규칙에 의하면 당사자의 국적이나 거주하는 국가가 다른 경우로서 중재원 사무국이 중재인을 선정하는 때에는 당사자의 어느 편에도 속하지 아니하는 제3국인 가운데 선정하도록 제한하고 있다.

(2) 중재인의 선정방법

① 당사자의 합의에 의한 선정

- 당사자의 합의에 의하여 중재인을 선정하거나 또는 중재인의 선정방법을 정하였을 경우에는 그것에 의하여 중재인이 선정된다. 당사자가 그러한 합의에 따라 중재인을 직접 선정하였을 경우에는 기준일로부터 국내중재의 경우에는 15일, 국제중재의 경우에는 30일 이내에 그 중재인의 성명, 주소 및 직업을 기재한 서면과 중재인 취임 수락서를 중재원사무국에 제출하여야 한다.

※당사자가 중재인을 선정하거나 중재절차를 정하기로 하고 이를 이행하지 않거나 합의된 선정기간을 경과하는 등의 경우에는 중재원사무국이 중재인을 선정하도록 되어 있다.

② 사무국에 의한 선정

- 당사자의 합의에 의하여 중재인의 선정기간을 정하고서도 그 기간 내에 당사자가 중재인을 선정하지 않는 경우
- 당사자의 합의로 중재인의 선정기간을 정하지 않은 때에는 중재원 사무국이 즉시 선정토록 통지하게 되는데, 당사자가 그 통지를 수령한 후, 국내중재일 때에는 15일, 국제중재일 때에는 30일 이내에 선정하지 아니하는 경우
- 당사자의 합의에 의하여 당사자가 선정한 중재인이 다른 중재인을 선정하도록 된 경우에는 당사자 간에 그 다른 중재인의 선정기간을 정하지 않았거나 선정

기간을 정하고도 그 기간 내에 다른 중재인이 선정되지 않았을 때, 중재원사무국은 당사자가 선정한 중재인에게 다른 중재인을 선정하도록 통지하게 되는데, 당사자가 그 통지를 수령한 후 국내중재일 때에는 15일, 국제중재일 때에는 30일 이내에 당사자가 선정한 중재인이 다른 중재인을 선정하지 아니한 경우

- 당사자의 합의에 의하여 중재인을 선정 또는 중재인의 선정방법을 정하고도 그러한 합의에 따라 당사자가 중재인을 선정하지 아니한 경우

■ **사무국에 의한 선정의 방법**

① 중재인 명부 가운데서 다수의 중재인 후보자를 선택하여 그 명단을 당사자에게 송부한다.

② 각 당사자는 그 명단의 수령일로부터 국내중재의 경우에는 15일, 국제중재의 경우에는 30일 이내에 후보자의 성명 위에 의장중재인과 기타 중재인을 구분하여 선정의 희망순위를 표시하기 위한 번호를 붙여서 이를 중재원사무국에 반송한다.

기간 내에 명단 반송이 없으면 명단에 기재된 후보자 전원에 대하여 동일 순위로 지명한 것으로 간주하며, 동일 순위로 지명된 2인 이상의 후보자나 희망 순위를 참작하여 중재원사무국에서 희망순위를 조정한다.

③ 대한상사중재원 사무국은 위와 같이 후보자 지명 순위에 따라 중재인의 취임 수락을 받되, 희망 순위가 동일한 후보자가 복수일 때에는 중재원사무국이 그 가운데에서 중재인을 선정한다.

이상과 같은 절차에 의하여 중재원 사무국이 중재인을 선정하지만 만약, 당사자 쌍방이 지명한 중재인이 취임 수락을 거절하거나 또 다른 이유로 직무수행이 불가능할 때에는 이미 제출된 명단에서 순위에 따라 지명된 중재인으로부터 선정하여 취임 수락을 받게 된다.

그러나 이미 제출된 명단에서 중재인을 선정할 수 없으면 이상의 방법과 절차에 따라 중재원 사무국에 의한 중재인 선정이 다시 진행된다.

③ 법원에 의한 선정

<단독 중재인에 의한 중재의 경우>

당사자의 일방이 상대방으로부터 중재인의 선정을 요구 받은 후 30일 이내에 양 당사자가 중재인선정에 관하여 합의하지 못한 경우

〈3인의 중재인에 의한 중재의 경우〉

각 당사자는 각 1인의 중재인을 선정하고, 이에 따라 선정된 2인의 중재인들이 합의하여 나머지 1인의 중재인을 선정하기로 된 때에 일방 당사자가 상대방으로부터 중재인 선정의 요구를 받은 후 30일 이내에 중재인을 선정하지 아니하거나 선정된 2인의 중재인들이 선정된 후 30일 이내에 나머지 1인의 중재인을 선정하지 못한 경우

〈당사자 간에 중재인의 선정절차를 합의한 때로서 다음의 어느 하나에 해당하는 경우〉

- 일방 당사자가 합의된 절차에 의하여 중재인을 선정하지 아니하는 때
- 양 당사자 또는 중재인들이 합의된 절차에 의하여 중재인을 선정하지 못한 때
- 중재인의 선정을 위임받은 기관 또는 기타 제3자가 중재인을 선정할 수 없는 때

이상과 같은 경우에 당사자 중 법원에 일방의 중재인 선정 신청에 의하여 이루어진다.

5 심리와 중재판정

1. 중재 장소의 결정

중재 장소(locale)는 중재가 행하여지는 장소로서 중재인의 선정, 중재절차 및 준거법 등의 결정에 있어서 그 기준이 되므로 대단히 중요한 의의를 갖는다. 중재법에서 중재 장소는 당사자의 편의와 당해 사건에 관한 제반 사정을 고려하여 중재 장소를 정하도록 하고 있다.

이에 반해 상사중재규칙에서는 당사자의 별도의 약정이 없는 한 당해 사건에 관한 당사자의 편의와 증거조사 방법 등을 고려하여 중재원사무국이 정하도록 하고 있어 법과 규칙이 일치하지 않는다.

법체계에서의 효력 우선순위는 규칙보다 법이 우선 하지만 상사중재규칙은 중재법의 규정을 충분히 고려하면서 상거래 분쟁의 해결을 위한 특별한 분야에 적용하기 위하여 대법원에서 승인한 것이므로, 이 규칙에 따라 당사자의 합의가 없으면 중재원사무국이 중재 장소를 결정하는 것으로 보아도 무리가 없을 것이다.

2. 심 리

(1) 심리방법

중재 절차상 가장 중요한 것이 심리(hearing)이다. 심리과정에서 중재신청서와 준비서면(statement) 및 제출되는 여러 가지 증빙자료를 충분히 검토하여 중재판정부가 중재판정을 해야 하기 때문에 중재 절차에서 핵심이 되는 것이 심리이다. 심리는 구술심리(oral hearing)와 서면심리로 나뉘는데, 양자를 병행하는 것이 가장 바람직하다.

당사자 간에 다른 합의가 없는 경우, 중재판정부는 구술심리를 할 것인지 또는 서류심리를 할 것인지의 여부를 결정할 수 있다. 그러나 구술심리가 중요한 절차이므로 당사자에 의한 구술심리를 하지 않기로 합의되지 않는 한 중재판정부는 일방 당사자의 신청에 따라 반드시 구술심리를 하여야 한다. 그리고 중재절차의 신속화와 정확화를 기하기 위하여 중재판정부는 당사자에게 사전에 그의 주장과 증거방법 및 상대방의 주장에 대한 의견을 기재한 준비서면과 답변서를 제출하게 할 수 있으며 실제로 중재를 하는 과정에서 이렇게 하는 것이 상례이다. 서면심리를 위해 모든 서류는 진술서와 증거를 제출하도록 통지된 날로부터 국내중재의 경우는 15일, 국제중재의 경우는 30일 이내에 중재원사무국이 요구하는 부수의 사본을 구비하여 제출해야 한다.

제출된 증거는 당사자 전원이 출석하고 단독중재인 또는 중재인의 과반수가 출석한 자리에서 제출되고 조사되어야 함을 원칙으로 하고, 중재인은 제출된 증거의 신빙성과 유용성을 자유 심증(own discretion)으로 판단한다.

(2) 심리의 일시와 장소

심리의 일시와 장소 및 방식은 중재판정부가 정하도록 되어 있으며, 중재원사무국은 중재판정부가 결정한 심리의 일시와 장소 및 방법 등을 국내중재의 경우에는 심리개시 10일전, 국제중재의 경우에는 심리개시 20일전까지 당사자에게 통지한다.(당사자가 이 통지기간을 변경할 수 있다.)

중재판정부는 상당한 이유가 있으면 직권으로 또는 당사자의 요구에 따라 심리를 연기 또는 속행할 수 있다. 그러나 심리기일을 연기하는 경우에는 그 다음 심리기일에 대해 국내중재의 경우에는 15일, 국제중재의 경우에는 30일 이내로 정해야 한다. 연속 2회 이상 연기하지 않도록 규정하고 있는데 이는 중재절차의 신속성을 도모하기 위하여 타당한 입법이라 하겠다.

(3) 당사자의 출석과 협조

심리절차에 당사자는 출석할 수 있는데, 이는 권리인 동시에 의무이기도 하다. 중재의 신청자가 신청 취지를 특정하지 아니하거나 신청 이유 및 입증 방법을 명시 또는 제출하지 아니하여 중재판정부가 중재절차의 신속한 진행을 기대할 수 없다고 판단하거나 당사자 쌍방이 주장 및 입증을 태만히 하여 중재절차의 계속적 진행이 부적절하다고 판단하는 경우에는 중재판정부는 심리절차를 종결할 수 있다. 이는 당사자의 게을리(해태/解怠)함에 의한 심리종결제도이다.

한편, 당사자의 일방이 출석하지 아니하거나 출석해서 심리에 응하지 아니하는 경우에도 심리절차는 그대로 진행시킬 수 있는데, 이 때, 당사자가 제출한 서면이나 기타의 증거가 있을 때에는 이를 진술 또는 제출한 것으로 본다.

그러나 당사자 쌍방이 심리의 일시, 장소가 정당하게 통지 또는 고지되었음에도 불구하고 2회 이상 출석하지 않거나 출석해서도 심리에 응하지 않는 경우에는 중재판정부는 중재절차의 종료를 선언할 수 있다.

(4) 심리의 종결과 재개

중재판정부는 앞에서 기술한 당사자의 일방 또는 쌍방의 태만에 의하여 심리의 종결 또는 심리와 함께 중재절차까지의 종결도 단행할 수 있을 뿐만 아니라, 당사자가 주장 및 입증을 다하였다고 인정할 때에는 정상적으로 심리의 종결을 선언한다.

요약 준비서면 등의 제출이 요구되는 경우에는 중재판정부가 그 서류의 제출을 위하여 정한 최종 기일에 심리 종결된 것으로 간주한다. 한편, 중재판정부는 직권에 의하여 또는 당사자의 일방이 상당한 이유를 제시하여 신청하였을 경우에는 중재판정이 내려지기 전이면 언제든지 심리를 재개할 수 있다. 이렇게 심리가 재개되었을 경우에는 심리종결은 그 심리가 종결된 날로 한다.

3. 중재판정

중재판정(arbitral award)은 심리 종결 후, 30일 이내에 내려야 함을 원칙으로 하지만, 중재판정부에 의해 이 기간은 연장될 수 있다.

중재판정문은 판정주문(判定主文)과 판정이유(判定理由)로 구성된다.

중재판정이 내려지면 구속력과 확정력 및 집행력 등이 법원의 확정판결과 동일한 효력을 갖는다. 중재는 국제적 단심제이므로 판정결과에 불복하여 당해 국가 또는 외국에서 다시 중재신청을 할 수 없다.

4. 중재판정 취소의 소

중재판정의 내용에 불복하여 소를 제기할 수는 없지만, 중재 절차상에 오류 또는 하자가 있거나 중재 법규를 위반한 경우와 같이 판정 자체의 잘못이 있는 경우에는 당사자는 법원에 중재판정 취소의 소를 제기하여 구제를 요청할 수 있다.

현행 우리나라 중재법상으로는 다음과 같은 사실이 있는 경우에 한하여 중재판정이 취소될 수 있으므로, 그러한 경우에만 중재판정 취소의 소를 제기할 수 있다.(중재법 제36조 제2항)

중재법 제36조 제2항

① 중재판정의 대상이 된 분쟁이 대한민국의 법에 따라 중재로 해결될 수 없는 경우
② 중재판정의 승인 또는 집행이 대한민국의 선량한 풍속, 기타 사회질서에 위배되는 경우
③ 중재합의 당사자가 그 준거법에 의하여 중재합의 당시에 무능력자이었던 경우
④ 중재합의가 당사자들이 지정한 법 또는 대한민국 법에 의하여 무효인 경우
⑤ 중재판정의 취소를 구하는 당사자가 중재인의 선정 또는 중재절차에 관하여 적절한 통지를 받지 못하였거나 기타의 사유로 당해 사건에 관한 변론을 할 수 없었었던 경우
⑥ 중재판정이 중재합의의 대상이 아닌 분쟁을 다루었거나 중재합의의 범위를 벗어난 사항을 다룬 경우
⑦ 중재판정부의 구성 또는 중재절차가 당사자의 합의 또는 중재법에 따르지 아니한 경우

이러한 중재판정 취소의 소는 중재판정의 정본을 받은 날로부터 3월 이내에 제기하여야 하며, 법원에 의하여 당해 중재판정의 승인 또는 집행판결이 확정된 후에는 중재판정 취소의 소를 제기할 수 없음에 유의하여야 한다.

중재판정 취소의 소는 중재판정이 국법질서에 적합한가의 여부를 심사할 근거를 국가가 유보하고 있는 것이므로 "형성의 소"에 속한다.

중재판정 취소의 소가 판결로 확정되면 그 중재판정은 효력을 잃게 되는 것은 물론이지만 중재판정을 변경할 수는 없다. 다시 말하면 법원은 그 판정의 취소냐 아니냐의 판단만 할 수 있을 따름이다.

참고문헌

- 김희철 · 이신규, 국제무역의 이해, 두남, 2004
- 박규영 · 양의동, 무역학개론, 동성출판사, 2003
- 박종수, 무역창업의 이해, 삼영사, 2006
- 박종수 · 채훈, 무역실무론, 삼영사, 2008
- 이시환 · 김정회, 국제운송론, 대왕사 2005
- 중소기업청, 중소기업지원시책안내, 2008
- 추창엽 · 이주섭, 무역전문 인력 양성을 위한 교재, 재능대학, 2007
- 한국무역협회, 무역실무, 2009
- IBSC, 중소기업 콜센터 상담 사례집, 2007
- 전자무역 이론과 실무 김연동 저, 2013.6, 두남
- 무역실무의 모든것, 김연동.이준호 저, 2009.6, 원앤원북스
- 「무역 e-마켓플레이스」 현황과 발전방향 2010.11 이씨플라자㈜
- 검색엔진마케팅 & 소셜네트워크 서비스 활용 2012.11 이씨플라자㈜
- 무역실무의 모든 것 2009.6 김연동/이준호 저
- e-Trade시대의 무역공급망관리 2012.8 김연동/최경주 저
- PAA 동아시아 전자무역 구축 소개 2004.11 ㈜한국무역정보통신
- 중소기업 수출경쟁력 강화를 위한 전자무역마케팅 혁신 마스터플랜 수립 2007.3 전자무역추진위원회
- 유비쿼터스 시대를 대비한 전자무역실무 2007.8 조원길 저
- 쉽게 배우는 EDI, 2007.8 ㈜한국무역정보통신
- 전자무역론 2011.6 이상진
- 전자무역실무 학습교재 2008.8 조원길, 김연동
- 전자적 수출환어음 매입(e-Nego) 서비스 2011.2.14 한국무역협회
- 2012년도 전자정부지원사업 제안요청서 2012.05 지식경제부
- ASEM 전자무역 네트워크 구축사업 소개, 2004.5 ㈜한국무역정보통신
- 해외수출마케팅 e-Biz지원 사업 설명회_e-MP 활용 교육_2010.07.14 이씨플라자㈜
- PAA 동아시아 전자무역 구축사업 소개, 2004. 11 ㈜한국무역정보통신
- 무역업체 대상 eNego 서비스 설명자료, 2011.02.14 ㈜한국무역정보통신
- 칠레 전자무역 분야 FS 컨설팅, 2010.5 정보통신산업진흥원
- 우즈베키스탄 전자무역 분야 FS 컨설팅, 2008.12 정보통신산업진흥원
- 루마니아 전자무역 분야 FS 컨설팅, 2009.10 정보통신산업진흥원
- 무역협회 http://www.kita.net/
- 한국무역정보통신 http://homepage.ktnet.co.kr/ktnet
- 외교통상부 자유무역협정FTA http://www.fta.go.kr/new/index.asp
- FTA종합지원포털 http://www.ftahub.go.kr/
- 대한상공회의소 무역인증서비스센터 http://cert.korcham.net/
- 수출대금카드결제 http://kops.buykorea.org/index.jsp
- 수협은행 글로벌구매카드 서비스소개
- 전자무역 포털 https://www.utradehub.or.kr/
- 이씨플라자(주) http://ecplaza.net/
- 원산지관리시스템 http://www.ftapass.or.kr/index.do
- 대한무역투자진흥공사 http://www.kotra.or.kr
- 관세청 http://www.customs.go.kr
- 관세청 http://portal.customs.go.kr

찾 아 보 기

ㅅ

ㅇ

ㅈ

저자 소개

■ 好垠 **이 주 섭**

경영학박사 이주섭은 청운대학교 글로벌경영대학 국제통상학과 교수로 재직 중이며, 순천향대학교 국제통상학과 외래교수 10년, (사)한국통상정보학회이사, (주)금호종합상사 사외이사, (사)인천서구경영자협의회 감사, (주)비엔비기업 대표이사를 역임하였으며, 현재 (사)국제상학회 상임이사, (사)평화통일국민포럼 인천연수구 공동대표, 인천광역시 연수구 송도동 선거관리위원장, 인천광역시 중구체육회 임원심의위원, 청운대학교 AMP과정 주임교수로 있다.

<저서/논문>

- 무역거래대금의 전자결재 현황과 문제점에 관한 연구, 2005.
- 재능대학) 무역전문 인력양성을 위한 교육교재 개발, 2007. 8
- 한미 FTA 농업부문에 관한 연구-통상정보연구 제11권 제1호 2009. 3
- 한미 FTA 체결에 따른 한국농업 분야의 문제점과 개선방안에 관한 연구 2009. 12
- 무역창업 실무경영, 도서출판 에이드북, 2010. 5
- 무역경영의 이해(공저), 도서출판 에이드북, 2014. 3

무역창업론

1판인쇄 : 2017년 1월 5일
1판발행 : 2017년 1월 7일
저　　자 : 이 주 섭
발행자 : 양 준 석
발행처 : **에이드북**
주　　소 : 서울 동작구 사당로 9가길 6
전　　화 : 02)596-0981
팩　　스 : 02)595-1394
신　　고 : 제2016-000001호
e-mail : aidbook@naver.com
정　　가 : **26,000**원

ISBN : 978-89-93692-45-7 13320